Günter Werner

Die besten Weinmacher der Pfalz

Herausragende Weingüter und Genossenschaften im Porträt

höma-Verlag

Inhaltsverzeichnis

2

Eine Lücke wird geschlossen

Günter Werner,
Autor

Weinbücher gibt es viele auf dem Markt, auch solche, die sich mit dem Weinbaugebiet Pfalz befassen. Aber es gab bis dato kein Werk mit ausführlichen Porträts der wichtigsten und besten Weingüter und der herausragenden Winzergenossenschaften. Insofern wird mit diesem Buch eine Lücke geschlossen.

Der Leser erfährt einiges über die einzelnen Betriebe: Wie sie zu dem geworden sind, was sie heute sind. Wie sie arbeiten. Wer die Verantwortlichen sind. Welche Arten von Wein sie bereiten. Wie ihre Weinphilosopie aussieht. Welche Zukunftsziele sie noch haben. Es wurde bewusst darauf verzichtet, Weine kritisch zu verkosten und zu beurteilen. Das soll weiterhin die Sache von anerkannten Testern bleiben, die in der Pfalz erfreulicherweise in größerer Zahl tätig sind.

Welche Betriebe sollen in dieses Buch aufgenommen werden? Diese Frage stand am Anfang. Verlag und Autor wollten allein nicht entscheiden, baten deshalb Experten um Hilfe. Alle 160 Weingüter und Genossenschaften (je 80 von Südlicher Weinstraße und Mittelhaardt), die in großen und in kleinen Porträts vorgestellt werden, wurden gemeinsam nach klaren Kriterien einstimmig ausgewählt.

An der Auswahl waren beteiligt: Dr. Fritz Schumann, Ordensmeister der Weinbruderschaft der Pfalz, früher stellvertretender Direktor der „Weinbauschule" in Neustadt und Abteilungsleiter Weinbau, zuständig für das Johannitergut. Dr. Georg Binder, Gruppenleiter Oenologie beim Dienstleistungszentrum Ländlicher Raum (DLR) Rheinpfalz in Neustadt. Dieter Hörner vom Höma-Verlag, Journalist und Autor, seit 1988 Präsident des Vereins Südliche Weinstraße. Und ich, seit Jahrzehnten journalistisch mit dem Wein verbunden. Stefan Hilz, Leiter des Weinbauamtes in Neustadt, hat die Auswahllisten durchgesehen und keine Einwendungen erhoben.

Natürlich wären weitere Betriebe als 100 es wert gewesen, in das Buch mit ausführlichen, bebilderten Porträts aufgenommen zu werden. Als Kompromiss wurden 60 ursprünglich nicht vorgesehene Kurzporträts zusätzlich erstellt. Mehr war nicht möglich. Wer durch das Raster gefallen ist, sollte sich nicht grämen und auf die Zukunft hoffen. Und weiterhin unverdrossen guten Wein machen.

Mit dem vorliegenden Buch lädt der erfahrene Journalist Günter Werner zu einem Spaziergang durch das Weinland Pfalz ein. Seit Jahrzehnten befasst er sich mit dem Thema Wein und kennt daher die heimische Weinszene bestens. Er porträtiert viele der herausragenden „Weinmacher" der Pfalz. Damit lenkt er den Blick auf die Menschen, die mit Begeisterung und Leidenschaft dafür gesorgt haben, dass die Pfalz unter den Weinkennern heute höchstes Ansehen genießt. Günter Werner zeigt, wie diese Winzer-Persönlichkeiten arbeiten und wie sie denken. Er stellt dar, was sie tun, um sich auf dem hart umkämpften Weinmarkt erfolgreich zu behaupten.

Obgleich ich durch mein langjähriges Engagement in der Pfälzer Weinwirtschaft die herausragenden Betriebe der Pfalz kenne, haben mich die Porträts doch immer wieder überrascht. Ich habe viel Neues erfahren und einiges dazu gelernt. Ich bin sicher, das wird den Lesern nicht anders gehen.

Jedes Porträt ist Teil eines Mosaiks - und insgesamt ergibt sich daraus ein Bild der Pfälzer Weinbranche in all ihrer schillernden Vielfalt. Für mich persönlich zeigt die Publikation aber auch, wie reich die Natur die Pfalz beschenkt hat. Um die Zukunft des Pfälzer Weins ist es bestens bestellt – solange es eine solche Fülle von mutigen, hingebungsvollen Weinmachern gibt, die voller Engagement und mit ausgeprägtem Qualitätsbewusstsein arbeiten, immer getrieben von dem Wunsch, noch bessere Weine zu erzeugen.

Ich wünsche dem Buch viele Leser, weil informierte Genießer mit einem guten Weinwissen für die Weinkultur wichtig sind.

Spaziergang durch das Weinland Pfalz

Edwin Schrank,
Präsident des
Weinbauverbandes Pfalz

Aus dem „Aschenputtel" ist eine „Prinzessin" geworden

In Deutschland gibt es 13 Weinbaugebiete. Allein sechs (Ahr, Mittelrhein, Mosel, Nahe, Pfalz, Rheinhessen) liegen in Rheinland-Pfalz. Die knapp 4000 pfälzischen Winzer, davon 45 Prozent im Haupterwerb, bewirtschaften die zweitgrößte Rebfläche (23.480 Hektar), nur ihre Kollegen in Rheinhessen (26.490 ha) können noch mehr Weinberge vorweisen. Jede dritte Flasche deutschen Weins kommt aus der Pfalz, dem „Garten Gottes". Die Weinlandschaft erinnert sehr an die Toskana. In den vergangenen zwei Jahrzehnten hat sich das Weinbaugebiet Pfalz enorm entwickelt. Es sind keine Anzeichen dafür zu erkennen, dass der Gipfel national und international bereits erreicht wäre.

Lange vorbei sind die Zeiten, als echte und selbst ernannte Kenner der Weinszene über pfälzische Tropfen die Nase rümpften - einige Traditionsweingüter ausgenommen - und lieber auf Produkte aus dem Ausland zurückgriffen. Vorbei sind auch die Zeiten der rustikalen bäuerlichen Tropfen, die kaum jemand heute kaufen würde. Längst werden in der Pfalz Weißweine erzeugt, die mit denen in Burgund oder Friaul problemlos mithalten können, teilweise Weltniveau attestiert bekommen. Auch die Roten brauchen sich hinter Auslandsweinen nicht zu verstecken. Ein Spätburgunder aus der Pfalz, im Barrique-Fass ausgebaut, steht mit Spitzenerzeugnissen aus der Toskana und Bordeaux auf einer Stufe.

Das war nicht immer so, ist das Ergebnis konsequenten Qualitätsstrebens, strikter Anwendung modernster Technik und einer guten bis hervorragenden Ausbildung der Weinmacher allerorten. Wer noch Wein macht wie früher der Großvater und teilweise der Vater, hat keine Chance, sich auf dem Markt durchzusetzen. Das haben die Pfälzer Winzer begriffen, handeln entsprechend und fahren ungeahnte Erfolge ein.

Da die Pfälzer sich auch gerne selbst loben, seien ein paar renommierte Experten zitiert, die unverdächtig sind, der Pfalz nach dem Munde zu reden.

Der zu den weltweit bedeutendsten Weinjournalisten zählende gebürtige Engländer Stuart Pigott schreibt in einem seiner Bücher vom „unaufhaltsamen Aufstieg der Pfalz", der ein überraschender Rollentausch gelungen sei: Aus dem „Aschenputtel" sei eine „Prinzessin" geworden. Pigott verweist darauf, dass früher auch die renommierten Betriebe im internationalen Kontext bestenfalls in der zweiten Liga gespielt hätten. „Inzwischen ist es jedoch ganz klar, dass Deutschland einen Superstar gefunden hat, und der ist mit charismatischen Großen Gewächsen reichlich ausgestattet. Die Zahl der Neider in den anderen Anbaugebieten ist beachtlich, denn auch die einfacheren Pfälzer Weine haben gewonnen", stellt der Kritiker fest und merkt an anderer Stelle an: „Eigentlich ist die Pfalz, obwohl hier die römischen Anfänge des Weinbaus liegen, ein durch und durch modernes Weingebiet."

▶ ▶ ▶ *„An Wein produziert das Land durchschnittlich im Jahre gegen 108.000 Fuder. Rechnet man nur den allergeringsten Preis von 100 Gulden das Fuder, so sind das 10.800.000 Gulden. Aber man darf keck das Dreifache rechnen, denn an der unteren Haardt wird das Fuder Wein nicht selten für 2000, für 3000, ja für 4000 Gulden verkauft... Der jährliche Durchschnittspreis, den ganz schlechten Wein in den besten gerechnet, dürfte sich leicht auf 300 Gulden für das Fuder berechnen." (August Becker, „Die Pfalz und die Pfälzer", 1858)*

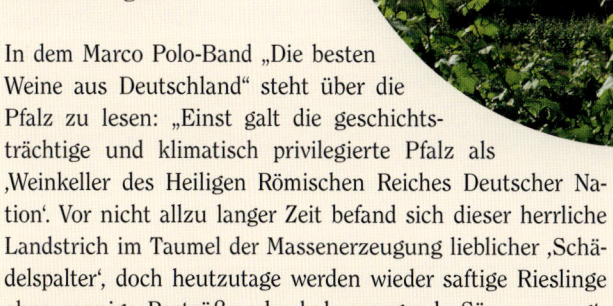

In dem Marco Polo-Band „Die besten Weine aus Deutschland" steht über die Pfalz zu lesen: „Einst galt die geschichtsträchtige und klimatisch privilegierte Pfalz als ‚Weinkeller des Heiligen Römischen Reiches Deutscher Nation'. Vor nicht allzu langer Zeit befand sich dieser herrliche Landstrich im Taumel der Massenerzeugung lieblicher ‚Schädelspalter', doch heutzutage werden wieder saftige Rieslinge ohne pappige Restsüße oder halssprengende Säure erzeugt.

Und Rotweine, die ohne weiteres mit den badischen und Württemberger Traditionsgewächsen konkurrrieren können."

Der Gault Millau, gerne „die deutsche Weinbibel" genannt und der vielleicht beste Weinführer auf dem Markt, spart ebenfalls nicht mit Lob für die Weine der Pfalz: „Vor zwei Jahrzehnten betrachtete man die Pfälzer mit wenigen Ausnahmen noch als Lieferanten einfacher Zechweine. Das hat sich gründlich geändert. Inzwischen schoben sich die Winzer zwischen Rhein und Haardt bei trockenen Rieslingen und roten sowie weißen Burgundern an die deutsche Spitze... Kaum ein anderes Gebiet hat sich in den vergangenen 15 Jahren (seit etwa 1994) so dynamisch entwickelt. Dabei blieb es nicht bei wenigen Spitzenbetrieben. Die Basis von guten Erzeugern wird von Jahr zu Jahr breiter."

Die Zeitschrift „Wein-Gourmet" überschrieb eine Reportage: „Schwer was los in der Pfalz" und interpretierte diese Aussage so: „Lange hing der Region das Odium einer gewissen Provinzialität an. Auch was den Wein anging. Das hat sich kräftig geändert, es herrscht Aufbruchstimmung." Eine andere Weinzeitschrift, „Selection", titelte: „Pfalzweine - Vielfalt auf hohem Niveau". Im Text hieß es dann: „Die Pfalz macht deutlich, dass sie sich mit ihren Weinen international messen kann und sich auch in der Zukunft einen festen Platz am deutschen und internationalen Markt verdient hat. Was die Pfälzer Weinerzeuger - Weingüter und Winzergenossenschaften gleichermaßen - in den letzten Jahren erreicht haben, ist beeindruckend."

In der Pfalz wird seit dem 1. Jahrhundert Weinbau betrieben. Das belegen zum Beispiel die in Ungstein ausgegrabene römische Kelter oder die ebenfalls ausgegrabene „Villa Rustica" bei Wachenheim. Die Rebe kam mit den Römern kurz nach der Zeitenwende in das von ihnen besetzte Land. Sie verpflanzten die Stöcke ihrer südlichen Heimat in unsere nördlichen Breitengrade - aus reiner Bequemlichkeit. Denn sie wollten ihren täglichen Wein nicht in Amphoren hierher transportieren, sondern lieber anbauen, auch um mehr davon genießen zu können. Und sie stellten mit Verwunderung fest, dass die nordischen Weine nicht nur vielfältiger im Geschmack waren als die in ihrer Heimat, sondern vor allem auch leichter. Im Mittelalter übernahmen Klöster die Aufgabe des Weinmachens und setzten neue Qualitätsmaßstäbe. Privatisiert wurde der Weinbau erst 1803, als Napoleon die linksrheinischen Gebiete eroberte.

Die Weinrebe ist eine der ältesten Pflanzen der Welt. Der Mensch fand sie bereits vor, als er noch nicht sesshaft geworden war und seine Nahrung noch sammeln musste. Funde beweisen, dass sie schon vor rund 130 Millionen Jahren existierte. Es waren mehrere Arten von Wildreben, deren genaue Herkunft ungewiss ist. Man vermutet, dass sie im südlichen Kaukasus, eventuell aber auch in tropischen Klimazonen wuchsen. Weitere Funde, zum Beispiel von Traubenkernen, ergaben, dass schon vor Urzeiten die Trauben gepresst wurden. Ein modernes Prüfverfahren konnte nachweisen, dass bereits vor 10.000 Jahren Wein hergestellt wurde, aber das alkoholische Getränk besass nicht die mindeste Ähnlichkeit mit Wein von heute.

Weinbau hat in der Pfalz schon sehr lange einen hohen Stellenwert. Der Wein ist ein bedeutender Wirtschaftsfaktor. Das hängt auch damit zusammen, dass das Image der Pfalz Schritt für Schritt besser wurde. Neben den großen Traditionsweingütern haben vor allem auch viele kleinere Betriebe unter den rund 1600 Selbstvermarktern (sie bearbeiten mehr als drei Viertel der pfälzischen Anbaufläche) und einige herausragende unter den noch verbliebenen Genossenschaften für neuen Schwung gesorgt.

Das Weinbaugebiet Pfalz erstreckt sich in der oberrheinischen Tiefebene über etwa 80 Kilometer entlang dem Naturpark Pfälzerwald: von der französischen Grenze bei Schweigen bis zum südlichen Rand Rheinhessens bei Worms. Die Weinberge befinden sich in einer Höhenlage zwischen 100 und 350 Meter über Normalnull. Knapp 90 Prozent der Wingerte haben eine Hangneigung unter zehn Prozent, nur sehr wenige Flächen sind über 20 Prozent geneigt. Der Traubengürtel ist ein nur sieben Kilometer breiter Landstrich. Die Rebzone verläuft parallel zum Rhein, erreicht dessen Ufer aber an keiner Stelle.

▶▶▶ *„Wo die Kastanie wild wächst und alljährlich zur rechten Zeit reift, wo die Mandel schon im Februar blüht und im Herbst reichlich Früchte trägt, da trifft (meist) auch das rechte Weinjahr ein, und dann lacht der Weinbauer alle schlechten Propheten aus. Darum lässt er sich keine Mühe verdrießen, und mit eiserner Ausdauer und bewunderswertem Fleiß baut er seine Weinberge." (August Becker, „Die Pfalz und die Pfälzer", 1858)*

Das Gebiet Pfalz gliedert sich in die Bereiche Südliche Weinstraße (früher „Oberhaardt", heute 12.543 ha Rebfläche) und Mittelhaardt-Deutsche Weinstraße (10.937 ha). Das SÜW genannte Gebiet reicht von Schweigen über Bad Bergzabern, Landau und Edenkoben bis vor die Tore von Neustadt. Die Mittelhaardt beginnt im Norden an der rheinhessischen Grenze und erstreckt sich über das Zellertal, Grünstadt, Bad Dürkheim und Deidesheim bis Neustadt. Einzelne, offiziell zur Pfalz zählende Weinlagen finden sich sogar auf französischem Boden. Die frühere „Unterhaardt" gibt es nicht mehr, dieses Gebiet gehört seit dem neuen Weingesetz von 1971 zum Bereich Mittelhaardt-Deutsche Weinstraße.

Nirgendwo sonst in deutschen Anbaugebieten liegen die Weinberge so geschlossen zusammen wie am Rand der Haardt. Dass die hier wachsenden Trauben letztlich einen so guten Wein ergeben, liegt am Klima und an den Böden. Wo Mandeln, Feigen und Zitrusfrüchte gedeihen, finden auch die Reben günstige Wachstumsbedingungen. Zwischen 1800 und 2000 Sonnenstunden sorgen für viele warme Tage im Jahr. Das Haardtgebirge und der Pfälzerwald schützen die weltberühmten Weinlagen gegen kalte Luft und übermäßigen Niederschlag. Mit 11 Grad Celsius durchschnittlicher Jahrestemperatur und seltenen strengen Frosttagen ist es in der Pfalz fast mediterran mild. „Die Pfalz ist ein Paradies" wird in dem Buch „Stuart Pigotts Weinreisen: Pfalz" festgestellt.

▶▶▶ *„Wein ist das Erzeugnis, das ausschließlich durch vollständige oder teilweise alkoholische Gärung der frischen, auch eingemaischten Weintrauben oder des Traubenmostes gewonnen wird" (Definition der Europäischen Union).*

„Was vor Jahrtausenden die Bewohner des Pontus am Schwarzen Meer als Urwein voino kreiert haben, würde heute kaum mehr das höchst perfektionierte Paragraphenfilter passieren können" (Lexikon für Weinfreunde).

„Lange, lange bevor der Wein ein Verwaltungsproblem war, war er ein Gott" (José Ortega y Gasset, spanischer Philosoph, 1893).

Die Vielfalt der Böden bietet in der Pfalz für viele Rebsorten exzellente Voraussetzungen. Verwerfungen, vulkanische Eruptionen, zwischenzeitliche Meeresbedeckung und Lössablagerungen nach der letzten Eiszeit schufen eine vielgestaltige Bodenstruktur. An der Mittelhaardt sind die Böden leicht - vorherrschend sind Ton, Sand, Lehm und Mergel -, die Wasserdurchlässigkeit ist gut, so dass die Reben warm stehen, aber tief wurzeln müssen, um genug Wasser aufzunehmen. An der Südlichen Weinstraße sind die Böden lehmhaltiger und damit schwerer und reichhaltiger. In beiden Gebieten finden sich Muschelkalk, Graphit, Porphyr- und Schiefertoninseln.

Man kann es so sagen: Die pfälzischen Weinbergsböden werden geprägt von Löss und vom Buntsandstein des Haardtgebirges und des Wasgaus. Auf zwei Drittel der Standorte finden sich Lehm- und Schluffböden. Ungefähr ein Viertel der Weinberge stehen auf Sandböden. Über das Gebiet verstreut finden sich Kalkmergelböden sowie vereinzelt Böden aus der Verwitterung von Rotliegendem, Basalt und Schiefer.

Die in der Pfalz wachsenden Weine sind sehr zur Freude der Weinfreunde von sehr unterschiedlichem Charakter, so dass jeder etwas für seinen Geschmack findet. Der in Venningen (Kreis Südliche Weinstraße) lebende Weinjournalist Matthias F. Mangold ist, obwohl kein gebürtiger Pfälzer, schon seit langer Zeit von den Pfalzweinen fasziniert, wie er in einem Buch ganz offen zugibt. Denn: „Es sind oft saftige, fruchtbetonte und gut ausbalancierte Charmebolzen, die den Weinfreund für sich einnehmen. Ruppigkeit oder Strenge ist ihnen vom Wesen her fremd."

Noch einmal sei der mit Weinen der ganzen Welt vertraute Stuart Pigott zitiert, der sich gerne als Freund der Pfalz outet: „Dass Pfälzer Weine meistens großzügig daherkommen, überrascht im Hinblick auf Klima und Kultur wahrscheinlich nicht so sehr wie ihre animierende Frische."

Weinexperten loben bei jeder sich bietenden Gelegenheit die Weine aus der Pfalz als saftig, harmonisch, frisch, spritzig, elegant, fruchtig, würzig, extraktreich, rassig, herzhaft - je nach Rebsorte. Die Palette bei den Rieslingen reicht vom leichten Kabinett über die kräftige trockene Spätlese bis zur edelsüßen Trockenbeerenauslese. Dem Silvaner wird Körperreichtum bei wenig Säure bescheinigt. Beim Müller-Thurgau schwärmen viele vom milden Charakter. Beim Kerner, gerne als „Riesling des kleinen Mannes" bezeichnet, schmecken Menschen mit feiner Zunge seine Herkunft heraus: er ist eine Kreuzung aus Blauem Trollinger und weißem Riesling. Weiß- und Grauburgunder bestechen oft durch ihre natürliche und elegante Art.

Aber auch den Rotweinen, nach denen die Nachfrage stetig wächst, wird viel Anerkennung zuteil. Beim Spätburgunder

schen Weinbaugebiete in der Übersicht. Die mit Keltertrauben bestockte Rebfläche ist in vier der sechs Gebiete in den vergangenen 20 Jahren zurückgegangen, in den anderen beiden dagegen gestiegen, auch in der Pfalz.
Ahr: 1989: 479 ha,
2004: 538 ha, 2005: 544 ha,
2006: 548 ha, 2011: 559 ha.
Mittelrhein: 1989: 681 ha,
2004: 453 ha, 2005: 445 ha,
2006: 440 ha, 2011: 438 ha.
Mosel: 1989: 12.509 ha,
2004: 9154 ha, 2005: 8985 ha,
2006: 8872 ha, 2011: 8685 ha.
Nahe: 1989: 4636 ha,
2004: 4145 ha, 2005: 4119 ha,
2006: 4124 ha, 2011: 4149 ha.
Pfalz: 1989: 23.046,
2004: 23.413 ha,
2005: 23.363 ha,
2006: 23.340 ha,
2011: 23.480 ha.
Rheinhessen:
1989: 25.462 ha,
2004: 26.177 ha,
2005: 26.228 ha,
2006: 26.250 ha,
2011: 26.490 ha.
Rheinland-Pfalz:
1989: 66.813 ha,
2004: 63.879 ha,
2005: 63.683 ha,
2006: 63.576 ha,
2011: 63.810 ha.
(Quellen: Statistisches Landesamt Rheinland-Pfalz; Statistisches Bundesamt)

schätzen die Genießer, dass es sich um einen warmen, vollmundigen und samtenen Wein handelt mit einem Aroma, das an Brombeeren und Kirschen erinnert. Der tiefrote Dornfelder gewinnt immer mehr Anhänger, weil er zuweilen von fast südlicher Art ist. Als unkompliziert, angenehm vollmundig-süffig und frisch wird der Portugieser klassifiziert.

Die meist trocken ausgebauten Rieslinge und Spätburgunder aus der Pfalz erreichen ebenso wie Weißburgunder und Chardonnay, Gewürztraminer und Muskateller, Rieslaner und Scheu oft höchstes Niveau. Aber auch die Weine, die aus Rebsorten stammen, die bisher nur von einer begrenzten Zahl von Betrieben angebaut werden, heimsen Lob ein. In dem Buch „Spitzenweingüter Deutschlands" ist im Kapitel „Pfalz" festgehalten: „Wenn es mal wieder Achtungserfolge beim Anbau untypischer Sorten gibt, kommt die Meldung häufig aus der Pfalz. Französische Reben wie Merlot und Syrah haben es schon zu ordentlichen Ergebnissen gebracht. Fruchtig-frische Sauvignon blancs machen Spaß."

Feine, fruchtige und reife Weine lassen das sonnige Klima erkennen

Über 100 Millionen Rebstöcke stehen in den Weinbergen an Südlicher Weinstraße und Mittelhaardt-Deutsche Weinstraße im Ertrag. Ein schlauer Mensch hat ausgerechnet: Würde man sie in eine Reihe pflanzen, reichte diese fast drei Mal um die Erde. In der Pfalz sind fast alle in Deutschland zugelassenen Rebsorten zu finden, und von keiner könnte man sagen, sie sei hier fehl am Platz. Aus den hier wachsenden Trauben entstehen Kreszenzen, deren Güte in der Spitze über jeden Zweifel erhaben ist.

Der Riesling ist der absolute König unter den Weinen. Die Pfalz ist ein Rieslingland, wird hinsichtlich der Anbaufläche bei dieser allseits geschätzten Sorte mit 5458 Hektar von keinem anderen deutschen Weinbaugebiet übertroffen, auch nicht von der Mosel (5251 ha). Der Riesling-Anbau macht zwischen französischer Grenze im Süden und rheinhessischer Grenze im Norden 23,6 Prozent aus, liegt damit klar vor Dornfelder (13,3 Prozent) und Müller-Thurgau (9,5 Prozent).

„Der Riesling ist eine Rebsorte, die - wenn sie in Weinberg und Keller wie eine Diva behandelt wird - im Glas schillert und alle Sinne reizt" (Zeitschrift „Weinwelt"). Spitzenrieslinge vor allem von der Mittelhaardt zählten in der Vergangenheit zu den teuersten und begehrtesten Weinen. Bei der Eröffnung

des Suezkanals 1869 wurde mit Riesling aus der Pfalz angestoßen. An diese Tradition, so der Verein Pfalzwein, „knüpfen heute die Nachfahren der damaligen Weinerzeuger an". Bei den wichtigsten Weinwettbewerben sind Pfalz-Rieslinge immer unter den am höchsten prämierten Tropfen zu finden.

Neben dem Riesling, der im Bereich Südliche Weinstraße auf 16 Prozent und an der Mittelhaardt auf 32 Prozent der Anbaufläche dominiert, sind in der Pfalz weitere 44 weiße und 22 rote Rebsorten zugelassen. Bei den Roten hat der Dornfelder klar die Nase vorn, wächst an der Südlichen Weinstraße auf 15 Prozent und an der Mittelhaardt auf 11 Prozent der Weinbergsflächen. So schnell wird sich an der „Tabellenführung" dieser beiden Spitzensorten nichts ändern.

▶▶▶ *„Weintrinker sehen gut aus, sind intelligent, sexy und gesund." (Hugh Johnson, englischer Weinautor)*

Im Laufe zahlloser Generationen wurde die Ur-Rebe zunächst nur durch Auswahl, dann durch bewusste Züchtung Schritt für Schritt veredelt. Insgesamt sind heute rund 8000 Rebsorten bekannt. Davon werden in Deutschland allerdings nur die angebaut, die für das Klima und die Böden am besten geeignet sind. Denn nicht jede Rebe liefert überall einen gleich guten Wein. Für den Charakter des Weins bedeutet die Rebsorte soviel wie die ererbten Anlagen eines Menschen. Beide entwickeln sich je nach den Umwelteinflüssen verschieden. So bringt die gleiche Rebsorte, an unterschiedlichen Standorten angebaut, unterschiedliche Weine hervor.

Übrigens: Zehn Prozent der Fläche im Weinbaugebiet Pfalz wird nach den Richtlinien des kontrolliert umweltschonenden Weinbaus und des ökokogischen Weinbaus bewirtschaftet. Drei Viertel der Anbaufläche sind bisher flurbereinigt.

Die Pfalz ist ein Weißweinland. 62 Prozent aller hier wachsenden Weine sind weiß, 38 Prozent rot. Die Qualitätssteigerungen sind schon fast sensationell zu nennen. In Stuart Pigotts Buch über die Pfalz ist angemerkt: „Während man noch vor 20 Jahren, wenn man vom guten Pfälzer Wein sprach, in der Regel vor allem die Mittelhaardt meinte, insbesondere die eleganten, in den weltberühmten Deidesheimer, Forster und Wachenheimer Lagen gewachsenen Rieslinge, hat sich dies mittlerweile geändert. Sowohl der Norden als auch der Süden machen den renommierten Weingütern der Mittelhaardt ordentlich Druck. Begonnen hat die anhaltende Pfälzer Qualitätsoffensive bereits in den 1960er Jahren."

Der Weinkritiker Frank Schoonmaker schwärmt von den Rieslingen aus der Pfalz, weil sie „von bemerkenswerter Feinheit, Frucht und hohem Rang" seien. Und Hugh Johnson, als Weinexperte zu den absoluten Spitzenvertretern seiner Zunft zu zählen, bescheinigt den Pfälzer Rieslingen in seinem „Atlas der Deutschen Weine" eine „besondere Fülle und Reife, die sie als Weine aus einem sonnigen Klima erkennen lässt. Sie wetteifern miteinander in Finesse, lebendiger Säure und tiefer Süße".

Kleine Weinkunde: Die zehn wichtigsten Sorten

Riesling: Die Weine sind rassig, spritzig, reich an frischer, fruchtiger Säure. Sie zeichnen sich aus durch einen eher schlanken Körper und durch Fruchtaromen in Richtung Apfel, Pfirsich und Citrus. Die besonders kleinen Beeren reifen spät. In der langen Reifezeit speichern sie viel Fruchtzucker, dennoch schmeckt der Riesling nicht einseitig süß, sondern bleibt reich an pikanter, natürlicher Fruchtsäure.

Müller-Thurgau: Die Weine sind ausgewogen und duftig, schmecken würzig-süffig, oft angenehm mild. Das kräftige Bukett hat einen charakteristischen Muskat- und Walnuß-Ton. Die nach ihrem Züchter Müller aus Thurgau benannte Traube entstammt angeblich einer Kreuzung von Riesling und

▶▶▶ *Die Rebsorten in den Weinbergen der Pfalz*
Riesling: 5458 ha
(SÜW 1969, Mittelhaardt 3489)
Dornfelder: 3175 ha
(SÜW 1941, Mittelhaardt 1234)
Müller-Thurgau: 2310 ha
(SÜW 1584, Mittelhaardt 726)
Blauer Portugieser: 2176 ha
(SÜW 895, Mittelhaardt 1281)
Blauer Spätburgunder: 1584 ha
(SÜW 843, Mittelhaardt 741)
Kerner: 1155 ha
(SÜW 837, Mittelhaardt 318)
Grauer Burgunder: 1054 ha
(SÜW 728, Mittelhaardt 326)
Weißer Burgunder: 862 ha
(SÜW 503, Mittelhaardt 359)
Grüner Silvaner: 849 ha
(SÜW 539, Mittelhaardt 310)
Regent: 637 ha
(SÜW 428, Mittelhaardt 209)
Chardonnay: 469 ha
(SÜW 250, Mittelhaardt 219)
Scheu: 413 ha
(SÜW 212, Mittelhaardt 201)
Saint Laurent: 351
(SÜW 142, Mittelhaardt 209)
Gewürztraminer: 347 ha
(SÜW 163, Mittelhaardt 184)
Morio-Muskat: 267 ha
(SÜW 180, Mittelhaardt 87)
Merlot: 216 (SÜW 107,
Mittelhaardt 109)
Ortega: 216 ha (SÜW 150,
Mittelhaardt 66)
Huxel: 189 (SÜW 137,
Mittelhaardt 52)
Sonstige: 1733 ha
(SÜW 925, Mittelhaardt 808)
(Quelle: Statistisches
Landesamt Rheinland-Pfalz)

Silvaner. Es gibt auch eine moderne, leichte und säurefrische Variante des Müller: den Rivaner.

Kerner: Diese Kreuzung aus Trollinger und Riesling ist nach dem württembergischen Arzt, Dichter und Weinfreund Justinus Kerner benannt. Die Trauben haben bei der Lese meist hohe Mostgewichte. Die Weine schmecken frisch, rassig, rieslingähnlich, sind säurebetont und zeichnen sich durch eine würzige, vornehme Frucht aus, die an Aprikose, Birne, grünen Apfel und Johannisbeere erinnert.

Grauer Burgunder: Der früher nur als Ruländer bekannte Wein (der Speyerer Kaufmann Ruland brachte die ursprünglich aus Burgund stammende Traube in die Pfalz und pflanzte sie hier an) wächst am besten auf tiefgründigen Böden in warmer Lage. Die Weine sind kräftig, füllig, von herber Süße, gehaltvoll, feurig und von einem einzigartigen Bukett mit feinem Honigton.

▶▶▶ *„Wein galt den Römern als Medizin. Und zur Tagesration eines jeden Legionärs gehörte ein Liter davon. Nichtverzehr wurde streng bestraft. Die benötigten Mengen waren beachtlich. Und anstatt sie mühsam über die Alpen heranzuschaffen, bauten Cäsars Legionäre den Wein lieber direkt im besetzten Land an"* *(„Lesebuch vom Wein").*

Weißer Burgunder: Eine der Qualitätssorten, die seit Jahren vermehrt angebaut werden. Der auch Pinot blanc genannte weiße Burgunder ist fein aromatisch, vollmundig, fruchtig und extraktreich, zeigt oft ein feines Bukett. Typisch ist sein nussiges Aroma. Kenner lieben den leichten Geschmack von Apfel, Ananas, Birne, Quitte, Aprikose und Zitrusfrüchten. Hervorragend als Sektgrundwein geeignet.

Grüner Silvaner: Er war einmal die wichtigste Rebsorte Deutschlands. Nach starkem Rückgang im Anbau gewinnt er wieder mehr an Bedeutung. Die unkomplizierten Weine sind geschmacksneutral, besitzen kein herausragendes Bukett, aber es wäre falsch, sie als plump und breit zu bezeichnen. Das Alkohol-Säure-Verhältnis ist bei den Mosten dieser Sorte sehr ausgewogen.

Dornfelder: Auch bei relativ niedrigen Mostgewichten wird ein harmonischer Wein erreicht. Er besticht durch seine Farbintensität und sein enormes Aromenspektrum (Kirsche, Pflaume, rote Beeren, schwarze Johannisbeere) im Geschmacks- und Geruchsausdruck. Der samtige, markante und gehaltvolle

Dornfelder, eine Züchtung von Helfensteiner mit Heroldrebe, ist gut für Barrique-Ausbau geeignet.

Blauer Portugieser: Dieser Rotwein hat nichts mit Portugal zu tun. Die Rebsorte kam um 1800 aus Österreich zu uns, vermutlich aus dem Donauraum. In guten Jahren ist der Portugieser auch tiefdunkel mit Burgundercharakter. Im Geschmack erinnert er an rote Johannisbeeren und reife Himbeeren. Er wirkt feinfruchtig und mild, hat nur geringe Gerbstoffe. Oft wird aus ihm Weißherbst (Rosé) gemacht.

Blauer Spätburgunder: Er ist die edelste Rotwein-Traube. Die ursprünglich aus dem französischen Burgund stammende Rebe hat in Deutschland einen eigenen Charakter entwickelt. Die Weine sind samtig, vollmundig und feurig. Kenner schätzen die ausbalancierte Tanninstruktur. Für manchen Weinfreund wird der Spätburgunder zum erfrischenden Genuss, wenn er hell gekeltert wurde (Blanc de noir).

▶ ▶ ▶ *In der Pfalz wird in 25 Groß- und 325 Einzellagen Weinbau betrieben. Die Großlagen von Süden nach Norden heißen: Guttenberg, Liebfrauenberg, Königsgarten, Herrlich, Bischofskreuz, Trappenberg, Ordensgut, Schloß Ludwigshöhe, Mandelhöhe, Pfaffengrund, Meerspinne, Hofstück, Feuerberg, Mariengarten, Rebstöckel, Schnepfenflug an der Weinstraße, Schenkenböhl, Hochmeß, Rosenbühl, Schwarzerde, Grafenstück, Feuerberg, Kobnert, Höllenpfad, Schnepfenflug vom Zellertal.*

Regent: Eine Züchtung (Kreuzung aus Diana und Chamboursin) des Instituts für Rebenzüchtung Geilweilerhof (Julius-Kühn-Institut) bei Siebeldingen. Die Sorte ist resistent gegen Pilze. Die Zulassung für alle deutschen Weinbaugebiete erfolgte 2002. Dank des hohen Farbstoffgehalts der Beeren ist der Regent ein äußerst farbintensiver, voller, auch gerbstoffbetonter Rotwein von romanischem Weinstil.

Die Weinbaugemeinden in der Pfalz

Bereich Südliche Weinstraße: Albersweiler - Altdorf - Annweiler - Bad Bergzabern - Barbelroth - Bellheim - Billigheim-Ingenheim - Birkweiler - Böbingen - Böchingen - Bornheim - Burrweiler - Dierbach - Dörrenbach - Edenkoben - Edesheim - Eschbach - Essingen - Flemlingen - Frankweiler - Freckenfeld - Freimersheim - Freisbach - Gleisweiler - Gleiszellen-Gleishorbach - Göcklingen - Gommersheim - Großfischlingen - Hainfeld - Hergersweiler - Herxheim bei Landau - Herxheimweyher - Heuchelheim-Klingen - Hochstadt - Ilbesheim - Impflingen - Insheim - Kandel - Kapellen-Drusweiler - Kapsweyer - Kirrweiler - Kleinfischlingen - Klingenmünster - Knittelsheim - Knöringen - Landau (einschließlich der Stadtteile Arzheim, Dammheim, Godramstein, Mörlheim, Mörzheim, Nußdorf, Queichheim, Wollmesheim) - Leinsweiler - Lingenfeld - Lustadt - Maikammer - Minfeld - Niederhorbach - Niederotterbach - Oberhausen - Oberotterbach - Offenbach - Ottersheim bei Landau - Pleisweiler-Oberhofen - Ranschbach - Rhodt - Römerberg - Rohrbach - Roschbach - St. Martin - Schwegenheim - Schweigen-Rechtenbach - Schweighofen - Siebeldingen - Steinfeld - Steinweiler - Venningen - Vollmersweiler - Walsheim - Weingarten - Westheim - Weyher - Winden - Zeiskam.

Mittelhaardt-Deutsche Weinstraße: Albisheim (Pfrimm) - Bad Dürkheim (mit den Ortsteilen Leistadt und Ungstein) - Battenberg - Bischheim - Bissersheim - Bobenheim am Berg - Bobenheim-Roxheim - Bockenheim - Böhl-Iggelheim - Bolanden - Bubenheim - Dackenheim - Dannstadt-Schauernheim - Deidesheim - Dirmstein - Ebertsheim - Einselthum - Ellerstadt - Erpolzheim - Forst - Freinsheim - Friedelsheim - Fußgönheim - Gauersheim - Gerolsheim - Gönnheim - Großkarlbach - Großniedesheim - Grünstadt (mit den Ortsteilen Asselheim und Sausenheim) - Haßloch - Herxheim am Berg - Heßheim - Heuchelheim bei Frankenthal - Hochdorf-Assenheim - Immesheim - Kallstadt - Kindenheim - Kirchheim - Kirchheimbolanden - Kleinkarlbach - Kleinniedesheim - Lambsheim - Laumersheim - Marnheim - Meckenheim - Mertesheim - Morschheim - Neuleiningen - Neustadt (mit den Stadtteilen Diedesfeld, Duttweiler, Geinsheim, Gimmeldingen, Haardt, Hambach, Königsbach, Lachen-Speyerdorf, Mußbach) - Niederkirchen - Obersülzen

▶▶▶ Noah war der erste Winzer, von dem Schriftliches überliefert ist. „...und pflanzte einen Weinstock", heißt es von ihm in der Heiligen Schrift.

- Obrigheim - Ottersheim - Rittersheim - Rödersheim-Gronau - Rüssingen - Ruppertsberg - Speyer - Stetten - Wachenheim - Weisenheim am Berg - Weisenheim am Sand - Zellertal. (Quelle: Ministerium für Landwirtschaft und Weinbau)

Was die Pfalz so einzigartig macht

- Die Pfalz ist mit 5458 Hektar Anbaufläche seit 2008 das größte Riesling-Gebiet der Welt.
- Die Pfalz ist das größte Rotweingebiet Deutschlands.
- Die Pfalz ist in Deutschland Marktführer bei Weißherbsten.
- Die Pfalz ist mit einer durchschnittlichen Ernte von 2,5 Millionen Hektoliter Wein pro Jahr das ertragsreichste Weinbaugebiet in Deutschland.
- In der Pfalz gibt es die beiden größten Weinbau treibenden Gemeinden Deutschlands: Landau mit 2053 Hektar und Neustadt mit 2019 Hektar.
- In der Pfalz liegt der älteste Weinberg der Welt (in Rhodt - siehe eigenes Kapitel).
- In der Pfalz wird - im Weinmuseum des Historischen Museums in Speyer - der mit rund 2000 Jahren älteste Wein der Welt in einer noch zu einem Viertel gefüllten Glasflasche vorgehalten. Gefunden wurde dieser Wein 1867 in einem Steinsarg bei Speyer.
- In der Pfalz - bei Schweigen-Rechtenbach - lädt der erste Weinlehrpfad der Welt zur Begehung und Information ein.
- In der Pfalz hat der größte Sekthersteller der Welt seinen Sitz: die seit 1888 bestehende Sektkellerei Schloss Wachenheim AG.
- In der Pfalz wird das größte Weinfest der Welt gefeiert: der Dürkheimer Wurstmarkt mit 600.000 Besuchern, die bis zu 300.000 Liter Wein trinken.
- In der Pfalz - in Bad Dürkheim - steht seit 1934 das größte Fass der Welt, das 1,7 Millionen Liter Wein fassen würde, wenn es kein Restaurant wäre.
- In der Pfalz gibt es die älteste Weinstraße Deutschlands: die Deutsche Weinstraße, eröffnet 1935. Sie zieht sich über 85 Kilometer von Schweigen im Süden bis nach Bockenheim im Norden. Hier findet alljährlich am letzten Sonntag im August das längste Weinfest der Welt statt: der Erlebnistag Deutsche Weinstraße.

▶▶▶ *„Wein will nicht getrunken sein wie Bier im Wellenschlag durststillender Schlundvergnüglichkeit, sondern im Allmählichkeitstempo molliger Schlürflust"* (Spruch des früheren Neustadter Weinhändlers Witter).

Ein zuverlässiger, familiärer Betrieb mit besten Lagen in drei Gemeinden

Weingut Acham-Magin

Forst

Die studierte Apothekerin Anna-Barbara Acham steht zusammen mit ihrem Lebensgefährten Vinzenz Troesch (Betriebsleiter) seit 1994 an der Spitze des Weinguts, das sich der Erzeugung charaktervoller und saftiger Rieslinge verschrieben hat. Gleichzeitig hat sie zusammen mit Rudolf Becker im Keller das Sagen. Und als Wirtin der an vier Tagen in der Woche geöffneten schmucken Weinstube kümmert sie sich um Gäste, die zum deftigen Essen einen passenden, mundenden Tropfen trinken wollen. Eine bessere Beraterin gibt es dabei kaum.

Leute, die gerne Weine im Forster Weingut Acham-Magin kaufen wollen, vorher erst einige Sorten verkosten, die Entscheidung aber erst zu Hause in aller Ruhe treffen möchten, haben zuweilen Scheu, einfach anzuklopfen. Dabei gibt es einen ganz einfachen Weg, die Tropfen des Hauses kennenzulernen und zu beurteilen: durch Besuch der Weinstube unter dem gleichen Dach. Selbst hier können sie Fragen stellen und bekommen kompetente Antworten, weil die Chefin des Gutes, Anna-Barbara Acham, oft selbst die Gäste bedient. So kann der Weinfreund zwei Fliegen mit einer Klappe schlagen: Geselligkeit erleben und Weine für den häuslichen Eigenbedarf auswählen.

▶▶▶ *Was machen Sie anders als Ihre Kollegen?*
Anna-Barbara Acham: „Jeder Weinberg wird so gepflegt, dass er in Harmonie mit der Natur seine natürliche Qualität entfalten kann."

Die Weinstube hat Tradition. Ab 1712 wurde in den gleichen Räumen das Wirtshaus „Zum Engel" betrieben, heute der Gutsausschank Acham-Magin. Seit dieser Zeit besteht auch das Weingut, wenngleich früher in anderer Art. Heinrich Wilhelm Reichardt erbaute in der Weinstraße 67 in Forst (Adresse von Acham-Magin) 1711 einen der ersten Winzer- und Weinhöfe und eröffnete ein Jahr später den „Engel". Er selbst und seine Erben erweiterten die Rebfläche sukzessive, unter anderem durch Einheirat in Forster Familien, so auch in die Familie Magin. Emil Magin war 1908 der Mitbegründer des Vereins der Naturweinversteigerer Pfalz (heute VDP Pfalz). Anna Magin, die Mutter der heutigen Chefin, ehelichte 1947 Anton Acham. So kam es zum Doppelnamen des Guts.

Die „Rheinpfalz" sprach einmal von einem „familiären, zuverlässigen Weingut mit besten Lagen" in Forst, Deidesheim und Ruppertsberg. Anna-Barbara Acham hat sich nie auf Kompromisse eingelassen und ist in ihrem Qualitätsstreben seit jeher unbeirrt ihren Weg gegangen. Nicht nur die eindrucksvollen und charaktervollen Großen Gewächse des Hauses finden Anerkennung wegen ihrer Rasse und Mineralität (der Weinführer „Falstaff" über einen Riesling der Lage Pechstein: „In der Nase feine Kräuterwürze, unterlegt mit gelber Apfelfrucht"), sondern auch die „normalen" Weine. Die Hausherrin sagt: „Unsere Kunden wollen nicht nur die großen, körperreichen Weine trinken" - sie schätzen auch die für die Mittelhaardt so prägenden, reifen und sortentypischen Rieslinge, den weichen und frischen Chardonnay und die weiteren Sorten. Die Qualitätskurve zeige bei Acham-Magin weiter bergauf, stellt ein Kritiker fest. Die Nachfrage nach Riesling ist in manchen Jahren so groß, dass der Bedarf nicht gedeckt werden kann.

▶▶▶ *Wie sieht Ihre Weinphilosophie aus? Anna-Barbara Acham: „Ich möchte unverwechselbare, tiefgründige Weine erzeugen."*

▶▶▶ *Welche weiteren Ziele haben Sie noch? Anna-Barbara Acham: „Ich will mithelfen, dass unsere Arbeit von den Konsumenten und Kunden geschätzt und respektiert wird."*

Seit Jahren wird bei Acham-Magin umweltschonender Weinbau praktiziert: Geringer Anschnitt der Reben, maßvolle Düngung, umweltverträglicher Einsatz von Pflanzenschutzmitteln. Die Trauben werden per Hand gelesen und schonend gekeltert, der Wein reift in Edelstahltanks und Holzfässern in einem alten Gewölbekeller aus dem 18. Jahrhundert. Das Duo im Keller experimentiert gerne mit unterschiedlichen Hefen. Die Weißweine werden früh abgefüllt, die Rotweine bleiben mindestens ein Jahr im Fass. Ziel allen Bemühens von Anna-Barbara Acham und ihrem Team ist es, gehaltvolle Weine mit typischem Sortenaroma herauszubringen, die eine lange Lagerfähigkeit haben.

Betriebsleiter Vinzenz Troesch und Inhaberin Anna-Barbara Acham

Weingut Acham-Magin,
Weinstraße 67, 67147 Forst.
Telefon: 0 63 26/315.
Fax: 0 63 26/62 32.
E-Mail: info@acham-magin.de.
Homep.: www.acham-magin.de.

Rebfläche: 10 ha.
Rebsorten: 10.
Hauptrebsorten: Riesling (75 %), Spätburgunder (8 %), Weißburgunder (7 %).
Anbau: 90 % Weiß-, 10 %

Rotwein. **Spezialitäten:** Trockene Rieslinge. **Durchschnittsertrag:** 5500 l/ha. **Verkauf:** 90 % Privatkunden, 7 % Gastronomie, 3 % Fachhandel.

Immer nah' dran am Produkt, weil sie es täglich sehen, riechen und auch schmecken

Weingut Ackermann

Ilbesheim

Dass Frank Ackermann für das Aufblühen des sich - nach der Aussiedlung aus dem Ortskern - am Ortsrand befindenden Weinguts verantwortlich ist, steht außer Frage. Nach der Winzerausbildung bei Leiner in Wollmesheim, Siegrist in Leinsweiler und Bergdolt in Duttweiler beendete er im Jahr 2000 in Bad Kreuznach seine Ausbildung zum Weinbautechniker und wartete als junger Mann mit vielen neuen Ideen im Kopf auf. Die Arbeit im Keller hatte er bereits seit 1996 gemacht. Sein Vater Karl-Heinz kümmert sich in erster Linie um die Weinberge in Ilbesheim, Leinsweiler, Eschbach und Göcklingen, während Mutter Trudel sich der Betreuung der Kunden annimmt, die Vermarktung besorgt und die Ferienwohnung unter ihrer Obhut hat.

Wenn in Internet-Portalen nach Geheimtipps im Pfälzer Weinbau gefragt wird, fallen oft die gleichen Namen. Immer mal wieder ist auch das Weingut Ackermann in Ilbesheim dabei, das sich seit dem Eintritt von Frank A. in den elterlichen Betrieb dank eines geradlinigen Kurses in Richtung höhere Weinqualität auf dem Erfolgsweg befindet. Nach Expertenmeinung wird man in Zukunft noch öfter positiv von dem Gut hören. „Seriöser Betrieb mit hohem Anspruch", so lautet ein Urteil aus dem Munde eines ernst zu nehmenden Kritikers. Ackermann sei ein „Erzeuger mit Ambitionen".

▶▶▶ *Was machen Sie anders als Ihre Kollegen? Frank Ackermann: „Wir orientieren uns eng an den Richtlinien des biologischen Weinbaus, allerdings ohne Beitritt in einen Verein oder eine vertragliche Bindung. Wir verfolgen einen recht individuellen Weg."*

Aus dem ursprünglichen landwirtschaftlichen Gemischtbetrieb wurde Mitte der 1970er Jahre ein Weingut mit Selbstvermarktung. Mit dem seit der Verleihung der verschiedensten Auszeichnungen gewachsenen Selbstbewusstsein stellen sich die Ackermanns in ihrem Imageprospekt so vor: „Wir sind nicht Mainstream, nicht 08/15. Wir sind ein Familienweingut, ein kleiner Betrieb und damit nah' dran an unserem Produkt, weil wir es täglich sehen, riechen und schmecken. Im Weinberg und im Keller." Frank Ackermann liefert keine „Markenweine", die stets gleich schmecken, vielmehr nutzt er das Terroir aus und präsentiert individuelle Weine. Die Tropfen zeichnen sich durch Frucht, Kraft und Klarheit aus.

Mit seinem Sauvignon blanc sorgte Ackermann bereits für Schlagzeilen, als dieser Weißwein bei Wettbewerben im Vorderfeld landete und einen Zeitschriften-Journalisten zu dem Ausruf hinriss, beim Verkosten dieses saftigen und opulenten Tropfens werde er beim Hineinriechen ins Glas an die Loire erinnert, an den Duft nach geriebenen Blättern und Gras, nach schwarzen Johannisbeeren und Passionsfrucht.

Die besten Weinberge des Hauses liegen an der Kleinen Kalmit und in der Gemarkung Sonnenberg in Leinsweiler, wo die Bodenformationen durch Landschneckenkalk und Buntsandsteinverwitterung geprägt sind und den Weinen ihren Stempel aufdrücken. „Hier entstehen echte Charakterköpfe mit herrlich mineralischer Ausprägung", schwärmt der Erzeuger. Er setzt zwar auf die traditionellen Rebsorten, ist aber auch aufgeschlossen für Experimente mit neuen Sorten.

Die Qualität der Weine basiert unter anderem auf der Kenntnis der Zusammenhänge zwischen Rebsorte, Standort und Vegetationsphase. Es wird aus Gründen der Selektion und Kontrolle viel per Hand gelesen. Die Trauben werden sanft gepresst, die Gärung erfolgt nach modernen Gesichtspunkten (kontrollierte Temperaturen) in Tanks und kleinen Bütten. Lange lagern die Weine auf der Feinhefe in Edelstahl-, Holz- und Barrique-Fässern. Frank Ackermann geht in allem, was er tut, sehr diffenziert vor.

▶▶▶ *Wie sieht Ihre Weinphilosophie aus? Frank Ackermann: „Individuelle, Terroir bezogene Weine erzeugen. Möglichst wenig Eingriffe in die Natur der Weinberge und Weine."*

▶▶▶ *Welche weiteren Ziele haben Sie noch? Frank Ackermann: „Die nachhaltige und umweltschonende Weinproduktion ist mir wichtig. Daran wird selbstkritisch immer weiter gearbeitet."*

Frank Ackermann

ℹ **Weingut Ackermann**, Oberdorfstraße 40, 76831 Ilbesheim. Telefon: 0 63 41/30 664. Fax: 0 63 41/32 547. E-Mail: info@weingut-ackermann.de. www.weingut-ackermann.de.

Rebfläche: 14 ha.
Rebsorten: 17.
Hauptrebsorten: Riesling (24 %), Weißburgunder (9 %), Spätburgunder (8 %). **Anbau:** 68 % Weiß-, 32 % Rotwein.

Spezialitäten: Sauvignon blanc, Cabernet Franc, Riesling. **Durchschnittsertrag:** 7500 l/ha. **Verkauf:** 85 % Privatkunden, 5 % Gastronomie, 10 % Fachhandel.

Weingut Anselmann

Edesheim

Bei kaum einem nationalen oder internationalen Wettbewerb, an dem sie ihre Weine anstellen, gehen die Weinmacher aus Edesheim leer aus. Allein in den 2000er Jahren wurden 200 Gold- und 300 Silbermedaillen errungen: In Deutschland, Frankreich, Belgien, Italien, Spanien, Portugal, Großbritannien, Türkei, USA, Kanada, Argentinien, Brasilien, China, Japan, Ungarn, Serbien, Rumänien, Slowenien, Slowakai, Kroatien und anderen Ländern. 2011 und 2012 kam über 100 Mal „Gold" dazu.

Zu den Weingütern in Deutschland, die Medaillen und internationale Auszeichnungen alljährlich in Größenordnungen von ein paar Dutzend bekommen, gehört Anselmann in Edesheim. 2010 gab es den Bundesehrenpreis in Gold des Bundesministeriums für Ernährung, Landwirtschaft und Verbraucherschutz. Als Werner Anselmann, der Vater der heutigen drei Betriebsleiter Gerd, Ralf und Ruth Anselmann, 1959 auf Flaschenwein umstellte, waren diese Erfolge nicht einmal zu erahnen. Aber die immer hochwertiger werdenden Weine und die ebenso geschickte wie intensive Vermarktung trugen und tragen Früchte. Anselmann gehört heute nicht nur zu den größten, sondern auch zu den technisch am besten ausgestatteten deutschen Weingütern.

Seit über 450 Jahren befindet sich das Weingut im Familienbesitz. Der Weinbau hat also eine große Tradition. Aber diese allein bringt nicht unaufhaltsam voran. Zur Erfahrung müssen sich Ideenreichtum, Innovationsfreude und Mut zu Veränderungen gesellen. Bei Anselmann war und ist dies der Fall. Ein anderes Erfolgsgeheimnis wird in der Preisliste mit einer Riesenauswahl an Weinen - vom trockenen Alltags-Riesling bis zur Beerenauslese und zu Eisweinen - im Vorwort genannt: „Mit Begeisterung und Idealismus für den Wein kümmern wir uns konsequent um die Qualität und Vielfalt unseres Angebots."

▶▶▶ *Was machen Sie anders als Ihre Kollegen?*
Gerd Anselmann: „Von größter Wichtigkeit ist uns die qualitätsorientierte und nachhaltige Bearbeitung unserer Weinberge. Mit sorgfältiger Handarbeit wird alles getan, um die Qualität der Trauben zu sichern."

Die Rebsorten werden sorgfältig ausgewählt, die geeigneten Standorte hierfür ebenso. Die Weinberge in Edesheim,

Edenkoben, Rhodt, Flemlingen, Altdorf und Arzheim sind naturnah angelegt. Die Trauben werden so spät wie möglich geerntet. Teilweise erfolgt selektive Handlese. Der Barriquekeller hat Platz für 1200 Fässer, derzeit sind noch Reserven vorhanden. Zu vermarkten sind nicht nur die Weine aus den eigenen 123 Hektar Weinbergen. Es werden noch Trauben von Nebenerwerbswinzern von der Gebrüder Anselmann GmbH dazu gekauft. Der Most wird selbst ausgebaut oder verkauft. Dass sich so viele Rebsorten im Anbau befinden, hat einen Hintergrund. Gerd Anselmann: „Wir wollen unsere Kompetenz beweisen. damit Aber viele Sorten bedeuten auch eine Herausforderung. Wir sind neugierig, ehrgeizig und experimentierfreudig."

▶▶▶ *Wie sieht Ihre Weinphilosophie aus? Gerd Anselmann:* „Streben nach höchstmöglicher Qualität. Niemals still stehen, sondern immer nach neuen Verbesserungen streben. Nach Innovationen Ausschau halten und prüfen, ob diese für uns sinnvoll sind."

▶▶▶ *Welche weiteren Ziele haben Sie noch?* Ralf Anselmann: „Wir wollen die wachsende Zahl unserer Kunden zufriedenstellen und die Qualität unserer Weine weiter steigern."

Anselmann-Weine wurden bei den Olympischen Sommerspielen 2000 in Sydney, 2004 in Athen, 2008 in Peking und 2012 in London, jeweils im Deutschen Haus, getrunken, außerdem bei den Paralympics in Sestrière und London sowie bei der Fußball-Weltmeisterschaft 2006 in Deutschland. Bei großen Events außerhalb der Pfalz ist Anselmann sehr häufig vertreten und gewinnt dadurch manchen neuen Kunden. Der Weinprobierstand an der Staatsstraße in Edesheim ist jeden Tag Anlaufpunkt für Weinfreunde, die einen Schoppen trinken oder eine Kiste Wein kaufen wollen. Individuelle Beratung ist in der schmucken Weinprobierstube möglich. Von Mai bis zum Herbst hat die „Brunnenterrasse" (eine Straußwirtschaft gehobener Art) geöffnet, wo es zu den Weinen des Hauses leckere Speisen gibt.

Gerd und Ralf Anselmann.

Weingut Werner Anselmann, Staatsstraße 58-60, 67483 Edesheim. Telefon: 0 63 23/94 120. Fax: 0 63 23/94 12 19. E-Mail: info@weingut-anselmann.de. www.weingut-anselmann.de.

Rebfläche: 123 ha. **Rebsorten:** 32. **Hauptrebsorten:** Riesling (20 %), Cabernet Sauvignon (10 %), Sauvignon blanc (8 %). **Anbau:** 54 % Weiß-, 46 % Rotwein. **Spezialitäten:** Im Barrique

gereifte Rotweine, Cabernet blanc, Sauvignon blanc, Eisweine. **Durchschnittsertrag:** 8000 l/ha. **Verkauf:** 20 % Privatkunden, 10 % Gastronomie, 50 % Fachhandel, 20 % Export.

Weingut Bärenhof

Bad Dürkheim-Ungstein

Einfach bärig, der Bärenhof! Seit einigen Jahren ist das Weingut Bärenhof der Familie Bähr (mit „h") in Ungstein das meistprämierte pfälzische Gut bei der Prämierung der Landwirtschaftskammer Rheinland-Pfalz. Um die 50 Medaillen in Gold, Silber und Bronze sind es jedes Jahr. Und auch bei der Bundesweinprämierung der Deutschen Landwirtschafts-Gesellschaft (DLG) gibt es stets Medaillen im Dutzend. 2009 erhielten die Bährs ihren ersten Bundesehrenpreis als höchste Auszeichnung der DLG. Auch Staatsehrenpreise des Landes zählen zu den gewonnenen Trophäen.

▶▶▶ *Was machen Sie anders als Ihre Kollegen? Jürgen Bähr: „Unsere Vielfalt ist unsere Stärke. Bei 25 verschiedenen Rebsorten haben wir rund 50 Weine und 8 Sekte im Angebot. Es werden sogar Kleinstpartien einer bestimmten Gewanne ausgebaut."*

Wollte man alle allein bei diesen beiden Wettbewerben zuerkannten Auszeichnungen im Detail aufzählen, wäre eine ganze Seite erforderlich. Nur so viel: Seit Einführung der deutschen Top-100 der DLG ist der Bärenhof auf dieser Liste vertreten, hat sich inzwischen auf Platz 33 (2012) vorgearbeitet. Im „Gault Millau" 2010 gab es die erste Traube, verbunden mit der Aufforderung: „Weiter so!" Günter Bähr und sein Sohn Jürgen, der nach Lehre und Ausbildung zum Weinbautechniker seit August 2004 im Betrieb ist und seit dem Jahrgang 2005 für den Weinan- und -ausbau hauptverantwortlich zeichnet, geben auf die Frage nach den Geheimnissen des Erfolges eine klare Antwort: „Wir stellen mit Leidenschaft die Besonderheiten der einzelnen Lagen bzw. Gewannen heraus und können somit einen Einblick in die Wichtigkeit des Terroirs geben."

Drei Generationen Bähr arbeiten im Bärenhof in den Weinbergen, im Keller, im Verkauf und im Büro. Die erste Generation sind Helmut und Elisabeth Bähr, die das Weingut aufgebaut haben; die zweite Generation sind Günter und Margit Bähr, bis zur Ernte 2003 zuständig; die dritte Generation bilden Jürgen Bähr und seine Schwester Heike. Gründer des Weinguts war im Jahre 1590 Philipp Bähr, der aus dem Elsass nach Ungstein kam. Die Familie Bähr ist nachweislich die älteste, ständig in Ungstein wohnhafte Familie. In der 17. Generation wird Wein gemacht.

Bis 1907 wurde der Wein ausschließlich über das Fass vermarktet. Von 1908 bis 1973 war der Betrieb Mitglied der örtlichen Genossenschaft, ehe Günter Bähr 1973 erstmals eine Ernte selbst ausbaute und im Frühjahr des folgendes Jahres auf die Flasche brachte. Die gut zwei Dutzend Hektar umfassenden Weinberge befinden sich in Ungstein: in den Großlagen Honigsäckel (Einzellagen Weilberg, Herrenberg und Nußriegel) und Kobnert (Bettelhaus und Osterberg). Die Bährs sehen es als großen Vorteil an, Weine und Sekte von 25 verschiedenen Rebsorten anbieten zu können.

Der Ausbau der Weißweine erfolgt sehr reduktiv, sie werden im März/April auf Flaschen gefüllt. Die Rotweine werden nach der Maisch- egärung zum Teil im Holzfass oder Barrique ausgebaut. Hauptrebsorte ist der Riesling. Die daraus entstehenden Weine sind fruchtig, spritzig und mineralisch, Kritiker bestätigen ihnen gutes Niveau. Auch andere Sorten finden hohe Einschätzung, so der Silvaner (zart, saftig, milde Säure), die weißen Burgunder (ausdrucksstark, elegant, üppige Frucht) oder die Spätburgunder (kräftig, elegant). Den Cuvees „Ursus" (rot, ein Jahr Ausbau im Barrique) und „Philipp Bähr" (benannt nach dem Gründer des Weinguts) wird Aromenvielfalt, gute Konzentration und dezente Würze bescheinigt.

Etwas Besonders ist die Collection JB, benannt nach Jürgen Bähr. Der Kellermeister verwendet hierfür nur vollreife Trauben aus stark ertragsreduzierten Weinbergen. Die Lese erfolgt per Hand, die Kelterung schonend. Die Weine von mehren Rebsorten sind kräftig und aromatisch.

▶▶▶ *Wie sieht Ihre Weinphilosophie aus? Jürgen Bähr:* „Erzeugung individueller und sortentypischer Weine, die nach jedem Schluck Lust auf mehr machen."

▶▶▶ *Welche weiteren Ziele haben Sie noch?*
Jürgen Bähr: „Wir möchten nicht auf dem Erreichten ausruhen und sind deshalb bestrebt, unser Wissen um den Weinanbau und -ausbau stetig zu erweitern, damit die jetzige Qualität gesichert wird und weiterhin verbessert werden kann."

Jürgen Bähr

 Weingut Bärenhof, Weinstraße 4, 67098 Bad Dürkheim-Ungstein. Telefon: 0 63 22/41 37. Fax: 0 63 22/82 12. E-Mail: weingut-baerenhof@t-online.de. www.weingut-baerenhof.de.

Rebfläche: 32 ha.
Rebsorten: 25.
Hauptrebsorten: Riesling (37 %), Spätburgunder und Dornfelder (je 10 %).
Anbau: 60 % Weiß-,

40 % Rotwein.
Spezialitäten: Weine der Collection JB.
Durchschnittsertrag: 8500 l/ha. **Verkauf:** 97 % Privatkunden, 3 % Gastronomie/Fachhandel.

Weingut Geheimer Rat Dr. von Bassermann-Jordan

Deidesheim

Der kaufmännische Geschäftsführer Gunther Hauck macht für die Erfolge bei den Kunden und bei Prämierungen das „Füllhorn absoluter Spitzenlagen" verantwortlich. Der eigentliche Weinmacher des Hauses ist Kellermeister Ulrich Mell, der als einer der Besten seines Fachs in Deutschland gilt. Zugleich ist er technischer Geschäftsführer. Besitzer des traditionsreichen Weinguts, für dessen Ansehen Andreas Jordan (1775-1848) durch Ausrichtung auf beste Qualität den Grundstein legte, ist der Neustadter Unternehmer Achim Niederberger. 2002 kaufte er von Margrit und Tochter Gabriele von Bassermann-Jordan das Gut, das zu Beginn des 19. Jahrhunderts als Erstes in der Pfalz reinsortig Riesling anbaute.

Zu den ganz großen Namen nicht nur im Pfälzer Weinbau zählt das Weingut von Bassermann-Jordan in Deidesheim. Die Geschichte der Familie ist untrennbar mit der Geschichte des deutschen Qualitätsweinbaus und dem ersten deutschen Weingesetz verbunden, an dessen Ausarbeitung Dr. Ludwig von Bassermann-Jordan beteiligt war. Vor allem Riesling-Weine haben den Ruf des Betriebs begründet. Auch heute noch wird diese Sorte auf 85 Prozent der Rebflächen in Deidesheim, Forst und Ruppertsberg in 20 Einzellagen angebaut. Bis 1996 gab es nichts anderes als Riesling.

▶▶▶ *Was machen Sie anders als Ihre Kollegen? Ulrich Mell: „Wir praktizieren biodynamischen Anbau und integrierten Weinbau."*

Die Familie Jordan wanderte 1718 aus Savoyen in die Pfalz ein. Bis 17. September 1883 trug das Weingut nur den Namen Jordan. Die Namensvereinigung wurde ermöglicht durch die Heirat von Emil Bassermann 1864 mit Auguste Jordan, Tochter des Deidesheimer Bürgermeisters. Seit zwei Jahrhunderten steht das Haus für Spitzenqualitäten, die auch im Ausland sehr geschätzt sind. Und seit Ulrich Mell im Keller das Sagen hat, hat sich der Stil der Weine nach übereinstimmender Einschätzung von Experten in Richtung modern und fruchtbetont gewandelt. Dem Oenologen kam dabei zupass, dass seit der Übernahme durch Niederberger viele Investitionen getätigt wurden.

„Edle Weine mit einem hohen Spaßfaktor, die zum Trinken wie zum Philosophieren animieren" (Weinjournalist Matthias

F. Mangold), werden von Bassermann-Jordan angeboten. Die Kritiker loben vor allem die kristallklaren, modernen, primärfruchtigen Rieslinge, die zu den feinsten in Deutschland gehören. Seit 1997 sind auch Burgundersorten im Anbau, dazu kommen Sauvignon blanc und Muskateller. Das höchste Lob gilt alljährlich den jahrgangstypischen, charaktervollen und vollfruchtigen Rieslingen, die Fülle, Substanz und Struktur aufweisen, je nach Lage feingliedrig oder elegant, finessenreich oder zupackend sind.

Ein Erlebnis besonderer Art ist für alle, die einmal an einer Führung teilnehmen konnten, die mehr als einen Kilometer lange Kelleranlage mit den alten Holzfässern. Dabei sind römische Amphoren, griechische Trinkschalen, Skulpturen aus Holz und ein 500 Jahre altes Steinrelief zu besichtigen - alles Funde aus den eigenen Weinbergen. Einzigartig ist das Museum alter Weine. Der älteste Tropfen stammt vom Jahrgang 1706. Auch ein 1811er Forster Ungeheuer, den Goethe einst besungen hat, ist vorhanden. Alle Jahrgänge seit 1880 bis heute sind lückenlos vertreten.

Bemerkenswert sind auch die Etiketten des Hauses. Alle Burgunderweine haben auf der Flasche ein 1811 geschaffenes Etikett, das zu den ältesten in Deutschland gehört. Das sogenannte Probus-Etikett von 1905 steht für alle trockenen Rieslinge. Weine mit leichter und pikanter Restsüße tragen das Wappenetikett von 1925. Noch eine Besonderheit: Die Spitzenweine Großes Gewächs können per Subskription erworben werden.

▶▶▶ *Wie sieht Ihre Weinphilosophie aus? Ulrich Mell:* „Wir bemühen uns, Natur und Kultur im Weinberg sinnvoll miteinander zu verbinden, um Trauben von höchster Qualität zu erzeugen."

▶▶▶ *Welche weitere Ziele haben Sie noch? Ulrich Mell:* „Ziel ist es, Sorgfalt und Hingabe im Wein schmeckbar, ja erlebbar zu machen."

Kaufmännischer Geschäftsführer Gunther Hauck (li.) und technischer Geschäftsführer und Kellermeister Ulrich Mell.

Weingut Geheimer Rat Dr. von Bassermann-Jordan, Kirchgasse 10, 67146 Deidesheim. Telefon: 0 63 26/60 06. Fax: 0 63 26/60 08. E-Mail: info@bassermann-jordan.de.

www.bassermann-jordan.de. **Rebfläche:** 48 ha. **Rebsorten:** 11. **Hauptrebsorten:** Riesling (85 %), alle anderen 10 Sorten zusammen 15 %. **Anbau:** 98 % Weiß-, 2 % Rotwein.

Spezialitäten: Riesling, Sauvignon blanc, Goldmuskateller. **Durchschnittsertrag:** 4500 l/ha. **Verkauf:** 40 % Privatkunden, 25 % Gastronomie, 35 % Fachhandel.

Weingut Bauer

Landau-Nußdorf

32 Jahre hielt der Weltrekord 326 Grad Oechsle bei Trauben von der Siegerrebe

Norbert Bauer einnert sich noch genau an die Lese von 1971: „Zwei Wochen lang haben sechs Leute täglich acht bis zehn Liter Most von dieser Siegerrebe geerntet. Da es nachts warm war, waren die Trauben eingeschrumpft wie Rosinen." Die Trockenbeerenauslese ist kein Wein geworden, weil der im Weingesetz vorgeschriebene Mindestalkoholgehalt nicht erreicht wurde. Trinken könnte man den edlen Tropfen ohnehin nicht, da er zäh wie Sirup ist. In einem Spezialbehälter aus Glas steht der „Wein" luftdicht abgeschlossen in einer Ecke, wo man ihn besichtigen kann. Er wird noch lange an diesem Platz bleiben, weil keine Verdunstung stattfindet und der hohe Zuckergehalt das Produkt konserviert.

32 Jahre lang hielt das Weingut Bauer einen einzigartigen Weltrekord, und es sah so aus, als hätte dieser Bestand für die Ewigkeit. Aber dann wurde er doch von einem Winzer an der Mosel gebrochen. Im Herbst 1971 ernteten die Nußdorfer Weinmacher Trauben der Rebsorte Sieger mit sage und schreibe 326 Grad Oechsle. Bis dann 2003 die Meldung durch die Medien ging, dass der Kollege noch zwei Grad „draufgesetzt" hatte. Aber die Brüder Norbert und Arno Bauer und der Kellermeister Alexander Bauer (Sohn von Norbert) grämten sich nicht lang über den Verlust und trösteten sich damit, dass zumindest in der Pfalz noch lange Zeit die Worte „Bauer" und „Oechsle-Weltrekord" in einem Atemzug genannt werden.

▶ ▶ ▶ *Was machen Sie anders als Ihre Kollegen?*
Alexander Bauer:
„Im Prinzip wenig. Wir setzen bei der Weinbereitung unsere lange Erfahrung ein. Ein besonderes Gefühl für die Trauben und deren Potenzial prägen die Weine aus unserem Haus."

Das Weingut hat seinen guten Namen in der Szene aber nicht nur wegen des Rekordmosts, sondern weil es mit seinen hervorragenden Weinen schon viele hohe Auszeichnungen bekommen hat. Im Restaurant des Reichstags in Berlin stehen Bauer-Weine auf der Angebotsliste, wie auch in anderen Spitzengaststätten und Hotels. Das Nußdorfer Gut war 1990 übrigens das erste Weingut an der Südlichen Weinstraße, das im Versuchsanbau Cabernet Sauvignon anbaute und für eine 1992er Spätlese gleich die erste Auszeichnung erhielt. Dieser Rotwein ist eines der „Aushängeschilder" des traditionsreichen Betriebs, in dem bereits in der fünften Generation Wein gemacht wird.

Der Urgroßvater von Norbert Bauer (als Keller- und Küfermeister für die Außenwirtschaft zuständig) und Arno Bauer (gelernter Kaufmann, im Büro und im Verkauf tätig) fuhr seinen Wein noch mit dem Pferdefuhrwerk nach Karlsruhe zu den Kunden. Heute geschieht die Auslieferung mit dem eigenen Lkw. Ihr Vater Emil stellte den landwirtschaftlichen Gemischtbetrieb nach dem Zweiten Weltkrieg ganz auf Weinbau um und begann 1948 mit der Flaschenweinvermarktung.

Furore haben die Bauers auch mit ihren preisgekrönten Sekten gemacht. Seit Anfang der achtziger Jahre des vorigen Jahrhunderts versekten sie eigene Weine, die auch in der gehobenen Gastronomie gut ankommen. Dass die Produkte des Hauses so viel Anerkennung finden, ist mit das Verdienst von Alexander Bauer. Der Diplom-Ingenieur für Weinbau und Oenologie ist der verantwortliche Kellermeister.

Neue Kunden will man mit einer neuen Weinlinie gewinnen, die seit 2009 angeboten wird. Es handelt sich um ausgewählte weiße und rote Premiumweine. Großen Anklang finden die regelmäßig stattfindenden kulinarischen Rot- und Weißweinproben, der Gutsausschank an vier Wochenenden im Oktober und November und vor allem der Ausschank bei der Weinkerwe. Bei Bauers treffen sich dann alle, die in Landau und Umgebung Rang und Namen haben.

▶▶▶ *Wie sieht Ihre Weinphilosophie aus? Alexander Bauer: „Wir achten auf Qualität, setzen so wenig Spritzmittel wie nötig ein, selektieren stark im Weinberg und legen im Keller Wert auf reduktiven Ausbau und schonende Behandlung."*

▶▶▶ *Welche weiteren Ziele haben Sie noch? Alexander Bauer: „Weitere Qualitätssteigerung, Ausbau unserer Marktposition, Gewinnung neuer Kunden, vor allem unter der jüngeren Generation. Deshalb haben wir auch eine neue Weinlinie kreiert."*

Arno, Norbert und Alexander Bauer (von links) vor dem Glas-Spezialbehälter mit dem Rekordmost.

Weingut Emil Bauer & Söhne, Walsheimer Straße 18, 76829 Landau-Nußdorf. Telefon: 0 63 41/61 754. Fax: 0 63 41/63 584. E-Mail: bauerwein@web.de.

Homepage: www.bauerwein.de. **Rebfläche:** 25 ha. **Rebsorten:** 15. **Hauptrebsorten:** Riesling (15 %), Dornfelder (12 %), Spätburgunder (10 %). **Anbau:** 60 % Weiß-, 40 % Rotwein.

Spezialitäten: Cabernet Sauvignon, Merlot, Cuvee B. **Durchschnittsertrag:** 8000 l/ha. **Verkauf:** 80 % Privatkunden, je 10 % Gastronomie und Fachhandel.

Weingut Becker

Schweigen

„Friedrich Beckers Pinot noirs have acquired cult status", ist in einem opulent aufgemachten Werk über die deutschen Spitzenweingüter zu lesen. Wer wollte dieser Einschätzung widersprechen? Ein Foto dazu zeigt den echten Schweigener mit Zigarre im Mund (so kennt man ihn, wenn er eine Pause einlegt) und einer Tasse Kaffee in der Hand - aber natürlich trinkt er seine eigenen exzellenten Rotweine und ausgezeichneten Weißweine, wenn die richtige Tageszeit gekommen ist. Es zeichnet den im Gespräch gar nicht „etwas knorzig und eigen wirkenden" Becker (Zitat aus einem Weinbuch) aus, wenn er sagt: „Die Auszeichnungen und Lobeshymnen sind nicht allein mein Erfolg, sondern der Erfolg der Familie und des ganzen Teams."

Seit Jahren ist er der ungekrönte deutsche „Rotweinkönig": Friedrich (Fritz) Becker in Schweigen. Was Spätburgunder angeht, kann ihm in Deutschland keiner das Wasser reichen. Im „Gault Millau" wurde sein Pinot noir über ein halbes Dutzend Mal als bester Rotwein ausgezeichnet. So etwas gab es vorher noch nie, dass der gleiche Winzer so lange unangefochten die Spitzenposition einnimmt. Da der Ehrgeiz beim Seniorchef Fritz Becker, bei seinem Sohn Fritz jun. und bei dem als freier Mitarbeiter und Berater tätigen Stefan Dorst nach wie vor groß ist, dürfte das Ende der Fahnenstange noch nicht erreicht sein.

▶▶▶ *Was machen Sie anders als Ihre Kollegen? Fritz Becker sen.: „Ich weiß es nicht. Es gibt kein Geheimnis. Ich arbeite eng mit der Weinlage und der Natur zusammen, fühle mich in die Situation hinein. Ich kenne jeden Stock in meinen Weinbergen, und kurz vor der Ernte jede Traube."*

Als Fritz Becker sen. („Als vierjähriger Bub habe ich bereits an der Kelter gesessen und mit dem Glas unseren ‚Bumbes' versucht") bei seinem Vater Otto im landwirtschaftlichen Gemischtbetrieb Winzer lernte, ahnte niemand, welchen Erfolgsweg er eines Tages einschlagen würde. Nach einjährigem Weiterlernen in einem Weingut am Kaiserstuhl und Meisterprüfung schockte er seinen alten Herrn, als er 1975 den bisherigen Genossenschaftsbetrieb auf ein eigenständiges Weingut mit Flaschenweinvermarktung umstellte.

Seit er 1980 die Leitung des Betriebs übernahm, geht es mit dem Gut steil aufwärts. Vor allem mit seinem Spätburgunder macht Becker seitdem Furore. 1966 erkannte er bereits, dass die zu diesem Zeitpunkt in Schweigen kaum noch eine Rolle spielende Rebsorte von besonderer Güte ist, aus der man etwas machen kann. In der Lage Kammerberg riss er Brombeerbüsche aus und pflanzte Spätburgunder. Zwei Drittel seiner Weinbergsflächen mit meist sehr alten Reben befinden sich jenseits der Grenze auf elsässischem Boden.

Wenn er als „Weinmacher mit Herzblut" bezeichnet wird, widerspricht Fritz Becker nicht. Wenn Kenner weltweit seinen Roten bescheinigen, weicher, runder und vielschichtiger zu sein als andere Rotweine, nimmt er dieses Kompliment mit Gelassenheit entgegen. Sein großes Ziel ist es, Weine zu machen, die auch internationale Anerkennung finden. Aber auch die geschliffen fruchtigen und frischen Weißweine - darunter als Spezialität der Gewürztraminer - brauchen sich absolut nicht hinter Gewächsen berühmter Kollegen zu verstecken.

Fritz Becker, der zu den „Fünf Freunden" in der Südpfalz gehört, lässt seinen größtenteils durchgegorenen Weinen im Fass und auf der Flasche Zeit zum Reifen. Dass die Tropfen so gut gedeihen, führt er vor allem auch auf die Böden in Schweigen und „drüben" im Elsass zurück. Buntsandstein, Kalk, Mergel und Ton geben ihnen das besondere Gepräge. Das Handwerkliche im Keller überlässt der Senior seinem Sohn und Stefan Dorst. Aber alles, was sie tun, sprechen sie mit ihm ab. „Wir betreiben in den Weinbergen und im Keller einen erheblich höheren Aufwand als andere Winzer. Nur so können wir das Niveau halten und noch verbessern", sagt der Chef.

▶▶▶ *Wie sieht Ihre Weinphilosophie aus? Fritz Becker sen.:* „*Wein muss wie die Traube schmecken. Meinen Rotwein mache ich aus dem Bauch heraus. Der Weißwein dagegen ist Kopfsache.*"

▶▶▶ *Welche weiteren Ziele haben Sie noch? Fritz Becker sen.:* "*Ich will den Südpfälzer Spätburgunder noch bekannter machen.*"

Pfalz

2007
Spätburgunder
trocken

alc. 12.5 % vol.   Qualitätswein A.P.Nr. 5 066 012 34 09   D-76889 Schweigen   0,75 l
Abgefüllt von Friedrich Becker

Friedrich Becker senior mit Sohn Friedrich.

ℹ **Weingut Friedrich Becker,**
Hauptstraße 29,
76889 Schweigen.
Telefon: 0 63 42/290.
Fax: 0 63 42/61 48.
wein@friedrichbecker.de.

www.friedrichbecker.de.
Rebfläche: 25 ha.
Rebsorten: 9.
Hauptrebsorten: Burgunder (70 %), Riesling (15 %).
Anbau: 30 % Weiß-,

70 % Rotwein. **Spezialitäten:** Spätburgunder in mehreren Varianten. **Durchschnittsertrag:** 5500 l/ha. **Verkauf:** 20 % Privatkunden, 10 % Gastronomie, 70 % Fachhandel.

Weingut Bergdolt - Klostergut St. Lamprecht

Weiße Burgunder aus diesem Haus zählen zu den besten ihrer Art auf der Welt

Neustadt-Duttweiler

Für Stuart Pigott sind die Weißburgunder aus diesem Haus „die größten Weine dieser Rebsorte in ganz Deutschland und zählen somit zu den besten ihrer Art weltweit". Ein Weinfachhändler singt in seinem Internet-Auftritt ebenfalls das hohe Lied auf Bergdolt: „Ohne jeden Zweifel zaubern die Brüder Bergdolt mit Tochter Carolin die großartigsten Weißburgunder Deutschlands." Weißburgunder ist der Paradewein des Weinguts, aber auch die Rieslinge und andere Sorten weisen eine Qualität auf, die sich sehen lassen kann.

Wo wachsen in Deutschland die besten Weißburgunder? Das ist Geschmackssache. Aber auf der Suche nach einer Antwort auf die Eingangsfrage wird von Weinkennern immer wieder der Name eines Pfälzer Weinguts genannt: Bergdolt in Duttweiler. Was die Brüder Rainer und Günther Bergdolt sowie Rainers Tochter Carolin aus dieser Rebsorte machen, die auf mehr als einem Drittel ihrer gesamten Weinbergsflächen wächst, lässt viele Weinfreunde beim Verkosten und Genießen mit der Zunge schnalzen.

▶▶▶ *Was machen Sie anders als Ihre Kollegen? Brüder Bergdolt: „Auch als VDP-Weingut fühlen wir uns naturschonenden und ökologischen Anbaumethoden verbunden."*

Die Weißburgunder-Reben finden in den lösshaltigen Lagen von Duttweiler die besten Wachstumsbedingungen. Die Weine sind füllig, harmonisch und reif, schmecken nach Vanille, weißen und gelben Früchten sowie dezent nach Marzipan, haben viel Substanz und Länge. Die Rieslinge gedeihen auf tiefgründigen Lehm-Löss-Böden ebenfalls prächtig, sind würzig und klar. Immer besser werden nach Ansicht von Sachverständigen die Spätburgunder mit ihrer rauchigen Note und ihrer guten Struktur. Die Bergdolts haben Weinberge nicht nur in Duttweiler (Kalkberg, Mandelberg, Kreuzberg), sondern auch in Kirrweiler (Mandelberg), Mußbach (Eselshaut), Deidesheim (Mäushöhle) und Ruppertsberg (Reiterpfad, Nussbien).

Als Ziel ihrer Arbeit geben die Bergdolts an, sie wollten authentische Weine erzeugen. Der vorher alleinverantwortliche Kellermeister Rainer B. wird seit 2007 durch seine Tochter im Keller unterstützt. Fachleute attestieren ihnen, den Bruder

Günther eingeschlossen, die große Kunst des Weinmachens bestens zu beherrschen.

Seit 2007 wird im Weingut nach ökologischen Richtlinien gearbeitet. Starke Selektion, temperatur-kontrollierte Vergärung, Verzicht auf Schönungs-mittel und auf biologischen Säureabbau tragen dazu bei, dass die Weine so anerkannt sind, viele Preise bekommen und das familiengeführte Haus in fast allen „Hitlisten" der 100 besten deutschen Weingüter vertreten ist. Zitat aus dem Buch „Weinreisen: Pfalz": „Während andere Winzer eifrig und beschwörend von Böden und Terroir reden,... sprechen bei Bergdolt allein die Weine - zu erzählen haben sie schließlich genug. Möglicherweise gelten sie vielen phrasenverseuchten Beobachtern genau deshalb als unspektakulär, weil sie keine reißerischen Worte geliefert bekommen."

Über die Geschichte dieses Weinguts könnte man eine große Abhandlung schreiben. Das ehemalige Hofgut des Klosters St. Lamprecht kam nach Auflösung des Benediktinerordens 1553 in die Obhut von Kurfürst Friedrich von der Pfalz, der es der Universität Heidelberg vermachte. Die Uni verwaltete es 200 Jahre lang. Am 2. Oktober 1754 kaufte es Jakob Bergdolt für 2300 Gulden mit der Auflage, „dass es für alle Zeiten nicht zerstückelt wird". Seit 1982 bewirtschaften Günther und Rainer Bergdolt in der 8. Generation den seit mehr als 250 Jahren im Familienbesitz befindlichen Betrieb. Friedrich Bergdolt (1876-1962) war es, der 1911 mit der Flaschenfüllung und der eigenen Vermarktung der Weine begann.

▶▶▶ *Wie sieht Ihre Weinphilosophie aus? Brüder Bergdolt: „Bei der Weinbereitung müssen traditionelle Werte im Gegensatz zu der immer stärker zunehmenden industriellen Weinbereitung erhalten werden."*

▶▶▶ *Welche weiteren Ziele haben Sie noch? Brüder Bergdolt: „Die bisher erreichten Erfolge sind Motivation, den eingeschlagenen Weg weiter zu gehen."*

Rainer Bergdolt mit Tochter Carolin.

 Weingut Bergdolt, Dudostr. 17, 67435 Neustadt-Duttweiler. Telefon: 0 63 27/50 27. Fax: 0 63 27/17 84. E-Mail: weingut-bergdolt-st. lamprecht@t-online.de.

www.weingut-bergdolt.de. **Rebfläche:** 24 ha. **Rebsorten:** 13. **Hauptrebsorten:** Weißburgunder (35 %), Riesling (32 %), Spätburgunder (10 %). **Anbau:** 85 % Weiß-,

15 % Rotwein. **Spezialitäten:** Weißburgunder, Spätburgunder, Sekt. **Durchschnittsertrag:** 6000 l/ha. Verkauf: 75 % Privatkunden, 15 Gastronomie, 10 % Fachhandel.

Weingut Bernhart

Schweigen

Die besten Parzellen
liegen im nahen Elsass,
wo die Burgundersorten
besonders gut gedeihen

Zwei Drittel der Rebflächen liegen auf elsässischem Boden, wo sich die besten Parzellen befinden und wo auf den steilen Kalkverwitterungsböden die Burgundersorten so gut gedeihen. „Zu tun hat diese Form grenzüberschreitender Weinkultur mit ein paar hundert Jahren deutsch-französischer Geschichte, mit Revolution und Säkularisierung", liest man im Hausprospekt. Denn außerhalb der Pfalz bedarf es einer Erklärung, warum Pfälzer Weine auf der anderen Seite der schon viele Jahre ohne Schlagbaum auskommenden Grenze wachsen.

Seit 200 Jahren wird in der Familie Bernhart Wein gemacht, auch wenn früher das Schwergewicht mehr auf Ackerbau und Viehzucht lag. Das Weingut gehört zu den ältesten Betrieben in Schweigen. Der erste Grundstein für den heutigen Betrieb, der seit 2004 Mitglied im Verband Deutscher Prädikatsweingüter (VDP) ist, wurde um 1900 mit dem Kauf von Weinbergen im französischen Weißenburg gelegt.

Willi Bernhart, der seinem Sohn Gerd nach wie vor zur Seite steht, wagte 1971 mit Flaschenwein den Sprung in die Selbstständigkeit. Vorher gehörte man der Genossenschaft an und verkaufte Fasswein. Das Weinmachen hat sich der Senior einst selbst beigebracht und seine Erfahrungen an die Söhne weitergegeben. Für die Arbeiten in den Weinbergen sind in erster Linie die „Senioren" verantwortlich, Gerd Bernhart führt die Regie im Keller, seine Frau Sabine kümmert sich um die Vermarktung und Kundenbetreuung.

▶▶▶ *Was machen Sie anders als Ihre Kollegen?* Gerd Bernhart: „Wir betreiben eine intensive Stockarbeit und konzentrieren uns auf wirklich gute Lagen. Großen Wert legen wir auf möglichst späte Lese und schonende Verarbeitung der Trauben."

Dank später Lese und schonender Verarbeitung der Trauben, modernster Kellertechnik und Anwendung der aktuellen Erkenntnisse des Ausbaus (die Weißweine werden kühl vergoren, die Rotweine vergären in Schalen, um anschließend im Holzfass die notwendige Reife zu erlangen - das kann bis zu 24 Monate dauern) erzeugt das Weingut Bernhart sehr individuelle Weine, die durch Struktur und Charakter bestechen. In einem Weinbuch ist die Rede von „Weinen ohne Schnickschnack".

Die Bernhartschen Tropfen sind fast alle klassisch trocken ausgebaut, abgesehen von edelsüßen Raritäten. Die Weißweine zeichnen sich durch Frische und Lebendigkeit, Eleganz mit klarer Frucht und mineralischer Würze aus. Die Roten haben alle Holzkontakt, was sie weich und rund mit elegantem Gerbstoffgerüst macht, die Tannine sind gezähmt, der Nachhall im Gaumen ist beim Probieren ausgeprägt. Spezialitäten des Hauses sind feine, mineralische Weiß- und rauchige Spätburgunder. Aber auch die komplexen Rieslinge kommen bei den Weinfreunden an.

Bernhart

Spätburgunder

"R"

2005

Pfalz

Vor zehn Jahren noch schrieb ein Journalist in einem Buch über deutsche Weingüter, Bernhart sei „noch relativ unbekannt", segele aber deutlich im Aufwind. Diese Einschätzung war damals richtig. Heute würde der Autor anders formulieren. Denn das Schweigener Gut hat sich enorm entwickelt. Die Weine sind von überdurchschnittlicher Qualität. Die maßgeblichen Gründe hierfür werden in Fachartikeln klar benannt: Geringe Erträge, selektive Lese, önologische Könnerschaft und beständige Investitionen in die Kellertechnik.

Gerd Bernhart hat sich zum Ziel gesetzt, in jedem Jahr mindestens ein Großes Gewächs herauszubringen. Obwohl der VDP diese Bezeichnung patentrechtlich hat schützen lassen, darf sie bisher aus wettbewerbsrechtlichen Gründen noch nicht auf dem Etikett vermerkt werden.

▶▶▶ *Wie sieht Ihre Weinphilosophie aus?* Gerd Bernhart: *„Wichtig sind mir Komplexität und Struktur, die man riechen, schmecken und auf Flasche ziehen kann. So bescheiden wir auch sein mögen, bei unseren Weinen geben wir uns nur mit Großem zufrieden."*

▶▶▶ *Welche weiteren Ziele haben Sie noch?* Gerd Bernhart: *„Meine Ziele sind nicht utopisch. Wir wollen uns auf die vorhandene Produktpalette konzentrieren und uns auf ökologische Wirtschaftsweise ausrichten."*

Gerd Bernhart

Weingut Bernhart, Hauptstr. 8, 76889 Schweigen-Rechtenbach. Telefon: 0 63 42/72 02. Fax: 0 63 42/63 96. info@weingut-bernhart.de. www.weingut-bernhart.de.

Rebfläche: 16,5 ha. **Rebsorten:** 10. **Hauptrebsorten:** Spätburgunder (30 %), Riesling (20 %), Weißburgunder (25 %). **Anbau:** 60 % Weiß-,

40 % Rotwein. **Spezialitäten:** Durchgegorene Weißburgunder, Auxerrois. **Durchschnittsertrag:** 7000 l/ha. **Verkauf:** 45 % Privatkunden, 20 % Gastronomie, 35 % Fachhandel.

Weingut Bohnenstiel

Herxheim am Berg

Seit 2003 steige das Niveau der Weine beständig, stellt der „Gault Millau" fest und hebt in diesem Zusammenhang vor allem die Rieslinge und weißen Burgunder hervor. Dem Chef des Hauses, Edwin Bohnenstiel, wird bescheinigt, kontinuierlich an seinem Konzept weiterzuarbeiten. Nachdem er mit seinen fülligen, runden und ausdrucksstarken Rotweinen schon manchen schönen Preis eingeheimst hat, geht es auch bei den als fruchtbetont, reintönig und bekömmlich beschriebenen Weißen qualitätsmäßig aufwärts.

Welches Weingut an der Deutschen Weinstraße liegt am höchsten (234 m)? Das wissen nur Insider: Es ist Bohnenstiel in Herxheim am Berg. In welchem Weingut in der Pfalz bekommt man den Rotwein De Luva? Welcher pfälzische Weinbaubetrieb stellt Weintinte her, die man beim Schreiben von Briefen mit der Feder benutzen kann? Erraten: bei Bohnenstiel. Das Weingut hat zwar eine große Tradition - seit 1697 beschäftigt sich die Familie mit Weinbau -, aber es ist bisher wenig bekannt, wie eine große Weinfachzeitschrift anmerkt. Experten sind sich einig, dass sich das in den nächsten Jahren ändern wird.

Der durch seine unglaubliche Farbe und seinen ausgeprägten Geschmack (Hauch von Pfeffer) auffallende Rotwein De Luva ist eine Neuzüchtung aus Dornfelder x Lemberger (Acolon). Ob er sich auf Dauer bei den Rotweinfreunden durchsetzen wird, bleibt abzuwarten. Aber er ist allemal eine intensivere Probe wert. Die Tinte ist aus Dornfelder nach historischen Rezepten hergestellt. Mit der Feder und dieser laut Weingut „betörend duftenden" Tinte verfasste (Liebes)Briefe lösen bei den Adressaten ganz sicher Freude aus, mehr als mit dem Computer geschriebene. Einfach mal die Probe aufs Exempel machen!

▶▶▶ *Was machen Sie anders als Ihre Kollegen?*
Edwin Bohnenstiel:
„Wir arbeiten mit äußerster Sorgfalt und viel Einsatz. Bequemlichkeit ist nicht angesagt."

Die Auszeichnungen hat Bohnenstiel bisher weder für De Luva noch Weintinte bekommen, sondern für qualitativ ausgeprägte Weine. Hauptrebsorte ist der Riesling. Er ist nach dem Urteil von Fachleuten von „ungeheurer Mineralität" und beeindruckt durch seinen feinen Nerv und das schöne Spiel.

Edwin Bohnenstiel ist ein Winzer, der auch einen angenehm weichen, vollen, sehr fruchtigen und nach Pflaumen schmeckenden Merlot erzeugt. Er nennt es einen großen Vorteil dieser Rebsorte, dass sie weitgehend unempfindlich gegen Fäulnis und Pilzkrankheiten ist. Damit der Merlot kräftig und dunkel wird, wendet der Winzer im Keller einen kleinen Trick an: Ehe die gemahlenen Trauben zu gären beginnen, entfernt er einen Teil des Saftes. Denn weniger Flüssigkeit laugt die Beeren aus. „Wer sich in Deutschland mit Merlot befasst, braucht Mut", sagt der bekannte Weinkritiker Pit Falkenstein.

Die Rebstöcke des Guts stehen in den drei Herxheimer Lagen Honigsack, Himmelreich und Kirchenstück, gedeihen gut auf den sandigen Lehmböden und den Böden aus Muschelkalk. In den Weinbergen wird trotz des Einsatzes modernster Technik sehr naturnah gearbeitet. Die Rotweine vergären im Keller nach schonender Verarbeitung der Trauben in großen Maischebehältern bei 30 Grad. Die Weißweine werden im Moststadium vorgeklärt, der Gärprozess dauert bei unter 18 Grad etwa drei Wochen.

„Der Wein in der Familie bestimmt unseren Lebensrhythmus", versichern Edwin und Martina Bohnenstiel. „Mit der Natur stehen wir auf Du und Du", fügen sie an. Neben alten sind auch neue Rebsorten im Sortiment. Die Jahr für Jahr im Keller liegenden kostbaren (Wein)Schätze können auch beim jährlichen Weinfest im Gut getrunken werden. Das gilt ebenfalls für die hauseigenen Sekte, Seccos und den Pfälzer Sherry. Die Cuvees BB und Cultus runden das Angebot ab.

▶▶▶ *Wie sieht Ihre Weinphilosophie aus? Edwin Bohnenstiel: „Leidenschaft bis in die Ewigkeit. Nichts verpassen bei der Pflege der Rebstöcke, der Trauben und des Weins."*

▶▶▶ *Welche weiteren Ziele haben Sie noch? Edwin Bohnenstiel: „Andere als andere. Einführung einer Premiumklasse bei den Weinen durch Ertragsminderung und Selektion. Dieses Ziel kann nur durch Handarbeit erreicht werden."*

Inhaber Edwin Bohnenstiel

Weingut Bohnenstiel,
Weinstraße 77,
67273 Herxheim am Berg.
Telefon: 0 63 53/91 186.
Fax: 0 63 53/91 196.
weingut.bohnenstiel@t-online.de.

www.weingut-bohnenstiel.de.
Rebfläche: 12 ha. **Rebsorten:** 15. **Hauptrebsorten:** Riesling (30 %), Spätburgunder (10 %), weiße Burgundersorten (10 %). **Anbau:** 63 % Weiß-,

37 % Rotwein. **Spezialitäten:** Riesling, Rotwein De Luva, Merlot. **Durchschnittsertrag:** 7500 l/Hektar. **Verkauf:** 80 % Privatkunden, je 10 % Gastronomie und Fachhandel.

Weingut Borell-Diehl

Hainfeld

Nur die Pfälzer Kunden wissen wahrscheinlich ohne Extra-hinweis, wenn sie mit der Hausherrin Annette Diehl ins Gespräch kommen, dass sie 1987/88 Pfälzer Weinkönigin und 1988/89 Deutsche Weinprinzessin war. Ihre guten Kenntnisse vom Wein rühren aber nicht nur von ihren Amtszeiten her, schließlich ist sie mit dem Wein im elterlichen Betrieb groß geworden und hat fast folgerichtig eine Ausbildung als Winzerin gemacht, die mit der Meisterprüfung endete.

„Schauen Sie sich dieses Weingut im idyllischen Hainfeld an, dann haben Sie den Weinstil von Thomas Diehl direkt vor Augen: schmuck, sauber, typisch." Es ist nicht bekannt, wie viele Weinfreunde dieser Empfehlung des „Gault Millau" folgen. Es sind sicher viele, bei denen durch diese Worte die Neugierde auf den Betrieb geweckt wird und die nicht nur einen Blick auf das schmucke Fachwerkhaus von 1618 mitten im Ort werfen, sondern gleichzeitig die Gelegenheit nutzen, die frischen, reintönigen und fruchtbetonten Weißweine und die kräftigen Rotweine mit viel Struktur zu probieren.

Thomas Diehl, Weinküfer und Weinbautechniker aus Edesheim, hat 1990 ins Weingut Borell eingeheiratet, das seitdem unter dem Doppelnamen Borell-Diehl firmiert. Er ist der Motor des Betriebs. Wein sei für ihn, lässt er verlauten, Lebensgefühl und Leidenschaft zugleich. Man schmeckt es. Sohn Georg steht bereits in den Startlöchern und wird nach Lage der Dinge eines Tages in den Betrieb einsteigen. Seinen eigenen Weinberg hat er schon. Senior Adolf Borell ist trotz seines fortgeschrittenen Alters ein begeisterter Winzer geblieben und überrascht seine Familie immer wieder mit neuen Ideen, wie man die Pflege der Reben optimieren könnte.

▶▶▶ *Was machen Sie anders als Ihre Kollegen? Thomas Diehl: „Wir betreiben in unseren Weinbergen eine sehr intensive Arbeit. Im Keller heißt die Devise: Konsequent wenig tun. Damit sind wir bisher sehr gut gefahren, die Erfolge geben uns recht."*

Die Aufwärtsentwicklung des Weinguts hält seit Jahren an, die Auszeichnungen häufen sich. Die traditionsreichen Sorten haben ebenso ihren Platz im Sortiment wie Sauvignon blanc, St. Laurent, Merlot oder Cabernet Sauvignon. Die Böden in den Weinbergen von Borell-Diehl - Buntsandstein,

Löss, Lehm, Muschelkalk - prägen den Charakter der Weine. Die Qualität wird bewusst angestrebt durch Begrenzung der Menge beim Rebschnitt im Winter, frühzeitiges Entfernen von Sommertrieben, Ausdünnen der überzähligen Trauben nach der Blüte und zeitgerechtes Entfernen der Blätter, um Licht und Sonne optimal nutzen zu können sowie konsequente Handlese. Die weißen Trauben werden schonend gekeltert, die roten Trauben nach der Ernte von den Stielen entfernt. Die besten Rotweine bekommen Zeit zum Reifen.

Das Weingut ist aus einem landwirtschaftlichen Gemischtbetrieb hervorgegangen. In den 1950er Jahren erfolgte die Umstellung auf Flaschenweinvermarktung. 2003 gelang erstmals der Sprung in den „Gault Millau". Die deutsche Weinbibel sprach seinerzeit von einer der Entdeckungen des Jahres.

„Mein Mann ist ein Perfektionist. Ehe er mit einem Wein nicht zufrieden ist, macht er im Keller keinen Feierabend", macht Annette Diehl ihrem Thomas ein verstecktes Kompliment. Gemeinsam probiert das Ehepaar gerne Weine von anderen Erzeugern aus deutschen Regionen, um zu erkennen, wo die Konkurrenz steht und um weiter zu lernen. Die Devise des Hauses kommt in diesem Satz zum Ausdruck: „Es gilt, Traditionen zu bewahren und weiterzugeben - aber auch mit neuen Ideen das Feuern lodern zu lassen."

▶▶▶ *Wie sieht Ihre Weinphilosophie aus? Annette Diehl: „Das Geheimnis eines besonderen Weines ist entschieden mehr als sorgfältiges Arbeiten im Weinberg und im Keller. Es ist Leidenschaft, Hingabe, wachsame Aufmerksamkeit und ständige Sorgfalt um Boden, Rebstock und Traube."*

▶▶▶ *Welche weitere Ziele haben Sie noch? Thomas Diehl: „Ich bin immer auf der Suche nach dem noch besseren Wein, was sicher ganz im Sinne unserer Kunden liegt. Das einzigartige Klima der Pfalz lässt uns dabei erfreulicherweise aus einem Füllhorn verschiedener Rebsorten schöpfen."*

Familie Borell-Diehl

 Weingut Borell-Diehl, Weinstraße 47, 76835 Hainfeld. Telefon: 0 63 23/98 05 30. Fax: 0 63 23/98 05 70. E-Mail: info@borell-diehl.de. Homep.: www.borell-diehl.de.

Rebfläche: 28 ha. **Rebsorten:** 12. **Hauptrebsorten:** Riesling (22 %), Grauburgunder (18 %), Spätburgunder (15 %). **Anbau:** 60 % Weiß-,

40 % Rotwein. **Spezialitäten:** Burgunder von alten Reben. **Durchschnittsertrag:** 8000 l/ ha. **Verkauf:** 60 % Privatkunden, 10 % Gastronomie, 30 % Fachhandel.

Weingut Brenneis-Koch

Bad Dürkheim-Leistadt

Brenneis-Koch („heute zur Spitzengruppe der Pfälzer Avantgarde gehörend", wie ein Berufsverkoster meint) hat in den steilen Kalkhängen über Kallstadt die erste deutsche Nebbiolo-Versuchsanlage geschaffen. Direkt daneben wurde von dem Ehepaar „aus reiner Liebe zum Aroma dieser Sorte" Viognier gepflanzt - und das ist weltweit einzigartig. Denn im Blick auf die genetischen Zusammenhänge beider Sorten kann man annehmen, dass es sich um engste Verwandte handelt. „Obwohl einmal rot, einmal weiß, einmal aus dem Piemont, einmal von der oberen Rhône, scheinen beide die gleiche Mutter zu haben. Wir haben die Geschwister wieder in einem Weinberg vereint", stellen Matthias Koch und Verena Suratny ganz sachlich fest.

Zu den pfälzischen Weinmachern, die sagen: „Keine Experimente!", gehören Matthias Koch und seine Ehefrau Verena Suratny vom Weingut Brenneis-Koch in Leistadt nicht. Die beiden Diplom-Biologen sind sehr aufgeschlossen für Neues und ganz besonders für Rebsorten, die im Ausland in vielen Ländern angebaut werden, in der Pfalz aber kaum bis überhaupt nicht. Nebbiolo und Syrah (auch Shiraz genannt) sowie Viognier sind unter den insgesamt 13 Rebsorten des Hauses vertreten und bringen „herrlich spannende Weine" (so schreibt ein Kritiker) hervor. Dornfelder dagegen ist total außen vor.

▶▶▶ *Was machen Sie anders als Ihre Kollegen? Matthias Koch: „Eigentlich nichts. Aber mit dem Anbau internationaler Rebsorten wie Syrah, Nebbiolo oder Viognier leisten wir Pionierarbeit, um den Anspruch der Pfalz auf einen Spitzenplatz unter den europäischen Weinbauregionen zu untermauern."*

Ein Fachmann merkt im Internet zum Syrah an, Brenneis-Koch gehöre zu den wenigen Winzern, die sich in der Pfalz trauten, diese Sorte anzubauen. Nebbiolo-Weine sind tanninreich und ausdrucksstark. Syrah-Weine sind dunkelfarbig und haben meist ein kräftiges Johannisbeeraroma. Viognier weist eine kräftige Farbe auf, der Duft dieses Weins erinnert an Aprikosen, Pfirsiche und Blumen (Veilchen, Maiglöckchen).

Das Weingut Brenneis-Koch entstand 1993 aus dem Zusammenschluss der Weingüter Erhard Koch in Ellerstadt und Emil Brenneis in Leistadt. Gemeinsame Inhaber sind Matthias Koch und seine Frau, er fungiert als Betriebsleiter und Kellermeister. Die Weinberge befinden sich in Bad Dürkheim, Leistadt, Kallstadt und Ellerstadt. Wichtigste Rebsorte ist der Riesling. Auch der im pfälzischen Weinbau recht seltene Gelbe Muskateller ist seit 1996 im Sortiment.

Für die Verkoster des „Gault Millau" „ist es immer wieder spannend" (nachzulesen im Weinführer 2010), Weine von Brenneis-Koch zu bewerten, weil die beiden Inhaber „das eine oder andere wagen, ohne zu wissen, was am Ende herauskommt". Der Restaurant-Führer Pfalz empfiehlt seinen Lesern, bei der Einkehr außer den empfehlenswerten Rieslingen auch andere Sorten des Hauses zu probieren. Die Rieslinge zeichnen sich durch reintönige Frucht und Frische sowie gute Konzentration aus. Die Spätburgunder sind kraftvoll und klar. Bei den Rotweinen generell wird gerne die Dichte und Nachhaltigkeit herausgestellt. Der Rosé-Wein heißt seit dem Jahrgang 2009 „ProRosé" - um dem Stiefkind unter den Weinen wieder Profil zu geben-, bei zwei Rotwein-Cuvees steht auf dem Etikett: „INspiRed" und „INniglich". Ziel beim Ausbau ist es, wie Brenneis-Koch formuliert, „hochwertige Weine nach alter handwerklicher Machart" zu produzieren.

Die Arbeitsweise in stichwortartiger Beschreibung: In den Weinbergen schonende Bodenbearbeitung, Begrünung, Düngung nur nach Bedarf, intensive Laubarbeit, starke Ertragsreduktion, Handlese in mehreren Durchgängen. Im Keller Reife nach gezügelter Gärung, danach Lagerung der Weine noch mindestens drei Monate auf der Feinhefe, Ausbau in Edelstahl-, großen Eichenholz- und Barrique-Fässern.

▶▶▶ *Wie sieht Ihre Weinphilosophie aus? Matthias Koch: „Jeder Rebsorte ihr unverwechselbares Profil geben. Deutschen und europäischen Weinbautraditionen das Wort reden."*

▶▶▶ *Welche weiteren Ziele haben Sie noch? Matthias Koch: „Wir werden unsere ohnehin nicht sehr große Rebfläche eher verkleinern denn vergrößern, weil nur so die intensive Handarbeit zu bewältigen ist."*

Matthias Koch mit Ehefrau Verena Suratny.

Weingut Brenneis-Koch,
Freinsheimer Straße 2,
67098 Bad Dürkheim-Leistadt.
Telefon: 0 63 22/18 98.
Fax: 0 63 22/72 41. E-Mail:
bestellen@brenneis-koch.de.

Homep.: www.brenneis-koch.de.
Rebfläche: 9 ha.
Rebsorten: 13. Hauptrebsorten: Riesling (40 %), Spätburgunder (10 %), St. Laurent (10 %). **Anbau:** 60 % Weiß-,

40 % Rotwein. **Spezialitäten:** Merlot, Syrah, Nebbiolo, Viognier. **Durchschnittsertrag:** 5000 l/ha. **Verkauf:** 60 % Privatkunden, je 20 % Gastronomie und Fachhandel.

Weingut
Dr. Bürklin-Wolf

Wachenheim

Für den vielleicht besten Kenner des pfälzischen Weinbaus, Jürgen Mathäß (Landau), zählen die Rieslinge aus den Spitzenlagen des Hauses in Wachenheim, Deidesheim, Ruppertsberg und Forst „zum Besten, was aus dieser Sorte an trockenen Weinen auf der ganzen Welt erzeugt wird". Ein deutscher Weinhändler wirbt für Bürklin-Weine mit den Sätzen, die trockenen Rieslinge des seit 2005 bio-dynamisch bewirtschafteten Weinguts - es fand als erstes ausländisches Gut Aufnahme in die französische Vereinigung „Biodyvin" - seien „ein wahres Fest für den Gaumen". Es fehlt nicht der Hinweis, dass auch die anderen Weine, wie zum Beispiel der Weißburgunder, „sich schmecken lassen - herrlich!"

Bürklin-Wolf in Wachenheim gehört zu den größten privaten Winzerbetrieben der Pfalz. Die Größe (86 Hektar) geht aber nicht zu Lasten der Qualität, im Gegenteil, das Team um Inhaberin Bettina Bürklin-von Guradze schafft es wie die Generationen vorher, alljährlich Weine von einzigartigem Charakter anzubieten, die unverwechselbar sind.

▶▶▶ *Was machen Sie anders als Ihre Kollegen? „Wir bewirtschaften unsere Weinberge biologisch-dynamisch. Hierbei wird der Weinbaubetrieb als ganzheitliches System betrachtet" (Hausprospekt).*

Die Umstellung auf „Bio" wird damit begründet, dass man ein Gleichgewicht zwischen Pflanze und Umwelt herstellen und die Widerstandskraft der Reben stärken will. Auf die Verwendung synthetischer Spritzmittel und von mineralischem Dünger wird vollständig verzichtet. Stattdessen setzt man auf Hornmist, Hornkiesel, Kompostpräparate, Brennessel- und Kamillentee. Bei den weinbaulichen Entscheidungen werden darüber hinaus kosmische Energien und Rhythmen berücksichtigt. Im Zuge der Rückbesinnung der Natur wird ein Teil der Lage Ruppertsberger Hoheburg mit Pferden gepflügt.

Bürklin-Wolf bringt durch das harmonische Zusammenspiel von Terroir, Rebe und Mensch aus den wertvollsten Lagen Deutschlands große Weine hervor. Das Wachenheimer Weingut, von einem Journalisten einmal als „das Flaggschiff der pfälzischen Rebenkultur" bezeichnet, ist ein „Riesling-Gut". Die Weine von dieser Rebsorte haben Tiefe und Charakter, Rasse im Nachhall und eine beeindruckende Aromenvielfalt, bestechen durch die Harmonie von Frucht, Säure und Alkohol.

Die Spitzenweine werden unter den Bezeichnungen „G.C." und „P.C." (Grand Cru und Premier Cru) vermarktet, stammen aus den wertvollsten Lagen, sind trocken ausgebaut, spiegeln das Terroir wider. Auch der „Ortsriesling" und der „Gutsriesling" sind Weine mit charakteristischen Aromen und Geschmacksmerkmalen. Der Gutsriesling ist eine Cuvée aus Rieslingen aus allen vier Ortschaften, in denen Bürklin-Wolf Weinberge besitzt. „R" steht für Rarität: Die so gekennzeichneten Weine lagern sechs bis zwölf Monate im Holzfass, danach mindestens weitere sieben Jahre auf der Flasche, ehe sie angeboten werden.

Die Wurzeln des Weinguts gehen bis 1597 zurück. Gründer war der damalige Stadtschreiber und spätere Bürgermeister von Wachenheim Bernhard Bürklin. Den Grundstein für die heutige Bedeutung des Hauses legte 1875 der Geheime Rat Dr. Albert Bürklin (1844-1924). Der Karlsruher Jurist heiratete Luise Wolf aus Wachenheim, das Weingut erhielt den Doppelnamen Bürklin-Wolf. Der Großneffe des Mannes, der ab 1904 das Gut zu einem Musterbetrieb für Qualitätsanbau ausbaute, ebenfalls mit Namen Albert Bürklin, erbte den Betrieb 1924 und führte ihn bis zu seinem Tod 1979. 1990 trat Bettina Bürklin-von Guradze das Erbe ihres Vaters an.

Zum Weingut gehören das (verpachtete) älteste Gasthaus der Pfalz „Zur Kanne" in Deidesheim mit Weinkeller, der besichtigt werden kann und der Gutsausschank „Hofgut Ruppertsberg".

▶▶▶ *Wie sieht Ihre Weinphilosophie aus? Bettina Bürklin-von Guradze: „Alles nicht nur für unseren heutigen Nutzen tun, sondern für den Erhalt dieser gottgeschenkten natürlichen Ressource auch für unsere Kinder und weitere Generationen."*

▶▶▶ *Welche weiteren Ziele haben Sie noch? „Wir wollen die Reichtümer unserer Weinbergsböden erhalten und schützen" (Hausprospekt).*

Bettina Bürklin-von Guradze mit den Pferden „Fanny" und „Lene".

Weingut Dr. Bürklin-Wolf,
Weinstraße 65,
67157 Wachenheim.
Telefon: 0 63 22/95 330.
Fax: 0 63 22/95 33 30.
E-Mail: bb@buerklin-wolf.de.

Homep.: www.buerklin-wolf.de.
Rebfläche: 86 ha.
Rebsorten: 15.
Hauptrebsorten: Riesling (82 %), Spätburgunder (6 %).
Anbau: 90 % Weiß-,

10 % Rotwein.
Spezialitäten: Gereifte trockene Rieslinge.
Durchschnittsertrag: 4500 l/ha.
Verkauf: Keine Angaben.

**Weingut
Reichsrat von Buhl**

Deidesheim

Geprägt von der Vergangenheit und überzeugt von von der Zukunft

Weinfreunde in ganz Deutschland und in vielen Ländern der Welt tranken und trinken Buhlsche Weine, nicht nur die in Forst, sondern die auch in Deidesheim und Ruppertsberg gewachsenen, allen voran den frischen, klaren und würzigen, viel reife Frucht und mineralische Noten aufweisenden Riesling. Queen Mum, die Mutter der englischen Königin, ließ sich bei ihrem 100. Geburtstag eine 1989er Forster Ungeheuer Beerenauslese von Buhl kredenzen. Vielleicht hat man ihr bei dieser Gelegenheit gesagt, dass dieser edle Tropfen aus einem renommierten Haus in Deutschland stammt, das nicht nur einen großen Namen trägt, sondern auch dank hoher Qualitäten zur Spitze in Germany zählt und auf dem besten Weg ist, an glorreiche und glanzvolle Zeiten von früher anzuknüpfen.

Als am 17. November 1869 nach zehnjähriger Bauzeit der Suezkanal eingeweiht wurde, stießen die Ehrengäste mit einem Weißwein aus der Pfalz an, erzeugt vom damals gerade 20 Jahre bestehenden Weingut Reichsrat von Buhl aus Deidesheim. Urteile, wie den Honoratioren der Tropfen geschmeckt hat, sind nicht überliefert. Dafür weiß man, dass der deutsche Komponist, Dirigent und Pianist Felix Mendelssohn Bartholdy dem Gut einmal einen Besuch abgestattet und danach verkündet hat: „Wer nicht bei Buhl war, der weiß nicht, was Forster Riesling hernieden ist."

▶▶▶ *Was machen Sie anders als Ihre Kollegen? Marian Kopp: „Das Weingut Reichsrat von Buhl besitzt und bewirtschaftet mehrere der besten Lagen der Mittelhaardt. Dies ist eine Ehre und Verpflichtung für uns."*

Der bekannte Sommelier Hendrik Thoma aus Hamburg, der für einen Online-Dienst „Weingüter der Welt" vorstellt und genauer unter die Lupe nimmt, gab nach dem Genuss eines Weins von Buhl ein Geheimnis für den Erfolg heute nach vorübergehender Stagnation preis: „Hier entscheiden Fingerspitzengefühl und Können neben allen technischen und natürlichen Voraussetzungen über die Qualität." Der Fachmann mit dem großen Wissen zählt das Weingut Reichsrat von Buhl zu den wichtigsten Wegbereitern der neuen Bewegung, die Qualität als die langfristig einzige Botschaft ansieht, die am Markt dauerhaft Bestand hat. Dieser Spitzenproduzent, erklärt er seinen Lesern, schöpfe aus einem „Lagenportefeuille, das seinesgleichen sucht".

Gründer des Weinguts war 1849 Franz Peter Buhl. Entscheidend geprägt und auf internationales Niveau geführt hat den Betrieb Franz Eberhard von Buhl, Reichsrat der bayerischen Krone. 1952 erbte Reichsfreiherr von und zu Guttenberg das Weingut und vermachte es nach seinem Tod dem bekannten Münchner Dirigenten Georg Enoch von und zu Guttenberg. 1989 übernahm eine japanische Weinhandelsfirma und läutete eine neue Ära ein. Seitdem geht es dank hoher Investitionen wieder Stufe um Stufe nach oben. Heute ist das Gut im Besitz des Neustadter Unternehmers Achim Niederberger.

▶▶▶ *Wie sieht Ihre Weinphilosophie aus? Marian Kopp:* „Die Qualität des Weins entsteht immer im Weinberg. Die besten Trauben werden durch ökologisches Arbeiten, konsequente Ertragsreduktion sowie selektive Lese erreicht. Beim Ausbau werden schonende Methoden angewendet."

Buhl ist fokussiert auf Große Gewächse vom Riesling, die Kraft, Struktur, Frucht, Fülle und Substanz haben. Aber auch die wenigen anderen Sorten haben ihre Liebhaber, so der feine, elegante und eindringliche Spätburgunder. Buhl arbeitet ökologisch - aus der Überzeugung heraus, dadurch noch bessere Qualitäten erzeugen zu können. Das Leitungsteam, bestehend aus Gutsdirektor und Geschäftsführer Marian Kopp (er sammelte Erfahrungen bei Auslandsaufenthalten in USA und Südafrika), Kellermeister Mathieu Kauffmann und Außenbetriebsleiter Werner Leibrecht, achtet darauf, dass Jahr für Jahr reintönige Weine mit ausgeprägtem Fruchtaroma und hohem natürlichem Kohlensäuregehalt produziert werden und dass die milden Weine eine natürliche Restsüße erreichen.

▶▶▶ *Welche weiteren Ziele haben Sie noch? Marian Kopp:* „Jeder Jahrgang stellt für uns einen neuen Auftrag zum Ausbau von Spitzenweinen dar, geprägt von der Vergangenheit und überzeugt von der Zukunft."

Der zeitlos aktuelle Slogan bei Buhl, der im Prinzip alles über die Philosophie des Hauses aussagt, lautet: „Von der Vergangenheit geprägt, von der Gegenwart gelobt und von der Zukunft überzeugt."

Kellermeister Mathieu Kauffmann, Inhaber Achim Niederberger, Geschäftsführer/Gutsdirektor Marian Kopp und Leiter des Aussenbetriebs Werner Leibrecht (von links).

Weingut Reichsrat von Buhl, Weinstraße 16-24, 67146 Deidesheim. Telefon: 0 63 26/96 500. Fax: 0 63 26/96 50 24. E-Mail: info@reichsrat-von-buhl.de.

www-reichsrat-von-buhl.de. **Rebfläche:** 62 ha. **Rebsorten:** 8. **Hauptrebsorten:** Riesling (88 %), Spätburgunder (8 %). **Anbau:** 93 % Weiß-, 7 % Rotwein.

Spezialitäten: Riesling Große Gewächse, edelsüße Weine, Sekte. **Durchschnittsertrag:** 5500 l/ha. **Verkauf:** 40 % Privatkunden, je 30 % Gastronomie und Fachhandel.

Weingut A. Christmann

Neustadt-Gimmeldingen

Das in der 7. Generation von Steffen Christmann geführte Weingut A. Christmann in Gimmeldingen hat sich seit Ende der 1990er Jahre zu einem der Topbetriebe in der Pfalz entwickelt. Wer sich dafür interessiert, was seitdem über das Haus und seine Weine national und international geschrieben wurde (ein kritisches Wort sucht man vergeblich), dem sei ein Blick auf die Homepage empfohlen. In einem Buch aus dem Jahr 2009 ist von einem „der innovativsten und besten Betriebe der gesamten Pfalz" die Rede.

▶▶▶ *Was machen Sie anders als Ihre Kollegen? Steffen Christmann: „Wir arbeiten biologisch-dynamisch und bemühen uns, die Individualität der einzelnen Weinbergslagen in unseren Weinen wiederkehren zu lassen."*

Den Pressestimmen sei nur ein einziges Zitat von Manfred Lüer, Autor und Weinkritiker, aus dem von Stuart Pigott herausgegebenen Buch „Weinreisen: Pfalz" hinzugefügt: „Zwischen Gimmeldingen und Kallstadt gibt es kein anderes Weinsortiment, das es an Stilsicherheit und Klasse mit dem von Christmann aufnehmen könnte, und das ist angesichts des Renommees von Gemeinden wie Deidesheim, Forst, Wachenheim und Bad Dürkheim ein Meilenstein in der sich munter erneuernden Pfalz."

Viel besser könne trockener Riesling nicht sein, stellen Experten begeistert fest. Die feinfruchtigen, herrlich saftigen Rieslinge, die sich durch gute Fülle, viel reife und klare Frucht und feine Würze auszeichnen und - hier vor allem die Großen Gewächse - auch im Ausland in mehr als einem Dutzend Länder erhältlich sind, haben in erster Linie den guten Ruf des Guts begründet. Aber auch die Burgunder und die Rotweine sind von beachtlicher Güte und beweisen, dass das selbstgesetzte Ziel des Hauses quer durch alle Sorten erreicht wird: die Reben „in eine größtmögliche Harmonie mit dem Weinberg, mit Klima und Boden zu bringen, um dadurch feinste, reife Weine als Ausdruck des jeweiligen Terroirs zu erzeugen".

Seit 2004 wird bei Christmann nach der bio-dynamischen Methode gearbeitet. Es wird darauf geachtet, dass die Böden einen hohen Gehalt an Humus erhalten, die große Artenvielfalt in den Weinbergen durch nichts geschmälert wird, um so eine Monokultur zu vermeiden. Im Pflanzenschutz setzt man voll auf die natürliche Gesundheit der Reben und zur Stärkung von deren Abwehrkraft auf Pflanzentees und biodynamische Präparate. So weit es möglich ist, werden die Arbeiten in den Weinbergen an den Phasen des Mondes orientiert, unterstützt durch den Einsatz von Hornmist und Hornkiesel.

▶▶▶ *Wie sieht Ihre Weinphilosophie aus? „Aus optimal gereiften, gesunden vollreifen Trauben große Weine zu machen" (Homepage).*

Vier Kategorien von Wein werden erzeugt: Gutsweine (unter der Bezeichung Pfalz), Ortsweine (gewachsen in Gimmeldingen, Königsbach und Ruppertsberg), klassifizierte Lagenweine (Mußbacher Eselshaut, Gimmeldinger Biengarten, Königsbacher Ölberg, Ruppertsberger Linsenbusch) und Große Gewächse (aus den Lagen Mandelgarten, Idig, Reiterpfad, Hohenmorgen, Langenmorgen). Die festgelegten Höchst-erträge werden in den oberen Kategorien meist deutlich unterschritten.

▶▶▶ *Welche weiteren Ziele haben Sie noch? „Der Mond wirkt mit seinen Phasen auf das Leben und die Natur. Diese Kräfte wollen wir auch weiterhin für unsere Reben nutzen" (Homepage).*

A. Christmann
2008
IDIG
GG
PFALZ

Steffen Christmann, der studierte Jurist und spätberufene Winzer, seit 2007 Präsident des Verbandes deutscher Prädikatsweingüter (VDP), leitet das Weingut seit 1996. Zwei Jahre vorher war er in den Betrieb seines Vaters Karl-Friedrich eingestiegen, der seit 1965 an der Spitze stand und die wirtschaftliche und qualitative Grundlage für die Entwicklung in den 1980er und 1990er Jahren legte. Die Gründungsväter des Betriebs waren 1845 der Ziegelfabrikant Johann Martin Häusser und sein Cousin Professor Dr. Louis Häusser gewesen. Sie hatten in Gimmeldingen einige Morgen Weinberge erworben. 1894 heiratete Henriette Häusser, die Enkelin des Gründers, Eduard Christmann. Das Gut trägt heute den Namen ihres Sohnes Arnold.

Steffen Christmann

Weingut A. Christmann, Peter-Koch-Straße 43, 67435 Neustadt-Gimmeldingen. Telefon: 0 63 21/66 039. Fax: 0 63 21/68 762. E-Mail: info@weingut-christmann.de. www.weingut-christmann.de.

Rebfläche: 20 ha.
Rebsorten: 6.
Hauptrebsorten: Riesling (70 %), Spätburgunder (14 %), weiße Burgunder (14 %).
Anbau: 85 % Weiß-, 15 % Rotwein.

Spezialitäten: Trockene Rieslinge. **Durchschnittsertrag:** 5500 l/ha. **Verkauf:** 50 % Privatkunden, je 15 % Gastronomie und Fachhandel, 20 % Export.

Weingut Darting

Bad Dürkheim

Wenn im „Gault Millau" zu lesen ist, Kellermeister Helmut Darting - auch einer der vielen Schüler von Hans-Günther Schwarz - verstehe es fast immer, „gute, zugängliche und sortentypische Weine auf die Flasche zu bringen", dann ist das schon eine besondere Anerkennung für die handwerklich hohe Kunst des Weinmachens. „Weine zu erzeugen ist unser Leben", erklären die Dartings, und wenn das Jahr endet und es ihnen gelungen ist, einen exzellenten Eiswein zu ernten, ist ihr Winzerglück vollkommen.

Es gibt nicht viele Weingüter in der Pfalz, die sich auf edelsüße Weine spezialisiert haben. Eines davon ist Darting in Bad Dürkheim. Die Auslesen, Trockenbeeren-auslesen und Eisweine des Hauses werden auch gerne im Ausland getrunken. Immerhin 35 Prozent der ausdrucks-vollen Tropfen gehen in europäische und überseeische Länder, selbst in Japan und Taiwan finden sie ihre Liebhaber. Aber Darting hat sich nicht nur einen Namen mit seinen Edelsüßen gemacht - auch die sich durch eine feine Frucht-Säure-Balance auszeichnenden „normalen" Weißweine und die teilweise satten und tiefen, kräftigen Rotweine haben dazu beigetragen, dass dieses Weingut zu den besten Erzeugern in der Pfalz gehört.

▶▶▶ *Was machen Sie anders als Ihre Kollegen? Helmut Darting: „Qualität fängt bei uns bei den Reben an. Ökologisches Bewusstsein lässt sie uns auf die Bodenbeschaffenheit abstimmen. Unsere lange Erfahrung in der Rebveredlung stützt unseren Erfolg".*

Für Kurt Darting ist jeder Jahrgang eine neue Herausforderung, der er sich nach eigenen Angaben mit großer Leidenschaft stellt. Seine Kunden widersprechen nicht, wenn er hinzufügt, dass man dies in seinen Weinen riechen und schmecken könne. Der Betriebsleiter und Kellermeister ist ein großer Riesling-Fan, aber das heißt nicht, dass er sich nicht all den anderen Sorten im Anbau mit gleicher Liebe widmet. Die vielen Auszeichnungen, darunter Staats- und Bundesehrenpreise, sind Beweis für die Könnerschaft Dartings.

Ziel ist es jedes Jahr aufs Neue, Weine zu erzeugen, die sich durch frische Säure, opulente Vollmundigkeit und verführerische Düfte nach exotischen oder getrockneten Früchten auszeichnen. Dass dies gelingt, ist zurückzuführen auf das Wissen der „Macher", welche Sorten wo am besten gedeihen, wie in den Weinbergen in Bad Dürkheim (Lagen: Fronhof, Hochbenn, Michelsberg, Nonnengarten, Spielberg), Ungstein (Bettelhaus, Herrenberg), Wachenheim (Mandelgarten) und Forst (Schnepfenflug) und nach der Ernte im Keller optimal gearbeitet werden muss. Die geeigneten Böden für die Erzeugung „feingliedriger Weine von ganz besonderem Duft und Aroma" (Urteil eines Verkosters) sind vorhanden: Buntsandsteinverwitterung, Kalkmergel, Löss-Lehm, Sand.

▶▶▶ *Wie sieht Ihre Weinphilosophie aus?* Helmut Darting: *„Wein ist unsere Berufung. Wein ist für uns Passion und Herausforderung und Leidenschaft, die man sieht, riecht und schmeckt."*

▶▶▶ *Welche weiteren Ziele haben Sie noch?* Helmut Darting: *„Spitzenweine wachsen im Weinberg. Deshalb werden wir unser Augenmerk noch mehr auf die Auswahl und Pflege unserer Reben und des Bodens legen."*

„Wir betreiben keine Hexerei", versichert Darting im Hausprospekt, wenn die Rede darauf kommt, dass es nach der Lese im Keller blubbert wie in einer Hexenküche. Die Philosophie wird so beschrieben: Behutsamer Umgang mit den Weinen, damit die Fruchtaromen der Trauben darin zu schmecken sind; Erhaltung der Frische durch besonders schonende Gärung. Die Weißweine werden reduktiv in Stahltanks ausgebaut. Die Vergärung der Rotweine erfolgt auf der Maische. Um sie nicht auszulaugen, werden hohe Temperaturen vermieden. In großen Holzfässern können sie dann in Ruhe reifen.

Die Wurzeln des Familienweinguts gehen auf das Jahr 1780 zurück. Erst in den 1990er Jahren erfolgte die Umstellung auf Flaschenwein. Einen guten Ruf genießt Darting als Rebveredler. Ein entsprechender Betrieb gehört heute noch zum Gut. Mit seinen Weinen und Sekten setzt das Haus seit Jahren Maßstäbe für hohe Qualität. Die feinfruchtigen und mineralischen Weißen und die eleganten und körperreichen Roten wecken in immer größerem Maße auch außerhalb der Pfalz das Interesse für den Betrieb.

Helmut Darting

 Weingut Darting, Am Falltor 2-4, 67098 Bad Dürkheim. Telefon: 0 63 22/97 98 30. Fax: 0 63 22/97 98 326. E-Mail: weingut@darting.de.

Homepage: www.darting.de. **Rebfläche:** 25 ha. **Rebsorten:** 16. **Hauptrebsorte:** Riesling (44 %). **Anbau:** 66 % Weiß-, 34 % Rotwein.

Spezialitäten: Rotweine, edelsüße Weine. **Durchschnittsertrag:** 8200 l/ha. **Verkauf:** 70 % Privatkunden, 10 % Gastronomie, 20 % Export.

Schlanke Weine mit mäßigem Alkohol, bei denen man den Jahrgang schmeckt

Weingut Dengler-Seyler

Maikammer

Matthias Seyler absolvierte nach einer kaufmännischen Ausbildung eine Lehre als Winzer in bekannten Pfälzer Weingütern. Seine Frau Eva ist Weinbautechnikerin, hat ihr Handwerk von der Pike auf gelernt. Seit Anfang 2000 sind die beiden gemeinsam die Weinmacher des Hauses. Für den Chef ist es Ehrensache, seine Angetraute als Fachfrau häufig in die Entscheidungen im Keller einzubinden. Auch in der Außenwirtschaft ist das Ehepaar oft gemeinsam tätig, aber nur dann, wenn die Rolle als Mutter Eva Seyler die Zeit dazu lässt. Ihre Eltern Julia und Erwin helfen ebenfalls tatkräftig mit. Im Weingut Dengler-Seyler wird in der vierten Generation Wein gemacht. Mitte der 1950er Jahre erfolgte die Umstellung auf Flaschenweinvermarktung.

Man müsste mal Mäuschen spielen, wenn Eva und Matthias Seyler im Gewölbekeller ihres Weinguts in Maikammer vor einem Fass stehen und gemeinsam über den Ausbau eines Weins reden. Ob sie sich bei den Diskussionen auch mal über den richtigen Weg ein wenig zoffen? Oder sind sie immer einer Meinung, weil sie beide genug Sachverstand haben? Jedenfalls scheint es immer eine Einigung zu geben, sonst wären die Weine aus dem traditionsreichen Gut nicht so wohl geraten und bekämen auch nicht so viele Auszeichnungen.

▶▶▶ *Was machen Sie anders als Ihre Kollegen? Matthias Seyler: „Wir haben uns auf Weißweine spezialisiert, die sich durch mineralische Stilistik und moderaten Alkohol auszeichnen."*

Ziel der Arbeit im Weingut ist es, wie sich Matthias Seyler gerne ausdrückt, schlanke Weine zu erzeugen, die mäßig im Alkohol sind und „bei denen man den Jahrgang schmecken muss." Allzu opulente Weine sind nicht seine Sache. Es wird versucht, jeden Weinberg für sich getrennt auszubauen und Nuancen herauszuarbeiten. Eva Seyler ergänzt ihren Mann mit der Feststellung: „Wir machen uns gemeinsam viele Gedanken, wie wir guten Wein erzeugen können."

„Unsere Weine entstehen im Weinberg", informieren die Seylers ihre Kunden. Wichtig ist ihnen die optimale Kombination aus Boden, Rebsorte und Lage. Ihre von Kalmit und Pfälzerwald vor Kaltluftströmen geschützten Wingerte haben in den Lagen Kapellenberg (Ton, Lehm, Kalkstein), Kirchenstück (Löss-Lehm) und Heiligenberg (Lehm-Löss über Mergel und Kalkstein) für den Weinbau geradezu ideale Böden. Schonender Umgang mit dem Lesegut genießt oberste Priorität, um die Traubeninhaltsstoffe zu erhalten. Die Weißweine werden kühl vergoren, die Rotweine maischevergoren. Im Keller ist „kontrolliertes Nichtstun" angesagt.

Der „Gault Millau" bescheinigt den Seylers, jeder ihrer Weine sei bestens definiert in Struktur und Rebsortentypizität. Man hat sich auf Weißwein (80 Prozent) spezialisiert, vernachlässigt aber auch die Roten nicht. Die Tropfen aus diesem Weingut besitzen Klarheit, Frucht, Dichte und Fülle. Die konsequente Weiterentwicklung in den vergangenen Jahren hat zur Verleihung der zweiten Traube im „Gault Millau" geführt. Die Rieslinge sind dicht und mineralisch, die Weiß- und Grauburgunder schmelzig und doch frisch, der Muskateller ist exzellent. Auch Scheu und Gewürztraminer sind im Anbau.

Wie sagt Matthias Seyler gerne: „Alle unsere Weine haben unsere Leidenschaft und Fürsorge gemein." Das gilt für die bodenständigen Gutsweine, für die Qualitäts- und Prädikatsweine gehobener Güte wie auch für die vom Terroir geprägten Spitzenweine.

▶▶▶ *Wie sieht Ihre Weinphilosophie aus? Matthias Seyler: „Das ‚Naturprodukt' Wein akzeptieren und Freiraum schaffen für Lage, Boden und Jahrgang."*

▶▶▶ *Welche weiteren Ziele haben Sie noch? Matthias Seyler: „Wir wollen den Betrieb noch intensiver ökologisch ausrichten."*

Familie Dengler-Seyler

Weingut Dengler-Seyler,
Weinstraße Süd 6,
67487 Maikammer.
Telefon: 0 63 21/51 03.
Fax: 0 63 21/57 325.
E-Mail: info@dengler-seyler.de.

www.dengler-seyler.de.
Rebfläche: 13 ha. **Rebsorten:** 11. **Hauptrebsorten:** Riesling (45 %), Burgunder (30 %), Bukettsorten (10 %). **Anbau:** 80 % Weiß-, 20 % Rotwein.

Spezialitäten: Mineralische Rieslinge, verschiedene Bukettweine. **Durchschnittsertrag:** 7000 l/ha. **Verkauf:** 75 % Privatkunden, 15 % Gastronomie, 10 % Fachhandel.

Für Andreas Diehl und seine Ehefrau ist der Ausbau von Weinen ein „gelebter Traum"

Edesheim

Schon als Kind haben die Weinberge, nicht nur die elterlichen, Andreas Diehl fasziniert, wie er gerne zugibt. Sein Weg in den Winzerberuf war demnach folgerichtig. 1999 übernahm er das Weingut der Eltern. Zu diesem Zeitpunkt hatte sein Bruder Thomas bereits in das Weingut Borell in Hainfeld eingeheiratet und so konnte Andreas unbeeinflusst seine Linie finden, unterstützt durch seine Ehefrau Alexandra-Isabell.

Kaum ein anderes pfälzisches Weingut bietet im Internet einen so modernen und aussagekräftigen Auftritt wie Diehl aus Edesheim. Und kaum ein anderer Betrieb macht mit gedrucktem und bebildertem Informationsmaterial so gut Werbung für sich und seine Produkte. Das Weingut Diehl kann sich das alles leisten, weil es mit den qualitativ hochwertigen Weinen, Sekten und Destillaten überzeugt. „Entdecken, erleben, erkennen" lauten die drei Schlagworte des Hauses.

Das Weingut Diehl wird von der Masse der Verbraucher nicht sofort genannt, wenn um die Aufzählung herausragender Betriebe in der Pfalz gebeten wird. Das dauert eben seine Zeit, bis

▶▶▶ *Was machen Sie anders als Ihre Kollegen? Andreas Diehl: „Wir geben den Weinen unsere persönliche Note - vom Anbau über den Ausbau bis hin zur Vermarktung."*

das automatisch passiert. Aber mit seinen Weinen findet das junge Ehepaar längst viel Anerkennung bei Prämierungen und immer mehr zufriedene Kunden. Weinkritiker loben vor allem Weißburgunder, Chardonnay und Auxerrois, aber auch Merlot und die Cuvees. „Wir lieben es, Weine auszubauen", sagen Andreas und Alexandra-Isabell Diehl, für beide ist das ein „gelebter Traum".

Das Geheimnis um die Güte seiner Weine gibt Andreas Diehl auf Anfrage preis: „Man muss die Lage einer Rebe erkennen, um daraus einen guten Wein zu keltern." Aber man müsse, ergänzt er, auch um die Eigenschaften der Lagen wissen. In den Diehlschen Weinen spiegeln sich die Böden rund um Edesheim wider und geben den Weinen ihren eigenen charakteristischen Reichtum.

Aus einem alten Anwesen von 1821 wurde das nach modernsten Gesichtspunkten geplante Presshaus. Hier, sagen die Diehls fast poetisch, „arbeiten wir daran, dass sich das Temperament der Traube sanft im Wein entfalten kann, um dem Entdecker eine reine Geschmackswelt zu eröffnen". Dass sich im Anbau 20 Rebsorten befinden, ist bewusst geschehen. Denn man will den Kunden ein vielfältiges Angebot bieten und nicht das Risiko eingehen, dass sie nicht bedient werden können, wenn sie nach einem bestimmten Wein fragen. Wenn eine sogenannte exotische Sorte Andreas Diehl reizt, probiert er sie aus. 2005 gab es zum Beispiel die erste Ernte eines Shiraz.

Unter der Bezeichnung „Premiumwein" werden die sortentypischen Tropfen und die Cuvees vertrieben. Bei den „Gutsweinen" handelt es sich um Weine in Literflaschen für den täglichen Genuss. Bei den sortenreinen Weinen steht auf dem Etikett „eins zu eins", was laut Alexandra-Isabell Diehl bedeutet: „Jeder Wein enthält den vollen Geschmack der etikettierten Rebsorte." „Drei zu eins" ist der Hinweis, dass die Cuvees aus drei Weinen bestehen.

Von Andreas Diehl stammen Sätze wie: „A. Diehl-Weine porträtieren die Seele der Trauben." Oder: „Typen erkennen und fördern ist unsere Aufgabe." Seine Ehefrau stellt fest: „Geradlinigkeit ist unsere oberste Maxime. Das gilt für die Arbeit im Weinberg, im Keller, in der Logistik und für die Bezeichnung unserer Weine."

▶▶▶ *Wie sieht Ihre Weinphilosophie aus? Andreas Diehl:* „Unsere Weinphilosophie zeigt sich in erster Linie im sortenreinen Anbau unserer Weinlinie ,eins-zu-eins'. Für unsere ,drei-zu-eins'-Weine vinifizieren wir je drei Jahrgangsweine, die sich mögen."

▶▶▶ *Welche weiteren Ziele haben Sie noch? Andreas Diehl:* „Unser Ziel ist es, stets Perfektion für unser Weingut und unsere Weine zu erarbeiten. Dies verfolgen wir täglich."

Andreas Diehl

Wein- und Sektgut Diehl,
Eisenbahnstraße 3 a,
67483 Edesheim.
Telefon: 0 63 23/93 89 30.
Fax: 0 63 23/93 89 338.
E-Mail: ad@diehl-wein.de.

Homepage: www.diehl-wein.de.
Rebfläche: 35 ha. **Rebsorten:** 20. **Hauptrebsorten:** Riesling (20 %), Spätburgunder (10 %), Dornfelder (10 %). **Anbau:** 60 % Weiß-, 40 % Rotwein.

Spezialitäten: Internationale Rebsorten: Syrah und Sauvignon blanc. **Durchschnittsertrag:** 8500 l/ha. **Verkauf:** 60 % Privatkunden, 40 % Gastronomie und Fachhandel (zusammen).

Weingut Doppler-Hertel

Essingen

Die anmutigen Weißweine aus dieser Linie werden aus besonders hochwertigem Lesegut mit sehr geringem Ertrag selektiert. Die handverlesenen Trauben erfahren eine besonders schonende Verarbeitung. Jetzt gehört zu dieser Edition auch ein „Moselaner". 2009 erntete Mario Hermes erstmals einen Riesling aus einem gepachteten Weinberg in Steillage hoch über der Mosel. Der Rüberberger Domherrenberg, eine Einzellage am Moselkrampen, rundet das Angebot der in Burrweiler, Gleisweiler und Essingen wachsenden Rieslinge ab.

Seit Mario Hermes, der gebürtige Moselaner und studierte Diplom-Ingenieur für Weinbau und Oenologie (Abschluss in Geisenheim), im Jahr 2000 ins Weingut Doppler-Hertel nach Essingen kam, 2003 die Tochter des Hauses heiratete und entscheidend die Zügel des Weinanbaus und -ausbaus in die Hand nahm, hat der reine Familienbetrieb neue Impulse bekommen. Er sei eine sehr zuverlässige Adresse, kann man immer wieder in Fachzeitschriften lesen. Vor allem mit seinen hervorragenden Alltagsweinen hat sich DH einen guten Ruf geschaffen. Das Preis-Leistungsverhältnis stimmt. Das gilt auch für die „Edition H".

Sein Handwerk hat Hermes, der das Weingut zusammen mit seinem Schwiegervater Bernd Hertel leitet, bei einem der besten Winzer in Deutschland gelernt: bei Hermann Dönnhoff in Oberhausen im Weinbaugebiet Nahe.

▶▶▶ *Was machen Sie anders als Ihre Kollegen? Mario Hermes: „Die Qualität unserer Weine entsteht im Weinberg. Aufwändige Handarbeit garantiert uns exzellente Traubenqualitäten."*

1997 kam er als junger Mann an die Südliche Weinstraße, arbeitete als Kellermeister im Weingut Schönhof in Wollmesheim und wohnte in Essingen zur Miete. Hier lernte er seine spätere Frau Carola kennen, die von Beruf Architektin ist.

Der Winzer, der von sich behauptet, mit dem Riesling groß geworden zu sein und diese Rebsorte besonders zu mögen, ist aber nicht nur ein Spezialist für diese Sorte. Immerhin gibt es im Gut ein ganzes Dutzend Reben. Beim Ausbau setzt er auf drei „S": sauber, schonend und schnell. Die Weine, die in Essingen entstehen, sind gradlinig, sehr klar, schlank und fruchtbetont und finden in ganz Deutschland ihre Abnehmer. Vom Tagesgeschäft kann das Haus nicht leben, weil es doch ein ganzes Stück von der Deutschen Weinstraße entfernt liegt und die Touristenströme andere Wege gehen als durch den kleinen Ort unterhalb der Bahnlinie, die aber schon lange nicht mehr als Grenze zwischen Qualität und Anspruch gilt.

Aus dem einstigen landwirtschaftlichen Gemischtbetrieb, der seit 1976 ganz auf Weinbau und Flaschenvermarktung umgestellt wurde, ist ein nicht nur an der Südlichen Weinstraße beachtetes Weingut geworden. Das Qualitätsstreben trägt Früchte und wird bei Prämierungen diverser Art immer öfter durch die Zuerkennung von Preisen und Medaillen anerkannt. Die Stärken des Hauses liegen im Weißwein-Bereich, aber das bedeutet nicht, dass der Rotwein vernachlässigt wird.

Auch wenn elf Hektar Weinberge zu bewirtschaften sind, wird die Arbeit ganz im Familienverbund geleistet. Nicht einmal Aushilfskräfte werden beschäftigt. Der Keller ist das Reich von Mario Hermes, hier redet ihm niemand rein. Aber auch im Außenbereich ist er mit tätig, weil er überzeugt ist: „Der Grundstein für hohe Qualität wird bereits im Weinberg gelegt." Unterstützung „draußen" erfährt er durch seine Schwiegereltern. Carola Hermes kümmert sich im Haus nicht nur um die drei Kinder, sondern auch um den Verkauf ab Hof und das Büro. Ihre Eltern fahren die bestellten Weine zu den Kunden und halten mit ihnen den direkten Kontakt.

Im Gespräch mit Freunden des Weins unterstreicht Mario Hermes, dass er im Weinbau sehr auf die Natur setzt und sagt: „Die Vielfalt der Natur ist die Grundlage unserer Arbeit, das Wissen um deren Zusammenhänge unser größtes Talent."

▶▶▶ *Wie sieht Ihre Weinphilosophie aus?* Mario Hermes: *„Wir unterscheiden Trink-, Genuss- und Terroirweine. Diese zu differenzieren und jedem Weintyp seine eigene Ausprägung zu geben, darauf arbeiten wir das ganze Jahr über hin."*

▶▶▶ *Welche weiteren Ziele haben Sie noch?* Mario Hermes: *„Dem Wein, seinem Boden, auf dem er gewachsen ist und dem Klima, dem die Rebe ausgesetzt war, wollen wir beim Ausbau noch gerechter zu werden und sind deshalb auf der ständigen Suche nach der Finesse eines jeden Weines."*

Familien Hermes und Hertel.

 Weingut Doppler-Hertel, Kirchstraße 33, 76879 Essingen. Telefon: 0 63 47/82 50. Fax: 0 63 47/60 80 506. E-Mail: wein@weingut-dh.de. Homepage: www.weingut-dh.de.

Rebfläche: 11 ha. **Rebsorten:** 12. **Hauptrebsorten:** Riesling (30 %), Burgunderfamilie (15 %), Spätburgunder (10 %). **Anbau:** 60 % Weiß-,

40 % Rotwein. **Spezialitäten:** Edition H Pinot noir und Cabernet. **Durchschnittsertrag:** 9000 l/ha. **Verkauf:** 95 % Privatkunden, 5 % Gastronomie und Fachhandel.

**Weingut Fader
- Kastanienhof**

Rhodt

Viel Handarbeit in
den Weinbergen
kostet Zeit, aber
Zahlt sich aus

Neben dem guten Weinangebot, das man verkosten kann, hat der Hinweis auf die Lage des Betriebes sicher schon manchen Weinfreund neugierig gemacht und angelockt. Wer nach einigen Proben Hunger verspürt oder nicht mehr fahren will, kann 100 Meter weiter im „Alten Kastanienhof" essen und übernachten. Auch dieses Anwesen gehört der Familie Fader, aber das Gasthaus wird nicht selbst von ihr betrieben. Wer im Herbst einen Blick auf die Traubenannahme und zu anderen Zeiten in den Keller werfen will, muss sich in Richtung Ortsrand orientieren, wohin man mit diesen Bereichen ausgesiedelt ist.

Hätte es den Lehrer Carl Fader in der zweiten Hälfte des 18. Jahrhunderts nicht nach Rhodt verschlagen, gäbe es heute kein Weingut, das diesen Namen trägt. Und der Tatsache, dass in der Theresienstraße so viele alte und prächtige Kastanienbäume stehen, ist der Zweitname „Kastanienhof" zu verdanken. Bei seinen Kunden im ganzen Bundesgebiet mit den Schwerpunkten Rheinland und Norddeutschland wirbt das Haus in seinem Prospekt mit dem Hinweis, man liege an einer der schönsten Dorfstraßen der Republik.

▶▶▶ *Was machen Sie anders als Ihre Kollegen? Knut Fader: „Die Arbeitsweise von Betrieben, die sich an der Qualität orientieren, ist in vielen Punkten nicht zu unterscheiden. Wir verzichten beim Weinausbau auf Schönung."*

Zurück zum Urahn Carl Fader, der aus dem badischen Dattingen stammte. Er heiratete 1780 eine Rhodter Winzerstochter und wurde dadurch zum Namensgeber für ein Weingut und selbst zum Weinerzeuger. Heute stehen an der Spitze des Guts Karl-Heinz Fader und sein Sohn Knut, beide gelernte Winzermeister. Der Senior stellte in den 1970er Jahren auf Flaschenwein um, sein Junior lernte bei ihm, bei Müller-Catoir und im Johannitergut in Neustadt und stieg 1994 nach bestandener Meisterprüfung voll ein. Damals wurden nur drei Hektar bewirtschaftet, heute sind es fünf Mal so viel. Die Weinberge liegen in Rhodt, Edenkoben und Godramstein. Von drei örtlichen Winzern werden seit mehr als zwei Jahrzehnten im Herbst die Trauben zugekauft.

Die Verschiedenartigkeit der Böden - feiner und toniger Lehm, lehmiger Sand, Kalkmergel, Buntsandstein, Lehm-Löss-Kalk - bringen Weine hervor, die sich durch Frische, Klarheit, Frucht,

Ausdrucksstärke und Mineralität auszeichnen. Mit der Natur wird schonend umgegangen, es wird großer Wert auf die Pflege der Weinberge gelegt. Die Düngung erfolgt mit organischem Dünger und Kompost aus Grünschnitt. Viel Handarbeit beim Entblättern der Rebstöcke, bei der Selektion der Trauben und bei der Lese kosten zwar Zeit, aber das alles zahlt sich aus.

▶▶▶ *Wie sieht Ihre Weinphilosophie aus? Knut Fader: „Intensive Pflege der Weinberge, schonender Umgang mit der Natur, reduzierte Erträge, schonende Traubenverarbeitung, nur eine Filtration bis zur Abfüllung."*

Im Keller, wo Knut Fader das Sagen hat, wird das Erntegut schonend und fachgerecht verarbeitet. Klare Vorgärung der Moste, temperaturgesteuerte Vergärung und lange Reifezeit auf der Hefe sorgen bei den Weinen für Fülle und Charakter. „Bis zur Abfüllung werden die Weißweine nur zweimal umgelagert, um die Fruchtigkeit und die natürliche Gärungskohlensäure zu erhalten", verrät der Kellermeister. Auf die Schönung der Weine wird generell verzichtet. Im Keller liegen noch vier bis zu 7000 Liter fassende Holzfässer vom Großvater, die für die Rotweinbereitung benutzt werden.

▶▶▶ *Welche weiteren Ziele haben Sie noch? Knut Fader: „Weitere Verbesserung der Weinqualität."*

Die Faders halten sich an den Grundsatz „Qualität statt Quantität." Die zahlreichen Auszeichnungen in den vergangenen drei Jahrzehnten sprechen dafür, dass dieser Satz mehr als nur ein Lippenbekenntnis ist. Auf Knut Fader könne man sich verlassen, schrieb der „Gault Millau" und bestätigt den von ihm erzeugten Weinen ein durchgängig gutes Niveau über Jahre hinweg. In einem anderen Weinführer (Eichelmann) wird betont, die Weine vom Kastanienhof seien von höchst zuverlässiger Qualität, „alle immer reintönig und fruchtbetont". Die trockenen Spätlesen und die im Barrique ausgebauten Weine reichten nahe an die Pfälzer Spitze heran.

Knut und Heike Fader.

 Weingut Fader - Kastanienhof, Theresienstraße 62, 76835 Rhodt. Telefon: 0 63 23/51 93. Fax: 0 63 23/98 08 41. E-Mail: weingut-fader@t-online.de.

Homep.: www.weingut-fader.de. **Rebfläche:** 15 ha. **Rebsorten:** 18. **Hauptrebsorten:** Riesling (25 %), Grauburgunder (11 %), Spätburgunder (10 %). **Anbau:** 70 %

Weiß-, 30 % Rotwein. **Spezialitäten:** Riesling, Gewürztraminer. **Durchschnittsertrag:** 8000 l/ha. **Verkauf:** 85 % Privatkunden, 10 % Gastronomie, 5 % Fachhandel.

Weingut Faubel

Maikammer

W er in der 1. Bundesliga des deutschen Weinbaus oben dabei bleiben will, braucht eine stabile Psyche, um den Herausforderungen gewachsen zu sein", sagt Gerd Faubel, der 1998 seinen Vater Heinz in der Verantwortung als Inhaber abgelöst hat. Der Weinbautechniker hat in seiner Ausbildung auch von Hans-Günther Schwarz viel gelernt, aber sehr bald seinen eigenen Weg gefunden. Seinen Weinen wird von Experten eine wunderbare Balance zwischen Frucht, Frische und Mineralität bescheinigt.

Wenn Experten in Deutschland Listen der besten 100 Weingüter aufstellen, ist der Name Faubel (früher Ullrichshof) fast immer dabei. Seit 1635 wird in der Familie aus Maikammer Wein gemacht, aber der Weg an die Spitze war lang. Seit Anfang der neunziger Jahre des vorigen Jahrhunderts sind die Erfolge - bestätigt durch eine Fülle von hohen Auszeichnungen - so groß wie nie zuvor. Sie sind das Ergebnis täglich harter und konsequenter Arbeit in den Weinbergen und im Keller.

Mit Engagement und konsequentem Qualitätsanspruch halten die Faubels (früher Heinz und Christa Faubel, jetzt Gerd und Silke Faubel) ihre Kunden in ganz Deutschland bei der Stange, begeistern die Kritiker und die Juroren bei Wettbewerben. In den Weinbergen wird so naturnah wie möglich gearbeitet. Dabei richtet man sich im Betrieb absolut nach dem Wetter. Rudolf Ullrich, der frühere Inhaber des Ullrichshofs, war ein Pionier auf dem Gebiet der Neuzüchtungen. Die nachfolgenden Generationen setzten und setzen andere Schwerpunkte, bauen lieber die traditionellen Sorten an.

▶▶▶ *Was machen Sie anders als Ihre Kollegen? Gerd Faubel: „Mir ist es ganz wichtig, die Qualität unserer Weine in unser Weingut zu integrieren. Es geht mir nicht um die reine Produktion von Wein, sondern darum, die Qualität mit dem Flair unseres Weinguts und dem von meiner Frau Silke geführten Landhaus in Einklang zu bringen."*

Die Weine des Weinguts Faubel wachsen auf tiefgründigen Böden in Maikammer, Gimmeldingen und Haardt. Bei der Bewirtschaftung wird großer Wert auf ein Höchstmaß an Handarbeit gelegt. Kurzer Rebschnitt, Traubenausdünnung und späte, selektive Handlese bedingen die typischen Inhaltsstoffe. „Wir setzen auf modernste Kellertechnik. Unsere Weißweine reifen in Edelstahltanks, die Rotweine ruhen in Holzfässern", verrät Gerd Faubel ein paar der Geheimnisse des Erfolges.

In einer Hausbroschüre stehen zwei Sätze, die viel über das renommierte Weingut aussagen: „Mit exquisiten Weinen zu prahlen, ist eine Sache. Sie anbieten zu können, eine ganz andere." Die Faubels prahlen nicht, sie lassen ihre charaktervollen Tropfen für sich sprechen. Das Weingut wurde als solches erst 1904 durch Josef Ullrich II., Urgroßvater des heutigen Betriebsinhabers, gegründet. Aber bis zu diesem Zeitpunkt gab es bereits Ullrich-Wein. Christa Faubel, geborene Ullrich, übernahm das Familiengut zusammen mit ihrem Mann Heinz 1978 von den Eltern, ehe sie es 20 Jahre später an den Sohn und die Schwiegertochter übergaben. Der Riesling spielte schon immer eine besondere Rolle, macht heute fast ein Drittel der Rebfläche aus. Den Rieslingen wird von Experten nicht nur eine unkomplizierte Art bescheinigt, sondern auch eine sauber herausgearbeitete Aromatik. Die animierende Säure sorge für den notwendigen Kick, um Frische in den Wein zu bringen, liest man im „Gault Millau".

In dem Buch „Die Weine der Pfalz" stellt Autor Jürgen Mathäß fest, die Faubelschen Produkte seien sehr seriös, klar in der Frucht und harmonisch und deshalb unkompliziert zu trinken. Der „Gault Millau" lobt besonders die trockenen Rieslinge und weißen Burgunder, deren Stil „zwar zugänglich und schmelzig, zugleich aber gekonnt und tiefgründig" ausfalle. Um das erreichte hohe Niveau zu halten und sogar noch zu steigern, wollen Gerd Faubel und seine Familie die verschiedenen Gemarkungs-Terroirs noch spezieller herausarbeiten.

▶▶▶ *Wie sieht Ihre Weinphilosophie aus? Gerd Faubel: „Ich baue auf den traditionellen Erfahrungen meiner Familie auf. Das schließt jedoch nicht den Einsatz modernster Kellertechnik aus. Und letztendlich ist es die Freude am Weinbau und die Freude am Wein selbst, die meine Weinphilosophie zum größten Teil prägt."*

▶▶▶ *Welche weiteren Ziele haben Sie noch? Gerd Faubel: „Vor mehr als zehn Jahren haben wir damit begonnen, unser Weingut neu zu positionieren und die höchsten Ansprüche an die Qualität unserer Weine zu stellen. Wir wollen diesen Weg weitergehen."*

Gerd und Silke Faubel

Weingut Faubel, Marktstr. 86, 67487 Maikammer.
Tel. 0 63 21/50 48.
Fax: 0 63 21/5 73 88.
E-Mail: info@weingut-faubel.de.
Homepage: weingut-faubel.de.

Rebfläche: 30 ha. **Rebsorten:** 14. **Hauptrebsorten:** Riesling (40 %), Spätburgunder (20 %), Weißburgunder (15 %).
Anbau: 70 % Weiß-, 30 % Rotwein.

Spezialitäten: Riesling, gesamte Burgunderfamilie.
Durchschnittsertrag: 6700 l/ha.
Verkauf: 70 % Privatkunden, je 10 % Gastronomie, Fachhandel und Export.

Weingut Fitz-Ritter

Bad Dürkheim

Die Cuvee „Revoluzzer" aus Cabernet Dorsa, Acolon und Pinot noir erinnert gleichzeitig an den Mann, der 1837 die Sektkellerei Fitz - seinerzeit erst die dritte ihrer Art in Deutschland - gründete. Ein aus Frankreich mitgebrachter Kellermeister produzierte aus Pfälzer Weinen die Sekte. Die auf Flasche vergorenen Spitzensekte sind auch heute noch wegen ihrer Qualität geschätzt, einige tragen das Etikett aus der Zeit um 1840.

Eineinhalb Jahre liegt die rote, trocken ausgebaute Cuvee „Revoluzzer" des Weinguts Fitz-Ritter in Bad Dürkheim im Barrique-Fass, ehe sie abgefüllt wird. Auf dem Etikett ist ein markanter Kopf abgebildet, jener des Johann Fitz, der dem Verschnitt den Namen gegeben hat. Denn „Der rote Fitz" war einst so etwas wie ein Revoluzzer. Beim Hambacher Fest 1832 war er der Sprecher der opponierenden Winzer und Demokraten, trug beim Zug zum Schloss eine schwarze Fahne mit der Aufschrift „Die Weinbauern müssen trauern", rief in seiner Rede aus: „Drum ist in unsrer Not, nur wer trinkt ein Patriot!". Wegen dieses Engagements musste er für ein paar Jahre ins Exil nach Frankreich flüchten.

Das Weingut Fitz-Ritter befindet sich direkt neben dem Dürkheimer Fass. Das 1785 errichtete klassizistische Gutshaus mit der gelben Fassade und dem noch älteren Schilderhaus steht unter Denkmalschutz. Es gilt als eines der schönsten Häuser an der Deutschen Weinstraße. Der herrliche Park mit bis zu 350 Jahre alten Bäumen, darunter einer der größten Ginkgos Deutschlands, ist bereits als „schönster Garten an der Weinstraße" prämiert worden. Prämiert werden auch oft die vollen und fein strukturierten Weine. Die frischen, fruchtbetonten und reintönigen Rieslinge des Hauses sind für den Landauer Weinkritiker Jürgen Matthäß „Prototypen des klassischen Pfälzer Rieslings".

▶▶▶ *Was machen Sie anders als Ihre Kollegen? Johann Fitz: „Wir haben uns für die Umstellung zum ökologischen Weinbau entschieden. Hier setzen wir auf modernste Technik und viel Handarbeit, um die optimale Gesundheit der Trauben zu gewährleisten."*

Die Lagenweine sind gut bis ausgezeichnet, aus den besten werden Große Gewächse gemacht. Eine Spezialität von Fitz-Ritter schon seit Generationen ist der sich durch reife Frucht und opulentes Bukett auszeichnende Gewürztraminer aus der Bad Dürkheimer Lage Abtsfronhof, die 1832 über Heirat in den Alleinbesitz des Guts übergegangen ist. Ein Renner ist der Chardonnay. Begehrt sind auch die edelsüßen Weine. Das Weingut wird in der neunten Generation von Johann Fitz geleitet. Ihm zur Seite stehen als Verwalter Achim Eberle und als Kellermeister Bernd Henninger. Der heutige Besitzer hat nach seinem Studium der Wirtschaftslehre in den USA in Geisenheim Weinbau und Kellerwirtschaft studiert.

In den Weinbergen wird auf den Einsatz von Herbiziden verzichtet, für die Düngung wird nur natürlicher oder Mineraldünger nach genauer Bodenuntersuchung eingesetzt. Zur Dauerbegrünung der Zeilen werden Gräser und Klee gesät. Der Weg zur Qualität geht über kurzen Anschnitt der Reben, selektive Lese der Trauben oft in mehreren Durchgängen, Entrappung der Rotweintrauben zur schonenden Pressung. Die Rotweine vergären auf der Maische, die besten Sorten reifen im über 220 Jahre alten Gewölbekeller aus Sandsteinen 15 bis 18 Monate im Barrique. Die Weißweine erhalten ihre Reife in Edelstahl- und Holzfässern. Die Abfüllung erfolgt kaltsteril.

„Wein ist mehr als ein Getränk. Wein ist Kultur", betont man bei Fitz-Ritter. Das mit der „Kultur" ist wörtlich zu nehmen: Es werden regelmäßig klassische Konzerte und Kunstausstellungen veranstaltet. Das Weingenießen ist bei den gutseigenen Weinfesten möglich, auch beim Probieren vor dem Kauf und dann zu Hause.

▶▶▶ *Wie sieht Ihre Weinphilosophie aus?* Johann Fitz: „Unser Ziel sind natürliche Weine, die Spaß machen. Durch kompromisslose Sorgfalt im Weinberg und Optimierung der Aromaextraktion, gefolgt von schonender Weiterverarbeitung, sehen wir die Zukunft in naturbelassenen Weinen mit viel Charakter und feiner Struktur."

▶▶▶ *Welche weiteren Ziele haben Sie noch?* Johann Fitz: „Da für uns Wein auch Kultur und Erlebnis ist, wollen wir unsere Weine im Rahmen von hochwertigen Events im Gut in Szene setzen."

Johann Fitz

Weingut Fitz-Ritter, Weinstraße Nord 51, 67098 Bad Dürkheim. Telefon: 0 63 22/53 89. Fax: 0 63 22/66 005. E-Mail: info@fitz-ritter.de. Homepage: www.fitz-ritter.de.

Rebfläche: 25 ha. **Rebsorten:** 8. **Hauptrebsorten:** Riesling (65 %), Gewürztraminer und Spätburgunder (je 8 %). Anbau 75 % Weiß-, 25 % Rotwein. **Spezialitäten:** Chardonnay,

Rotwein-Cuvée „Revoluzzer". **Durchschnittsertrag:** 5800 l/ ha. **Verkauf:** 60 % Privatkunden, 15 % Gastronomie, 25 % Fachhandel.

Weingut Fluch-Gaul

Für viele Freunde eines ehrlichen Tropfens so etwas wie ein Geheimtipp

Grünstadt-Sausenheim

Die junge Mitinhaberin ist vom Fach, sie wurde nicht ins kalte Wasser geworfen, als der Chef so plötzlich starb. Als sie 1987 ihre dreijährige Winzerlehre begann, war sie eine der damals wenigen Frauen, die sich für diesen Beruf entschieden hatten. In Geisenheim vertiefte sie anschließend an der Fachhochschule ihr Wissen und stieg 1995 als frischgebackene Ingenieurin für Weinbau und Oenologie ins elterliche Weingut ein. Als Kellermeisterin ist sie verantwortlich für den Weingeschmack, und das mit Erfolg.

Das im Grünstadter Stadtteil Sausenheim beheimatete Weingut Fluch-Gaul gehört (noch) nicht zu den Betrieben, die in den renommierten Weinführern vertreten sind. Aber das sagt nichts über die Qualität der Weine aus. Auch im Schatten der etablierten pfälzischen Betriebe kann man sich einen guten Namen machen. Das seit Februar 2004 von Carmen Gaul und ihrer Tochter Julia nach dem frühen Tod von Ehemann/Vater Hans Gaul geleitete Gut ist für viele Freunde eines ehrlichen Tropfens so etwas wie ein Geheimtipp.

Beim Weinmachen gilt im Haus Fluch-Gaul die Devise: Ökonomisch, sauber und konsequent. Schnelle Entscheidungsfindungen sind allen wichtig, sauberes Arbeiten auf den verschiedenen Ebenen ist für Julia Gaul und ihr Team eine Selbstverständlichkeit, konsequentes Durchsetzen der Pläne logisch. „Wein hat mich schon immer fasziniert. Die Vielfalt der Aromen, die Komplexität und Struktur bestimmter Sorten begeistern mich jedes Jahr aufs Neue", gesteht die Weinmacherin von Sausenheim, die nach eigener Aussage zu hundert Prozent Winzerin ist. Sie liebt ihren Beruf, ihre Reben, ihre Weine - und natürlich ihre Familie. Diese Liebe und viel Leidenschaft fließen in die Weine ein und machen sie zu etwas Besonderem.

▶▶▶ *Was machen Sie anders als Ihre Kollegen?*
Julia Gaul: „Nichts! Ich treffe die meisten Entscheidungen aus dem Bauch heraus. Wein machen ist eine wirklich emotionale Angelegenheit."

Das Weingut wurde 1913 von Joseph Fluch gegründet. Seine Tochter Johanna heiratete Heinrich Gaul und so entstand der Doppelname. Aus dem einstigen landwirtschaftlichen Gemischtbetrieb, zu dem auch Weinberge gehörten, ist schon sehr lange ein angesehenes Weingut geworden. Die Weichen hierzu stellte Heinrich Gaul Anfang der 1950er

Jahre, als er die ersten Weine auf Flaschen füllte und vertrieb. Seit den 80er Jahren des vorigen Jahrhunderts bekommt das Gut regelmäßig Auszeichnungen für seine Weine. Mehrere Staatsehrenpreise des Landes Rheinland-Pfalz wurden ihm bisher verliehen.

In den Weinbergen in Sausenheim, Asselheim und Neuleiningen wird umweltschonend gearbeitet. Der Ausbau der Weißweine erfolgt reduktiv. Durch die gekühlte Vergärung sollen optimale Moste erzielt werden. Nach der klassischen Maischevergärung (ohne Erhitzung, da durch die starke Selektion der Trauben schon bestes Lesegut gegeben ist) landen die roten Moste ausnahmslos im Holz- oder Barriquefass und bekommen teilweise bis zu drei Jahre Zeit zum Reifen.

Die dichten und körperreichen Rotweine und die filigranen Weißweine, die sich durch faszinierende Fruchtigkeit auszeichnen, munden den in ganz Deutschland lebenden Kunden. Das Hauptaugenmerk der Kellermeisterin gilt trockenen, sortenreinen Weinen. Der Kenner schmeckt, auf welchem Boden der Wein gewachsen ist: Kalkverwitterung, Lehm oder Löß.

Julia Gaul legt großen Wert darauf, dass die Weine ihre eigene Handschrift tragen, „mal impulsiv und fordernd, mal ganz zurückhaltend und sensibel - so vielschichtig wie das Leben". Sie möchte, dass die Weintrinker schmecken, dass „richtig Arbeit und Leidenschaft drinsteckt". Topweine des Hauses - drei Rotweine, ein Sekt und eine Cuvee - kommen aus der „J-Linie", wobei das"J" für Julia Gaul steht. Die Trauben stammen aus Weinbergen, in denen der Ertrag im Blick auf die Qualität stark reduziert wird.

▶▶▶ *Wie sieht Ihre Weinphilosophie aus? Julia Gaul: „Unsere Weine sollen Spaß und Lust auf mehr machen."*

▶▶▶ *Welche weiteren Ziele haben Sie noch? Julia Gaul: „Ich habe noch viele Pläne. Unsere Kunden sollen sich überraschen lassen."*

WEINGUT

Fluch-Gaul

2008
SCHWARZRIESLING
TROCKEN

Julia Gaul (stehend)
und ihre Familie.

Weingut Fluch-Gaul,
Leiningerstraße 22,
67269 Grünstadt-Sausenheim.
Telefon: 0 63 59/23 59.
Fax: 0 63 59/83 169. E-Mail:
mail@weingut-fluch-gaul.de.

www.weingut-fluch-gaul.de.
Rebfläche: 15 ha. **Rebsorten:** 16. **Hauptrebsorten:** Riesling (30 %), Spätburgunder und Weißburgunder (je 8 %). **Anbau:** 50 % Weiß-, 50 %

Rotwein. **Spezialitäten:** Sauvignon blanc, Rieslaner Auslese, Pinot meunier. **Durchschnittsertrag:** 6500 l/ha. **Verkauf:** 85 % Privatkunden, 10 % Gastronomie, 5 % Fachhandel.

Forster Winzerverein e. G.

Forst

Die „eher kleine, aber feine Genossenschaft" (Buch „Die Pfalz im Glas") wurde 1918 gegründet und ist seit diesem Tag bestrebt, Weine von besonderer Güte zu erzeugen. Dass dieses Ziel regelmäßig erreicht wird, davon legen zahlreiche Auszeichnungen Zeugnis ab. Nur zwei weitere Beispiele: Beim internationalen Weinwettbewerb Mundus vini stellten die Forster Winzer 2006 den besten Riesling Kabinett trocken in Deutschland und holten sich beim internationalen Portugieserwettbewerb im gleichen Jahr den ersten Platz.

Der Forster Winzerverein ist eine der kleinsten Winzergenossenschaften in Deutschland. Aber hinsichtlich der Qualität seiner Weine steht er im Genossenschafts-Ranking seit vielen Jahren weit vorne. Beim Genossenschaftstest landete man auf Landesebene auf Platz 2 und bundesweit mehrmals unter den Top-10, gewann bereits zwei Mal den Ehrenpreis des Genossenschaftsverbandes Frankfurt am Main für herausragende Weinqualitäten und siegte 2006 und 2007, als es um die Frage ging, welche deutsche Erzeugergemeinschaft das beste Preis-Leistungsverhältnis aufzuweisen hat.

▶▶▶ *Was machen Sie anders als Ihre Kollegen? Geschäftsführer Dietmar Bonn: „Wir verzichten auf den Besuch von Messen. Lieber fahre ich zu einem wichtigen Kunden selbst hin und pflege den persönlichen Kontakt, das bringt mehr."*

Die 114 Mitglieder aus Forst, Deidesheim, Wachenheim und Ungstein bewirtschaften zusammen eine Rebfläche von 119 Hektar. Es gibt ein paar selbstvermarktende Winzer in der Pfalz, die da allein kaum nachstehen. Dank hoher Qualitätsvorgaben mit strengen Kontrollen werden alljährlich „erlesene Weine von höchster Qualität" (Expertenmeinung) produziert. Von einem grundsoliden Sortiment an Weinen spricht ein Verkoster im Internet. Ein Kunde verkündet online allen, die es wissen wollen: „Der Winzerverein ist eine zuverlässige Quelle für saubere, gut gemachte Rieslinge." Und auch für Tropfen aus anderen Rebsorten.

Wer glaubt, absolute Top-Weine gäbe es nur bei Selbstvermarktern, hat die Sektionsweine Mossbacherhof und die Weine aus der Edition Dr. Pioth noch nicht versucht. Seit 1998 werden die von Rebflächen des Mossbacherhofes kommenden Trauben im Winzerverein nach modernsten Erkenntnissen der Kellerwirtschaft ausgebaut. In Forster Spitzenlagen stehen die Rebstöcke des ehemaligen Weingutsbesitzers Dr. Pioth, dessen Witwe 2008 die Flächen an die Genossenschaft verpachtete. Sieben Mitgliedswinzer bewirtschaften sie.

Die in der Genossenschaft vereinigten Winzer haben Weinberge in den besten Lagen von Forst (Ungeheuer, Kirchenstück, Jesuitengarten, Musenhang, Schnepfenflug u.a.), aber auch in den Gemarkungen Deidesheim, Wachenheim und Bad Dürkheim. „Wäre man Rebstock, man wurzelte am liebsten im Ungeheuer, einem kleinen Paradies auf Erden", schrieb ein Weinjournalist. Wer dort Besitz habe, dürfe sich glücklich schätzen. Der Winzerverein ist der Platzhirsch in dieser bevorzugten Lage.

▶▶▶ *Wie sieht Ihre Weinphilosophie aus?* Dietmar Bonn: „Klein, aber fein."

▶▶▶ *Welche weiteren Ziele haben Sie noch?* Dietmar Bonn: „Weiterer Ausbau des Flaschenweinumsatzes zu lukrativen Preisen."

Eine Spezialität des Hauses sind Sekte, die zu 100 Prozent rebsorten-, jahrgangs- und lagenrein ausgebaut werden, vorwiegend aus Riesling und Dornfelder. Dank der frühen Traubenlese haben die nach neun Monaten auf der Hefe auf den Markt kommenden Sekte eine feinfruchtige Säure. Riesling ist die absolut dominierende Rebsorte. Die daraus gewonnenen Tropfen sind sortenrein, duftig, saftig und feinfruchtig. „Schuld" daran sind die Basaltböden. Den Basalt in den Teufen der Forster Gewannen schätzt man auf 29 Millionen Jahre, er beeinflusst vor allem das Kleinklima. August Becker (1828-1891) rühmte schon in seinem Klassiker „Die Pfalz und die Pfälzer" (erstmals 1858 erschienen) den „hellen Goldglanz und den herrlichen Duft" der Forster Weine.

Im Probier- und Verkaufsraum.

Forster Winzerverein, Hauptstraße 57, 67147 Forst. Telefon: 0 63 26/306. Fax: 0 63 26/13 91. E-Mail: info@forster-winzer.de. Homepage: www.forster-winzer.de.

Rebfläche: 119 ha. **Rebsorten:** 13. **Hauptrebsorten:** Riesling (74 %), Portugieser (6,5 %), Dornfelder (4,5 %). **Anbau:** 80 % Weiß-, 20 % Rotwein.

Spezialitäten: Selektion Mossbacherhof, Edition Dr. Pioth. **Durchschnittsertrag:** 9000-10.000 l/ha. **Verkauf:** 71 % Privatkunden, 8 % Gastronomie, 21 % Fachhandel.

Weingut Frey

Essingen

Nicht nur Verbraucher sind begeistert von den wie flüssiges Gold aussehenden edlen Tropfen. Trocken ausgebaute Weine sucht man auf der Angebotsliste vergeblich. Unter Auslesen läuft nichts mehr. Frey-Weine sind in der ganzen Welt mit höchsten Auszeichnungen bedacht worden. Bei Versteigerungen erzielen Produkte aus Essingen ganz hohe Preise, Liebhaber bezahlen da schon einmal 5000 Euro für eine 0,375 Liter-Flasche. Im „Gault Millau" wurde das Weingut Frey einmal als „einer der außergewöhnlichsten Betriebe der Pfalz" tituliert. Was dieses Haus von anderen noch unterscheidet: Auf dem Etikett werden keine Lagebezeichnungen angegeben, nur die Rebsorte und die Qualitätsstufe sind vermerkt. Den Leuten, die edelsüß mögen, ist das egal, für sie zählen mehr das wunderbare Fruchtaroma, die spielerische Süße und der niedrige Alkoholgehalt.

Zu Deutschlands führenden Produzenten edelsüßer Weine gehört seit vielen Jahren das Weingut Frey in Essingen. Als sich Senior Winfried Frey Anfang der achtziger Jahre des vorigen Jahrhunderts nach Kellermeister-Tätigkeiten in verschiedenen Betrieben zur Selbstständigkeit entschloss und sein Augenmerk auf „süße Weine" richtete, wurde er von Kollegen belächelt und als Sonderling bezeichnet. Aber schnell stellten sich die Erfolge ein. Innerhalb weniger Jahre wurde aus dem Nobody ein Dessertwein-Spezialist von höchster internationaler Reputation.

▶▶▶ *Was machen Sie anders als Ihre Kollegen? Jürgen Frey: „Wir haben uns auf die Herstellung edelsüßer Weine ab Auslese spezialisiert. Wenn wir mit der Weinlese anfangen, sind unsere Kollegen meist schon fertig."*

Der Senior, dem einmal der Ehrentitel „Pfälzer König der Dessertweine" verliehen wurde, hat sich zur Ruhe gesetzt. 2002 übergab er den Betrieb an seine Söhne Jürgen (Kellermeister) und Peter (zuständig für die Außenwirtschaft). Sie setzen das Werk ihres Vaters fort und erzeugen Weine mit höchsten Oechslegraden. Der Journalist Matthias F. Mangold (Venningen) gehört zu denen, die den Freys die Daumen drücken, dass der Klimawandel langsam vonstatten geht. Denn ihnen ist es am liebsten, wenn mit normalen Sommern die Säure erhalten und durch starken Frost im Dezember die Frucht klar und reif bewahrt bleibt. „Dann", so Mangold, „sind ihre Tropfen ein Gedicht".

Dass die Edelsüßen aus dem Hause Frey inzwischen hochbegehrte Sammelraritäten („auch ohne weinpäpstlichen Segen", wie eine Zeitschrit einmal formulierte) sind, ist kein Wunder. Denn die Weine sind sehr lange haltbar und werden gerne dann aus dem Keller geholt, wenn es etwas Besonderes zu feiern gibt - im In- und im Ausland.

„Es ist von unheimlichem Reiz, Dessertweine zu machen", sagt Winfried Frey. Dass die Qualität der Auslesen, Beerenauslesen, Trockenbeerenauslesen und Eisweine stimmt, zeigt sich an mehreren hundert bisher verliehenen Auszeichnungen. Längst wurden Kritiker überzeugt, die früher meinten, in den eher mittleren bis kleinen Lagen um Essingen könnten so hochrangige Spezialitäten nicht wachsen. Es geht, aber man muss dafür ein Händchen haben. Die Freys haben es.

Vater Frey und seine Söhne freuen sich über lobende Anerkennungen in Büchern und Zeitschriften, über die Verleihung von Preisen und Ehrentiteln, aber laufen deshalb nicht mit hoch erhobenen Köpfen durch Essingen. Sie sehen sich bestätigt, wenn die bekannteste deutsche Sommeliere Natalie Lumpp beispielsweise durch die Aromen in einer Weißburgunder Auslese von 2007 an Aprikosennektar und Birnenkonfitüre erinnert wird, die verführerische Süße wie Caramel lobt sowie eine tolle Säurestruktur bescheinigt. Und dann noch feststellt: „Ich kenne kaum ein Weingut, in dem solch großartige Weine für so vernünftige Preise zu bekommen sind."

▶▶▶ *Wie sieht Ihre Weinphilosophie aus? Jürgen Frey: „Die Erzielung höchster Mostgewichte ist unser Bestreben."*

▶▶▶ *Welche weiteren Ziele haben Sie noch? Jürgen Frey: „Unser Ziel ist es, dass zu den 100 Sterne-Gastronomen, die wir mit unseren Weinen beliefern dürfen, noch einige weitere folgen. Und dass zu den 14 Weinhändlern aus elf Ländern, die unsere Weine vertreiben, ebenfalls noch einige dazu kommen."*

Jürgen Frey

Weingut Frey, Spanierstraße 1, 2 und 9, 76879 Essingen. Tel: 0 63 47/82 24. Fax: 0 63 47/72 90. E-Mail: info@weingut-frey.com. Homepage: www.weingut-frey.com.

Rebfläche: 12 ha. **Rebsorten:** 15. **Hauptrebsorten:** Riesling (30 %), Weißburgunder (10 %), Spätburgunder (10 %). **Anbau:** 70 % Weiß-, 30 % Rotwein.

Spezialitäten: Edelsüße Weine. **Durchschnittsertrag:** 2500 l/ha. **Verkauf:** 30 % Privatkunden, 30 % Gastronomie, 40 % Fachhandel.

Weingut Gaul

Grünstadt-Asselheim

Bis zum Jahr 2011 gingen Gaul und Stepp unterschiedliche berufliche Wege. Diplom-Oenologe Matthias Gaul kehrte nach dem Studium in Geisenheim und Auslandsaufenthalten 1995 in den damals nur acht Hektar großen elterlichen Betrieb zurück, übernahm ihn und führte ihn nach und nach an die „Tabellenspitze" in der Pfalz. Bereits mit acht Jahren wusste er nach eigenem Eingeständnis, dass er einmal Winzer werde wollte. Globalplayer Stepp arbeitete in Südafrika, Neuseeland, Italien und Frankreich, war für das Londoner Unternehmen Marks & Spencer in der ganzen Welt unterwegs, ehe er in Asselheim landete.

Da haben sich zwei gesucht und gefunden: Matthias Gaul, Inhaber, Betriebsleiter und Kellermeister des eigenen Weinguts im Grünstadter Stadtteil Asselheim und Gerd Stepp, international erfahrener und angesehener „Weinmaker" mit Arbeitseinsätzen in zahlreichen Ländern, heute Co-Kellermeister auf dem St. Stephanshof der Familie Gaul. Die beiden leidenschaftlichen Weinmacher arbeiten Hand in Hand, bringen ihre im Laufe der Jahre gesammelten Erfahrungen in die gemeinsame Tätigkeit ein und haben die Premium-Weinlinie „Stepp & Gaul" kreiert. Sie ist in den Augen von Experten der Schlüssel zu einem weiteren Aufstieg. Aber auch die „normalen" Weine finden bei den Kunden und in der Fachwelt Anerkennung.

▶▶▶ *Was machen Sie anders als Ihre Kollegen?*
Matthias Gaul: „Jede Menge Handarbeit und eine späte Ernte, was zu aromatischer Fruchtigkeit und deutlicher Mineralität führt."

Weine von der Stange gebe es bei Gaul nicht, alle seien mit Herz und Hand gemacht, versichern die beiden Winzer. Die Linie „Stepp & Gaul" besteht aus qualitativ erstklassigen Weine, die vom Lagencharakter zeugen, aber auch den Ideenreichtum und die Experimentierfreude der beiden Namensgeber widerspiegeln. Die Weißweine des Hauses haben durchweg eine reife Frucht, sind würzig, konzentriert, mineralreich und frisch, die Säure ist gut ausbalanciert. Die im Barrique ausgebauten Rotweine sind harmonisch, filigran, schmeichlerisch, von guter Struktur. Die Rotwein-Cuvee „Pas de Deux" ist nach dem Urteil von bekannten „Weinzungen" ein „genussvoller Tanz" aus den Rebsorten

Dornfelder und Cabernet Sauvignon. Die weiße Cuvee „Pas de Deux" aus Weißburgunder und Chardonnay fällt durch ihre gute Konzentration und viel reife Frucht auf.

Rotweine sind eine Spezialität des Weinguts Matthias Gaul. Nach langer Maischegärung (bis zu zwei Monate) erfolgt der Ausbau im Barriquefass. Der Hausherr liebt besonders den Spätburgunder, weil es sich bei dieser anspruchsvollen Sorte um „eine launenhafte Diva" handele, die nicht nur jede Menge Kopfzerbrechen bereite, sondern auch viel Raum zum Üben biete, sagt er. Seit Mitte der neunziger Jahre beschäftigt er sich mit dieser Rebe. Damals pflanzte er den gleichen Pinot Noir-Typ an, wie er auch im Burgund beheimatet ist. Bereits zehn Jahre vorher hatte sein Vater Werner seinen ersten Spätburgunder angepflanzt. Damals schien es fast unvorstellbar, dass sich dieser Rotwein in unseren Breiten durchsetzt.

In einem Internetportal wurde Matthias Gaul einmal ein „Arbeitstier mit Ambitionen" genannt. Die überdurchschnittlichen Weine des engagierten Winzers sind das Ergebnis strenger Handselektion in den Weinbergen und damit geringer Ernteerträge. Den Trauben wird Zeit gelassen zum Reifen. Ein weiterer Erfolgsfaktor ist der behutsame Umgang mit dem Erntegut. Die in Bütten gelesenen Trauben werden per Stapler schonend in die Presse oder Gärtanks geschüttet. Im Keller gilt Gaul als Pedant beim Ausbau. Sein alljährliches Ziel sind Weine, die bodenständig und authentisch schmecken. Der Stern von Matthais Gaul werde weiter steigen, behaupten Weintester. Der Gault Millau 2013 hat ihm die dritte Traube verliehen.

▶▶▶ *Wie sieht Ihre Weinphilosophie aus? Matthias Gaul: „Verwöhnen der Böden und Reben mit den Händen und der Natur freien Lauf lassen. Spaß haben beim Weinmachen. Den Weinen ausgiebig Aufmerksamkeit und Zeit widmen."*

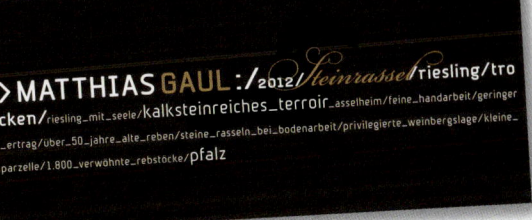

▶▶▶ *Welche weiteren Ziele haben Sie noch? Matthias Gaul: „Wir sind offen und immer auf der Suche nach Inspirationen und deshalb experimentierfreudig. Wir haben noch viele Ideen für interessante Cuvees."*

Matthias Gaul

Weingut Matthias Gaul, Weinstraße 10, 67269 Grünstadt-Asselheim. Telefon: 0 63 59/36 68. Fax: 0 63 59/86 575. E-Mail: gaul@gaul-weine.de. Homepage: www.gaul-weine.de.

Rebfläche: 24 ha. **Rebsorten:** 14. **Hauptrebsorten:** Riesling (30 %), Spätburgunder (15 %), Grauburgunder (10 %). **Anbau:** 60 % Weiß-, 40 % Rotwein. **Spezialitäten:** Terroir-Rieslinge,

Cabernets und Cuvees. **Durchschnittsertrag:** 7500 l/ha. **Verkauf:** 60 % Privatkunden, 20 % Gastronomie, 20 % Handel.

Weingut Gies-Düppel

Birkweiler

Der Weinbautechniker aus Birkweiler gehört zu der Generation im Pfälzer Weinbau, die den Ruf dieses Weinbaugebietes regelmäßig mehrt. Das Mitglied der „Südpfalz ConneXion" gewinnt mit seinen Weinen weiterhin schöne Preise und ist längst kein Mann der Zukunft mehr, wie er früher genannt wurde, sondern ein Mann, der in der Gegenwart angekommen ist.

„Man wird noch viel von ihm hören." So stand es bereits im Frühjahr 2004 angesichts guter Ergebnisse bei vielen Fachproben im „Südpfälzer". Der Journalist, der diese Voraussage traf, war sich sicher, dass der zum damaligen Zeitpunkt gerade mal 28 Jahre alte Volker Gies seinen Weg machen würde. Er behielt Recht.

Gies-Düppel ist ein Familienbetrieb in der vierten Generation. Bemerkenswert sind die Weine jedoch erst, seit Volker Gies 1998 das Weingut von seinem Vater und damit die Verantwortung übernahm. Er reduzierte die Erträge, arbeitete moderner im Keller. Komplimente wie „Was der junge Volker Gies seit der Übernahme von den Eltern aus diesem Betrieb gemacht hat, ist schlichtweg als sensationell zu bezeichnen" sind keine Seltenheit. Nach Einschätzung des Weinführers Eichelmann gehört das Haus heute mit seinen Grau- und Weißburgundern zur Spitze in Deutschland. Nicht ganz so enthusiastisch stellte der „Gault Millau" fest, die charaktervollen Weine fielen zwar in den einzelnen Jahrgängen unterschiedlich aus, „gehören jedoch meist zu den sehr guten an der Südlichen Weinstraße".

▶▶▶ *Was machen Sie anders als Ihre Kollegen? Volker Gies: „Mit Flexibilität und Gespür versuche ich, herausragende Weine zu erzeugen. Auch in klimatisch schwierigeren Jahren halte ich meinen eigenen Stil bei."*

Volker Gies leitet den Betrieb und ist der Kellermeister. Zwar konzentriert er sich auf ausdrucksvolle Rieslinge, aber auch die Burgundersorten liegen ihm und er macht daraus Tropfen, die durch ihre Frucht und ihre filigrane Art auffallen. Über seine Arbeitsweise sagt er: „Durch konsequente, qualitätsfördernde Maßnahmen gelangen die Trauben in unseren Weinbergen bis zur Ernte zu einem Höchstmaß an Reife. Im Keller werden die Weine sehr schonend und sorgsam vinifiziert. Die gekühlte Vergärung und der lange Feinhefekontakt erhalten dem Wein ein Optimum an natürlichen Fruchtaromen."

GIES-DÜPPEL

RIESLING
2008

KASTANIENBUSCH

Die Weine von Gies werden von Fachkritikern meist sehr gut beurteilt. Von „brillanten Weinen von ausgewogener Eleganz" spricht der Weinautor Stephan Reinhardt. Der „Gault Millau" hat dem Weingut drei von fünf möglichen Trauben („sehr gute Erzeuger, die seit Jahren konstant hohe Qualität liefern") zuerkannt. Seine Weine seien „wunderschön reintönig", merkt der „Eichelmann" an. Die „schmeckbar wunderbaren Weine" haben es Matthias F. Mangold angetan.

Stuart Pigott hat mehrere Weine von Gies-Düppel verkostet und bewertet. Alle bekamen in seinem „Kleinen genialen Weinführer 2010" drei „P" („Weine, die durch Charakter sowie Qualität herausragen") oder gar 4 „P" („erstklassige Weine mit ausgeprägtem Charakter"). Und noch eine Beurteilung aus dem „Wein-Gourmet", wo es über Gies-Düppel heißt: „Aus den Südpfälzer Spitzenlagen Birkweilerer Mandelberg und Kastanienbusch kommen schlanke Spätlesen mit typischer Riesling-Aromatik und feinen mineralischen Noten."

„Ich gebe weiter Gas", verspricht der junge Winzer aus Birkweiler. Das heißt, die Weinfreunde können sich darauf freuen, auch in Zukunft Rieslinge mit rauch-mineralischen Noten, die an grüne Äpfel, Zitrusfrüchte, Pfirsich und Aprikose erinnern, kaufen zu können - und dazu auch die anderen hochgelobten Tropfen wie Grau- und Weißburgunder, Auxerrois und Chardonnay, Sauvignon blanc, Cabernet Dorio und Cabernet Cubin. Jeder für sich eigenständig. „Im Vordergrund steht bei mir immer die Harmonie des Weins", betont er. Und er gesteht, er sei - wie andere Winzer auch - immer auf der Suche nach dem perfekten Wein.

▶▶▶ *Wie sieht Ihre Weinphilosophie aus? Volker Gies: „Intensive Weinbergsarbeit hat für mich höchste Priorität. Nur dadurch ist es möglich, in jedem Jahr vollreife und gesunde Trauben zu ernten."*

▶▶▶ *Welche weiteren Ziele haben Sie noch? Volker Gies: „Ich will das Terroir unserer Riesling-Weinberge in Birkweiler und Umgebung, wo wir einen enormen Reichtum an verschiedenen Bodenarten haben, noch differenzierter herausstellen."*

Volker Gies

| Weingut Gies-Düppel, Am Rosenberg 5, 76831 Birkweiler. Telefon: 0 63 45/91 91 56. Fax: 0 63 45/91 91 57. E-Mail: info@gies-dueppel.de. | Homep.: www.gies-dueppel.de. **Rebfläche:** 16 ha. **Rebsorten:** 15. **Hauptrebsorten:** Riesling (35 %), Weiß-, Grau- und Spätburgunder (je 15 %). **Anbau:** 78 % Weiß-, | 22 % Rotwein. **Spezialitäten:** Viognier, Auxerrois, Sauvignon blanc. **Durchschnittsertrag:** 6300 l/ha. **Verkauf:** 63 % Privatkunden, 12 % Gastronomie, 25 % Fachhandel. |

Weingut Nicole Graeber

Edenkoben

Peter Graeber senior (Geburtsjahrgang 1881) gründete das heutige Weingut. In der Anfangszeit schickte er seinen Wein in kleinen Holzfässern per Bahn zu den Kunden. Als er 1947 auf Flaschenwein umstellte, fand er wieder eine Lösung, wie er die Freunde eines guten Tropfens am geschicktesten bedient: Er benutzte verschließbare Holzkisten, in denen die Flaschen bruchsicher ebenfalls mit der Eisenbahn transportiert wurden. Seine beiden Söhne August und Ludwig bauten mit ihren Ehefrauen das Gut weiter aus. Weinbautechniker Peter Graeber jun., Sohn von August, trat mit seiner Frau Hannelore an die Stelle von Vater und Onkel. Und fand in Tochter Nicole eine ideale Nachfolgerin.

Ein Wein-Journalist pflegt Winzerinnen, die in pfälzischen Weingütern an der Spitze stehen oder zumindest im Keller für den Weinausbau verantwortlich zeichnen, gerne als „Powerfrauen" zu bezeichnen. Dieser positiv besetzte Begriff ist auch im Fall von Nicole Graeber zutreffend. Die staatlich geprüfte Technikerin für Kellerwirtschaft, Weinbau und Oenologie ist seit 1998 im elterlichen Weingut in Edenkoben tätig. Im Januar 2009 übernahm sie die Leitung des Familienbetriebs in der 4. Generation.

▶▶▶ *Was machen Sie anders als Ihre Kollegen? Nicole Graeber: „Uns liegt am Herzen, das natürliche Aroma-Potenzial der Weinbeeren jeder einzelnen Rebsorte durch einen schonenden Weinausbau zu erhalten und diese Fülle an Frucht später spürbar im Glas zu präsentieren."*

Nicole Graeber kommen bei ihrer Arbeit die Erfahrungen zugute, die sie bei ihrer Winzerlehre bei Bruno Leiner in Wollmesheim und beim Staatsweingut in Neustadt sowie in drei Weingütern in der Toskana gesammelt hat. Viel gelernt fürs Winzerleben hat sie auch bei ihren Weinreisen durch Europa, Australien und Neuseeland. So kann sie immer wieder neue Ideen in den eigenen Betrieb einbringen. Zusammen mit ihrem Vater erzeugte sie in den vergangenen zehn Jahren so viele hervorragende Weine, dass es neben zahlreichen Staatsehrenpreisen und anderen wichtigen Preisen unzählige Medaillen gab.

Im Weingut Graeber wird seit jeher Wert auf Qualität gelegt. Die Weine wachsen in Edenkoben, Rhodt und Venningen auf sandigen Lehmböden mit aktivem Kalk, Letten und

Buntsandsteinverwitterungen und verhehlen ihre Regionalität nicht, „was gut so ist" (Kritiker Matthias F. Mangold). Ein kleines Filetstück ist der Lagenalleinbesitz „Mühlberg". Drei Hektar Riesling wachsen in diesem „Clos", umringt von Sandsteinmauern, mitten im Herzen von Edenkoben. Mancher Weinkenner glaubt die Spuren aus Nicole Graebers Lernzeit in Italien aus den Weinen herauszuschmecken.
Hoch im Kurs stehen bei den Kunden nicht nur die Rieslinge, sondern vor allem auch die weißen Burgundersorten. Im Anbau sind zudem Auxerrois, Scheu, Muskateller und Gewürztraminer. Die angenehmen Rotweine (Spätburgunder, Dornfelder und St. Laurent, Blauer Portugieser und Schwarzriesling) weisen Struktur und Tiefe auf und kommen bei den Konsumenten gut an

„Den jeweiligen Boden mit der passenden Rebsorte zu vermählen und aufeinander abzustimmen" - so lautet weiterhin eines der angestrebten Ziele des Weinguts. „Der Wein und die Reben sind seit nunmehr vier Generationen ein Teil unseres Lebens", versichern die Graebers.

„Nicole hat frischen Wind ins elterliche Weingut gebracht", sagt Hans-Günther Schwarz, der wie kaum ein Zweiter die pfälzische Weinszene kennt. Seine Empfehlung, einmal zu kosten, bezieht sich nicht nur auf die Weine, sondern auch auf die Schokoladensorten, die von der Brasilianerin Miriam Rocha in ihrem Atelier in der Nähe von Frankfurt exklusiv nach den Wünschen von Nicole Graeber und Astrid Stentz (Mörzheim) edelsüß hergestellt werden. Nicole Graeber: „Der Geschmack der Schokoladen wird eigens auf unsere Weine abgestimmt." Zur Scheurebe empfehlen die beiden Winzerinnen leicht gesalzene Edelvollmilch-Schokolade, zur Rotwein-Cuvee Edelbitter-Schokolade mit Rosenpfeffer.

▶▶▶ *Wie sieht Ihre Weinphilosophie aus? Nicole Graeber: „Qualität und Genuss haben bei uns zwölf Monate Saison, denn wir tragen unser Herz auf der Zunge. Wir leben ganz einfach gerne mit und für unseren Wein."*

▶▶▶ *Welche weiteren Ziele haben Sie noch? Nicole Graeber: „Ich möchte mit Passion Weine bereiten, die Sehnsucht wecken und neugierig machen, in Gläsern Träume einfangen, die Geschichten erzählen und individuelle Handschrift zeigen."*

Nicole Graeber

 Weingut Nicole Graeber, Schanzstraße 21, 67480 Edenkoben. Telefon: 0 63 23/55 68. Fax: 0 63 23/67 27. E-Mail: info@weingut-graeber.de.

www.weingut-graeber.de; www.edelundsuess.com **Rebfläche:** 14 ha. **Rebsorten:** 15. **Hauptrebsorten:** Riesling (30 %), Burgundersorten (zusam. 35 %). **Ausbau:** 65 % Weiß-,

35 % Rotwein. **Spezialitäten:** Mühlberg-Riesling, Auxerrois trocken, „il pino" Barrique, Sekt. **Durchschnittsertrag:** 8000 l/ ha. **Verkauf:** 95 % Privatkunden, 5 % Gastronomie.

Weingut Otmar Graf

Weyher

Viele Urlauber sind inzwischen Stammkunden geworden, lassen sich ihre Weine bringen oder schauen selbst schnell vorbei, wenn sie für ein paar Tage der Erholung in der Gegend sind. Der Bekanntheitsgrad des Weinguts Graf ist in gleichem Maße gestiegen, wie die zahlreichen Auszeichnungen öffentlich wurden und einzelne Medien über die Weinmacher aus der Borngasse berichteten. Inhaber Otmar Graf ist sich sicher: „Es geht stetig weiter bergauf. Wir sind mit unserer Entwicklung noch nicht am Ende." Beim internationalen Wettbewerb „Best of Riesling" 2013 belegte ein Produkt des Hauses in der Kategorie „halbtrocken" den ersten Platz.

Otmar und Peter Graf nennen ihren Weinbaubetrieb in Weyher selbst „Insiderweingut". Weil das Anwesen im Ort nicht gerade strategisch günstig liegt. Will heißen: Wer fremd ist, muss schon etwas suchen und „um die Ecke" fahren, um es zu finden. Die Touristen kommen in der warmen Jahreszeit nicht unmittelbar vorbei, deshalb spielt der Ab-Hof-Verkauf auch nicht die gleiche große Rolle wie bei anderen Erzeugern.
„Wir leben von der Mund-zu-Mund-Propaganda",
sagen die Grafs: davon, dass die Kunden weitererzählen, dass man hier gute und bezahlbare Qualität bekommt.

Dass es 2007 den ersten Staatsehrenpreis des Landes Rheinland-Pfalz gab, war nach Darstellung des stolzen Vaters das große Verdienst von Sohn Peter, der damals schon - gerade 20 Jahre alt - die Arbeit im Keller verantwortlich leitete, obwohl er seine Ausbildung zum Weinbautechniker in Bad Kreuznach noch nicht beendet hatte und parallel studierte. Der Keller ist das Reich des Sohnes. Hier hat er das alleinige Sagen.

▶ ▶ ▶ Was machen Sie anders als Ihre Kollegen? Otmar Graf: „Wir düngen nur mit Biokompost, dadurch entsteht ein besserer Nährstoffausgleich, was gut ist für die Reben. Wir ernten ausschließlich gesundes und reifes Lesegut."

Der Großvater Ludwig des heutigen Inhabers betrieb einst eine Landwirtschaft und hatte nebenbei auch Weinberge. Sohn Werner, Otmar Grafs Vater, stellte nach seinem Einstieg Anfang der 1960er Jahre auf Flaschenwein um. Der Bruder, der als Kameramann beim SWF tätig war, verkaufte an seinem Arbeitsort Baden-Baden an seine Kollegen und andere Leute. Als Otmar Graf, der seine Winzerlehre beim Vater absolvierte, Ende der 1980er Jahre der Chef wurde, standen gerade mal auf drei Hektar Fläche Reben. Heute sind es über vier Mal so viele (eigene und gepachtete) Hektar in Weyher, Rhodt, Burrweiler, Edesheim und Edenkoben.

Die Nachfrage nach den Grafschen Weinen ist oft größer als das Angebot. Das spricht für die Güte der Tropfen, die sich durch Dichte, Fülle und animierende Aromen auszeichnen. Auf der Preisliste suchte der Weinfreund früher vergeblich nach Spät- und Auslesen. Das hat sich mittlerweile geändert, es gibt auch Trockenbeerenauslesen. Steht hinter der Sortenbezeichnung ein „E", dann weiß der Eingeweihte, was das bedeutet: Extraklasse (Wein von überdurchschnittlicher Qualität). Seit 2007 werden auch Riesling-Terroirweine angeboten. Wer auf dem Etikett „Schiefer" liest, weiß, auf welchem Untergrund der Wein gewachsen ist und dass es sich um ein feines Produkt von schlanker Struktur handelt. „Kalkmergel" besagt, dass der Wein von diesem Boden in der Struktur kräftiger ist als einer von anderen Böden.

Der kontrolliert umweltschonend arbeitende Familienbetrieb verwendet nur Biokompost zum Düngen, verzichtet auf chemische Unkrautbekämpfung. Die Erträge werden reduziert, der Ausbau im Keller erfolgt schonend. Zum Weingut gehören eine Weinprobierstube, ein Gästehaus mit Ferienwohnungen und ein Gutsausschank, der in den Monaten September und Oktober geöffnet ist.

▶▶▶ *Wie sieht Ihre Weinphilosophie aus?* Otmar Graf: *„Produktion von jungen, spritzigen, im Alkohol nicht so hohen Weinen. Langsame Vergärung, um Aroma und Fruchtnoten besser und stärker hervorzuheben. Keine Cuvee, sondern nur sortentypische Weine."*

▶▶▶ *Welche weiteren Ziele haben Sie noch?* Otmar Graf: *„Umstellung des Weinguts auf biologisch. Anpflanzung von pilzresistenten Rebsorten."*

*Otmar und Sohn
Peter Graf.*

Weingut Otmar Graf,
Borngasse 7, 76835 Weyher.
Telefon: 0 63 23/98 00 64.
Fax: 0 63 23/98 00 65.
E-Mail: info@weingut-graf.de.

Homep.: www.weingut-graf-de.
Rebfläche: 15 ha. **Rebsorten:** 12.
Hauptrebsorten: Riesling (25 %),
Weiß- und Spätburgunder
(je 10 %). **Anbau:** 65 % Weiß-,

35 % Rotwein.
Spezialitäten: Riesling, „Sherryni"
(Weinaperitif). **Durchschnittsertrag:** 8000 l/ha. **Verkauf:** 95 %
Privatkunden, 5 % Gastronomie.

Weingut Bernd Grimm

Schweigen

Völlig unproblematisch sind die Fahrten über die Grenze heute für die Winzer, die wie Grimm Rebstöcke im Elsass stehen haben. Das war auch schon anders, aber diese Zeiten sind vorbei. Nicht vorbei sind die Bemühungen des Weingutsbesitzers, weitere Weinberge rund um Schweigen zu erwerben, wenn sie in Toplagen liegen. Der „drüben" liegende Sonnenberg mit seinen Löss-, Ton- und Kalkmergelböden gehört dazu. In den letzten Jahren hat Bernd Grimm einige seiner Wingerte verkauft, weil sie seinen Ansprüchen nicht mehr genügten und einige neu dazu erworben, weil sie seiner Philosophie entsprechen.

Weinbautechniker Bernd Grimm muss von Schweigen aus oft rüberfahren ins Elsass. Das geht seit Jahren problemlos, niemand fragt mehr nach dem Wohin oder verlangt gar den Ausweis. Der Inhaber eines angesehenen Weinguts geht aber nicht zum Einkaufen nach Weißenburg, sondern um nach seinen auf elsässischem Gebiet liegenden Weinbergen zu sehen. Und darin zu werkeln, wenn ihm seine einzige fest angestellte Mitarbeiterin, eine gelernte Winzerin, diese Arbeit nicht abnimmt.

▶▶▶ *Was machen Sie anders als Ihre Kollegen? Bernd Grimm: „Ich lasse dem Wein viel Zeit auf der Feinhefe. Er entwickelt sich dadurch nachhaltig und hat dann auch ein gutes Lagerpotenzial."*

Seit wie vielen Generationen in der Familie Grimm Wein gemacht wird, weiß der heutige Chef nicht, weil Aufzeichnungen fehlen. Sein Großvater gehörte zu den Winzern, die bald nach der Gründung der Genossenschaft Deutsches Weintor Mitglied wurden und ihre Trauben ablieferten. Sein Vater Edmund füllte 1961 seinen ersten Wein auf Flaschen und machte sich selbstständig. 1991 übernahm Sohn Bernd nach Winzerlehre in Deidesheim und Nierstein sowie Studium in Weinsberg den Betrieb. Bei ihm laufen alle Fäden zusammen, vor allem im Keller ist er der Boss. Sein Vater kümmert sich um die Brennerei und um den Obstanbau.

Bernd Grimm erzeuge „moderne Pfälzer Weine", lautet ein Kompliment aus fachlichem Mund. Es gibt Weinsachverständige, die nach dem ersten Schluck sagen: Das ist ein Grimmscher Tropfen! So klar ist die Handschrift des Erzeugers erkennbar bzw. schmeckbar. Der fruchtbetonte und frische

Riesling, der duftige Weißburgunder, der lebendige Chardonnay, der saftige Sauvignon blanc, der bukettreiche Gewürztraminer, die kraftvollen Rotweine - sie alle kommen an bei den Kunden. Ein gutes Drittel seiner Produktion verkauft Grimm über Fachhändler in ganz Deutschland. Deren Stammkunden greifen im Regal fast blind nach seinen Weinen. Alle bekannten deutschen Weinführer empfehlen Grimm.

Das Experimentieren mit neuen Rebsorten ist Bernd Grimms Sache nicht. „Sorten, die sich seit hunderten von Jahren bewährt haben, machen Sinn", sagt er. 80 Prozent seiner Weine baut er trocken aus. Im Keller greift er so wenig wie möglich ein. Die Spitzenweine des Hauses sind erkennbar an der Lagebezeichnung „Sonnenberg". Bei den anderen Weinen stehen nur Jahrgang und Rebsorte auf dem Etikett.

Wer es genau wissen will, dem verrät Bernd Grimm, wie er arbeitet: Kurzer Rebschnitt; gute Belüftung der Rebstöcke, damit sie genügend Sonne bekommen; Düngung und Pflanzenschutz umweltschonend; Ertragsreduzierung; selektive Handlese; gekühlte Vergärung, um Aromen und Fruchtigkeit zu erhalten; schonender Ausbau; möglichst wenig Filtration. Rotweine und Chardonnay werden im Barrique ausgebaut, aber nur in begrenzten Mengen. Das große Steckenpferd des Winzers ist der nur in kleiner Menge angebaute Sauvignon blanc, der mehrfach ausgezeichnet worden ist.

▶▶▶ *Wie sieht Ihre Weinphilosophie aus?* Bernd Grimm: *„Erzeugung feiner, duftiger und bekömmlicher Weine aus gesunden, vollreifen Trauben. Deshalb arbeiten wir bereits im Weinberg kompromisslos an der Qualität."*

▶▶▶ *Welche weiteren Ziele haben Sie noch?* Bernd Grimm: *„Noch besser werden."*

Bernd Grimm

Weingut Bernd Grimm, Bergstr. 2-4, 76889 Schweigen. Telefon: 0 63 42/91 90 45. Fax: 0 63 42/91 90 46. E-Mail: info@weingut-grimm.de. Homepage: www.weingut-grimm.de.

Rebfläche: 8 ha. **Rebsorten:** 12. **Hauptrebsorten:** Riesling (24 %), Weißburgunder (18 %), Spät- und Grauburgunder (je 12 %). **Anbau:** 80 % Weiß-, 20 % Rotwein.

Spezialitäten: Riesling, Sauvignon blanc, Destillate aus der Gutsbrennerei. **Durchschnittsertrag:** 8700 l/ha. **Verkauf:** 50 % Privatkunden, 15 % Gastronomie, 35 % Fachhandel.

Weingut Hensel

Bad Dürkheim

Ein Winzer mit zwei Leidenschaften: Er fliegt gerne und er macht gerne Wein

Für den Verbraucher wichtiger als ein origineller Namen auf dem Etikett ist der Flascheninhalt. Und der stimmt bei Hensel. Die Weine sind saftig und von modernem Stil, haben eine feine Säure und ein klares Aroma. Vor allem die Rieslinge haben es Stuart Pigott angetan, in seiner Einschätzung gewinnen sie von Jahr zu Jahr an Format. Er mag aber auch die opulenten Grauburgunder, die er als „sehr schwungvolle Saftraketen" ansieht. Der berühmte Weinkritiker schwärmt vom mächtig-herben Rotwein „Ikarus" (aus Cabernet Cubin-Trauben, mit einem leichten Kräuter-Bitterton) und vom „Aufwind": „Ein genialer Alltagswein mit viel Festigkeit und Kraft, ein Wein, der Flügel verleiht."

Wo genau liegt eigentlich das Weingut Hensel in Bad Dürkheim? Wer mit den folgenden Angaben etwas anzufangen weiß, ist bestens informiert: 49° 28' 38" N, 08° 11' 78" E. Stellt jemand in der Stadt die Frage nach dem Standort, bekommt er zu hören: Direkt am kleinen Flugplatz. Hier macht Winzermeister Thomas Hensel seine hoch gelobten Weine. Die Nähe zum Tower und zur Start- und Landebahn erklärt zum einen die genannten Ziffern und zum anderen die Namen der Weinlinien des Hauses, die einen Bezug zum Fliegen haben: „Aufwind", „Höhenflug", „Ikarus".

▶▶▶ *Was machen Sie anders als Ihre Kollegen?*
Thomas Hensel: „Ich mache mit dem Wein so wenig wie möglich und lasse ihn lange auf der Hefe lagern."

Thomas Hensel hat sich die Titel für seine Weine ausgedacht, um sich von Namensvettern in der Weinbranche zu unterscheiden. Wie er seine Tropfen einschätzt, erklärt er gerne. „Aufwind": „Er ist mein Einstiegswein. Es gibt diesen leichten Wein rot und weiß aus mehreren Rebsorten." - „Höhenflug": „Ein kräftiger, stoffiger Wein, weiß und rot." - „Ikarus": „Das ist mein Topwein aus dem Barrique, seit dem Jahrgang 2000 ausschließlich aus Cabernet Cubin-Trauben." Dazu kommen als vierte Linie die Weine in Literflaschen. Auf Qualitätsbezeichnungen verzichtet Hensel, ausgenommen die restsüßen Weine. Alle Tropfen sind QbA-Weine, trocken ausgebaut.

Das Weinmachen ist die eine Leidenschaft des Thomas Hensel. Die andere ist das Fliegen. Aber er hatte bisher noch keine Zeit, den Flugschein zu machen, so fliegt er (noch) mit anderen Piloten. Aber er weiß viel über die Fliegerei und so kann er ohne Widerspruch feststellen: „Guten Wein zu machen, ist schwieriger als fliegen. Fliegen ist nämlich immer gleich. Beim Wein gibt es indes viele Unbekannte."

Die Familie Hensel hat schon seit 300 Jahren mit Reben zu tun. Aber das Weingut gibt es erst seit Anfang der 1980er Jahre, als Walter Hensel - bis dahin Rebveredler - die ersten Flaschen füllte. 1991 trat sein Sohn als ganz junger Mann in den Betrieb ein, startete durch und brachte mit seiner Kreativität und seinem Können das Gut nach oben. Ein halbes Dutzend Staatsehrenpreise, ein Bundesehrenpreis und andere Auszeichnungen sind Beleg für die gute Qualität der Weine.

Die Weißweine lagern lange auf der Hefe, um die Aromen zu erhalten. Auf biologischen Säureabbau, auf Schönung und Klärung wird verzichtet. Bei den Rotweinen bleibt die Maische bis zu 30 Tage in Spezialtanks: wegen Farbe und Geschmack. Die Besten werden im Barrique ausgebaut. Thomas Hensel steht Experimenten aufgeschlossen gegenüber. Schon vor 20 Jahren pflanzte er im Versuchsanbau die in Weinsberg gezüchtete Rebe Cabernet Cubin an. Auch Muskat Ottonel, eine Spielart des Muskatellers, hat er im Angebot. Dass er zuweilen Überflieger genannt wird, hat weniger mit dem Fliegen als mit seinem Erfolg als Weinmacher zu tun.

▶▶▶ *Wie sieht Ihre Weinphilosophie aus? Thomas Hensel:* „Mit einer sorgfältig gepflegten Rebe auf dem zu ihr passenden Boden fängt guter Wein an. Als Zweites kommt das Handwerk hinzu."

▶▶▶ *Welche weiteren Ziele haben Sie noch? Thomas Hensel:* „Weiterer Um- und Neubau des Weinguts."

Thomas Hensel

Weingut Hensel, In den Almen 13, 67098 Bad Dürkheim. Telefon: 0 63 22/24 60. Fax: 0 63 22/66 918. E-Mail: info@henselwein.de. Homepage: www.henselwein.de.

Rebfläche: 20 ha. **Rebsorten:** 15. **Hauptrebsorten:** Riesling (30 %), weiße Burgundersorten (zusam. 25 %), Spätburgunder und St. Laurent (je 10 %). **Anbau:** 50 % Weiß-,

50 % Rotwein. **Spezialität:** Ikarus (Cabernet Cubin). **Durchschnittsertrag:** 7500 l/ha. **Verkauf:** 50 % Privatkunden, 10 % Gastronomie, 40 % Handel.

Weingut Christian Heußler

Rhodt

Herbert Heußler sieht sich aber nicht als Öko-Nostalgiker, weil er mit den Kaltblütern „Rico" und „Resch" den Boden beackert, vielmehr ist er der Überzeugung, dass sich dieser Schritt in mehrerlei Hinsicht auszahlt. „Um gute Weine zu bekommen, müssen wir den Boden so schonend wie möglich bearbeiten", sagt er und rechnet vor, dass ein Pferd nur etwa ein Fünftel so viel wiegt wie ein Traktor und demnach die Böden nicht so stark verdichtet werden wie beim Einsatz von Traktoren. „Der Boden ist unser wichtigstes Kapital und das soll so bleiben. Bereits seit Mitte der 1970er Jahre arbeiten wir mit Pferden im Weinberg, aber jetzt wollen wir es doch mal genau wissen, wie sich das auf den Wein auswirkt", verkünden die Heußlers ihren Kunden. Christian Heußler ist zwar kein Pferdenarr wie sein Vater, aber ihm leuchten die Vorteile der Bodenbewirtschaftung durch die beiden Vierbeiner ein.

Das Weingut Christian Heußler in Rhodt macht immer mal wieder Schlagzeilen: Weil es gute Weine erzeugt und mit Preisen bedacht wird, und weil der Vater des Inhabers als einer von wenigen deutschen Winzern in dreien der Weinberge seit 2008 mit Pferden statt mit dem Traktor arbeitet. Das Projekt „Zurück zu den Wurzeln" findet schon deshalb öffentliche Aufmerksamkeit, weil in der Landwirtschaft Maschinen die Arbeitstiere schon lange ersetzt haben.

▶▶▶ *Was machen Sie anders als Ihre Kollegen? Christian Heußler: „Wir verbinden Moderne und Tradition, arbeiten in den Weinbergen auch mit Pferden."*

Das Weingut mit Weinbergen in Rhodt, Hainfeld und Edenkoben ist seit 1748 im Familienbesitz. 1996 erfolgte der Austritt aus der Genossenschaft, es wurde auf Flaschenwein und Selbstvermarktung umgestellt und als Zeichen für den Neuanfang der Name geändert in „Weingut Christian Heußler". Die Erfolge stellten sich schnell ein. Die in über 250 Jahren gesammelten Erfahrungen fließen in das Knowhow des Weinmachens auf dem aktuellsten Stand des Wissens ein. Produziert werden, wie es heißt, „moderne Weine in alten Gemäuern", denn der Betriebssitz - ein paar Mal umgebaut und mit Anbauten versehen - stammt aus dem Jahr 1840.

Christian Heußlers Credo lautet, den Boden in den Wingerten zu achten und zu schätzen, was er hervorbringt, „nicht erst, wenn es zu spät ist". Deshalb setzen Vater und Sohn auf eine Kombination von traditioneller und moderner Technik in Anbau und Pflanzenschutz, auch im Blick auf die nachfolgenden Generationen. Die Burgunder von Heußler wachsen auf Kalkböden, der Riesling wächst auf Buntsandsteinverwitterung, die anderen Rebsorten gedeihen gut auf Sand, Lehm und Letten. Unter den Sorten finden sich neben den in der Pfalz traditionellen auch Muskateller, Gewürztraminer, Kerner und Bacchus sowie Cabernet Sauvignon und Dunkelfelder.

Die Heußlers gehen oft mit der Hand durch die Rebzeilen und reduzieren mehrmals den Ertrag, um am Ende im Herbst zwar weniger Trauben zu ernten, die dafür aber „das Optimum dessen in sich tragen, was die Natur in diesem Stück Erde zu vergeben hatte". Im Keller wird nur dann eingegriffen, wenn dies unbedingt nötig ist. Lange Lagerung auf der Feinhefe nach der kontrollierten Gärung ist selbstverständlich, um dem Wein Zeit zu geben, zur Ruhe zu finden. So entstehen frische, sortentypische Weine mit Tiefe.

Auf dem Heußlerschen Etikett sieht man ein Einhorn. Es basiert auf dem 1563 dem Urahn Georg Heußler erteilten Wappen mit dem grünen Dreiberg und dem aufsteigenden, für Beherztheit und Kampfeslust stehenden Einhorn und soll aussagen, dass das Weingut um beständige Weiterentwicklung bemüht ist.

▶▶▶ *Wie sieht Ihre Weinphilosophie aus? Christian Heußler: „Moderate Erträge, schonender An- und Ausbau der Weine. Wenig Bewegung und keine zu frühe Abfüllung. Sortentyp erhalten."*

▶▶▶ *Welche weitere Ziele haben Sie noch? Christian Heußler: „Ich will aus jedem Jahrgang das Beste machen."*

Pferd statt Traktor im Weinberg im Einsatz.

| Weingut Christian Heußler, Mühlgasse 5, 76835 Rhodt. Telefon: 0 63 23/22 35. Fax: 0 63 23/98 05 33. E-Mail: info@heussler-wein.de. Homepage: heussler-wein.de. | Rebfläche: 15 ha. Rebsorten: 17. Hauptrebsorten: Riesling (35 %), Weiß- und Grauburgunder (zusammen 30 %), Spätburgunder (10 %). Anbau: 65 % Weiß-, 35 % Rotwein. | Spezialitäten: Nach Bodenart ausgebaute Rieslinge, Muskateller, Gewürztraminer. Durchschnittsertrag: 7500 l/ha. Verkauf: 70 % Privatkunden, 20 % Gastronomie, 10 % Fachhandel. |

Wein- und Sektgut Holz-Weisbrodt

Weisenheim am Berg

Ein Journalist hat einmal das, was Holz-Weisbrodt in Weisenheim am Berg bietet, ein Wein-Gesamtkunstwerk genannt. Dieser Begriff ist gar nicht so weit hergeholt. Denn die Familie produziert in ihrem in der vierten Generation geführten Betrieb nicht nur eine Fülle hervorragender Weine und Sekte, Seccos und Brände für jeden Geschmack und jede Gelegenheit. Zum „Kunstwerk" gehören die Pfälzer Weinstuben mit ihrem rustikalen Ambiente und auf der anderen Straßenseite die Vinothek „WeinARTrium", wo unkomplizierter Genuss auf qualitativ hohem Niveau versprochen wird.

Ein Betrieb, der bei all seinem Tun gar nichts dem Zufall überlässt

Nichts dem Zufall überlassen!" lautet der Wahlspruch der Weisbrodts. Daran halten sie sich bei der Weinerzeugung und bei ihren beiden so unterschiedlichen, aber letztlich überaus einladenden Stätten der Gastlichkeit. Hinter allem, was sie tun, steht eine klare Überlegung. Willibald und Helga Weisbrodt haben in Erbfolge 1972 die Küferei Holz samt kleinem Weinbaubetrieb übernommen und zu einem richtigen Weingut ausgebaut. Im Vordergrund stehen heute ihre beiden Söhne. Weinbautechniker Sebastian Weisbrodt, der bei Bürklin-Wolf in Wachenheim gelernt hat, ist seit nahezu einem Jahrzehnt der Weinmacher und verantwortlich für das „WeinARTrium", sein Bruder Christian führt die Weinstuben und ist für Marketing zuständig. Gemeinsam haben die Brüder mehrere Weinlinien entwickelt: vom einfachen Qualitätswein bis zu Spitzengewächsen, die unter dem Namen „WeinARTrium" vermarktet werden.

▶▶▶ *Was machen Sie anders als Ihre Kollegen? Brüder Weisbrodt: „Stetes Qualitätsdenken, gepaart mit Veranstaltungen. Wir bieten in jeder Hinsicht Wein und Genuss für alle Sinne."*

Das Weingut Holz-Weisbrodt wurde 1906 von Karl Holz als Küferei gegründet. 1948 übernahm dessen Schwiegersohn Erich Reimertshofer die Verantwortung, dann folgten ab 1972 Willibald und Helga Weisbrodt geb. Reimertshofer. Die bereits lange bestehende Pfälzer Weinstube wurde 1985 neu gebaut, 1992 und 1994 erweitert. 1997 erfolgten die Gründung des Sektguts und der dem Haus angeschlossenen Erzeugergemeinschaft Mandelgarten (65 ha Rebfläche).

Die Eröffnung des neu errichteten „WeinARTriums" („eine der eindrucksvollsten Verkostungsstuben der gesamten Pfalz", so der „Restaurantführer Pfalz") mit zusätzlicher Vinothek erfolgte 2005.

Über 150 Prämierungen von Weinen seit Mitte der 2000er Jahre bei den verschiedensten Wettbewerben sprechen eine eindeutige Sprache. Darunter waren der Gewinn des Deutschen Rotweinpreises von „Vinum" und mehrfach Große Preise beim Pfälzer Barrique-Forum. Die Zeitschrift „Weinwirtschaft" wählte einen Riesling von Holz-Weisbrodt vor ein paar Jahren zum besten Literflaschen-Riesling in Deutschland.

Professionelle Verkoster bescheinigen den Rieslingen, leicht, spritzig und fruchtig zu sein. Der Auxerrois ist füllig, harmonisch und weist reife Frucht auf. Als eindringlich und weich mit feiner Frische werden die Weißburgunder eingestuft. Der Merlot ist für die bekannte deutsche Sommeliere Nathalie Lumpp „sensationell" und „einfach eine Wucht". Im Internet verkündete ein begeisterter Weinfreund nach dem Genuss des einen oder anderen Viertels im „WeinARTrium", er habe sich wie bei einem Urlaub in der Toskana gefühlt. Nicht minder geschwärmt wird von den Blanc de noir-Sekten von Pinot noir, Pinot Meunier und Syrah.

Die Brüder Weisbrodt sind bestrebt, ihren Weinen ein unverwechselbares Gesicht zu geben und sagen über ihre Weinphilosophie: „Unser Ziel sind moderne, ausdrucksstarke Weine mit auffallender Fruchtigkeit und Frische, erzielt durch behutsamen Umgang mit der Natur, durch schonende Traubenverarbeitung und fachliche Kompetenz."

▶▶▶ *Wie sieht Ihre Weinphilosophie aus? Brüder Weisbrodt: „Individualität, Innovation, Kreativität und Begeisterung. Unsere Weine sollen den Genießern das vollendete Vergnügen bereiten. Die Begeisterung, die wir durch den Wein erfahren, wollen wir unverfälscht weitergeben."*

▶▶▶ *Welche weiteren Ziele haben Sie noch?*
Brüder Weisbrodt: „Wir wollen unseren Gästen bei Besuchen vor Ort und mit unseren Weinen weiterhin Erlebnisse bieten. Wir sind bestrebt, die Qualität unserer Produkte konsequent fortzusetzen."

Sebastian Holz-Weisbrodt

Wein- und Sektgut Holz-Weisbrodt, Leistadter Straße 25, 67273 Weisenheim am Berg. Telefon: 0 63 53/93 610. Fax: 0 63 53/93 61 61. E-Mail: info@holz-weisbrodt.de.

www.holz-weisbrodt.de. **Rebfläche:** 50 ha. **Rebsorten:** 20. **Hauptrebsorten:** Riesling (23 %), Portugieser und Dornfelder (je 15 %). **Anbau:** 50 % Weiß-, 50 % Rotwein.

Spezialitäten: Sauvignon blanc, Merlot blanc de noir, Barrique-Weine. **Durchschnittsertrag:** 8000 l/ha. **Verkauf:** 70 % Privatkunden, je 15 % Gastronomie und Fachhandel.

Weingut Isegrim-Hof

Bad Dürkheim-Ungstein

Goethe stand Pate
bei der Suche
nach dem Namen
für den Bio-Betrieb

Der Wolf-Hof, pardon: Isegrim-Hof ist seit 1984 ein kontrolliert biologisch arbeitendes Weingut, Mitglied bei der Dachorganisation „Bioland". Adolf und Klaus Wolf haben sich bewusst für Bio entschieden, nicht zuletzt deshalb, weil ihnen biologischer Weinbau „einfach viel mehr Spaß macht und abwechslungsreicher ist".

Isegrim-Hof - wer ein wenig in der Literatur bewandert ist, bei dem fällt sehr schnell der Groschen. Isegrim ist ein Fabelwesen aus dem Epos „Reineke Fuchs" von Goethe. Isegrim heißt Wolf. Und Wolf heißt der Inhaber des Weinguts mitten in den Weinbergen bei Ungstein. Isegrim-Hof klingt doch besser als „Weingut Wolf". So, wie sich Vater und Sohn Wolf bei der Namensgebung für ihren Betrieb etwas Besonderes haben einfallen lassen, so arbeiten sie auch: eben anders.

Die Weichen für die Umstellung stellte 1980/81 der Senior, zu einer Zeit, als es noch schwer war, für diese aufwändigere Arbeitsweise Beratung und Anerkennung zu finden. Trotzdem wurde den Wolfs schnell deutlich, dass es der einzig richtig Weg für sie ist. Bereits 1959 war Adolf Wolf von der Dorfmitte in Ungstein an den Ortsrand gezogen, aber damals wurde noch herkömmlich gearbeitet.

▶▶▶ *Was machen Sie anders als Ihre Kollegen? Klaus Wolf:* *„Wir sind ein Bioland-Weingut, haben einen anderen Umgang mit Weinbergsböden, Pflanzenschutz für die Reben und Kellerwirtschaft. Auf Behandlungsmittel wird verzichtet."*

„Biologischer Weinbau ist für uns nicht nur Anbau nach Bioland-Richtlinien, sondern ein Teil unserer Grundeinstellung, die wir auch in anderen Bereichen des täglichen Lebens praktizieren", versichert die Familie Wolf im Hausprospekt. Was zum Essen auf den Tisch kommt, stammt aus biologischer Erzeugung. Strom und warmes Wasser werden mit Hilfe von Sonnenenergie produziert. Der weitere benötigte Strom wird aus umweltverträglicher Herstellung bezogen. Die Wolfs tun dies alles aus Überzeugung - das Weinmachen eingeschlossen -, „damit wir alle zu jeder Zeit Leben und Arbeit genießen können, damit auch unsere Kinder eine intakte Natur, fruchtbaren Boden und sauberes Grundwasser als Lebensgrundlage vorfinden".

Dass mit der praktizierten Arbeitsweise weniger Wein erzeugt wird als in Weingütern ohne Bio-Ausrichtung, nimmt man in Kauf. Gedüngt wird mit einer Mischung aus kompostierten Abfällen aus der Traubenverarbeitung mit zugekauftem Pferdemist. Viel Wert legt man auf eine artenreiche Begrünung der Rebzeilen, um ein aktives Bodenleben zu ermöglichen. Auf der Visitenkarte, die Kunden und Freunde des Hauses in die Hand gedrückt bekommen, liest man: „Die wichtigste Grundlage für den ökologischen Weinbau ist ein gesunder, belebter Boden. Sehr schnell und äußerst beeindruckend spürt man die Lust der Natur nach intensivem Leben, wenn man ihr erlaubt, ihre uralten Kreisläufe auszuführen."

Was aus den zu 100 Prozent per Hand gelesenen Trauben nach schonender Verarbeitung in Kelterhaus und Keller wird, kommt an. Die Rieslinge sind nicht säurebetont, aber strukturiert, haben eine gute Konzentration und eine feine Würze. Über ihre Burgunderweine sagen die Wolfs selbst, sie seien „wirklich ein netter Haufen". Da die Müller-Thurgau-Trauben im Herbst sehr lange hängen bleiben und erst bei Vollreife geerntet werden, entsteht ein milder, fruchtiger, eleganter Wein. Die Rotweine lagern bis zur Abfüllung auf Flaschen in Holzfässern, können in Ruhe reifen. Zwei rote Cuvees heißen „Reineke" und „Adebar", der Perlwein „hört" auf den Namen „Vinum lupi". Die Sekte sind handgerüttelt und von hoher Qualität, das gilt ganz besonders für den Pinot blanc de noir. Die Wolfs machen nach eigenen Angaben „Wein aus Lust und Leidenschaft". Man schmeckt's!

▶▶▶ *Wie sieht Ihre Weinphilosophie aus? Klaus Wolf: „Erzeugung von Wein auf individuelle, handwerkliche Art. Kurzlebige Modetrends erkennen und interessiert beobachten."*

▶▶▶ *Welche weiteren Ziele haben Sie noch? Klaus Wolf: „Wir wollen auch in Zukunft stark bleiben gegen die Globalisierung des Weingeschmacks. Und wir wollen uns dem weiteren Verwässern des Bio-Gedankens widersetzen."*

Klaus Wolf

Weingut Isegrim-Hof,
Am Spielberg 2,
67098 Bad Dürkheim-Ungstein.
Telefon: 0 63 22/77 31.
Fax: 0 63 22/98 10 62.
E-Mail: info@isegrim-hof.de.

Homep.: www.isegrim-hof.de.
Rebfläche: 9,5 ha. **Rebsorten:** 14. **Hauptrebsorten:** Riesling (45 %), Spätburgunder (10 %), Chardonnay (9 %). **Anbau:** 70 % Weiß-, 30 % Rotwein. **Spezialitäten:**

Auxerrois trocken, Riesling Spätlese, Cabernet Dorsa Weißherbst. **Durchschnittsertrag:** 7000 l/ha. **Verkauf:** 60 % Privatkunden, 20 % Gastronomie, 20 % Naturkosthandel.

Weingut Janson Bernhard

Zellertal-Harxheim

Die zu den Pionierinnen des ökologischen Weinbaus gehörende Christine Bernhard („Eigentlich wollte sie Pfarrerin werden, heute predigt sie den gesunden Wein", so die Zeitschrift „Emma") steht einem traditionsreichen Weingut vor. Sie sieht sich weniger als Weinmacherin, sondern eher als Begleiterin im Weinberg und im Keller. Dabei spielt das Vertrauen in die Natur und in das ganze Weinbergs-Team eine große Rolle. Gute Weine entstehen ihrer Meinung nach nur in einem Klima des Vertrauens, der Wertschätzung und der Lebensfreude.

Nicht sehr groß, aber sehr bekannt ist das 1993 auf ökologischen Weinbau umgestellte Weingut Janson Bernhard im Zellertal. Dank der Zielvorgaben von Inhaberin Christine Bernhard, die von 1995 bis 2003 Bundesvorsitzende des Ökoweinbauverbandes Ecovin war, ist der Harxheimer Betrieb eines der besten europäischen Bioweingüter. Das behauptet zumindest der Autor des Buches „Bioweine", Wolfgang Hubert. In einem anderen Buch mit dem Titel „Die besten Winzerinnen Europas und ihre Weine" ist die Diplom-Agraringenieurin aus der Nordpfalz vertreten. Ihr sei es zu verdanken, heißt es da, dass der Ökowein heute längst aus der Ecke der Nischenproduktion herausgetreten sei.

Das Haus Janson Bernhard (geschrieben ohne Bindestrich) hat schon viele Auszeichnungen für seine Weine bekommen. Vor allem die Rieslinge und Spätburgunder gedeihen auf den mageren Kalkmergelböden sehr gut. Der Boden sei ihnen „anzuschmecken", versichert ein Kritiker. Die Rieslinge sind mineralisch, fruchtig, würzig und klar. Die kraftvollen, fülligen und harmonischen Burgunder sind oft ausgestattet mit reifer Frucht. In einer Zeitschrift wird der Gewürztraminer überschwänglich gelobt: Der Wein zeige „eine orientalisch anmutende balsamische Würze" und verströme den Duft der orange-gelben Saftrose.

▶▶▶ *Was machen Sie anders als Ihre Kollegen? Christine Bernhard: „Wir praktizieren ganzheitlichen Bioanbau nach Ecovin- und Demeter-Grundsätzen, verbunden mit vielen kulturellen Veranstaltungen in unserem Weingut."*

Die Arbeitsweise des Weinguts ist in vielen Veröffentlichungen beschrieben worden: Ökologische Bewirtschaftung; mäßiger Anschnitt der Reben; Lese in zwei, manchmal drei Durchgängen; kontrolliertes Nichtstun im Keller. Die modernen

Kellertechniken mit Gärsalzen, Kupfersulfaten und gentechnisch optimierten Enzym-Beimischungen sind nicht die Welt der Christine Bernhard. Jeder Wein darf in seinen zeitlichen Rhythmen reifen, damit sich seine eigene, natürliche Note entwickeln kann.

Christine Bernhard, die in der Leitung des 1993 vom Vater übernommenen Guts durch ihre Schwester Alice (Architektin) unterstützt wird, hat in Interviews immer
mal wieder die eine oder andere Formulierung gebraucht, die es wert ist, zitiert zu werden: „Wovon man lebt, das soll man achten." - „Wie einer wirtschaftet, erkennt man auch daran, wie viel Boden nach einem Regen auf die Wege gespült wird." - „Ich sehe den Weinberg als lebendige Gemeinschaft, die man pflegen und lieben lernt. Vielfalt statt Einfalt."

Das Weingut entstand 1739 am Ortsrand von Harxheim, wohin sich der Mennonit Abraham Janson wegen religiöser Verfolgung in Holland zurückzog. 1918 heiratete Hans Bernhard aus Rüssingen in die Familie ein und es entstand der Doppelname Janson Bernhard. Die Geschichte der Familie Bernhard reicht bis ins frühe Mittelalter zurück. Der Betrieb mit dem denkmalgeschützten Gutshaus von 1898 und dem imposanten Park hat wesentlich dazu beigetragen, die Weine vom Zellertal bekannter zu machen. 2001 wurde B-J als erstes deutsches Weingut mit dem renommierten „Agrar-Kulturpreis" der Schweisfurth-Stiftung ausgezeichnet.

Die besten Lagen sind Zeller Schwarzer Hergott und Zeller Kreuzberg.

▶▶▶ *Wie sieht Ihre Weinphilosophie aus?* Christine Bernhard: *„Wir wollen eine ökologische Weinkultur am Beispiel Zellertal entwickeln und Weine erzeugen, die von ihrem Tal und Jahrgang erzählen können."*

▶▶▶ *Welche weiteren Ziele haben Sie noch?* Christine Bernhard: *„Ich möchte als Betriebsleiterin noch mehr die Rhythmen unserer wundervollen Natur verstehen und das Pfälzer Motto ‚lewe un lewe losse' in vielen Facetten umsetzen."*

Christine Bernhard

 Weingut Janson Bernhard,
Hauptstraße 5,
67308 Zellertal-Harxheim.
Telefon: 0 63 55/17 81.
Fax: 0 63 55/37 25. E-Mail:
info@weingutjansonbernhard.de
www.jansonbernhard.de.

Rebfläche: 9 ha.
Rebsorten: 15.
Hauptrebsorten: Riesling (40 %), Weißburgunder (30 %), Grauburgunder (12 %).
Anbau: 85 % Weiß-, 15 % Rotwein. **Spezialitäten:**

Gewürztraminer, Cuvees aus pilzwiderstandsfähigen Rotweinsorten. **Durchschnittsertrag:** 5000 l/ha. **Verkauf:** 70 % Privatkunden, 5 % Gastronomie, 25 % Fachhandel.

"Wir kultivieren, was Mutter Natur den Reben in die Wiege gelegt hat"

Weingut Jesuitenhof

Dirmstein

Vor allem der Jesuitenhofgarten Spätburgunder „Kleiner Garten" - ein Wein des Jahrgangs 2007 war bei der Prämierung 2009 der Landwirtschaftskammer Rheinland-Pfalz der Siegerwein bei dieser Rebsorte - begeistert immer wieder die Weinkritiker. Ein Internet-Portal, dessen Inhaber 200 deutsche Spätburgunder verkostete und bewertete, lobt den von Schneider angestellten Spätburgunder in höchsten Tönen, schmeckt Haselnuss, Tabak und Zartbitterschokolade heraus und spricht von einem Tropfen von ernsthaftem Charakter mit dunklen Aromen. Der „Gault Millau" hatte bis 2010 dem Jesuitenhof zwar noch keine Traube zuerkannt, aber aus der Anmerkung, hier schäle sich „ein Kandidat für Höheres heraus", kann geschlossen werden, dass das Gut dicht vor dieser Auszeichnung steht.

In der flächenmäßig kleinsten Dirmsteiner Weinlage „Jesuitenhofgarten" - im Alleinbesitz der Familie Schneider, der das Weingut Jesuitenhof gehört - gedeihen (mit) die größten Weine des Ortes, in dem seit 867 Weinbau betrieben wird. Auf den nur zweieinhalb Hektar Weinbergsfläche wachsen dank des Mikroklimas, das hinter den Klostermauern herrscht (die Mauern dienen als Wärmespeicher und fördern die Reife der Trauben) und dank der Böden mit versteinertem Ton und Löss-Auflage Weine von fruchtiger Struktur und ausgewogener Mineralität.

▶▶▶ *Was machen Sie anders als Ihre Kollegen? Klaus Schneider: „Wir versuchen, durch gezielte qualitätsförderende Maßnahmen im Weinberg und durch zunehmende Handlese gesunde und hochreife Trauben zu ernten, um die schonend betriebene Kellerwirtschaft auf ein Minimum reduzieren zu können."*

Aber nicht nur der Spätburgunder wird regelmäßig hoch bewertet, das gilt auch für andere Weine von Vater Klaus und Sohn Moritz Schneider. Die saftigen, fülligen und kraftvollen Rieslinge, die eindringlichen und fruchtigen Weißburgunder, der durch eine reintönige Frucht auffallende Chardonnay sowie Portugieser und Dornfelder stehen dem Pinot noir nicht nach. Der Jesuitenhof hat außer in der Lage Jesuitenhofgarten in Dirmstein Weinberge im Herrgottsacker (sandiger Lehm- bis Lössboden) und im Mandelpfad (Löss, auch schwerer Lehm mit Kalksteingehalt - hier bringen die nährstoffreichen Böden füllige Weine hervor). Die Weine aus Weinbergen in Kirchheim werden unter der Großlagenbezeichnung Dirmsteiner Schwarzerde vermarktet.

Das Wein- und Sektgut in seiner jetzigen Form wurde 1986 von Klaus und Andrea Schneider gegründet. Der Jesuitenhof ist seit 1803 im Familienbesitz. Nach der Erbteilung 1969 wurde die Flaschenweinvermarktung eingestellt. Mitte der 1980er Jahre erfolgte dann die Teilung in ein landwirtschaftliches Gut und ein Weingut und es begann wieder die Selbstvermarktung. Durch Kauf und Zupachtung konnte die Weinbergsfläche von anfangs sechseinhalb Hektar bis heute verdreifacht werden.

Die Familie Klaus Schneider ist froh, dass es ihr aus kleinsten Anfängen heraus gelungen ist, den Jesuitenhof unter ihrer Regie zu einer bekannten Adresse für charaktervolle, gradlinige und sortentypische Weine zu entwickeln. Zahlreiche Auszeichnungen bestätigen die Aufwärtsentwicklung bei der Qualität. Seinen Anteil daran hat Junior Moritz Schneider, der nach Ausbildung in Pfälzer Spitzenweingütern und Studium in Geisenheim im elterlichen Betrieb mitmischt.

Der Jesuitenhof ist ein ehemaliges Jesuitenkloster mit mehreren unter Denkmalschutz stehenden Gebäuden. Der Betrieb, den ein Weinkritiker laut einer Eintragung im Internet „im Auge behalten will", arbeitet in den Weinbergen umweltgerecht und nachhaltig, baut die Weine schonend aus, setzt moderne Technik ein, aber nicht bei der Traubenlese, die größtenteils per Hand erfolgt. Die Winzer vom Jesuitenhof sehen es als ihre Aufgabe an, „das, was Mutter Natur den Reben in die Wiege gelegt hat", mit ihrer Arbeit zu kultivieren.

▶▶▶ *Wie sieht Ihre Weinphilosophie aus? Klaus Schneider:*
„Erzielung guter, gradliniger und sortentypischer Weine, die die Lage und den Boden widerspiegeln."

▶▶▶ *Welche weiteren Ziele haben Sie noch?*
Klaus Schneider: „Wir wollen weiterhin hochwertige sortentypische Weine erzeugen und den Anteil dieser Weine im Verkauf steigern."

Klaus Schneider

Weingut Jesuitenhof **Klaus Schneider,** Obertor 6, 67246 Dirmstein. Telefon: 0 62 38/29 42. Fax: 0 62 38/46 01. jesuitenhof-dirmstein@t-online.de.	Homepage: www.jesuitenhof.de. **Rebfläche:** 19,5 ha. **Rebsorten:** 13. **Hauptrebsorten:** Riesling (35 %), weiße Burgundersorten (25 %), Spätburgunder (10 %).	**Spezialitäten:** Riesling und Spätburgunder aus dem Jesuitenhofgarten. **Durchschnittsertrag:** 8500 l/ha. **Verkauf:** 70 % Privatkunden, 10 % Gastronomie, 20 % Fachhandel.

Weingut Jülg

Schweigen

Das Weingut kann in puncto Alter mit anderen Betrieben in der Pfalz nicht mithalten. Denn erst 1960 wurde es von Oskar Jülg gegründet. Die Söhne Werner und Peter übernahmen Mitte der 1980er Jahre das Ruder, auch für die Weinstube. Peter Jülg hat in die französische Nachbarregion Elsass geheiratet und dort sein eigenes Weingut. Was heute in Schweigen an Weinen angeboten wird, trägt eindeutig die Handschrift von Werner Jülg, dem es dank eines kompromisslosen Qualitätsmanagements gelungen ist, seinen eigenen, unverwechselbaren Stil zu finden.

Eine Weinhandlung in Frankfurt am Main hat im Angebot auch diverse ausgesuchte Tropfen von Werner Jülg aus Schweigen. Die Kunden, die das an der deutsch-französischen Grenze liegende Weingut noch nicht kennen, aber für seine meist durchgegorenen, fruchtigen, saftigen und klaren Produkte gewonnen werden sollen, erfahren über den Winzer: „Seit Mitte der 1980er Jahre hat er das Gut kontinuierlich und mit viel Leidenschaft von einem typischen Pfälzer Massenwein-Betrieb in einen Qualitätsbetrieb von individuellem Zuschnitt umgewandelt." Wenn solches Lob kein Kaufanreiz ist...

„Dabei rennt er aber nicht jedem Stil hinterher, sondern macht sein Ding", ist im Internet zu lesen. Für den Winzer, von einem Journalisten einmal als „ehrliche Haut" beschrieben („Das hat mir gefallen, denn es bringt unsere Familienphilosophie auf den Punkt"), zählen nicht die Analysewerte, für ihn stehen Geschmack, Charakter, Finesse und Persönlichkeit eines Weins im Vordergrund. Warum er Trends im Weinbau so ungern mitmacht, erklärt Jülg so: „Der Trend ist ein launischer Genosse. Weil er so oft seine Richtung wechselt, muss man ihm meistens hinterherlaufen. Wir halten das für Energieverschwendung und konzentrieren uns lieber auf das Wesentliche - mit Herz, Hand und Verstand."

▶▶▶ *Was machen Sie anders als Ihre Kollegen? Werner Jülg: „Ich pflege den naturnahen Anbau. Meine Weine werden nicht geschönt, nicht gezuckert, nicht entsäuert, nicht gesäuert, trocken ausgebaut."*

In einer Image-Broschüre hat das Weingut in Steinwurfweite vom Deutschen Weintor seine Weinkultur so gut beschrieben, dass man nur zitieren kann: „Wir respektieren die Tradition des Kulturguts Wein, aber wir erstarren nicht in Ehrfurcht. Unser Stil ist modern, aber nicht modisch; solide, aber nicht behäbig; geradlinig und ehrlich, aber nicht eigensinnig. Und vor allem: kompromisslos, wenn's um Qualität geht." Punkt! Damit ist alles gesagt.

Bei Jülg wird in den Weinbergen rund um Schweigen, teilweise auch auf elsässischem Boden, gezielt gearbeitet, um bestmögliche Qualität zu erreichen: Intensive Pflege der Erde und der Reben, „weil sie Lebewesen sind, die nicht hungern und nicht gemästet werden wollen"; Beschränkung des Maschineneinsatzes auf das Notwendigste; Lese der reifen Trauben per Hand; schonende Pressung; Vergärung temperaturgeführt und in aller Ruhe im Edelstahl; Reife ausgewählter Gewächse im Barrique-Fass. Das selbst entwickelte Logo auf jeder Flasche sagt dem Konsumenten, was für einen Wein er vor sich hat. Das Logo ohne Stern bedeutet „Qualitätswein nach typischer Jülg-Tradition", das Logo mit Stern heißt: „Prädikatswein, der höchsten Jülg-Ansprüchen genügt." Das „R" steht für Holzfass-Ausbau, das „S" für „Selection".

Die Weinstube in einem ehemaligen Forsthaus - im Sommer mit Sitzmöglichkeiten auf dem idyllischen Hof - ist seit Jahrzehnten eine hoch geschätzte Stätte der Einkehr. „Die Küche ist wie der Wein", versichern die Jülgs: „Kompromisslos gut, solide und frei von modischem Schnickschnack."

WEINGUT JÜLG
2005
Schweigener Sonnenberg
Spätburgunder Spätlese
trocken
Pfalz
»R«
0,75 l
13,5% vol
Gutsabfüllung - Weingut Jülg - D-76889 Schweigen/Südpfalz
Tel 06342/919090 · Fax 06342/919091
Prädikatswein · A.P.Nr. 5066065250 8 · Enthält Sulfite

▶▶▶ *Wie sieht Ihre Weinphilosophie aus? Werner Jülg: „Erzeugung individueller Weine, kein Mainstream. Vor allem beim Riesling Ausbau auf das Terroir bezogen."*

▶▶▶ *Welche weitere Ziele haben Sie noch? Werner Jülg: „Es sind vier Ziele: Ausbau des Rotweinkellers und der Vinothek, Aufstockung des Holzfass-Anteils im Keller und Stärkung des Vermarktungsstandorts in Schweigen."*

Werner Jülg

Weingut Jülg, Hauptstraße 1, 76889 Schweigen.
Telefon: 0 63 42/91 90 90.
Fax: 0 63 42/91 90 91.
E-Mail: info@weingut-juelg.de.
Homep.: www.weingut-juelg.de.

Rebfläche: 18 ha.
Rebsorten: 16. **Hauptrebsorten:** Riesling (36 %), Weißburgunder (12 %), Spätburgunder (11 %). **Anbau:** 72 % Weiß-, 28 % Rotwein.

Spezialitäten: Riesling „Sur lie", Weißburgunder, Spätburgunder blanc de noir. **Durchschnittsertrag:** 6200 l/ha. **Verkauf:** 85 % Privatkunden, 1 % Gastronomie, 14 % Fachhandel.

Weingut Kassner-Simon

Freinsheim

Was Kassner-Simon zu einer guten Adresse an der Mittelhaardt hat werden lassen, formuliert der Weinjournalist Matthias F. Mangold aus Venningen so: „Die meisten Weine werden trocken ausgebaut, ein Stil, den das Haus seit langem gut beherrscht. Trocken heißt hier nicht knochentrocken, sondern meist mit einem doch recht ordentlichen Anteil Restzucker, der als Geschmacksträger dient und die Frucht schön am Gaumen platziert... Die recht kühl vergorenen Weißweine werden frisch und fruchtbetont angeboten, auf die Rotweine eines Jahrgangs muss der Kunde recht lange warten." Die Weißen gibt es ab April nach der Ernte, die Roten werden frühestens im August abgefüllt, manchmal auch erst im Frühjahr des folgenden Jahres.

Was haben der „Gault Millau" und der Weinfreund Klaus P. aus Heidelberg gemeinsam? Sie sind hinsichtlich der Einschätzung des Weinguts Kassner-Simon einer Meinung. Der für die Pfalz zuständige Weintester bei dem renommierten Weinführer und der Freund eines guten Tropfens aus der Neckarstadt halten den in Freinsheim ansässigen Betrieb für „empfehlenswert" und verkünden das auch, der eine in dem fast 900 Seiten starken Werk, der andere im Internet („Weine zu erschwinglichen Preisen", fügt er hinzu). Und eine Frau aus Mannheim versichert der Familie Simon online: „Wir kommen wieder."

▶▶▶ *Was machen Sie anders als Ihre Kollegen? Thomas Simon: „Dank aktiver Ertragskorrektur und vor allem selektiver Handlese verarbeiten wir nur bestes Traubenmaterial. Langes Hefelager macht unsere Weine kräftiger."*

Die Simons („Wir sind Winzer aus Leidenschaft") verweisen auf die jahrzehntelange Erfahrung der Familie beim Weinausbau und bei der Verknüpfung neuer Erkenntnisse und Verfahrensweisen, was individuelle und charaktervolle Weine entstehen lasse, die - das wird besonders betont - „von Anfang bis Ende aus einer Hand kommen". Der „Gault Millau" nennt die Tropfen von Kassner-Simon ordentlich, ein Kunde empfiehlt sie anderen als „brav, sauber und anständig", spricht aber auch von Topqualitäten.

Der feinfruchtige Riesling mit angenehmer Säure ist die Hauptrebsorte des Weinguts. Der vollmundige Spätburgunder (erhielt beim 21. Hamburger Weinsalon einen Grand Prix), der säurearme, aromabetonte Weiß- und der eine dezente Restsüße aufweisende Grauburgunder schmecken den Kennern ebenfalls. Eine Cuvée landete beim 20. Deutschen Rotweinpreis auf Platz eins.

2009 feierte das Weingut Kassner-Simon 60-jähriges Bestehen. 1949 heiratete Willi Simon sen. Mathilde Kassner. Durch Zusammenlegung der beiden landwirtschaftlichen Gemischtbetriebe, die bis dato ihren Wein über das Fass vermarktet hatten, wurde ein reiner Weinbaubetrieb. Willi Simon jun. leitet zusammen mit seiner Ehefrau Rosemarie und Sohn Thomas heute das Gut. Der Junior ist zuständig für die Weinberge und den Keller, sein Vater kümmert sich um die Vermarktung, seine Mutter um die Kunden und leitet das familieneigene Hotel „Altes Wasserwerk".

In den Weinbergen wird nach den Richtlinien des kontrolliert umweltschonenden Weinbaus gearbeitet. Gedüngt wird nur, wenn es notwendig ist - voraus geht eine Bodenuntersuchung. Nur bei erhöhtem Bedarfsdruck wird in Zusammenarbeit mit der staatlichen Weinbauberatung gespritzt und das mit dem Tunnelsprühgerät, wobei überschüssiges Pflanzenschutzmittel aufgefangen und in den Behälter zurückgeführt wird. Herbizide zur Unkrautbekämpfung sind tabu. Zur weiteren Arbeitsweise des Hauses gehören qualitätsorientierter Rebschnitt, Entfernung überzähliger Triebe im Rahmen der Laubarbeit im Frühjahr, starke Selektion der Trauben und Handlese. Die Erträge werden bewusst gering gehalten.

▶▶▶ *Wie sieht Ihre Weinphilosophie aus? Thomas Simon:* „*Mit geringstmöglichen Eingriffen dem Wein eine natürliche Entfaltung ermöglichen. Kein unnötiger Aktionismus im Keller.*"

▶▶▶ *Welche weiteren Ziele haben Sie noch? Thomas Simon: „Umbau und Neubau der Kellerei, um mehr Platz vor allem für Holzfässer zu schaffen.*"

Thomas Simon

Weingut Kassner-Simon, Wallstr. 15, 67251 Freinsheim. Telefon: 0 63 53/98 93 20. Fax: 0 63 53/98 93 21. E-Mail: info@kassner-simon.de. Homepage: www.kassner-simon.de.

Rebfläche: 15 ha. **Rebsorten:** 15. **Hauptrebsorten:** Riesling (30 %), Spätburgunder (11 %), Grauburgunder (11 %). **Anbau:** 70 % Weiß-, 30 % Rotwein.

Spezialitäten: Spätburgunder, Sekt. **Durchschnittsertrag:** 7500 l/ha. **Verkauf:** 80 % Privatkunden, 20 % Gastronomie.

Weingut Gerhard Klein

Hainfeld

Eine Urkunde - das Original befindet sich im Landesarchiv Speyer - weist nach, dass Wolff Klein am „12.ten Augusti anno 1659" seinen ersten Weinberg in Hainfeld erwarb und damit den Grundstein legte für das heute sehr erfolgreiche Familienunternehmen. Von dem Urahn der Kleins ist bekannt, dass er Landwirt, Winzer und Schöffe beim örtlichen Gericht war. Die Vorfahren der Familie stammten wahrscheinlich aus Elsass-Lothringen. Möglicherweise gehörte Wolff Klein zu den Pfälzern, die nach dem Ende des Dreißigjährigen Krieges (1618 bis 1648) dem Ruf des Kurfürsten folgten und wieder in die Pfalz zurückkehrten, die nach den vorausgegangenen Verwüstungen und Zerstörungen entvölkert war.

Das Weingut Klein in Hainfeld ist zwar schon 350 Jahre alt, „aber so jung wie noch nie", behaupten alle, die zur Familie gehören. Das mit dem Alter ist urkundlich belegt, das mit der Jugend wird praktisch jeden Tag durch die Kunden bestätigt. Man könnte auch ohne Übertreibung formulieren: Die Weine sind qualitativ „so gut wie noch nie", und nur Neider würden vielleicht widersprechen. Das Weingut an der Weinstraße feierte 2009 das 350-jährige Bestehen. Und in diesen dreieinhalb Jahrhunderten stand immer ein Klein aus der Familie an der Spitze.

▶▶▶ *Was machen Sie anders als Ihre Kollegen? Gerhard Klein: „Wir haben Rebsortenspezialitäten wie Frühburgunder, Grüner Veltliner und Muskateller im Sortiment. Dazu kommt mit dem Burrweiler Altenforst eine ganz rare Schieferlage in der Pfalz."*

Alle Weinmacher des Hauses fühlen sich der Familientradition verpflichtet und sehen darin einen Ansporn, „nicht nur in die Fußstapfen unserer Vorfahren zu treten, sondern mit der Hilfe von ‚kreativen Wurzeln' Weine zu keltern, die ihre Herkunft und Persönlichkeit nicht verleugnen können", wie es Gerhard Klein ausdrückt. Dem zusammen mit seiner Ehefrau Sieglinde als Inhaber firmierenden Winzermeister wird von Fachleuten attestiert, einer zu sein, der über den Tellerrand hinausschaut und durch Verkostungen der Weine von Kollegen im In- und Ausland ständig hinzulernen will.

Diese berufliche Neugierde gilt auch für den Sohn Peter, Diplom-Ingenieur für Weinbau und Oenologie. Vor und nach seinem Studium in Geisenheim arbeitete er in bekannten

Weingütern in Deutschland, Südafrika und Österreich. Hier holte er sich wichtige Grundlagen für seinen Beruf und lernte auch andere Weine und deren Erzeuger kennen. Im Frühjahr 2008 kehrte er nach Hainfeld zurück, übernahm im elterlichen Betrieb die Verantwortung für Kellerwirtschaft und Vermarktung und bringt seitdem seine Vorstellungen von moderner Weinbereitung ein. 2009 belegte er übrigens bei dem von der DLG ausgeschriebenen Wettbewerb „Jungwinzer des Jahres" den zweiten Platz.

▶▶▶ *Wie sieht Ihre Weinphilosophie aus? Gerhard Klein: „Weine entstehen im Weinberg. Im Keller herrscht kontrolliertes Nichtstun vor."*

Zwei Grundlinien werden von den Kleins verfolgt, wie sie anlässlich des seltenen Jubiläums verkündeten. Die erste lautet: „Wir haben hier unsere Wurzeln. Unsere Weine müssen den Charakter der Region offenbaren in den typischen Geschmäckern der Pfalz." Die zweite Linie ist so formuliert: „Gehen wir über zu einem größeren, globalen Denken." Deshalb wurde die österreichische Sorte Grüner Veltliner gepflanzt.

▶▶▶ *Welche weiteren Ziele haben Sie noch? Gerhard Klein: „Wir wollen unser Weingut mit unserem Denken und Handeln auf die nächsten 350 Jahre vorbereiten und natürlich Jahr für Jahr unsere Qualität steigern."*

Die Weinberge des Hauses sind geprägt von Böden aus Lehm, Löss und Ton und sorgen für fruchtige und mineralische Weine. Die Trauben werden zu 90 Prozent per Hand gelesen. Alle Roten vergären auf der Maische. Die Top-Rieslinge werden, wo immer dies möglich ist, spontan vergoren. Die Lagen Letten, Kirchenstück und Kapelle stehen auf dem Etikett. Ist ein großes „S" zu erkennen, bedeutet das: In der Flasche befindet sich ein trockener Spitzenwein. Die Kleins verstehen ihr Gut als Ort der Begegnung von Menschen, die den Wein als Kulturgut schätzen, genießen oder kennenlernen wollen.

Gerhard Klein mit Ehefrau und Kindern.

Weingut Gerhard Klein, Weinstraße 38, 76835 Hainfeld. Telefon: 0 63 23/27 13. Fax: 0 63 23/81 343. E-Mail: klein-wein@t-online.de. www.weingut-gerhard-klein.de.

Rebfläche: 23 ha. **Rebsorten:** 16. **Hauptrebsorten:** Riesling (23 %), Grauburgunder (18 %), Spätburgunder (13 %). **Anbau:** 55 % Weiß-, 45 % Rotwein.

Spezialitäten: Frühburgunder, Muskateller, Grüner Veltliner. **Durchschnittsertrag:** 7000 l/ha. **Verkauf:** 70 % Privatkunden, 5 % Gastronomie, 25 % Fachhandel.

Weingut Ökonomierat Johannes Kleinmann

Birkweiler

Das Haus Kleinmann gilt als gute Adresse im deutschen Weinbau für im Barrique-Fass ausgebaute Rotweine. Seine Spätburgunder lassen immer wieder aufhorchen. Mit einem solchen des Jahrgangs 2005, einer trocken ausgebauten Auslese aus dem Barrique, gewann er den Deutschen Spätburgunderpreis 2007 und setzte sich gegen 600 Konkurrenten durch.

Wenn er als einer der Rotweinkönige an der Südlichen Weinstraße bezeichnet wird, schmunzelt Mathias Kleinmann. Wenn er in Fachorganen Sätze liest wie diese: „Nur wenige deutsche Rotweinwinzer produzieren konstant auf so hohem Niveau wie Kleinmann", dann freut er sich natürlich. Weil dies viel Anerkennung für seine Arbeit ausdrückt.

Mathias Kleinmann, Ur-Enkel des Betriebsgründers Ökonomierat Johannes Kleinmann, ist ein „Weinmacher der leisen Töne", wie schon mehrfach geschrieben worden ist. Die lauten Töne liegen dem Oenologen, der seit 2002 die Verantwortung in dem Birkweilerer Weingut trägt, nicht. Er stellt seine vielen hohen Auszeichnungen nicht lautstark heraus, lässt vielmehr seine eleganten Rieslinge, voluminösen Weißburgunder, exotischen Chardonnays, die saftigen Spätburgunder und all die anderen hervorragenden Tropfen für sich selbst sprechen.

▶▶▶ *Was machen Sie anders als Ihre Kollegen? Mathias Kleinmann:* „Jeder Winzer selektiert und optimiert ständig in Weinberg und Keller. Wer nicht nur davon spricht, sondern dies auch umsetzt, wird dafür belohnt."

Seit über 100 Jahren werden im Weingut Kleinmann die Weine über die Flasche vermarktet. Ökonomierat Kleinmann fing damit an der Wende zum 20. Jahrhundert an. Sein Sohn Fritz belieferte die gehobene Gastronomie in der Region. Karl-Heinz Kleinmann übernahm den elterlichen Betrieb 1980 und gab ihn 2002 an seinen Sohn Mathias weiter. Ohne K.-H. Kleinmann und Fritz Klein aus Siebeldingen gäbe es in der Pfalz wahrscheinlich die heute so beliebte Rebsorte St. Laurent nicht mehr. Weil der Anbau als schwierig galt, sollte die Rebe Mitte der 1960er Jahre ausgehackt werden. Der Winzer aus Birkweiler rettete sie und ist heute alleiniger Erhaltungszüchter. Übrigens sind schon seit 1733 Vorfahren der Familie Kleinmann in Birkweiler als Weinküfer tätig gewesen.

Groß Werbung müssen die Kleinmanns für ihre Weine nicht machen. In manchen Jahren sind viele Tropfen schnell ausverkauft. Einige Stammkunden lassen sich rare edle Gewächse schon vor der Abfüllung reservieren. In drei Lagen des bekannten Weinbauorts - Rosenberg, Mandelberg, Kastanienbusch - wachsen die Weine auf Buntsandstein- oder Kalkböden. Die Reben sind bis zu 40 Jahre alt. Um die Nachfrage überhaupt befriedigen zu können, werden Trauben oder Weine von zehn Nebenerwerbswinzern am Ort aus Weinbergen in unmittelbarer Nähe der eigenen Wingerte dazu gekauft. Anbau und Vinifizierung werden kontrolliert.

Über seine Art zu arbeiten sagt Mathias Kleinmann: „Ich bin kein Extremer und experimentiere nicht allzu viel." Bei den Rotweinen geht er den klassischen französischen Weg mit langer Maischestandzeit und Ausbau im Barrique. Die Zugabe von Holzchips oder Aromen ist absolut tabu. In der Lage Kastanienbusch speichert der Buntsandstein im Boden die Aromen und gibt den Weinen Mineralität. Mathias Kleinmann: „Sie werden dadurch charaktervoller." Im Weinberg selektioniert er stark, im Keller lässt er seinen Weinen Zeit zum Reifen.

Konsequentes Streben nach Qualität ist seit jeher die Philosophie des Hauses. Der Mann, der sich selbst als Winzer mit Leib und Seele bezeichnet, hat in Südafrika, Italien und Frankreich bei Praktika viel gelernt. So hat er auch gelernt, die Tradition zu wahren, die alten Rebanlagen zu pflegen und den guten Ruf des Hauses mit solider Arbeit zu erhalten.

▶▶▶ *Wie sieht Ihre Weinphilosophie aus? Mathias Kleinmann: „Pflege deine Weine wie deine Frau. Das ist tatsächlich so, oder?"*

▶▶▶ *Welche weiteren Ziele haben Sie noch? Mathias Kleinmann: „Ich will mich in meinem Betrieb erfolgreich verwirklichen. Dies gelingt nur durch echte Qualität und die daraus entstehende Kundenzufriedenheit."*

 Weingut Ökonomierat Johannes Kleinmann, Hauptstr. 17, 76831 Birkweiler. Telefon: 0 63 45/35 47. Fax: 0 63 45/77 77. E-Mail: info@weingut-kleinmann.de.

www.weingut-kleinmann.de. **Rebfläche:** 13 ha. **Rebsorten:** 16. **Hauptrebsorten:** Weißburgunder (30 %), Riesling (30 %), St. Laurent (20 %). **Anbau:** 70 % Weiß-, 30 % Rotwein.

Spezialitäten: Rotweine aus dem Barrique, Weißweine aus 1. Lagen. **Durchschnittsertrag:** 6500 l/ha. **Verkauf:** 90 % Privatkunden, 10 % Gastronomie.

Weingut Knipser

Laumersheim

**Anderen Winzern
in der Pfalz
immer ein paar
Schritte voraus**

Es gibt nur wenige Weingüter in Deutschland, die den Ausbau von roten und weißen Spitzenweinen gleichermaßen gut beherrschen wie Knipser und damit Jahr für Jahr glänzen können", verteilte die Zeitschrift „Feinschmecker" Komplimente. Auch für den „Gault Millau" ist der Johannishof der Brüder Volker und Werner Knipser sowie von Stephan Knipser (Sohn von Werner) eines der wenigen deutschen Ausnahmegüter mit gleichermaßen überragenden Rot- wie Weißweinen. Die beiden Brüder wurden 1996 („Feinschmecker") und 2009 („Gault Millau") zu „Winzern des Jahres" ernannt. Inzwischen haben sie vom GM fünf Trauben erhalten, was Weltklasse besagt.

Wer in Deutschland auf deutschen Rotwein schwört, greift bei seinem Händler gerne ins „Fach Knipser". Denn es ist seit vielen Jahren bei den Weinfreunden bekannt, dass das Laumersheimer Weingut nach jeder Ernte dichte, extraktreiche, mit samtiger Frucht und feinwürziger Tanninstruktur versehene Tropfen auf den Markt bringt - auch von internationalen Rebsorten -, die allesamt im Barrique ausgebaut sind und begeistern. Die Roten von Knipser gehören zu den besten, die im Land erzeugt werden. Experten bedauern, dass die ebenfalls exzellenten Weißweine des Hauses zu Unrecht im Schatten der Rotweine stehen.

Warum die Erzeugnisse des seit 1850 bestehenden Familienbetriebs so gerne getrunken werden - nicht nur in ganz Deutschland, sondern auch in rund einem Dutzend Länder im Ausland -, erklärt Werner Knipser: „Unsere Weine sind fruchtiger als die in Bordeaux, und genau das ist es, was die Leute so fasziniert." Was in diesem Gut in Laumersheim in der jüngeren Vergangenheit stattfand und noch immer stattfindet, ist laut Weinjournalist Manfred Lüer „eine Neuorientierung des Naturgegebenen". Die Knipsers seien anderen Pfälzer Winzern immer ein paar Schritte voraus. Das war vor allem auf dem Sektor Barrique so.

▶▶▶ *Was machen die Knipsers anders als ihre Kollegen?*
„Schon frühzeitig haben sie sich mit internationalen roten Sorten befasst... Es gehört zur geschätzten Politik des Hauses, viele Weine erst Jahre nach der Ernte auf den Markt zu bringen, wenn die Trinkreife einsetzt"
(Zitat aus dem „Gault Millau").

Volker und Werner Knipser gehören zu den deutschen Barrique-Pionieren. Als die Brüder in den 1970er Jahren auf überwiegend durchgegorene Weine umstellten, Neuzüchtungen ausmusterten und an deren Stelle internationale Rebsorten pflanzten, wagten sie den ersten Ausbau im kleinen französischen Eichenholzfass. Die Experimentierphase dauerte ein paar Jahre, dann hatten sie den Dreh heraus und machten aus Trauben des Jahrgangs 1985 ihre ersten Barrique-Weine. Seitdem halten sie sich konsequent an die These: „Je größer der Wein, desto kleiner das Fass."

Das Barrique-Flaggschiff der Knipsers ist seit 1996 die legendäre, allseits hochgelobte Cuvee X (in besonders guten Jahren auch als „R"-Version), eine Art Pfälzer Bordeaux aus den Rebsorten Cabernet Franc, Cabernet Sauvignon und Merlot. Was Barrique angeht, passen die drei Weinmacher Knipser nach Expertenmeinung in keine Schublade. Bei aller Begeisterung für die Rotweine sollen die enorm verbesserten Weißen nicht vergessen werden. Auch sie haben ihren Anteil am rasanten Aufstieg des Guts. Dazu gehört unter anderem der in einem Versuchsweinberg gepflanzte Gelbe Orleans, eine bis in die Zeit von Karl dem Großen zurückgehende Rebsorte. Aber die Rotweine sind nun einmal die Leidenschaft der Laumersheimer Weinmacher, und so ist ihr Weingut zu einem Wallfahrtsort für Rotweinliebhaber geworden, wie in einem Weinführer einmal festgestellt wurde.

Die Familie Knipser stammt eigentlich aus Südtirol, wurde aber bereits vor mehr als 150 Jahren in Laumersheim ansässig. Hier im Ort, aber auch in den Gemarkungen Großkarlbach und Dirmstein liegen ihre Weinberge mit den Kalkstein-, Kalkmergel-, Löss- und Lehmböden.

▶▶▶ *Wie sieht die Weinphilosophie aus? „Strikte Ertragsbegrenzung durch kurzen Rebschnitt im Winter bzw. Frühjahr und Ausdünnen im August. Die Weine werden dadurch stoffiger und können besser und länger reifen. Sorgfältige Arbeit im Keller - da sind die Knipsers stets ihren eigenen Weg gegangen" (Zitat aus dem Buch „Marco Polo: Die besten Weine in Deutschland").*

▶▶▶ *Welche weiteren Ziele gibt es noch? „Basis ist und bleibt eine genaue Kenntnis der Lagengegebenheiten in Verbindung mit kleinen Erträgen und großem Aufwand. Plus die Beobachtung der Entwicklung unterschiedlichster Rebsorten auf den einzelnen Standorten. (Zitat aus dem Buch „Die Pfalz im Glas").*

Stephan, Werner, Volker und Sabine Knipser (von links).

Weingut Knipser (Johannishof), Hauptstraße 47-49, 67229 Laumersheim. Telefon: 0 62 38/742. Fax: 0 62 38/43 77. mail@weingut-knipser.de.

www.weingut-knipser.de. **Rebfläche:** 60 ha. **Rebsorten:** 16. **Hauptrebsorten:** Spätburgunder (30 %), Riesling (25 %). **Anbau:** 40 % Weiß-,

60 % Rotwein. **Spezialitäten:** Gelber Orleans, Sauvignon Gris. **Durchschnittsertrag:** 6500 l/ha. **Verkauf:** 60 % Privatkunden, je 20 % Gastronomie und Fachhandel.

Weingut Bernhard Koch

Hainfeld

Die klaren, fruchtbetonten und sortentypischen Weißweine und die kraftvollen, konzentrierten Rotweine werden seit vielen Jahren mit Preisen bedacht. Inhaber Bernhard Koch ist auf jede Anerkennung stolz, aber am meisten freut ihn noch immer die Auszeichnung von der Bundesweinprämierung der Deutschen Landwirtschafts-Gesellschaft (DLG) im Jahr 2005, als das Hainfelder Gut den Preis für die beste Kollektion trocken ausgebauter Barrique-Weine erhielt. Weintester heben gerne die Zuverlässigkeit der Kochschen Weine hervor, bei denen man Ausrutscher nach unten vergebens suche.

Der Weinführer „Gault Millau" ist für Weinfreunde in ganz Deutschland mehr als nur eine Freizeitlektüre. Er ist Richtschnur bei der Suche nach Weingütern, wo man beste Tropfen einkaufen kann. Schon in der Ausgabe 2010 des laut FAZ wichtigsten deutschen Testwerks wurde das Weingut Bernhard Koch in Hainfeld „eines der führenden" in der Pfalz genannt, was auch an den „mit Schmackes ausgebauten weißen und roten Burgundersorten liegt". Es sei eine Wonne, haben die Tester der Kochschen Weine festgehalten, die Rieslinge des Hauses zu trinken.

▶▶▶ *Was machen Sie anders als Ihre Kollegen? Bernhard Koch: „Wir betreiben intensive Weinbergsarbeit, selektive Handlese und bauen die Weine im Keller schonend aus."*

Seit 1610 wird im Hause Koch (früher in Weyher, heute in Hainfeld) Wein angebaut, etwa seit 1920 erfolgt die Vermarkung in eigener Regie. Bernhard Koch übernahm das von seinem Großvater Johann Adam Koch gegründete Gut 1987 von seinem Vater. Damals betrug die Rebfläche nur 6,5 Hektar. Die kleine Kellerei, die dem Betrieb angeschlossen war, wurde aufgegeben. Nach und nach erfolgte die Vergrößerung der Anbaufläche, heute liegen die eigenen und die dazu gepachteten Weinberge in den Gemarkungen Hainfeld, Flemlingen, Walsheim, Burrweiler und Weyher.

Dominierende Rebsorte ist der Riesling, der auf einem Viertel der Fläche wächst. Aber auch Scheu, Gewürztraminer und Rieslaner sind im Angebot, bei den Roten neben Spätburgunder und Dornfelder auch Cabernet Dorsa, Schwarzriesling und Merlot. Dass alle so gut gedeihen, hat nicht nur mit dem milden Klima in der Region zu tun. Das Entblättern der Traubenzone und das Entfernen überzähliger Früchte gehört ebenso zum Programm wie die Einsaat von Gründünger im Spätjahr und eine ausreichende Nährstoff- und Humusversorgung. Da nur aus gesundem Lesegut guter Wein gemacht werden kann, erfolgt selektive Handlese durch ein motiviertes Ernteteam.

Im Keller setzt Bernhard Schwaab fort, was im Weinberg begann - stets in Übereinstimmung mit seinem Chef, Winzermeister Bernhard Koch. Die Trauben werden schonend verarbeitet, die Moste vergären langsam. Moderne Edelstahlfässer stehen für die Weißweine, Eichenfässer für die Rotweine bereit, Letztere reifen bis zu 24 Monate auf dem Holz. Beliebt sind die handgerüttelten Sekte.

Das große Plus von Koch ist nach Darstellung von Weinkritikern die Konstanz, mit der er seine Qualitäten für den ganz normalen Weintrinker Jahr für Jahr auf die Flasche bringt. Besonders empfohlen werden die Rotweine, vom einfachen für jeden Tag bis zur im Barrique gereiften Spätburgunder Auslese. Bei Koch bekomme man viel Wein für wenig Geld, stellt einer von den Experten anerkennend fest.

Einen sicher nicht unwesentlichen Teil seiner Weine verkauft Bernhard Koch in seinem 1996 gegründeten Weinpavillon, der sich zu einer Anlaufstelle besonderer Art entwickelt hat und nicht mehr wegzudenken ist. Hier kann man fast das ganze Jahr über an der Theke stehend oder an einem der rustikalen Tische sitzend (im Sommer auf einer großen Rasenfläche) seinen Schoppen trinken oder neue Angebote probieren.

▶▶▶ *Wie sieht Ihre Weinphilosophie aus? Bernhard Koch:*
„Wir bereiten Spaßmacher für jeden Tag sowie Spitzenweine aus ausgewählten Rebsorten und Lagen. Beides tun wir mit Hingabe, Fingerspitzengefühl und großem Respekt vor der Natur."

▶▶▶ *Welche weiteren Ziele haben Sie noch? Bernhard Koch:*
„Wir wollen die Weinqualität weiter steigern und das Potenzial unserer Böden und Lagen noch stärker hervorheben."

Bernhard Koch

Weingut Bernhard Koch,
Weinstraße 1, 76835 Hainfeld.
Telefon: 0 63 23/27 28.
Fax: 0 63 23/75 77. E-Mail:
info@weingut-bernhard-koch.de.
www.weingut-bernhard-koch.de.

Rebfläche: 47 ha.
Rebsorten: 14.
Hauptrebsorten: Riesling
(25 %), Spätburgunder (15 %), Dornfelder (8 %). **Anbau:**
60 % Weiß-, 40 % Rotwein.

Spezialitäten: Scheurebe und Rieslaner. **Verkauf:** 90 % Privatkunden, 7 % Gastronomie, 3 % Fachhandel.

Weingut Koehler-Ruprecht

„Philippi macht die eigenwilligsten und faszinierendsten Weine in der Pfalz"

Kallstadt

Für viele Weinfreunde überraschend hat Philippi 2010 seinen Plan, das Gut zu verkaufen, tatsächlich umgesetzt. Aber er ist im Auftrag des neuen Besitzers weiterhin als Geschäftsführer und Betriebsleiter (zusammen mit Dominik Sona) tätig. Damit ist gewährleistet, dass der „meist gut gelaunte Wein-Kosmopolit, der die Weintrinker in eine Pro- und eine Kontra-Fraktion spaltet" (Manfred Lüer), mit seinen Weinen voller Kraft und Körper wie schon immer bei den einen Jubel auslöst, bei den anderen oft ein Meckern, weil ihnen die kompromisslos, ohne Rücksicht auf den allgemeinen Geschmack ausge-

Kein pfälzischer Winzer wird in der Fachpresse und im Internet mit mehr Ehrentiteln bedacht als Bernd Philippi vom Weingut Koehler-Ruprecht, laut Gault Millau eines der bekanntesten, prägnantesten und am häufigsten diskutierten Weingüter der Pfalz. Der Mann mit dem markanten Kinnbart gehöre in der Pfalz zur Crème de la Crème des Weinbaus, verkündet ein Weinjournalist. Ein anderer stellt fest, Philippi sei eines der Urgesteine des Weinbaus in der Region. Ein Weinführer nennt ihn „Genussmensch mit einer gehörigen Portion Pfälzer Gelassenheit". „Absoluter Ausnahmewinzer in der Pfalz" wird er online von einem begeisterten Weinfreund genannt.

▶▶▶ *Was machen Sie anders als Ihre Kollegen? Bernd Philippi: „Ausbau nur im Holz. Spontangärung."*

bauten, klassisch-kernigen Tropfen weniger behagen.

Zwei Zitate von anerkannten Verkostern sollen unterstreichen, warum die Weine von Koehler-Ruprecht so viele Weintrinker begeistern. Gerhard Eichelmann: „Bernd Philippi macht die eigenwilligsten und faszinierendsten Weine in der Pfalz. Was heißt in der Pfalz, in Deutschland! Alle seine Weine sind enorm stoffig und bestechen durch ihre Nachhaltigkeit. Sie schwimmen gegen den Strom an und trotzen dem Trend, möglichst frische, konsumreife Weine sehr jung auf den Markt zu bringen." Manfred Lüer: „Seine Weine passen nicht in das gängige Schema vom klinisch-sauberen Riesling und sind auf Zeit angelegt... Philippis Rieslinge entfalten ihr Potenzial erst nach Jahren. Sie profitieren auch in der Genussreife, die oft erst nach über eine Dekade oder noch länger einsetzt."

Das Weingut wurde um 1680 von der Familie Ruprecht gegründet. Bedingt durch weibliche Erben gingen die Namen Ruprecht und später auch Koehler verloren. Bernd Philippis Großvater Ernst Koehler, ein absoluter Verfechter des Naturweingedankens, hat den Betrieb nach Kriegsende konsequent auf Qualität eingeschworen. 1969 übernahm Otto Philippi und wurde 1986 von seinem Sohn Bernd abgelöst, der nach dem Studium in Geisenheim einige Jahre international als Weinbauberater tätig war. Im Jahr 2000 gründete er mit zwei Winzerkollegen von der Ahr und aus dem Rheingau im Douro-Tal in Portugal ein Weingut. Mit vielen Kollegen im In- und Ausland pflegt er regen Gedankenaustausch. Dem Kallstadter Betrieb angeschlossen ist das gutseigene Restaurant „Weincastell".

Dass die Rieslinge von Philippi vor Kraft nur so vor strotzen, die fruchtigen Spätburgunder eine viel gerühmte feine Kontur aufweisen und auch die Weine aus anderen Rebsorten füllig, kraftvoll und zupackend sind, liegt an der Handschrift des Winzers: Lese der Trauben für trockene Auslesen nach den Farben Gold, Gelb und Grün; Vergärung nur im Holz unter Verwendung natürlicher Hefen; scharfe Mostvorklärung; lange Spontanvergärung (bis zu neun Monate); mehrjährige Reife, teilweise im Barrique. Der Reiz der Weine von Koehler-Ruprecht liegt in ihrer unergründlichen Individualität. Sie haben einen hohen Wiedererkennungswert.

▶▶▶ *Wie sieht Ihre Weinphilosophie aus?*
Bernd Philippi: *„Wir machen knalltrockene Weine und haben noch nie aufgezuckert. Heutzutage ist dagegen die Suche nach dem schnellen Glück gefragt. Das haben wir nie mitgemacht, und genau das schätzt unser Publikum"* (Zitat aus dem Buch „Stuart Pigotts Weinreisen: Pfalz").

▶▶▶ *Welche weiteren Ziele gibt es noch?* *„Weiterhin Erzeugung barocker, fülliger Weißweine, ...die erst dann auf die Liste kommen, wenn der Chef sagt, nun ist es soweit"* (Zitat aus dem Buch „Die Pfalz im Glas").

Bernd Philippi

Weingut Koehler-Ruprecht,
Weinstraße 84, 67169 Kallstadt.
Telefon: 0 63 22/18 29.
Fax: 0 63 22/86 40.
E-Mail: info@koehler-ruprecht.
com, Homepage:
www.koehler-ruprecht.com

Rebfläche: 10,5 ha.
Rebsorten: 8. Hauptrebsorten:
Riesling (54 %), Spätburgunder
(20 %), Weißburgunder (8 %).
Anbau: 85 % Weiß-,
15 % Rotwein. **Spezialitäten:**
Rieslinge der Serien „R" und

„RR". **Durchschnittsertrag:**
6800 l/ha. **Verkauf:** 60 %
Privatkunden, je 10 % Gastronomie und Fachhandel, 20 %
Export.

Weingut Kranz

Ilbesheim

Es ist überhaupt interessant und informativ, einen etwas intensiveren Blick auf die Homepage von Kranz zu werfen. Da bekommt man Aufklärung wie bei wenig anderen Winzern: über Lagen und Rebsorten, über die Charakteristika der einzelnen Weine und vieles weitere mehr. Da liest man auch den Satz: „Die Authentizität und Originalität unserer Weine hat oberste Priorität." Das schmecken die mit feinen Weinzungen ausgestatteten Kritiker und loben den Erzeuger Boris Kranz über den grünen Klee: „Aus der Riege der jungen Südpfälzer Kellermeister gelingt es nur wenigen so gut wie ihm, modernen Stil mit sehr charaktervollen Weinen zu verbinden". Seit einigen Jahren bekommt der Weinbau- und Kellertechniker bestätigt, er sei ein über die Region Südliche Weinstraße hinaus anerkannter Produzent reintöniger, fruchtiger, spritziger, mineralischer und nachhaltiger Weine.

„Wein wird aus Trauben gemacht." Wer wüsste das nicht. Aber vielleicht gibt es irgendwo auf der Welt Menschen, die wenig Bezug zum Wein haben und glauben, der „Rebensaft" würde im Labor hergestellt. (Dass es jemals so weit kommen könnte, lässt einen heute schon schaudern). Das Weingut Kranz in Ilbesheim verzichtet im Internet nicht auf den eingangs zitierten Satz. Aus reiner Ironie? Es ist angemerkt, dass für die Weine des Hauses ausschließlich Trauben aus eigenem Anbau verwendet werden. Das heißt für Kenner: Es wird nichts hinzugekauft.

▶▶▶ *Was machen Sie anders als Ihre Kollegen? Boris Kranz: „Wir machen sehr individuelle, qualitativ hochwertige Weine, die natürlich und von ihrem Ursprung geprägt sind. Um das zu erreichen, muss ein Rebstock optimal versorgt und behandelt werden. Wer das erreichen will, muss dieser Maxime folgen und nicht alles anders machen."*

Das VDP-Weingut Kranz ist ein Familienbetrieb mit langer Tradition. Seit Robert und Lilo Kranz in den 1970er Jahren den Entschluss fassten, ihren Wein selbst abzufüllen und zu vermarkten, geht der Weg nach oben - erst recht, seit Sohn Boris 1996 einstieg und für An- und Ausbau der Weine die Verantwortung übernahm. Vater Robert destilliert die edlen und ebenfalls hoch gelobten Obstbrände. Familie Kranz, „eine verschworene Gemeinschaft im besten Sinne des Wortes" (Zitat aus einem Weinbuch), wird jedes Jahr ein bisschen besser und die mittlerweile vier Trauben im „Gault Millau" sind wahrscheinlich nicht das Ende bei den Anerkennungen.

Vor allem die Weine mit der Bezeichnung „Kalmit", „Kalmit-Terrassen" und „Hagedorn" stehen in der Gunst der Weinfreunde weit oben. Die Rieslinge wachsen weitgehend unterhalb der Kleinen Kalmit in der Lage Rittersberg. Der während der Absenkung des Oberrheingrabens im Zeitalter des Tertiär entstandene Hügel verfügt über eine Bodenbeschaffenheit (Landschneckenkalk, Mergel, Löss, Gehängelehm), die den Weinen ihren eigenen Charakter gibt. Hier vereinigen sich Frucht, Kraft, Finesse und Eleganz. Boris Kranz richtet großes Augenmerk auf die Pflege des Terroirs. Er tat dies bereits, bevor der Terroirgedanke in aller Munde war.

Grundlage des Erfolges bei Kranz ist nach eigener Aussage der verantwortungsbewusste Umgang mit der Natur zur Bewahrung eines gesunden ökologischen Gleichgewichts. Die Lebensräume der Nützlinge in den Weinbergen werden durch Wildkräuterbegrünungen, organische Düngung, minimalen Einsatz von Pflanzenschutzmitteln mit modernster Technik erhalten. Dazu kommen an weiteren qualitätsfördernden Maßnahmen: Kurzer Anschnitt der Reben, Ausdünnung nach der Blüte, gezielte Laubarbeit im Sommer, selektive späte Handlese. Das Keltern erfolgt schonend, die Vergärung des Mostes temperaturgeregelt.

Boris Kranz und seine Frau Kerstin wollen, wie sie betonen, „langfristig guten Wein machen". Die Weine sollen individuelle Persönlichkeiten im Glas sein und dem Konsumenten ein Geschmackserlebnis vermitteln.

▶▶▶ *Wie sieht Ihre Weinphilosophie aus? Boris Kranz: „Erzeugung naturreiner Weine mit Ursprungscharakter."*

▶▶▶ *Welche weiteren Ziele haben Sie noch? Boris Kranz: „Die Etablierung der Kleinen Kalmit unter den Spitzenlagen der Pfalz und Deutschlands."*

Boris Kranz

Weingut Kranz, Mörzheimer Straße 2, 76831 Ilbesheim. Telefon: 0 63 41/93 92 06. Fax: 0 63 41/93 92 07. E-Mail: weingut-kranz@t-online.de. Homep.: www.weingut-kranz.de

Rebfläche: 18 ha. **Rebsorten:** 8. **Hauptrebsorten:** Riesling (30 %), Weißburgunder (20 %), Spätburgunder (20 %). **Anbau:** 60 % Weiß-, 40 % Rotwein. **Spezialitäten:** Lagenweine von

der Kleinen Kalmit, Silvaner, Rotwein-Cuvee August Hugo. **Durchschnittsertrag:** 6500 l/ ha. **Verkauf:** 60 % Privatkunden, 40 % Fachhandel und Gastronomie.

Rotweinspezialist
mit einem guten
Händchen auch für
die weißen Rebsorten

Weingut Philipp Kuhn

Laumersheim

Unter Hinweis darauf, dass Kuhn „mit seinen enorm präzisen Weinen sehr offen ist", kommt Weinkritiker Manfred Lüer zu dem Schluss, der Weinmacher aus Laumersheim sei „keinesfalls ein Schnitzelwinzer, der nicht über den Tellerrand hinausblickt, sondern das genaue Gegenteil davon". Wäre dies anders, wäre er „in der vitalen nördlichen Pfalz mit ihrem innovativen Geist" fehl am Platze. Als er beim Deutschen Rotweinpreis mit zwei seiner Gewächse einmal ganz oben landete, rief ein Fachautor aus: „Mensch, der Kuhn!"

Philipp Kuhn ist ein ebenso talentierter wie engagierter Winzer. Der Inhaber und Kellermeister des gleichnamigen Weinguts in Laumersheim wird in Publikationen, die über seinen Betrieb berichten, viel gelobt - natürlich wegen der Weine, die er erzeugt und mit denen er sich auf dem Markt einen guten Platz erkämpft hat.
Die Zeitschrift „Vinum" nennt ihn ein Ausnahmetalent, die „Rhein-Neckar-Zeitung" spricht von einem trotz seines noch relativ jungen Alters (Geburtsjahrgang 1972) alten Hasen.

Kuhn ist ein anerkannter Rotweinspezialist. Aber auch seine Weißweine sind von einem beeindruckenden Qualitätsniveau.

▶▶▶ *Was machen Sie anders als Ihre Kollegen? Philipp Kuhn:* „Mein individuelles Bauchgefühl und die charaktervollen Laumersheimer Böden sind einfach nicht kopierbar."

Der Spätburgunder - rauchig, klar, vielschichtig und eindringlich - wird zu den besten Produkten dieser Sorte in Deutschland gezählt. „Direkt und herrlich eindringlich" sagen Fachleute zum St. Laurent. Lob finden zudem Portugieser, Frühburgunder, Merlot („cremig, weich und mollig") und Cabernet Sauvignon („wirft jede Menge Cassis, Kräuter und Tabak in die Waagschale"). Die interessante Cuvée „Luitmar" besteht aus Blaufränkisch, Cabernet Sauvignon, St. Laurent und Sangiovese grosso.

„Die Rieslinge sind große Klasse", urteilt der anerkannte Verkoster Gerhard Eichelmann. Die Weine

dieser Rebsorte sind bei Kuhn, je nach Jahrgang, füllig, kraftvoll und stoffig, haben eine klare reife Frucht und eine gute Struktur. Eine Besonderheit im Angebot ist der überwiegend an der Rhône in Frankreich angebaute Viognier. Dieser Weißwein ist von kräftiger Farbe, recht alkoholreich und erinnert mit seinem Duft an Aprikosen, Pfirsiche und Veilchen. Die Steckenpferde des Philipp Kuhn sind die Großen Gewächse aus Riesling, Weiß- und Spätburgunder.

▶▶▶ *Wie sieht Ihre Weinphilosophie aus? Philipp Kuhn:* „Erzeugung handwerklich klar herausgearbeiteter Weine aus hochwertigen Rebsorten - im Einklang mit der Natur."

▶▶▶ *Welche weitere Ziele haben Sie noch? Philipp Kuhn:* „Der nächste Jahrgang ist immer das nächste Ziel."

Die Rotweine werden nach traditionellen Methoden vinifiziert, die Weißweine vornehmlich reduktiv in Edelstahl oder alten Holzfässern ausgebaut. Die ausnahmslos in Holzfässern reifenden roten Spitzenqualitäten bekommen für ihre Entwicklung zwischen 16 und 20 Monate Zeit. Alle Weine werden trocken ausgebaut. Nur in besonders dafür geeigneten Jahren erfolgt in kleinen Mengen die Herstellung von Süßweinen. Philipp Kuhn hat als Weinmacher seine eigene Handschrift, die er konsequent anwendet. Für ihn ist Handarbeit „wichtiger als jede technische Neuerung". Was zähle, seien Erfahrung und das richtige Bauchgefühl. Er behauptet von sich, dieses Gefühl für richtige Entscheidungen zu haben.

Der Verbraucher muss beim Weinkauf bei Kuhn nur auf die Kapsel achten, dann weiß er auf Anhieb, was er vor sich hat. Die Großen Gewächse (aus den besten Lagen des Guts) haben eine goldene, die Ursprungsweine (klassifizierte Lage oder Ursprung) eine silberne und die Gutsweine (Alltagsweine für Anspruchsvolle) eine blaue Kapsel. Philipp Kuhn legte schon als 16-Jähriger seinen ersten Weinberg an. Gleich nach dem Abitur musste er mit 20 Jahren das elterliche Weingut übernehmen. Was er daraus gemacht hat, nötigt all jenen Respekt ab, die seinen Weg von 1992 bis heute verfolgen.

Philipp Kuhn

 Weingut Philipp Kuhn, Großkarlbacher Straße 20, 67229 Laumersheim. Telefon: 0 62 38/656. Fax: 0 62 38/46 02. E-Mail: info@weingut-philipp-kuhn.de.

www.weingut-philipp-kuhn.de. **Rebfläche:** 22 ha. **Rebsorten:** 15. **Hauptrebsorten:** Riesling (25 %), Spätburgunder (25 %), weiße Burgunder (25 %). **Anbau:** 50 % Weiß-,

50 % Rotwein. **Spezialitäten:** Spätburgunder, Viognier. **Durchschnittsertrag:** 6500 l/ ha. **Verkauf:** 65 % Privatkunden, 15 % Gastronomie, 20 % Fachhandel.

Ein Winzer, der sagt:
Ich kenne jeden
Rebstock in meinen
Weinbergen persönlich

Landau-Wollmesheim

Geschäftsleute aus Taiwan, die früher zum Kauf von Textilmaschinen nach Neustadt kamen und bei Weinproben Pfälzer Riesling und andere Sorten kennenlernten, äußerten dabei den Wunsch, auch zu Hause Leiner-Weine zu genießen. In einem heimischen Bistro können sie probieren und kaufen, auch die Traubensäfte aus Wollmesheim, die aus der in unseren Breiten nicht mehr stark angebauten Rebsorte Bacchus hergestellt werden. Bruno Leiner will irgendwann einmal nach Taiwan fliegen und sehen, wer die Menschen sind, die dort seine Produkte schätzen.

Bruno Leiner hat nicht nur 5000 Privatkunden in ganz Deutschland, die regelmäßig seine an der Südlichen Weinstraße gewachsenen Weine kaufen. Er exportiert auch nach Holland - und nach Taiwan. In der Republik China gibt es eine stattliche Zahl von Weinfreunden, die sich über die Tropfen von zwei Lieferanten aus der Pfalz freuen. Einer der beiden Erzeuger ist Winzermeister Leiner. Natürlich kann er von diesen Kunden nicht leben, aber wer weiß, wie sich das Geschäft in der Zukunft noch entwickelt.

▶ ▶ ▶ *Was machen Sie anders als Ihre Kollegen? Bruno Leiner: „Ich identifiziere mich mit jedem meiner Weine und denke mich in ihn hinein. Wein muss man durch seine eigene Handschrift prägen."*

Das Weingut Leiner gehört ganz sicher zu den am meisten prämierten pfälzischen Betrieben. Seit der heutige Hausherr 1971 in das elterliche Gut einstieg, die Verantwortung übernahm und sofort einiges umstrukturierte, geht es nur noch bergauf. Rund 500 Preise gab es seitdem für die Weine. Bruno Leiner ist die fünfte Generation in dem Familienbetrieb ohne fest angestellte Mitarbeiter. Seit über 200 Jahren wird Wein gemacht. Früher wurden die Weinberge neben Ackerbau und Viehzucht mehr nebenbei bewirtschaftet. Herbert Leiner, der Vater des Inhabers, stellte als einer der ersten Winzer der Region zwei Jahre nach dem Zweiten Weltkrieg auf Flaschenwein um. Die Gastronomie belieferte er aber weiterhin mit kleinen Fässern mit 30 bis 60 Liter Inhalt.

Das Winzerhandwerk erlernte Bruno Leiner bei seinem Vater. Bis heute hat er selbst an die 60 Lehrlinge ausgebildet, darunter sind einige der jungen Winzer, die sich über die Südliche Weinstraße hinaus einen Namen gemacht haben.

Bei dem Winzermeister können die Azubis viel lernen, denn ihr Lehrherr ist nicht nur der Inhaber des Weinguts und der Kellermeister, sondern zeichnet auch für die Außenwirtschaft verantwortlich, wobei er hier durch ehemalige Mitarbeiter in Teilzeit-Jobs unterstützt wird. „Ich kenne jeden Rebstock in meinen Weinbergen persönlich, weil ich oft draußen bin", behauptet er, und man ist geneigt, ihm zu glauben, obwohl er 80.000 Reben sein Eigen nennt.

Als erster Betrieb in der Pfalz hat Leiner Anfang der 1970er Jahre mit der Dauerbegrünung in seinen Weinbergen begonnen. Immer wieder schauen Weinbauschüler und Fachleute vorbei und informieren sich. Die Düngung mit Stickstoff hat er schon lange auf null zurückgefahren, weil er weiß: „Die Traubenbeeren bekommen dadurch mehr Extrakt." Seine teilweise bis zu 40 Jahre alten Reben stehen zu 80 Prozent in der Gemarkung Wollmesheim, der Rest befindet sich in Ilbesheim, Leinsweiler und Mörzheim.

Die Kunden schätzen an den Leinerschen Weißweinen, dass sie saftig, kräftig, zuverlässig und immer sortentypisch sind, und dass die Roten harmonisch und unprätentiös sind. Bruno Leiner setzt auf die traditionellen Sorten. Ins Fahrwasser modischer Weinbereitung möchte er sich nicht begeben. Der Ausbau der Weißweine erfolgt im Keller schonend und nach modernen Erkenntnissen in Edelstahltanks, die Rotweine reifen bis zu zwei Jahre im Eichenholz- oder Barrique-Fass, kürzer in Edelstahlfässern. „Hinter allen meinen Weinen stehe ich als Winzer. Was ich gerne trinke, trinken auch meine Kunden gerne."

▶▶▶ *Wie sieht Ihre Weinphilosophie aus? Bruno Leiner: „Weine machen, in denen sich Spaß, Freude und Genuss spiegeln."*

▶▶▶ *Welche weiteren Ziele haben Sie noch? Bruno Leiner: „Ich will weiter an der Qualitätsschraube drehen und neuentwickelte Ideen umsetzen."*

Bruno Leiner

Weingut Bruno Leiner, Zum Mütterle 20, 76829 Landau-Wollmesheim. Tel.: 0 63 41/ 30 953. Fax: 0 63 41/34 142. info@weingut-bruno-leiner.de. www.weingut-bruno-leiner.de.

Rebfläche: 19 ha. **Rebsorten:** 18. **Hauptrebsorten:** Burgunder (23 %), Riesling (13 %), Silvaner (8,5 %). **Anbau:** 67 % Weiß-, 33 % Rotwein. **Spezialitäten:** Sauvignon blanc, Grauburgunder

Beerenauslese aus dem Barrique. **Durchschnittsertrag:** 8000 l/ha. **Verkauf:** 80 % Privatkunden, 10 % Gastronomie, 10 % Fachhandel und Export.

Der Stoffwechsel der
Pflanzen wird mit
Kamillentee und Mist
von Pferden verbessert

Weingut Jürgen Leiner

Ilbesheim

Der staatlich geprüfte Weinwirtschafter und Weinbautechniker steht einem gar nicht so alten Weingut vor, das seit 2005 als Biobetrieb zertifiziert ist. Dass seine Rieslinge und Burgunder als sortentypisch gelobt werden, dass seinen Weinen insgesamt Kraft, Charakter und Struktur bescheinigt wird, ist auf die Art des Weinmachens zurückzuführen, die Sven Leiner zusammen mit seinem Vater Jürgen praktiziert. Pflanzliche Substanzen werden zum Spritzen im Tee aufgelöst, Backpulver hilft bei der Bekämpfung des Mehltaus und von Pilzen. Für die Düngung der Böden wird selbst gemachter Kompost verwendet, bestehend aus Grünschnitt, Pferdemist, Trester und Gesteinsmehlen.

Kamillentee ist gut für die Gesundheit des Menschen. Aber er ist auch gut für das Spritzen und Düngen im Weinberg. Wie bitte? Sven Leiner, Inhaber des Weinguts Jürgen Leiner in Ilbesheim, ist ein Winzer, der mit Kamillentee und anderen Teesorten arbeitet, um den Stoffwechsel der Reben zu verbessern. 50 Liter Kamillentee reichen für einen Hektar Fläche. Das Produkt ist nach dem Aufkochen im Mostkessel von einer Qualität, dass man es ohne weiteres trinken könnte.

▶▶▶ *Was machen Sie anders als Ihre Kollegen? Sven Leiner: „Ich arbeite nach biologisch-dynamischen Grundsätzen und übertrage diese auch in die Kellerwirtschaft."*

Was das Düngen angeht, erzählt Sven Leiner ganz offen: „Ich habe in meinem jugendlichen Leichtsinn nach Einstieg in den Betrieb radikal angefangen und nicht mehr gedüngt. Das war nicht gut, ich suchte nach Ersatz, denn es ging mir um die Belebung des Bodens." Er fand diesen Ersatz. Zuweilen wirft er einen etwas intensiveren Blick in ein altes Buch der Abtei Fulda. „Die Rahmenbedingungen müssen stimmen, wenn man Wein als Naturprodukt begreift", sagt der junge Winzer. „Wir können die Reben für den bestmöglichen Wein nur dann wirklich fordern, wenn wir ihre Gesundheit und Vitalität langfristig fördern. Und deshalb helfen wir unseren Rebstöcken, indem wir ihr komplettes Umfeld so gut wie möglich auf natürliche Weise unterstützen." Dazu zählt auch der Kamillentee.

Das Weingut Leiner wurde erst 1974 vom Großvater des heutigen Inhabers gegründet. Friedrich Leiner war von Beruf Filmvorführer, erbte 1,5 Hektar Weinberge, bewirtschaftete sie nach Feierabend, verkaufte den Wein im Fass, stellte aber bereits zwei Jahre später auf Flaschenwein um. Sohn Jürgen Leiner übernahm nach beendeter Kochlehre das kleine väterliche Gut, kümmerte sich als Autodidakt hauptberuflich um den Betrieb.

Sven Leiner arbeitet seit 2000 an der Seite seines Vaters. Seine Ausbildung als Winzer erhielt er bei Hansjörg Rebholz in Siebeldingen, Thomas Siegrist in Leinsweiler und bei Hans-Günther Schwarz bei Müller-Catoir in Neustadt-Haardt. Die Leitung übernahm er 2003. Alle strategischen Entscheidungen im Weingut sind seine Sache, ebenso der Keller. Jürgen Leiner ist der Mann für die Außenwirtschaft und die Logistik. Das Familienunternehmen beschäftigt einen fest angestellten Mitarbeiter.

Der zur „Südpfalz ConneXion" gehörende Sven Leiner weiß, was er will. Draußen im Weinberg („Dort entstehen die Grundlagen") hört er bei der Arbeit oft auf seinen Bauch. Er hat auch immer wieder Ideen, die er umsetzt, so finden sich in seinem Angebot ein Riesling und ein Weißburgunder mit der Bezeichnung „Calvus Mons" (lateinisch für kahler Berg). Denn die Reben hierfür stehen auf der Kleinen Kalmit, die vor etwa 27 Millionen Jahren aus Kalk- und Muschelablagerungen des urzeitlichen Meeres entstanden ist. Als erstes deutsches Weingut baute Leiner die spanische Rebsorte Tempranillo an.

Er habe es nie bereut, auf Bio umgestellt zu haben, gibt Sven Leiner zu. Die Entwicklung in kleinen Schritten sei aber nicht ohne Probleme verlaufen. Heute sagt er: „Ich habe meinen Weg gefunden."

▶▶▶ *Wie sieht Ihre Weinphilosophie aus? Sven Leiner: „Ich will das, was die Natur gibt, ganz individuell erhalten."*

▶▶▶ *Welche weiteren Ziele haben Sie noch? Sven Leiner: „Ich möchte den in den vergangenen zehn Jahren erarbeiteten Stil weiter schärfen."*

Sven Leiner

Weingut Jürgen Leiner,
Arzheimer Straße 14,
76831 Ilbesheim.
Telefon: 0 63 41/30 621.
Fax: 0 63 41/34 401.
E-Mail: info@weingut-leiner.de.

Homep.: www.weingut-leiner.de.
Rebfläche: 14 ha.
Rebsorten: 16.
Hauptrebsorten: Riesling (20 %), Grauburgunder (18 %), Weißburgunder (10 %).

Anbau: 67 % Weiß-, 33 % Rotwein.
Durchschnittsertrag: 7000-7500 l/ha., **Verkauf:** 50 % Privatkunden, 20 % Gastronomie, 30 % Fachhandel.

Weingut Bertram Lidy

Frankweiler

Seit Mitte der 1970er Jahre bis heute gab es für Lidy mehr als 500 Medaillen bei den Prämierungen der Landwirtschaftskammer Rheinland-Pfalz und der Deutschen Landwirtschafts-Gesellschaft. Inhaber Bertram Lidy weiß noch genau, dass sein Großvater 1962 die erste Goldmedaille für eine Ruländer Spätlese nach Frankweiler holte. In jenem Jahr gab es dieses „Edelmetall" in Rheinland-Pfalz insgesamt nur neun Mal. Bei diversen Wettbewerben stellt sich das Gut regelmäßig den Juroren und hat keine Furcht, gegenüber anderen Weingütern abzufallen. Über jeden neuen Preis freut man sich.

„Seit Jahren geht die Kurve des Erfolges im Weingut Lidy in Frankweiler fast unaufhaltsam nach oben. Eine Fülle von Auszeichnungen sind das Ergebnis kontinuierlicher Arbeit in den Weinbergen und im Keller." Diese beiden Sätze aus einem Anfang 2009 in der „Rheinpfalz" erschienenen Artikel sagen eigentlich alles. Aber es ist dennoch notwendig, einiges hinzuzufügen. Denn der Aufwärtstrend hält an, der „Gault Millau 2010" vergab die zweite Traube an einen Betrieb, der „mehr als das Alltägliche zu bieten hat". Die Kunden in ganz Deutschland können es bestätigen.

▶▶▶ *Was machen Sie anders als Ihre Kollegen? Bertram Lidy: „Wir gehen individuell auf den Jahrgang ein, arbeiten Terroirweine heraus."*

Seit über 200 Jahren wird bei den Lidys in der Familie Wein gemacht, bis Ende der 1950er Jahre lief der Weinbau im landwirtschaftlichen Gemischtbetrieb so mit. Aber dann entschlossen sich der Großvater und der Vater des heutigen Chefs, ihre Weine in Flaschen abzufüllen und selbst zu vermarkten. Vom Jahrgang 1959 gab es den ersten Flaschenwein. Schon lange wird nichts mehr über das Fass verkauft, im Gegenteil, die in den eigenen und gepachteten Weinbergen wachsenden Trauben reichen nicht aus, so dass von örtlichen Winzern welche dazu gekauft werden müssen. Diese Anlieferer halten sich bei der Arbeit in ihren neun Hektar Weinbergen an die Vorgaben von Lidy.

Winzermeister Bertram Lidy arbeitet im Betrieb eng zusammen mit seinen Söhnen Marcel und Nicolay, die beide das Winzerhandwerk erlernt haben. Zu dritt machen sie im Keller die Arbeit „in großer Harmonie", wie der Chef anfügt.

Weinbautechniker Marcel nimmt sich verantwortlich der Außenwirtschaft an. Sein Vater sagt über ihn: „Er ist der Botaniker, er weiß genau, was er jedem Rebstock abverlangen kann. Wir arbeiten sehr naturnah." Die Ehefrau des Inhabers und eine Schwägerin sind im Verkauf und im Marketing tätig.

▶▶▶ *Wie sieht Ihre Weinphilosophie aus? Bertram Lidy: „Viel Arbeit im Weinberg, wenig Arbeit im Keller."*

„Unsere Weine sollen höchsten Maßstäben genügen", sagen die drei Weinmacher Lidy und bemühen sich täglich, den eigenen Ansprüchen gerecht zu werden. Das Angebot reicht vom Zechwein über fruchtige Qualitätsweine bis zu gehaltvollen Spätlesen und Auslesen. Steht „SC" auf dem Etikett, bedeutet das, dass sich ein weißer oder roter Spitzenwein des Hauses in der Flasche befindet. Die Lidyschen Weine sind, je nach Rebsorte, samtig und warm, dezent und anregend, aber auch süffig, feinfruchtig und nachhaltig.

▶▶▶ *Welche weiteren Ziele haben Sie noch? Bertram Lidy: „Weitere Steigerung der Qualität, Festhalten am guten Preis-Leistungsverhältnis unter Beibehaltung des hohen Niveaus."*

Die Qualität („Sie ist die einzige Überlebenschance im Weinbau", sagt Bertram Lidy) entsteht in dem Weingut, das 1974 vom Zentrum an den Ortsrand von Frankweiler umgesiedelt ist, durch mäßigen Anschnitt der Reben, umweltgerechte Düngung und entsprechenden Pflanzenschutz, ständige Kontrolle der Rebstöcke in der Vegetationsphase, Ertragsreduzierung, Handlese, kontrollierte Gärung in Edelstahltanks und Holzfässern, schonenden Ausbau im Keller. Zum Gut gehört auch eine eigene Brennerei.

„Wir gehen individuell auf jeden Jahrgang ein, richten die Arbeit im Weinberg nach Klima und Wasserhaushalt aus", betont Bertram Lidy. Marcel Lidys Maßstab ist ein Spruch seines früheren Ausbilders Hans-Günther Schwarz, dass man im Weinberg viel und im Keller wenig arbeiten soll.

Bertram Lidy und Sohn Marcel.

ℹ **Weingut Bertram Lidy,**
Frankenburgstraße 6,
76833 Frankweiler.
Telefon: 0 63 45/34 72.
Fax: 0 63 45/52 38.
E-Mail: weingut-lidy@t-online.de.

Homep.: www.weingut-lidy.de.
Rebfläche: 22 ha. **Rebsorten:** 16. **Hauptrebsorten:** Riesling (35 %), Spätburgunder (15 %), Weißburgunder (15 %). **Anbau:** 67 % Weiß-, 33 %

Rotwein. **Spezialitäten:** Riesling, Weißburgunder. **Durchschnittsertrag:** 5000-7000 l/ha. **Verkauf:** 90 % Privatkunden, je 5 % Gastronomie und Fachhandel.

Die Winzer begreifen, was die Natur ihnen bietet: So entstehen einzigartige Weine

Forst

Die Qualität der Weine vom Lucashof ist rasant gestiegen, konstatieren professionelle Verkoster mit entsprechenden Vergleichsmöglichkeiten. Sogar die Literweine schmeckten, wird in einem Internet-Portal anerkennend festgestellt. „So kann es gerne weitergehen", wünscht sich der Autor. Ein anderer Weindienst registriert mit Erstaunen, dass die Preise der Spitzenweine überraschend niedrig seien. Hoffentlich ist dies für die Brüder Klaus und Hans Lucas nicht Anlass, die Preise rasch zu erhöhen... Aber die beiden Weinbau-Ingenieure - Ersterer der Inhaber, Betriebsleiter und Kellermeister des Hauses, der Andere für die Verwaltung zuständig - sind klug genug zu wissen, was den Kunden zugemutet werden kann.

Mitte der 1990er Jahre stand in einem deutschen Weinführer, der Lucashof in Forst sei ein Weingut mit Zukunft. Heute kann man das nicht mehr so sagen, denn der Betrieb ist längst am Ziel angekommen und gehört als Erzeuger vor allem hochgelobter feiner trockener Rieslinge zur Spitzengruppe der Güter in der Pfalz. Die etablierten Weingüter müssten sich vorsehen, mahnt ein Experte, denn hier wachse ihnen starke Konkurrenz heran.

▶▶▶ *Was machen Sie anders als Ihre Kollegen? Klaus Lucas: „Wir nutzen die natürlichen Voraussetzungen, um das zu erzeugen, was unseren Lebensmittelpunkt darstellt: einzigartige Rieslinge."*

Kristallklar, gradlinig und animierend sind die Weine vom Lucashof aus den besten Lagen von Forst (Ungeheuer, Pechstein, Musenhang, Stift) und Deidesheim (Herrgottsacker und Maushöhle). Vor allem die frischen, reintönigen und sortentypischen Rieslinge aller Qualitätsstufen erhalten von Kritikern hohes Lob: „Viel reife Frucht", „herrlich viel Frucht", „mineralische Noten", „straff und fruchtig". Gut gelingen dem Weingut auch die weißen und roten Burgundersorten, ebenso Scheu und Gewürztraminer.

Der Lucashof ist Pfarrweingut. Seit 1962 bewirtschaftet er auch die von der Kirche gepachteten Weinberge in Forst und hat die kirchliche Approbation als Messweinproduzent der Diözese Speyer. Im Gottesdienst in Forst und einigen anderen Gemeinden wird dieser Wein in den Messen verwendet. Man kann den Messwein in der schönen Probierstube verkosten und kaufen.

Das Weingut ist noch gar nicht sehr alt. Edmund Lucas, der Vater von Klaus und Hans, hat es Anfang der 1960er Jahre gegründet und die Weichen für die heute so geschätzten Weine im modern eleganten Stil gestellt. Kein einziger Wein aus diesem Haus verleugne seine Herkunft, heißt es in einem Buch, „alle sind typische Mitelhaardter". Matthias F. Mangold, der dies geschrieben hat, macht dem Lucashof das Kompliment: „Wenn andere in heißen Jahren über zu hohe Alkoholgehalte klagen, gelingt es ihm, schlanke Rieslinge zu erzeugen, die stets rassig und mit einer guten Säure ausgestattet sind."

▶▶▶ *Wie sieht Ihre Weinphilosophie aus? Klaus Lucas: „Erzeugung charaktervoller, vom Terroir geprägter Weine mit filigranem Stil, mit Frucht und Säure."*

▶▶▶ *Welche weitere Ziele haben Sie noch? Klaus Lucas: „Stetige Verbesserung der Weinqualität mit dem Ziel, diesen Qualitätsanspruch möglicherweise unter dem Dach eines renommierten Verbandes zeigen zu können."*

Worin die wirkliche Kunst der Weinerzeugung besteht („Guter Wein macht sich nicht von allein"), erklärt die Familie Lucas ihren Kunden in einem sehr informativen Hausprospekt: im Begreifen von natürlichen Voraussetzungen und von Zusammenhängen. Einzigartige Weine entstünden dann, heißt es weiter, wenn der Winzer „mit Hand und Verstand begreift, was ihm die Natur anbietet, und wenn er dieses Angebot annimmt - mit allem Respekt und mit Gefühl". Der Lucashof erzeugt Weine, die nach eigener Einschätzung und nach dem Urteil von Experten „charakteristisch nach einem Weinberg schmecken", die keine „gleichförmigen Standardweine sind".

Für die Brüder Lucas ist jeder Jahrgang aufs Neue eine Herausforderung, die sie gemeinsam mit den Reben meistern, „weil die Arbeiten im Weinberg und im Keller ineinander greifen - ein ständiges Geben und Nehmen".

Hans, Christine und Klaus Lucas (Bild oben von links). Klaus Lucas beim Probieren.

 Weingut Lucashof, Wiesenweg 1 a, 67147 Forst. Telefon: 0 63 26/336. Fax: 0 63 26/57 94. E-Mail: weingut@lucashof.de.

Homepage: www.lucashof.de. **Rebfläche:** 25 ha. **Rebsorten:** 12. **Hauptrebsorten:** Riesling (80 %), Weißburgunder (10 %). **Anbau:** 90 % Weiß-, 10 % Rot-

wein. **Spezialitäten:** Riesling, Sekt. **Durchschnittsertrag:** 6500-7000 l/ha. **Verkauf:** 60 % Privatkunden, 15 % Gastronomie, 25 % Fachhandel.

Wenn Weine auf dem
Prüfstand stehen,
liegt Meßmer stets
auf vorderen Plätzen

Weingut Herbert Meßmer

Burrweiler

Herbert Meßmer und seine Ehefrau Elisabeth, beide aus Winzerfamilien stammend, gründeten das heute über die Pfalz hinaus bekannte Weingut in Burrweiler 1960. Sie kauften einen alteingesessenen Betrieb mit dem 200 Jahre alten, inzwischen liebevoll renovierten Gutsgebäude, erwarben Weinberge dazu und bauten das Gut gemeinsam zu der heutigen Größe von 25 Hektar auf. 1984 übernahm Sohn Gregor die Verantwortung für Weinberge und Keller, fungiert als Betriebsleiter. Auch der zweite Meßmer-Sohn Martin, Diplom-Werbefachwirt, ist im Haus tätig, nimmt sich vor allem der wichtigen Aufgaben Marketing und Verkauf an. Die Ehefrauen der beiden Brüder sind ebenfalls mit eingebunden.

In der Pfalz gibt es nur wenige Weinlagen mit Schieferböden wie in Burrweiler. Im 24 Hektar umfassenden Bereich „Schäwer" gedeihen Rieslinge mit viel Substanz. Weinkenner schnalzen mit der Zunge, wenn sie einen solchen Tropfen ins Glas bekommen. Das Weingut Herbert Meßmer ist in der glücklichen Situation, fast ein Viertel der Weinbergsflächen im „Schäwer" zu besitzen und erzeugt hier auch das vielgelobte Große Gewächs, dessen mineralische Fruchteleganz Experten an Weine aus Rüdesheim/Rheingau erinnern. Aber Meßmer hat außer dem „Schäwer" noch mehr zu bieten. In der hochmodernen Vinothek kann die Probe aufs Exempel gemacht werden.

▶▶▶ *Was machen Sie anders als Ihre Kollegen? Gregor Meßmer: „Durch umweltfreundlichen Umgang mit Pflanzen und Böden und viele schonende Handarbeiten haben wir auffällig gepflegte Weinberge."*

In erstaunlich kurzer Zeit schaffte es das Weingut an die Spitze in der Pfalz und darüber hinaus. In einem Buch ist voller Anerkennung festgehalten: „Wo Riesling- und Burgunderweine auf dem Prüfstand stehen, liegt Meßmer stets auf vorderen Plätzen." Vor allem natürlich mit dem „Schäwer", der in guten Jahren Experten an die filigrane, pikante Struktur von Moselweinen erinnert. Vielschichtig und elegant sind die Weiß- und Rotweine des Hauses, „keine Überweine, sondern vielseitig einsetzbare Tischweine, die ihre Herkunft auf edle, gradlinige und grundsätzlich mineralische Weise reflektieren" (Stuart Pigotts „Weinreisen").

Einer der ersten Winzer in Deutschland, die St. Laurent-Reben setzten, war Herbert Meßmer. Teilweise wird dieser Wein im Barrique ausgebaut und gerät so gut, dass Freunden roter Tropfen gerne empfohlen wird, dieses geschliffene Produkt unbedingt zu probieren. Überhaupt ist Meßmer bei roten Sorten experimentierfreudig. Groß ist die Zahl der Auszeichnungen, die das Weingut errungen hat, darunter sind an die zehn Staatsehrenpreise. Die fülligen, reintönigen, stoffigen, kraftvollen und sortentypischen Weine des Hauses werden bei Verkostungen von Juroren oft sehr hoch bewertet. Das gilt nicht nur für die von Weinbautechniker Gregor Meßmer verantwortlich ausgebauten Rieslinge, sondern auch für die Burgundersorten, für Muskateller und Gewürztraminer, Spätburgunder und Merlot.

▶▶▶ *Wie sieht Ihre Weinphilosophie aus? Gregor Meßmer: „Unser Wein soll ein Mittel zum Leben sein, Genuss und Freude bereiten. In den Weinen sollen sich Eigenschaften und Hoffnungen von uns spiegeln, die nach Offenheit, Ehrlichkeit, Authentizität, Bewusstsein und Lebensmut streben."*

▶▶▶ *Welche weiteren Ziele haben Sie noch? Gregor Meßmer: „Weitere Intensivierung der ökologischen Wirtschaftsweise. Herausarbeiten und Fördern der Individualität der Weine."*

„Das Schicksal eines Weines entscheidet sich zum Großteil am Rebstock. Aber auch im Keller will der Wein geliebt, gepflegt und sensibel behandelt werden", wissen die Meßmers aus Erfahrung und handeln entsprechend. Sie arbeiten umweltschonend in den Weinbergen, achten darauf, dass bei Düngung und Bodenbearbeitung das ökologische Gleichgewicht gewahrt bleibt. Weitere „Geheimnisse" für die hohe Qualität der Weine werden offen genannt: Kurzer Anschnitt der Reben, saubere Laubarbeit, selektive Handlese, schonende Pressung des Leseguts und langsame Vergärung, behutsamer Ausbau im Keller.

„Im Wein spiegelt sich die Persönlichkeit des Winzers oder Kellermeisters wider", informieren die Meßmers via Internet und betonen an dieser Stelle auch ihren wertschätzenden Umgang mit der Natur und ihre Liebe für Details.

Vater Herbert Meßmer und seine Söhne Gregor und Martin.

Weingut Herbert Meßmer,
Gaisbergstraße 5,
76835 Burrweiler.
Telefon: 0 63 45/27 70.
Fax: 0 63 45/79 17. E-Mail:
messmer@weingut-messmer.de.

www.weingut-messmer.de.
Rebfläche: 25 ha. **Rebsorten:**
10. **Hauptrebsorten:** Riesling
(45 %), Spätburgunder (15 %),
Grauburgunder (15 %). **Anbau:**
75 % Weiß-, 25 % Rotwein.

Spezialitäten: Rieslinge vom
Schieferboden. **Durchschnittsertrag:** 6500 l/ha. **Verkauf:**
40 % Privatkunden, 20 %
Gastronomie, 35 % Fachhandel,
5 % Export.

Weingut Theo Minges

Flemlingen

Eine zitierenswerte Passage über Theo Minges jun. findet sich in dem von Stuart Pigott herausgegebenen Weinbuch „Pfalz": „Minges ist Therapeut! Seine Weinwelt ist frei von allen Über-Systemen und Oben-darüber-und-darunter-Weinen." Er strebe als Weinmacher nicht nach Vollendung, sondern nach Lebenslust und Emotion. Seine Weine seien subtil, belebend und erhebend wie Champagner, liest man in diesem Werk, die Weine brächten „die Pfalz auf den Punkt". Beim Weinausbau hat Minges seinen eigenen Stil schon lange gefunden, die Individualität liegt ihm sehr am Herzen. Wenn das von den Weintrinkern, die professionellen Kritiker eingeschlossen, honoriert wird, freut ihn das.

Der frühere Inhaber des Weinguts Minges in Flemlingen, Theo Minges, war ein extrovertierter Mensch, der nicht nur als Winzer Ansehen genoss, sondern auch als Maler und Bildhauer. Sein Markenzeichen war der große schwarze Hut. Sohn Theo ist „nur" Winzer, eher introvertiert, er malt nicht und bildhauert nicht, er konzentriert sich auf eine andere Kunst als sein Vater: auf die ausschließliche Kunst des Weinmachens. Und die beherrscht er vorzüglich. Ein Journalist verlieh ihm den Ehrentitel „Qualitätsfanatiker der Südpfalz".

▶▶▶ *Was machen Sie anders als Ihre Kollegen? Theo Minges: „Wir lassen unseren Weinen viel Raum und Zeit, um sich zu finden."*

„Ich versuche, die Eigenarten der Region rüberzubringen", sagt der Mann, der in der sechsten Generation in der Familie Winzer ist. Zuweilen wird der so zurückhaltende Theo Minges fast poetisch, wenn er zum Beispiel feststellt: „Die Trauben sind wie Kinder - sie kommen zur Welt, treiben aus, wachsen, man pflegt sie und versucht, ihnen ein gutes Umfeld zu bieten." Was dabei herauskommt, ist Wein von hoher Qualität, die regelmäßig durch Auszeichnungen anerkannt wird.

„Seine Weine brauchen keine großen Worte, sie schmecken einfach vielsagend gut." Der das sagt, Hans-Günther Schwarz, war einst einer seiner Lehrmeister. Die Weinberge von Minges liegen in Flemlingen, Böchingen, Burrweiler, Hainfeld,

Gleisweiler und Walsheim. Die Weißweine werden kühl und langsam vergoren und lagern lange auf der Hefe. Die Rotweine werden lange in Holzfässern ausgebaut. Vor allem die auf tollen Böden wachsenden Rieslinge haben es vielen Weinfreunden angetan. Sie sind frisch, klar, mineralisch, weisen großartige Aromen auf. Der Gewürztraminer von Theo Minges gilt als einer der besten in der Pfalz. Auch der Muskateller macht viel Freude. „Der Gewürztraminer ist eine Wucht", hielt ein Fachmann schriftlich fest. Von überdurchschnittlicher Güte sind auch die Rotweine. Vor allem dem Spätburgunder widmet der Winzer aus Flemlingen sein besonderes Augenmerk.

Teile des Guts gehen bis ins 16. Jahrhundert zurück. Das schöne Anwesen befand sich einst im Besitz der Grafen von der Leyen. Sehenswert ist der Zehntkeller, wo die Weine von Minges reifen. Der Verband deutscher Prädikatsweingüter (VDP) nahm ihn in seine Reihen auf und adelte ihn dadurch extra.

▶▶▶ *Wie sieht Ihre Weinphilosophie aus? Theo Minges: „Mein Bestreben ist es, charaktervolle Weine mit viel Profil zu erzeugen."*

▶▶▶ *Welche weitere Ziele haben Sie noch? Theo Minges: „Ich will Weine erzeugen, die das Terroir und die Besonderheit der Region widerspiegeln."*

Theo Minges hat den Betrieb auf heute stattliche 24 Hektar ausgebaut und dabei die Qualität seiner Weine beständig gesteigert. Als einen Grund hierfür nennt er die fast ausschließlich per Hand durchgeführte Traubenlese. „Darauf werden wir nie verzichten", bekräftigt er, „denn das zahlt sich in der Qualität aus. Und die fängt bekanntlich im Weinberg an". Für ihn liegt der Reiz des Winzerberufs darin, dass man permanent neue kreative Gedanken entwickeln kann. Wer ihn kennt, ist überzeugt, dass ihm noch manches einfallen wird, was die Güte seiner Weine weiter hebt.

Theo Minges und seine Familie.

Weingut Theo Minges, Bachstr. 11, 76835 Flemlingen. Telefon: 0 63 23/93 350. Fax: 0 63 23/93 351. E-Mail: info@weingut-minges.com. www.weingut-minges.com.

Rebfläche: 24 ha. **Rebsorten:** 17. **Hauptrebsorten:** Riesling (30 %), Spätburgunder (15 %), Grauburgunder (10 %). **Anbau:** 66 % Weiß-, 34 % Rotwein. **Spezialitäten:** Riesling und Spätburgunder. **Durchschnittsertrag:** 7600 l/ha. **Verkauf:** 60 % Privatkunden, 10 % Gastronomie, 30 % Fachhandel.

Weingut Rudi Möwes

Weyher

Auf Schiefer, Granit und Buntsandstein wachsen stahlig-trockene und ausdrucksstarke Weine

Der in Venningen lebende Weinkritiker Matthias F. Mangold, der den Pfälzer Wein bestens kennt, schreibt in seinem Buch „Die Pfalz im Glas": „Der erste Eindruck über Prospektmaterial, Etiketten oder auch ein Besuch bei Familie Möwes in der gediegenen Probierstube vermittelt so ganz und gar nicht das, was sich hinter den Produkten wirklich verbirgt. Michael und Rudi Möwes gelingen fast durch die Bank sehr gute Weine, die alles andere sind als altbacken, muffig oder bäuerlich-traditionell."

Seit dem 16. Jahrhundert wird in der Familie Möwes Wein gemacht. Der Senior erzählt, dass sein Großvater bereits Gastronomen mit Wein beliefert hat und 1909, wie in einem erhalten gebliebenen alten Kellerbuch

In den bekanntesten deutschen Weinführern war das Weyherer Weingut bisher nicht oder nur mit wenigen Sätzen vertreten. Das hat sich geändert, auch überregional tätige Kritiker entdecken nach und nach den von Vater Rudi und Sohn Michael geführten Betrieb mit der großen Tradition und teilen außerhalb der Pfalz den Weinfreunden mit, dass hier hervorragende Weine erzeugt werden, die sich absolut nicht zu verstecken brauchen. Der „Gault Millau 2010" verlieh bereits die erste Traube.

▶▶▶ *Was machen Sie anders als Ihre Kollegen?*
Michael Möwes: „Bis Februar bleiben die Weine auf der Hefe. Wir verzichten auf Bentonitschönung."

nachzulesen ist, Weyherer Tropfen nach Dresden verkauft hat. Zwei gekreuzte Rebenmesser zwischen drei Sternen bilden das Zentrum des Hauswappens von 1611. Die Weinmacher Möwes interpretieren das so: „Dieses Zunftzeichen eines Winzers und Zehntmeisters steht seit Jahrzehnten für die Qualität und Beständigkeit unserer Arbeit."

1976 gab es die erste Auszeichnung: den Ehrenpreis des Bezirksverbandes Pfalz für herausragende Leistungen bei der Wein- und Sektprämierung der Landwirtschaftskammer Rheinland-Pfalz. Seitdem sind zahlreiche Preise dazu gekommen, auch mehrere Staatsehrenpreise. Die in den Gemarkungen Weyher, Burrweiler, Rhodt, Hainfeld und Edesheim auf Schiefer, Granit, Buntsandstein, Kalkmergel und auf Rotliegendem wachsenden Weine sind stahlig-trocken, mineralisch und ausdrucksstark. Das gilt besonders für den

Riesling, der die Fähigkeit besitzt, den Charakter der jeweiligen Lage besonders gut zum Ausdruck zu bringen.

Die Gutsweine bestehen aus den für die Pfalz typischen Rebsorten von Müller-Thurgau bis Portugieser. Die Lagenweine sind individuell, weil sie auf unterschiedlichen Böden wachsen. Beim Rotwein zahlen sich die klassische Maischegärung und der konventionelle Ausbau im Holz- oder Barrique-Fass aus. Ein Möwes-Wein besonderer Art stammt aus der Lage Burrweilerer Altenforst, wo die Familie 2007 einen mit sehr alten Riesling-Reben bestückten Weinberg in einer Steillage von 40 Prozent erworben hat, wo alle Arbeiten mühsam per Hand ausgeführt werden müssen. Man fühlt sich an die Mosel erinnert.

2008
Burrweiler Altenforst
Riesling Spätlese trocken
PFALZ

alc. 12,5 % vol.   A.P.Nr.
5 073124 25 09
750 ml
Prädikatswein
Produce of Germany
Enthält Sulfite
Gutsabfüllung · Estate bottled
Weingut Rudi Möwes · D-76835 Weyher

Vater Rudi Möwes und Sohn Michael sind Winzermeister. Der Junior hat bei seinem Vater und in den renommierten Betrieben Müller-Catoir in Neustadt-Haardt (bei Hans-Günther Schwarz) und Meßmer in Burrweiler gelernt. Der zweite Sohn Andreas hat sich einen Beruf außerhalb des Weinbaus gesucht, hilft aber in seiner Freizeit oft mit. Michael Möwes erklärt bei Proben im eigenen Haus und bei Präsentationen in der Pfalz und außerhalb den Kunden, warum sein Riesling einen besonders stahligen Charakter aufweist: Weil er auf Schiefer der Lage Altenforst und im südlichen Bereich des Michelsbergs auf metamorphem Sedimentgestein wächst, das sich nur auf 28 Hektar der Pfälzer Weinbergsböden findet.

Wenn die Familie Kunden einmal etwas Außergewöhnliches bieten will, holt man aus dem Keller eine Flasche Weißburgunder Eiswein von 2008, gelesen mit 195 Grad Oechsle an einem frühen Januartag 2009. „Dieser Tropfen hat alle Voraussetzungen, die nächsten Jahrzehnte zu überstehen", sagt Michael Möwes.

▶▶▶ *Wie sieht Ihre Weinphilosophie aus?* Michael Möwes: *„Bei der naturnahen Bewirtschaftung der Reben richtet sich unsere Aufmerksamkeit auf das Kleinklima und die geologische Vielfalt unserer Lagen. Beim Ausbau unserer von Mineralik geprägten Weine beschränken wir uns im Keller auf das Nötigste."*

▶▶▶ *Welche weiteren Ziele haben Sie noch?* Michael Möwes: *„Wir wollen weiterhin an unseren Qualitäten arbeiten und die Möglichkeiten des vielfältigen Terroirs noch stärker ausschöpfen. Die von uns erzeugten Weine sollen auch nach zwei bis drei Jahren beim Trinken noch Spaß machen."*

Rudi und Kläre Möwes mit ihren Söhnen Michael (li.) und Andreas.

Weingut Rudi Möwes,
Hübühl 10, 76835 Weyher.
Telefon: 0 63 23/56 02.
Fax: 0 63 23/98 01 58. E-Mail:
info@weingut-moewes.de.
www.weingut-moewes.de.

Rebfläche: 10 ha. **Rebsorten:** 17. **Hauptrebsorten:** Riesling (33 %), Spätburgunder (11 %), Weißburgunder (8,5 %). **Anbau:** 71 Prozent Weiß-, 29 % Rotwein.

Spezialitäten: Gelber Muskateller trocken, Riesling Schiefer-Steillage. **Durchschnittsertrag:** 7000 l/ha. **Verkauf:** 65 % Privatkunden, 15 % Gastronomie, 20 % Fachhandel.

Weingut Georg Mosbacher

Forst

Es kann kaum daran gezweifelt werden, dass Mosbachers trockene Rieslinge aus ersten Lagen zum Besten gehören, was in Deutschland zu haben ist", ist in einem Buch zu lesen. In dem Prachtband „Spitzenweingüter Deutschlands" steht, Sabine Mosbacher-Düringer und ihr Ehemann Jürgen Düringer führten „einen pfälzischen Spitzenbetrieb, der zu den renommiertesten Weingütern in Deutschland zählt". Die absolut verlässliche Kontinuität der Qualität garantiert den Weintrinkern, dass sie von keinem Jahrgang enttäuscht werden.

Zu den Weingütern in der Pfalz, die den guten Ruf des Weinbaugebietes national mit begründet haben und weiter mehren helfen, zählt das Haus Georg Mosbacher in Forst. Fachkritiker auch im Ausland loben die hohe Qualität der Weine, namentlich die der trockenen Rieslinge und fordern die Leser geradezu auf, einmal zu probieren. Wer es tut, stellt schnell fest, dass Mosbacher-Tropfen mit ihrem filigranen Fruchtschmelz, der angenehmen Säure und der feinen Würze etwas Besonderes sind.

▶▶▶ *Was machen Sie anders als Ihre Kollegen? Jürgen Düringer: „Fast ausschließlich Handarbeit am Rebstock und bei der Lese, langes Feinhefelager im Blick auf Komplexität, Struktur und Langlebigkeit der Weine."*

So erstklassig die Weine des Guts, so beeindruckend die Großen Gewächse (Eichelmann: „Herrlich viel Frucht und viel Substanz") und so ansprechend die mengenmäßig geringen Rotweine sind - so gut ist auch der Hausprospekt, der mit zahlreichen Fotos und relativ wenig Text das seit 1921 bestehende Weingut vorstellt. Nach Eigenlob riechende Passagen sucht man vergebens. Jürgen Düringer, seit 1992 Betriebsleiter, zuständig für die Weinberge, den Ausbau der Weine und die Führung der Mitarbeiter, betont in einem kurzen Statement: „Wir haben das Glück, in den besten Lagen der Pfalz Reben kultivieren zu dürfen. Das besondere Terroir macht es uns erst möglich, Spitzenweine zu produzieren." Seine Ehefrau (im Ehrenamt einige Jahre Vorsitzende des Frauen-Netzwerks „Vinissima - Frauen und Wein") bringt ihre Freude zum Ausdruck, dass man durch zahlreiche Auszeichnungen für die Arbeit immer wieder belohnt werde.

Mit 28 Staatsehrenpreisen, davon zwei in Gold, ist Mosbacher der am höchsten ausgezeichnete pfälzische Betrieb.

Seit mehr als 200 Jahren lebt die Familie Mosbacher in Forst. Richard Mosbacher und seine Schwestern gründeten das Gut. Mitte der 1960er Jahre übernahm Richard Mosbacher jun. zusammen mit seiner Ehefrau Hildegard den Betrieb und legte den Grundstein für das heutige Qualitätsniveau.
Er ist inzwischen in die zweite Reihe zurückgetreten, kümmert sich aber nach wie vor um die Privatkunden und überlässt Tochter und Schwiegersohn das Terrain. Sabine Mosbacher-Düringer und ihr Mann stehen seit Anfang der 1990er Jahre in der Hauptverantwortung.

Mit ihren frischen, fruchtigen, reintönigen, körperreichen und geschliffen trockenen Rieslingen sammeln die Mosbachers die meisten Pluspunkte. Aber auch der ansprechende Sauvignon blanc, der feine Gewürztraminer und die Rotweine (Spätburgunder, Dornfelder, Merlot) gefallen sehr. Schließlich kommen die edlen Tropfen aus besten Weinlagen in Forst (Ungeheuer, Freundstück, Pechstein) und Deidesheim (Kieselberg, Mäushöhle). Die Inhaber versichern, unter Beachtung der Erfahrungen zurückliegender Generationen werde höchste Weinqualität „immer im Einklang mit der Natur" angestrebt. Das gilt für die Guts- und Ortsweine ebenso wie für die Lagenweine aus klassifizierten Einzellagen und die Großen Gewächse. In einem Satz wird zum Ausdruck gebracht, was Mosbacher anderen Gütern voraus hat: „Wir haben die Böden, von denen andere träumen."

▶▶▶ *Wie sieht Ihre Weinphilosophie aus? Jürgen Düringer: „Die klare und puristische Ausprägung des Lagen-Terroirs und der Rebsorte auf die Flasche bringen."*

▶▶▶ *Welche weiteren Ziele haben Sie noch? Jürgen Düringer: „Weitere Optimierung unserer Qualitätsansprüche, Flächenerweiterung durch Zukauf interessanter Parzellen in Toplagen, Aus- und Umbau des Kelterhauses."*

GEORG MOSBACHER

2008
Forster Elster
Riesling Kabinett trocken

Weingut | Forst | Pfalz

Sabine Mosbacher-Düringer und ihr Ehemann Jürgen.

Weingut Georg Mosbacher, Weinstraße 27, 67147 Forst. Telefon: 0 63 26/329. Fax: 0 63 26/67 74. E-Mail: info@georg-mosbacher.de. www.georg-mosbacher.de.

Rebfläche: 20 ha.
Rebsorten: 8.
Hauptrebsorten: Riesling (80 %), Weißburgunder (7 %), Sauvignon blanc (4 %).
Anbau: 92 % Weiß-,

8 % Rotwein. **Spezialitäten:** Riesling, Sauvignon blanc. **Durchschnittsertrag:** 5300 l/ha. **Verkauf:** 50 % Privatkunden, 30 % Fachhandel, 10 % Gastronomie, 10 % Export.

Weingut Eugen Müller

Forst

Der namentlich nicht genannte Autor dieses wörtlich zitierten Satzes steht mit seinem Urteil nicht allein. Das unabhängige Standardwerk Eichelmann zählt die Rieslinge von Müller zu den besten Weinen in der Pfalz und in Deutschland. Der „Gault Millau" bestätigt Stephan Müller, dem studierten Oenologen und Geisenheim-Absolventen, auch dank der im Ausland gewonnenen Erfahrungen sein Handwerk zu verstehen und gute Rieslinge zu erzeugen. Unter den neun Rebsorten im Anbau steht Riesling mit 80 Prozent unangefochten an der Spitze.

Es gibt Leute vom (Wein)Fach, die das gemeinsam von Vater Kurt und Sohn Stephan Müller geführte Weingut Eugen Müller in Forst zur Elite der Pfälzer Weinbaubetriebe zählen und behaupten, das Haus übertreffe bei der Qualität viele der etablierten Güter. In einem Online-Weinführer wird festgestellt: „Die jahrelangen Bemühungen um Qualität und das Weinwissen, nicht zuletzt auch der Besitz in besten Lagen, tragen die verdienten Früchte."

▶▶▶ *Was machen Sie anders als Ihre Kollegen? Stephan Müller: „Um zu erreichen, dass jeder Wein noch die Frucht der Trauben am Rebstock schmecken lässt, arbeiten wir nach den Richtlinien des kontrolliert umweltschonenden Weinbaus."*

Frische, Fülle, Rasse und angenehme Säure zeichnen bei Müller den König unter den Sorten aus. Wer knackige Weine mit viel reifer Frucht und Konzentration mag, wird hier immer fündig. Aber auch die füllige, saftigen und stoffigen Rotweine und der mit rauchigen Noten ausgestattete Rote aus dem Barrique, der bei Müller „Barrot" heißt, gefallen den Weinfreunden. Einem amerikanischen Journalisten hat es vor allem das neue Etikett mit dem geschwungenen „M" und dem Punkt dahinter angetan, weil sich darin nach seiner Meinung „die ehrliche Natur der modernen mineralischen Weine widerspiegelt". Wer klare Weine liebe, fügt er an, werde die Müllerschen Tropfen ebenso lieben wie er.

Dass im Keller des Hauses besonders viele Holzfässer für den Weinausbau liegen, hat einen Grund. Kurt Müllers Vater Eugen hat sie fast alle selbst gebaut, als er sich noch auf seinen erlernten Beruf als Küfermeister konzentrierte. Seinen eigenen

Betrieb gab er 1970 auf, die Lohnküferei führte er bis 1989 aus. Gegründet wurde das Weingut erst 1971, aber das Weinmachen und der Handel mit Wein begannen bereits 1952. In jenem Jahr vernichtete ein Hagelsturm die Weinernte der Forster Weingüter, so dass Eugen Müllers neue Fässer nicht mehr benötigt wurden. Aus der Not heraus kaufte er in anderen Orten Trauben und baute den Wein auf eigene Rechnung aus. In den Folgejahren erweiterte er seine Rebfläche durch Pacht und Kauf.

Der heutige Seniorchef Kurt Müller studierte Oenologie in Geisenheim und übernahm 1971 die Weinberge seines Vaters und hob das Gut aus der Taufe. Im Jahr 2000 stieg Sohn Stephan mit ein, nachdem er seine Winzerausbildung (in Betrieben in der Pfalz und im Rheingau) und einen mehrmonatigen Aufenthalt in einem Weingut im Barossa Valley in Australien beendet hatte.

Wenn die Müllers gefragt werden, was sie anstreben, sagen sie: feinfruchtige Weine mit lebendiger Frische. Das gelingt ihnen nach Ansicht von Kritikern von Jahr zu Jahr besser. Der Weg zum Erfolg wird konsequent gegangen: Mechanische Bodenbearbeitung, umweltschonender Pflanzenschutz, Selektion der Trauben bei der Lese, Ganztraubenpressung, langsame, gekühlte Vergärung, Reifen in Holzfässern und Edelstahltanks. Dass die Weine gut gelingen, führen Vater und Sohn Müller auch darauf zurück, dass sie jede einzelne Fuhre geernteter Trauben individuell beurteilen, den reifenden Wein intensiv probieren und den weiteren Ausbau genau beraten.

▶▶▶ *Wie sieht Ihre Weinphilosophie aus? Kurt Müller: „Schon am Rebstock auf die Qualität achten, um später im Keller nicht nachbessern zu müssen."*

▶▶▶ *Welche weiteren Ziele haben Sie noch? Kurt und Stephan Müller: „So lange besser möglich ist, ist gut nicht gut genug."*

Stephan Müller

Weingut Eugen Müller, Weinstraße 34 A, 67147 Forst. Telefon: 0 63 26/330. Fax: 0 63 26/68 02. E-Mail: kontakt@weingut-eugen-mueller.de. www.weingut-eugen-mueller.de.

Rebfläche: 17 ha. **Rebsorten:** 9. **Hauptrebsorten:** Riesling (80 %), Grauburgunder und Spätburgunder (je 5 %). **Anbau:** 90 % Weiß-,

10 % Rotwein. **Spezialität:** Riesling. **Durchschnittsertrag:** 6500 l/ha. **Verkauf:** 65 % Privatkunden, 15 % Gastronomie, 20 % Fachhandel.

Weingut Müller-Catoir

Neustadt-Haardt

Müller-Catoir ist weiterhin eines der besten Weingüter in Deutschland und erzeugt Weißweine von grandioser Struktur. Franzen machte schon bald nach Dienstantritt klar, dass er nicht gewillt ist, sein Wirken in den Schatten seines berühmten Vorgängers Schwarz zu stellen. Schon die ersten unter seiner Regie ausgebauten Kollektionen beeindruckten die Experten. Inzwischen sei auch dem letzten Zweifler klar geworden, stellt das Wein-Netzwerk im Internet „Wein-Plus" fest, „dass dieses Weingut nach wie vor zu den am besten geführten Betrieben des Landes gehört". Die Weine verfügten über eine Brillanz, Tiefe und Ausdruckskraft, „wie man sie hier auch in den besten Zeiten der vergangenen Jahrzehnte nur selten erlebte".

Dreieinhalb Jahrzehnte bildeten zwei Männer beim Weingut Müller-Catoir in Haardt ein weit über die Pfalz hinaus bekanntes und geschätztes Gespann, das für den Aufstieg des Hauses an die deutsche Weinspitze verantwortlich zeichnete: Heinrich Catoir, der Hausherr und Hans-Günther Schwarz, der Kellermeister. Als sich beide 2002 in den Ruhestand verabschiedeten und der studierte Architekt Philipp David Catoir und der von der Mosel kommende neue technische Betriebsleiter und Kellermeister Martin Franzen die Nachfolge antraten, zeigte sich mancher Vertreter der Weinszene besorgt. Und auch bei vielen Kunden war Skepsis spürbar. Aber der Bruch blieb aus.

▶▶▶ *Was machen Sie anders als Ihre Kollegen? Philipp David Catoir: „Konsequentes Qualitätsstreben ohne Kompromisse."*

Philipp David Catoir hatte eigentlich nie vor, das familieneigene Weingut zu übernehmen, studierte lieber in Zürich Architektur, arbeitete danach in Planungsbüros in Köln, Frankfurt am Main und Mannheim, war Assistent am Fachbereich Architektur der Technischen Universität Kaiserslautern. Ganz spontan entschied er sich, doch in den Betrieb einzusteigen und seinem Vater Heinrich zu folgen. Zuständig ist er für Vertrieb und Verwaltung.

Martin Franzen hat einen neuen Weinstil für das Haus kreiert, weg von Weinen von grandioser Finesse, traubiger Fruchtigkeit und viel Schmelz, wie Vorgänger Schwarz sie machte. In dem Buch „Wein spricht Deutsch", herausgegeben von Stuart Pigott, werden die vom neuen Chef im Keller verantworteten Weine so beschrieben: „Sie sind auch heute von atemberaubender Klarheit, aromatischer Intensität und aristokratischer Eleganz. Hier gibt es keine Geschmacksexplosionen und keine rinnenden Säfte, dafür sind die Weine zu verwoben in ihrer vornehm-perfekten mineralischen Struktur."

Seit Mitte des 19. Jahrhunderts gibt es das Weingut Müller-Catoir. Das stattliche Anwesen, das einem Schloss ähnelt, befindet sich seit 1744 im Familienbesitz. Einst wurde es von der Hugenottenfamilie Catoir, die ihr Geld mit Lederfabrikation verdiente, als Landsitz und Kapitalanlage geführt. Fast 100 Jahre leiteten Frauen das Gut. Die Ur-Ur-Großmutter, die Urgroßmutter und die Großmutter des heutigen Inhabers machten es zum Spitzenbetrieb. Seitdem ist M-C der Inbegriff für große Pfälzer Weine.

Die Weinberge liegen zu 70 Prozent in Flach- und zu 30 Prozent in Hanglagen in Haardt, Neustadt, Gimmeldingen und Mußbach. Auf sandigem Lehm, auf schweren Lössböden und auf kompakten tiefen Böden am Haardtrand gedeihen sortentypische, geradlinige und filigrane Rieslinge, feingliedrige und nachhaltige Weißburgunder, körperreiche Muskateller und fruchtbetonte, nach Apfel und Grapefruit schmeckende Rieslaner. In dem Weinführer „The World's Greatest Wines" wird Müller-Catoir ebenso geführt wie im internationalen Führer „Parker's Wine Buyer's Guide".

▶▶▶ *Wie sieht Ihre Weinphilosophie aus? Philipp David Catoir: „Der Wein entsteht im Weinberg und nicht im Keller."*

▶▶▶ *Welche weiteren Ziele haben Sie noch? Philipp David Catoir: „Optimierung und Perfektion in allen Bereichen."*

Philipp David Catoir (re.) und Kellermeister Martin Franzen.

Weingut Müller-Catoir, Mandelring 25, 67433 Neustadt-Haardt. Telefon: 0 63 21/28 15. Fax: 0 63 21/48 00 14. E-Mail: weingut@mueller-catoir.de. www.mueller-catoir.de.

Rebfläche: 21 ha.
Rebsorten: 8.
Hauptrebsorten: Riesling (60 %), Weißburgunder (15 %), Grauburgunder (5 %).
Anbau: 95 % Weiß-,

5 % Rotwein. **Spezialitäten:** Muskateller, Rieslaner. **Durchschnittsertrag:** 5000 l/ha. **Verkauf:** 60 % Privatkunden, je 20 % Gastronomie und Fachhandel.

Weingut Münzberg

Landau-Godramstein

Erfolge auf dem Markt sind das Ergebnis von akribischer Arbeit in Weinberg und Keller

Mit der Umstellung des landwirtschaftlichen Gemischtbetriebs 1974 auf ein reines Weingut hat der inzwischen verstorbene Lothar Keßler seinen Söhnen Rainer und Gunter den Boden bereitet für erfolgreiches Wirken. Seit mehreren Generationen spielt der Wein in der Familie eine Rolle, aber niemand weiß so genau, wann die ersten Weinberge gepflanzt bzw. erworben wurden. Die beiden Brüder sind nach Aussage eines Journalisten, der sie gut kennt, „ein sympathisches, humorvolles Gespann, das

Das Weingut Münzberg, das noch immer den Untertitel trägt „Lothar Kessler & Söhne", hat eine für einen Wein erzeugenden Betrieb geradezu ideale Lage: Es liegt mitten in den Weinbergen. Und das auch noch in der Weinlage, deren Namen es trägt. Seit 1974 wird „draußen", außerhalb des Ortskerns von Godramstein, wo man früher angesiedelt war, Wein gemacht. Es gibt keine überdimensionalen Hinweisschilder, die dem Fremden den Weg zeigen. Aber bisher hat noch jeder, der bei den Keßlers Wein zu kaufen gedachte, dorthin gefunden, wohin er wollte.

▶ ▶ ▶ *Was machen Sie anders als Ihre Kollegen? Rainer Keßler: „Ich weiß es nicht. Auch wir vollenden im Keller nur, was die Natur begonnen hat."*

nicht nur vom guten Wein, sondern auch vom guten Essen etwas versteht". Ob sie gute Hobbyköche sind, wissen wir nicht, aber hervorragende Weinmacher sind sie allemal.

Die meisten Weine der Keßlers gedeihen in der 450 Hektar Rebfläche umfassenden Lage Münzberg, wo der besonders kalkreiche Boden bestens geeignet ist für den Anbau von Weiß- und Grauburgunder. Der Fokus des Weinguts liegt auf den Burgundersorten, aus denen die Brüder muskulöse Weine machen, die seit Jahren zu den besten an der Südlichen Weinstraße gehören. Münzberg gilt als einer der erfolgreichsten deutschen Chardonnay- und Weißburgunder-Erzeuger. Aber auch der Riesling ist nicht zu unterschätzen.

Die Weine von Rainer und Gunter Keßler sind kräftig und robust, zeichnen sich durch eine animierende Frische und durch mineralische Substanz aus, sind lebendig. Die fruchtige Fülle gefällt den Weintrinkern, auch die intensiven Aromen kommen gut an. „Was wir in den Weinen suchen, hat jede einzelne Traubenbeere bereits gespeichert: Frucht, Fülle, Aroma, Finesse und spielerische Leichtigkeit", sagen die beiden. Dass sich das Weingut auf dem nationalen Markt einen so guten Namen gemacht hat, ist das Ergebnis akribischen Arbeitens in den Weinbergen und im Keller.

WEINGUT
MÜNZBERG
LOTHAR KESSLER
& SÖHNE

2008
Weißer Burgunder
Spätlese trocken
Pfalz

Die Brüder streben Weine an, die durch Regionalität überzeugen, die eigenes Profil haben und individuell sind. Dabei legen sie größten Wert auf Qualität. Ihr Erfolg versöhnt sie ein wenig mit den „Oberen", die es ihnen nicht immer leicht machen. Ein Beispiel ist der „Schlangenpfiff" genannte Wein aus der gleichnamigen Gewanne in der Weinlage Münzberg. Von 2002 bis 2008 durften die edlen Tropfen verschiedener Rebsorten - jeweils Großes Gewächs - unter dieser Markenbezeichnung vertrieben werden, ohne dass es dagegen Einwände gab. Aber plötzlich im Jahr 2008 fing der Amtsschimmel an zu wiehern und verbot den Namen. Bei Drucklegung dieses Buches war der Streit noch nicht beendet, denn die Keßlers wollen so schnell nicht klein beigeben.

Rainer und Gunter Keßler freuen sich, dass ihre Art des Weinmachens erfolgreich ist, dass bundes- und landespolitische Häupter bei Empfängen im In- und Ausland nicht nur verstärkt deutschen Wein kredenzen, sondern auch immer wieder den einen oder anderen vom Weingut Münzberg. Das macht die Chefs und ihre Familien stolz.

▶▶▶ *Wie sieht Ihre Weinphilosophie aus? Rainer Keßler:* „Engagierte Weinbergsarbeit per Hand. Geringe Erträge. Selektive Lese. Kontrollierte Vergärung. Langes Feinhefelager. Eine Filtration vor der Füllung. Motto: Mit und nicht gegen die Natur arbeiten!"

▶▶▶ *Welche weiteren Ziele haben Sie noch? Rainer Keßler:* „Wir wollen im positiven Sinne weiter an der Qualitätsschraube drehen."

Rainer (links) und Gunter Keßler.

ⓘ **Weingut Münzberg,** Lothar Keßler & Söhne, Hofgut, 76829 Landau-Godramstein. Telefon: 0 63 41/60 935. Fax: 0 63 41/64 210. E-Mail: wein@weingut-muenzberg.de. www.weingut-muenzberg.de.

Rebfläche: 16 ha. **Rebsorten:** 10. **Hauptrebsorten:** Weißburgunder (30 %), Riesling (20 %), Spätburgunder (17 %). **Anbau:** 75 Weiß-, 25 % Rotwein. **Spezialitäten:** „Schlangenpfiff"

Großes Gewächs, Chardonnay, Edelbrände von Mirabellen, Birnen, Quitten, Tresterbrände. **Durchschnittsertrag:** 6700 l/ ha. **Verkauf:** 50 % Privatkunden, 15 Gastronomie, 35 % Fachhandel.

Weingut Georg Naegele

Neustadt-Hambach

Pfälzer Urknall: Die Gewächse des Hauses fallen plötzlich bei Verkostungen nicht nur in Einzelfällen auf, sondern gleich in Serie", schreibt der bekannte deutsche Weinjournalist Rudolf Knoll. In einzelnen Publikationen wird denen, die im Betrieb für die gleichermaßen überzeugenden Weiß- und Rotweine verantwortlich sind, attestiert, ambitionierte und leidenschaftliche Weinmacher zu sein. Das Ergebnis ihrer Arbeit ist entsprechend, fand und findet Niederschlag in unzähligen Auszeichnungen und Preisen (bis dato zwei Staatsehrenpreise) und vielen lobenden Artikeln in einschlägigen Fachzeitschriften.

Wer die berühmte Schlossstraße benutzt, um auf das Hambacher Schloss zu fahren, muss zwangsläufig am Weingut Georg Naegele vorbei. Wahrscheinlich bleibt angesichts der engen „Gasse" kaum Zeit, um einen etwas intensiveren Blick auf die Gebäude zu werfen, deren älteste Teile aus der Zeit um 1590 stammen. Das barocke Gutsgebäude mit dem romantischen Innenhof war einst ein fürstbischöflicher Oberzehntkeller und befindet sich seit 1796 im Besitz der Familie Naegele-Bonnet. Hier wurde bereits lange vor dem Hambacher Fest Wein gemacht. Aber ganz sicher kein so guter wie heute.

Aufschlussreicher als Wertungen professioneller Weinverkoster sind oft die Urteile ganz normaler Weintrinker aus dem Volk. Vier davon seien zitiert: „Schön, dass es Euch gibt". - „Keiner von uns hatte ‚Kopf wie Rathaus'" (nach einer mehrteiligen Probe). - „Weiter so, Familie Bonnet!" - „Die Weine sind echt ein Geheimtipp und super klasse." Den Weinen wird durch die Bank bestätigt, von modernem, geschliffenem Stil zu sein. Als Belohnung für konsequente Arbeit verlieh der „Gault Millau" dem Haus Naegele 2009 die erste Traube für seine „beachtliche Kollektion mit durchweg guten Weinen".

▶▶▶ *Was machen Sie anders als Ihre Kollegen? Eva Bonnet: „Nicht viel. Der Unterschied liegt vielleicht im Detail und in der Intensität, mit der wir unsere Weinberge bewirtschaften und unsere Weine ausbauen."*

Die Top-Serie der Schlossbergkellerei Naegele heißt „Chronos", die Weine sind ausgesuchte, im Barrique ausgebaute Spitzenqualitäten. Nach dem Genuss eines Chronos Weißburgunder & Chardonnay schrieb ein begeisterter Kunde, mit diesem Tropfen könne ein eingefleischter Rotwein- zum

Weißweintrinker werden. Die Cuvee „Domus" veranlasste, nachzulesen im Internet, einen Weinfreund zu dem Ausruf: „Wir haben noch keinen besseren deutschen Wein genossen."

„Wir sehen den Weinbergsboden als unser wichtigstes Kapital, das es nachhaltig zu bearbeiten gilt", betont Eva Bonnet und verweist darauf, dass auf den Einsatz von Herbiziden, Insektiziden und anorganische Dünger verzichtet wird. Als die „wichtigsten Teile des Mosaiks" bei der Erzeugung herausragender Weine werden von ihr genannt: Schonende Bodenbearbeitungsmaßnahmen und gute Versorgung mit Humus, geringe Erträge in Verbindung mit hohem manuellem Aufwand bei der Weinbergspflege, vollreifes und gesundes Lesegut, schonende und behutsame Verarbeitung der Trauben, temperaturkontrollierte Vergärung der Moste.

Das Weingut wird in der siebten Generation geführt von Eva und Ralf Bonnet, unterstützt durch die „Senioren" Gerda und Volker Bonnet. Verwalter des Guts und Kellermeister ist Martin Leyh. Das unter Denkmalschutz stehende Gutshaus wurde von 2006 bis 2008 umfangreich saniert. Jetzt stehen auch eine Vinothek und Verkostungsräume, dem historischen Stil entsprechend, zur Verfügung. Seit 1. Juli 2008 sind Weine des verwandtschaftlich eng verbundenen Weinguts Alfred Bonnet aus Friedelsheim im Angebot.

Auch für Kultur ist man bei Naegele sehr aufgeschlossen: Im Juni findet ein Klassik-Musikfest statt und im September ein Theaterfest. Gute Gelegenheit zum Probieren der Weine besteht beim Hoffest im Juli.

▶ ▶ ▶ *Wie sieht Ihre Weinphilosophie aus? Eva Bonnet: „Unser Ziel ist die Erzeugung langlebiger, individueller und bekömmlicher Weine, die sich durch Herkunft und ihre Typizität deutlich vom Mainstream abheben."*

▶ ▶ ▶ *Welche weiteren Ziele haben Sie noch? Eva Bonnet: „Wir werden auch in Zukunft den eingeschlagenen Weg langfristig und behutsam weiterverfolgen. Das Erreichte zu sichern und weiterzuentwickeln liegt uns näher, als schnelllebigen Trends zu folgen."*

Die Großfamilie Bonnet.

Weingut Georg Naegele
- Schlossbergkellerei-, Schlossstraße 27-29, 67434 Neustadt-Hambach. Tel.: 0 63 21/28 80.
Fax: 0 63 21/30 708.
E-Mail: info@naegele-wein.de.

Homep.: www.naegele-wein.de.
Rebfläche: 16 ha. **Rebsorten:** 15. **Hauptrebsorten:** Riesling (35 %), Spätburgunder (15 %), Weiß- und Grauburgunder (je 10 %). **Anbau:** 60 % Weiß-,

40 % Rotwein. **Spezialitäten:** Sekte, Beerenauslesen, Eisweine. **Durchschnittsertrag:** 8000 l/ha. **Verkauf:** 40 % Privatkunden, 20 % Gastronomie, 40 % Fachhandel.

Weingut Ludi Neiss

Kindenheim

Seit Jahren geht es mit dem Weingut aufwärts. Die Weißweine von Rasse und Klasse sowie die dichten und fruchtigen Rotweine verkaufen sich gut. Axel Neiss freut sich: „Ich habe keinen Umsatzdruck, kann in Qualität investieren, Erfahrungen sammeln und auch Rückschläge wegstecken. Bis jetzt hat es sich gelohnt." In zahlreichen Spitzenrestaurants und -hotels in Deutschland stehen Weine von Neiss aus Kindenheim auf der Karte. Im Februar 2009 orderte das erst wenige Monate vorher eröffnete Hotel „Atlantis the Palm" in Dubai Pfalzwein. Aber das größte Renommee hat dem Gut die Tatsache eingebracht, dass beim G 8-Gipfel in Heiligendamm 2009 ein Rotwein von Neiss getrunken wurde. Beurteilungen der Staatsmänner sind leider nicht überliefert.

Axel Neiss, Betriebsleiter und Kellermeister des Weinguts Ludi Neiss in Kindenheim, erinnert sich noch gut daran, dass einige seiner Freunde Mitte der 1990er Jahre dem Weinbau Ade sagten und sich andere Berufe suchten, weil sie nicht so recht an die Zukunft des deutschen Weins glaubten. Er aber widerstand nach Winzerlehre, Studium und Auslandsaufenthalten allen Anfechtungen, es jungen Pessimisten aus seinem Umfeld gleich zu tun, stieg 1997 in das elterliche Gut ein und übernahm es noch im gleichen Jahr. Er hat es nicht bereut, gehört heute zu den besten pfälzischen Weinerzeugern und will nach und nach aufsteigen in die deutsche Spitzenklasse.

▶▶▶ *Was machen Sie anders als Ihre Kollegen? Axel Neiss: „Wie die meisten Kollegen strebe ich nach der besten Qualität. So tun wir auch alles im Weinberg und Keller, um die Qualität unserer Weine von Jahr zu Jahr zu steigern."*

Der Diplom-Ingenieur für Weinbau und Oenologie Axel Neiss hat bei Studienreisen und Praktika in Frankreich (Champagne), Spanien, Südafrika, Chile und Argentinien viel für seinen Beruf gelernt. Als er 1997 seinen Vater Ludi in der Verantwortung für den Betrieb ablöste, ließ er buchstäblich keinen Stein auf dem anderen und schaffte es innerhalb weniger Jahre, den besten Kindenheimer Weinbergen adäquate Weine abzuringen. Die Zeitschrift „Kulinariker" attestiert dem Weingut Neiss Streben nach dem besten Wein und nach permanenter Weiterentwicklung. Axel Neiss selbst sagt über seinen Beruf: „Das Spannende an unserem Job als Winzer ist: Qualität setzt sich durch." Und die Qualität führt bei Neiss auch zu nationalen und internationalen Auszeichnungen in großer Zahl.

„Außergewöhnlich gute Rotweine" erzeuge das Weingut, bestätigen Kritiker. Aber auch die Weißweine bei einzelnen Rebsorten sind von überdurchschnittlicher Güte.

Die fülligen, harmonischen, saftigen und säurebetonten Rieslinge, der eindringliche und reife Frucht aufweisende Weißburgunder oder der füllige Spätburgunder mit guter Struktur und rauchigen Noten schneiden bei Verkostungen in der Regel gut bis sehr gut ab.

Neiss hat sein Weinangebot in drei Segmente eingeteilt: 1. Gutsweine: Das sind hochwertige Weine, kombiniert aus mehreren Weinbergen und mehreren Lagen. 2. Lagenweine: Das sind kraftvolle und konzentrierte Weine, die sich durch Typizität und Charakter auszeichnen. 3. Spitzenweine: Zum Beispiel Riesling trocken vom Kindenheimer Burgweg (Verkauf erst ab September nach der Lese) oder Spätburgunder aus der Kindenheimer Lage Glockenseil (Verkauf zwei Jahre nach der Ernte einschließlich 18 Monaten Reife im Barrique).

Der Betrieb arbeitet kontrolliert umweltschonend. Die Bestockung ist bewusst eng gehalten, um den Reben die Aufnahme von mehr Nährstoffen zu ermöglichen. Die Rotweine bleiben bis zu fünf Wochen auf der Maische. Ein Kritiker schrieb: „Die roten Neiss-Weine sind modern und geben dem Weinfreund einen gewissen französischen Touch." Vielleicht hat Axel Neiss das in der Champagne gelernt.

▶▶▶ *Wie sieht Ihre Weinphilosophie aus? Axel Neiss: „Das Streben nach dem besten Wein ist meine tägliche Motivation."*

▶▶▶ *Welche weiteren Ziele haben Sie noch? Axel Neiss: „Wir wollen weiterhin die Qualitäten produzieren, die bei Prämierungen und Verkostungen im In- und Ausland so hohe Bewertungen erreichen ."*

Axel Neiss

Weingut Ludi Neiss,
Hauptstraße 91,
67271 Kindenheim.
Telefon: 0 63 59/43 27.
Fax: 0 63 59/40 476. E-Mail:
weingut-neiss@t-online.de.

Homep.: www.weingut-neiss.de.
Rebfläche: 26 ha. **Rebsorten:**
10. **Hauptrebsorten:** Riesling
(30 %), Spätburgunder (30 %),
Weißburgunder (10 %). **Anbau:**
60 % Weiß-, 40 % Rotwein.

Spezialitäten: Riesling, Spätburgunder. **Durchschnittsertrag:**
7500 l/ha.
Verkauf: 40 % Privatkunden,
10 % Gastronomie,
50 % Fachhandel.

Petri läuft keinem
Trend hinterher,
bleibt konsequent
seinem Stil treu

Weingut Petri

Herxheim am Berg

Das macht uns stolz", gestehen die Petris offen und zu Recht. Sie betrachten die große weite (Wein)Welt als eine Herausforderung, der sie sich Tag für Tag aufs Neue stellen - "immer mit Genuss und Leidenschaft", wie sie versichern. Man merkt es den Weinen an, dass die Erzeuger selbst Genießer sind und alles daran setzen, ihren Kunden etwas zu bieten. Wer den „Rebensaft" aus dem in der 12. Generation geführten Betrieb nicht kennt und wissen will, was ihn beim Kauf erwartet, sollte einen kurzen Blick in den Hausprospekt werfen. Da steht alles drin: „Die Weißweine sind frisch und feinfruchtig, aber nie kurzlebig und vordergründig. Die Rotweine sind bei aller Geschmacksfülle nicht wuchtig, sondern wohltuend vollmundig, harmonisch und nachhaltig." Kritiker bestätigen diese Selbsteinschätzung seit Jahren.

San Marino ist zwar nur ein sogenannter Zwergstaat, aber dennoch ist es eine Besonderheit, wenn das Etikett eines ausländischen Weinerzeugers auf einer Briefmarke abgebildet wird. 2007 wurde diese Ehre dem Weingut Petri in Herxheim am Berg zuteil. Das Riesling-Etikett repräsentierte den deutschen Wein. Ob die Marke beim Befeuchten mit der Zunge auch nach Wein schmeckte, ist nicht bekannt... Die Familie Petri hat aber auch in anderen Ländern Freunde, die ihren Rebensaft mögen: in Amerika und Japan, in Italien und Litauen und in zahlreichen weiteren Staaten auf der Erde.

▶▶▶ *Was machen Sie anders als Ihre Kollegen? Gerd Petri: „Ich greife so wenig wie möglich in die natürliche Entwicklung des Weins ein - und wenn, dann zum richtigen Zeitpunkt."*

Bis 1977 hat Petri seine Produkte ausschließlich über das Fass verkauft. Gerd Petri übernahm in jenem Jahr nach Beendigung seines Studiums in Geisenheim den Stab von seinem Vater, stellte auf Flaschenweinvermarktung um. Der Familienbetrieb hat sich seit der Umorientierung beständig weiterentwickelt und auf dem Markt eine gute Position erarbeitet. Das hat sich natürlich auch bis San Marino herumgesprochen. Die Vorfahren mütterlicherseits waren übrigens 1655 als Holzküfer nach Beendigung des Dreißigjährigens Krieges aus dem Ort Umhausen im Tiroler Ötztal in die durch Kriegswirren entvölkerte Pfalz gekommen.

Im Anbau dominieren die traditionellen Rebsorten. Wenn andere Güter sich im Blick auf potenzielle Kunden mit Lust auf eventuell Erfolg versprechende Neuerungen stürzen, bleibt man bei Petri gelassen. „Wir laufen nicht jedem Trend hinterher, sondern bleiben dem Stil des Hauses treu: natürlich und zuverlässig, ideenreich und qualitätsbewusst - und immer auf Augenhöhe mit den Kunden", lassen die Inhaber Sigrun und Gerd Petri verlauten. Die Kunden hören solche Aussagen sicher gerne.

▶▶▶ *Wie sieht Ihre Weinphilosophie aus? Gerd Petri:* „*Mit Hingabe und Können das Beste aus dem machen, was uns die Natur an guten Chancen eröffnet. Nicht jedem Trend hinterherlaufen, dem eigenen Stil treu bleiben.*"

Die Weinberge von Petri befinden sich in Herxheim und Kallstadt. Die kalkhaltigen und mineralreichen Böden prägen den Charakter der Weine. Die Fachleute sind sich in der Berurteilung weitgehend einig, verteilen gute Noten für Riesling (mineralisch, reintönig, saftig, Biss und Struktur), Chardonnay (füllig, kraftvoll, viel reife Frucht), Scheu (feine Aromatik) und Merlot (füllig, harmonisch). Das Angebot des Hauses reicht vom erfrischenden Qualitätswein für jeden Tag bis zu Prädikatsweinen für besondere Anlässe.

PETRI

P

2008

PINOT MADELEINE

Spätlese trocken

▶▶▶ *Welche weitere Ziele haben Sie noch?* Gerd Petri: „*Ich will unsere Weintradition und Aufgeschlossenheit für Herausforderungen der großen (Wein) Welt weiterführen.*"

Im Weingut Petri wird nach den Richtlinien des kontrolliert umweltschonenden Weinbaus gearbeitet. Das bedeutet: Kein Einsatz von Insektiziden und Herbiziden. Düngung nur so viel, dass das Grundwasser nicht belastet wird. Niedrige Erträge. Fast ausschließlich selektive Handlese. Schonende Pressung. Temperaturkontrollierte Gärung. Lange Lagerung auf der Feinhefe, vorzugsweise im Holzfass. „Schon der erste Schluck soll so schmecken, dass man sich gleich aufs zweite Glas freut", sagt der Chef des Hauses.

Gerd Petri (rechts) mit Sohn Philipp.

Weingut Petri, Weinstraße 43, 67273 Herxheim am Berg. Telefon: 0 63 53/23 45. Fax: 0 63 53/41 81. E-Mail: info@weingut-petri.de. Homepage: www.weingut-petri.de.

Rebfläche: 14 ha. **Rebsorten:** 14. **Hauptrebsorten:** Riesling (40 %), Spätburgunder (15 %), Scheurebe (10 %). **Anbau:** 70 % Weiß-, 30 % Rotwein. **Spezialitäten:** Trockene

Rieslinge und Burgunder. **Durchschnittsertrag:** 7500 l/ha. **Verkauf:** 60 % Privatkunden, 15 % Gastronomie, 5 % Fachhandel, 20 % Export.

"Es ist unglaublich, auf welch hohem Niveau sich die Weine seit Jahren bewegen"

Weingut Karl Pfaffmann Erben

Walsheim

Pfaffmann ist nicht nur einer der zuverlässigsten Betriebe an der Südlichen Weinstraße, wie in einer anderen Publikation festgehalten wurde - nein, er gehört inzwischen ganz sicher zu den besten in der Pfalz. Davon zeugen die nicht mehr zählbaren Auszeichnungen im vergangenen Jahrzehnt. Wenn die Familie Pfaffmann alle Urkunden und Zertifikate rahmen lassen und daran denken würde, sie für die Kunden sichtbar im schmucken Probierraum aufzuhängen, müsste sie eine sehr große zusätzliche Trophäenwand errichten. Ein großer Fassboden würde zudem nicht ausreichen, um alle Medaillen auf Holz zu nageln.

"Es ist unglaublich, auf welch hohem Niveau sich die Weine bewegen." Das schrieb kein begeisterter Anhänger der Produkte des Weinguts Karl Pfaffmann in Walsheim im Überschwang seiner Gefühle nach dem dritten Viertel an seinen Lieferanten, sondern so formulierte ein nüchtern urteilender Kritiker. Er fügte seinerzeit, vor ein paar Jahren, noch hinzu, es bleibe zu wünschen, dass der eingeschlagene Weg konsequent weiter verfolgt werde. Die Erfolge stellen sich auch nach den in einem Buch getroffenen Feststellungen unvermindert ein.

▶▶▶ *Was machen Sie anders als Ihre Kollegen? Markus Pfaffmann: „Wenig. Ich kann nur sagen: Wein ist unsere Leidenschaft. Ich glaube, das schmeckt man."*

Gründer des Weinguts war Karl Pfaffmann, der nach dem Zweiten Weltkrieg dem Weinbau im von verschiedenen landwirtschaftlichen Kulturen geprägten Betrieb mehr Beachtung schenkte als seine Vorfahren. 1955 füllte er den ersten eigenen Flaschenwein ab und stieg in die Selbstvermarktung ein. 1968 wurde die Landwirtschaft samt Viehzucht endgültig aufgegeben. Die Entwicklung war fortan so gut, dass 1974 ein neues modernes Betriebsgebäude mit Keller errichtet werden konnte. Ein weiteres Gebäude beinahe in Steinwurfweite ist 2009 dazu gekommen. Jetzt sind alle Weichen für eine gute Zukunft gestellt.

Das Weingut Pfaffmann, das von Helmut Pfaffmann und seinem Sohn Markus geleitet wird und zu dessen Stützen beider Ehefrauen und die Tochter des Seniors gehören, ist ein etablierter und fortschrittlicher Erzeugerbetrieb, der sich nach eigenen Angaben kompromisslos an der Qualität orientiert. Ab den 1970er Jahren standen Helmut und Sigrid Pfaffmann in der Verantwortung, Anfang des neuen Jahrtausends ging diese an Markus Pfaffmann nach beendetem Studium in Geisenheim (er ist Diplom-Ingenieur für Weinbau und Oenologie) über.

80 Prozent der Weine werden bei Pfaffmann trocken ausgebaut, weil es die Kunden so wollen. Aber auch die edelsüßen Gewächse finden stets ihre Liebhaber. Markus Pfaffmann ist der Kellermeister, namhafte Fachleute bescheinigen ihm, dass er sein Geschäft bestens versteht, „das beweist er ein ums andere Glas" („Vinum"). Jede Rebsorte hat nach dem optimalen Ausbau ihr eigenes Fruchtbukett. Die Weißweine, besonders die Rieslinge, schmecken nach Apfel, Pfirsich und Aprikose, die weißen Burgunder nach gelben Früchten, der Spätburgunder nach Kirschen. Die im Barrique ausgebauten Weine haben nicht nur den von vielen Weinfreunden geschätzten leichten Holzton, sondern erfreuen mit ihren würzigen, erdigen oder ledrigen Elementen.

Auf die Frage nach den Geheimnissen des Erfolges antwortet Markus Pfaffmann gerne so: „Ein Geheimnis im Sinne des Wortes gibt es nicht. Viele kleine Faktoren müssen zusammenwirken. Ich versuche, im Keller das Maximale aus dem Traubengut herauszuholen und das muss tipptopp sein."

Die Rebstöcke werden im Weingut Pfaffmann als Geschöpfe der Natur angesehen, die man gut behandeln muss. Für jede Rebsorte wird versucht, in den Gemarkungen Walsheim, Nußdorf, Knöringen, Gleisweiler und Frankweiler den richtigen Platz zu finden, „damit sie ihre ganze Rafinesse entfalten kann". Im Keller wird der Charakter jedes Weins mit Behutsamkeit und Respekt vor der Rebe geformt, auch mit modernen Methoden, aber nicht mit modischen Übertreibungen.

▶▶▶ *Wie sieht Ihre Weinphilosophie aus? Markus Pfaffmann: „Wir sind bodenständig aus Überzeugung. Die lebendige, gesunde Erde in den Weinbergen und die natürlichen Kräfte, die in ihr stecken - das sind die Bodenschätze, die wir in unserem Weingut sorgsam hüten."*

▶▶▶ *Welche weiteren Ziele haben Sie noch? Markus Pfaffmann: „Ich bin zufrieden, wenn es gelingt, dass jeder Wein seine frische, klare Frucht der Trauben auf die Zunge bringt. Dann ist er gelungen. Alle weiteren Ziele ergeben sich daraus."*

Das Team Pfaffmann mit Senior Helmut (2. von re.) und Junior Markus (Mitte).

Weingut Karl Pfaffmann Erben, Allmendstraße 1, 76833 Walsheim. Telefon: 0 63 41/61 856. Fax: 0 63 41/62 609. E-Mail: info@weingut-karl-pfaffmann.de. www.weingut-karl-pfaffmann.de. | **Rebfläche:** 60 ha. **Rebsorten:** 20. **Hauptrebsorten:** Riesling (25 %), Grauburgunder (15 %), Spätburgunder (15 %). **Ausbau:** 70 % Weiß-, 30 % Rotwein. **Spezialitäten:** Karl Pfaffmann | Selection (Weiß- und Rotweine), Pinot noir Charlotte, Cuvee Laura. **Durchschnittsertrag:** 7000 l/ha. **Verkauf:** 40 % Privatkunden, 10 % Gastronomie, 50 % Fachhandel.

Weingut Rolf & Tina Pfaffmann

Frankweiler

Eine junge Winzerin hat schnell ihren Stil gefunden und geht unbeirrt ihren Weg

Mit ähnlichen Komplimenten warten andere Weinsachverständige auf. In einem von Stuart Pigott herausgegebenen Buch über die Pfalz heißt es: „Tina Pfaffmann ist eine junge Winzerin, die plötzlich da war und schon jetzt nicht mehr wegzudenken ist - weil sie mutig und unbeirrt ihren Weg geht... Blitzschnell ist es ihr gelungen, einen eigenen Stil zu finden." Aber man darf nicht unerwähnt lassen, dass schon ihr Vater gute Weine machte, inzwischen konzentriert er sich mehr auf die Außenwirtschaft und überlässt den Keller weitgehend seiner Tochter.

Manchmal sagen Schlagzeilen in wenigen Worten mehr aus als halbe Aufsätze. Eine Weinzeitschrift überschrieb einen Artikel: „Tina gibt Gas, wirft ihren ganzen Charme in die Waagschale - und hat Erfolg." Im Text wird Tina Pfaffmann, die zusammen mit ihrem Vater Rolf in Frankweiler ein erfolgreiches Weingut betreibt, als „blonde Powerfrau" bezeichnet. Die Winzerin hat unter anderem bei Hans-Günther Schwarz im Weingut Müller-Catoir in Neustadt-Haardt gelernt. Ihr Lehrmeister ist voll des Lobes über seine Schülerin: „Sie hat ihren Stil gefunden. Sie ist eines der Aushängeschilder der jungen Pfälzer Winzergeneration."

Das Weingut Pfaffmann ist ein Aussiedlerhof, 1970/71 erbaut, mitten in den Weinbergen und nur einen Steinwurf weit vom Ort entfernt liegend.

▶▶▶ *Was machen Sie anders als Ihre Kollegen?*
Tina Pfaffmann:
„Das weiß ich nicht. Aber ich entscheide oft aus dem Bauch heraus und gehe keine Experimente ein, die unserem eigenen Stil entgegenstehen."

Bei Pfaffmann hat man sich auf Weißweinsorten spezialisiert, der Rote spielt im Anbau nur eine untergeordnete Rolle. Der zunehmend individueller werdende Weinstil des Hauses kommt bei den Kunden an. Sie mögen die saftigen und kraftvollen, ausbalancierten und harmonischen Weine voll jugendlicher Frische und Extrakttiefe. Tina Pfaffmanns gute Ausbildung nicht nur bei Müller-Catoir, sondern auch bei Meßmer in Burrweiler und Bruno Leiner in Wollmesheim macht sich bemerkbar.

Schlagzeilen hat die blonde Winzerin von der Südlichen Weinstraße vor wenigen Jahren mit einem waghalsigen Experiment gemacht. Ihr Vater hatte mehrere über 100 Jahre alte glasierte Behälter mit Deckel aus Steingut gekauft, um sie für die

Lagerung von Destillaten zu verwenden. Seine Empfehlung an die Tochter, in einem solchen „Topf" doch einmal einen Wein auszubauen, fand anfänglich keine positive Resonanz. Aber aus dem Bauch heraus entschied sie dann doch, es zu versuchen. Schon während der Gärung des Rieslings hatte sie ein gutes Gefühl. Das Ergebnis begeisterte sie - und andere auch. Weinkritiker Stuart Pigott bescheinigte dem „im alten Stein" (so der Etikettenaufdruck) gereiften Wein, „kräftig, aber kühl und subtil" zu sein, „von cremiger Beschaffenheit und großer Nachhaltigkeit." Nur 600 Liter fasst ein Steingut-Behälter, so dass schon von daher keine großen Mengen erzeugt werden.

Die Pfaffmanns haben nur zehn Rebsorten. Silvaner wird auf einer sehr geringen Fläche angebaut, was viele Weinkenner nicht so recht begreifen, weil sie die Pfalz für ein Silvaner-Paradies halten. Neben dem Gelben Muskateller ist der Grüne Silvaner - „er ist fleischig, dicht, fruchtintensiv und verspielt" und „er hat eine Birnenfrucht, wie man sie in den besten Frankenweinen findet", so die Einschätzung von Kritikern - eine jener Spezialitäten, die sehr geschätzt werden. Insgesamt sind die Tropfen aus diesem Familienbetrieb gradlinige Persönlichkeiten. Die Cuvee „T", ein Verschnitt aus Riesling, Grauburgunder, Weißburgunder und Silvaner, ist nach den Worten von Hans-Günther Schwarz „ein Spiegelbild der Dynamik von Tina". Er ist überzeugt vom Talent seiner einstigen Schülerin und sagt ihr einen weiteren guten Weg voraus.

▶▶▶ *Wie sieht Ihre Weinphilosophie aus? Tina Pfaffmann: „Ich versuche, nach dem Motto ‚So wenig wie möglich im Keller' unter erheblichem Handarbeitsaufwand schön fruchtige, rassige, lebendige Weine zu produzieren, bei denen die Qualität stimmt."*

▶▶▶ *Welche weiteren Ziele haben Sie noch? Tina Pfaffmann: „Zuerst einmal will ich weiterhin Spaß an meinem Beruf haben. Dann steht die Erzeugung zeitgemäßer und qualitätsorientierter Weine auf meiner Skala unverändert ganz oben. Denn Qualität ist unsere einzige Überlebenschance."*

Tina Pfaffmann und ihr Vater Rolf.

Weingut Rolf und Tina Pfaff-mann, Am Stahlbühl, 76835 Frankweiler.
Telefon: 0 63 45/13 64.
Fax: 0 63 45/52 02.
E-Mail: info@wein-pfaffmann.de.

www.wein-pfaffmann.de.
Rebfläche: 15 ha. **Rebsorten:** 10. **Hauptrebsorten:** Riesling (35 %), Weißburgunder (15 %), Grauburgunder (15 %). **Anbau:** 92 % Weiß-, 8 % Rotwein.

Spezialitäten: Riesling, Gelber Muskateller, Grüner Silvaner.
Durchschnittsertrag: 7000 l/ha. **Verkauf:** 50 % Privatkunden, je 25 % Gastronomie und Fachhandel.

Weingut Pfeffingen - Fuhrmann-Eymael

Bad Dürkheim

S cheu - da rümpfen manche selbst ernannten Experten gerne die Nase. Diese alte Rebsorte von 1916, eine Züchtung von Georg Scheu (Silvaner x Riesling), hat durchaus ihren Reiz, erst recht, wenn die daraus erzeugten Weine so brillant ausfallen wie bei Fuhrmann-Eymael. Gerhard Eichelmann schwärmt in seinem Weinführer von den Jahr für Jahr „faszinierenden edelsüßen Weinen", die nach seinem Geschmack durch ihre Frische und Fruchtigkeit bestechen. Für Stuart Pigott ist Fuhrmann-Eymael ein Pionier für Scheu. In dem von ihm herausgegebenen Buch „Weinreisen: Pfalz" steht zu lesen: „Angesichts der in der Tat brillanten Scheureben muss man sich unwillkürlich fragen, ob es überhaupt einen anderen Erzeuger generell gibt, der solche Weine aus dieser oft unterschätzten, aber bei sorgfältiger Arbeit absolut großkalibrigen, wertvollen Sorte keltert."

Seit über zwei Jahrzehnten wird das im kleinen Ortsteil Pfeffingen von Bad Dürkheim ansässige Weingut Fuhrmann-Eymael regelmäßig in den deutschen Top-100-Listen der besten Güter aufgeführt. Mit seinen fruchtbetonten und gehaltvollen Weinen - vor allem auch mit dem Riesling - hat sich der Betrieb zudem in einigen Ländern des Auslandes einen Namen gemacht. Der Exportanteil von 30 Prozent am Verkauf ist der beste Beweis für erfolgreiche Arbeit. Aber es gibt nicht wenige Weinfreunde, die beim Namen „Pfeffingen" ins beinahe ungebremste Schwärmen geraten - aber nicht in erster Linie wegen Riesling, Weiß- oder Spätburgunder, sondern wegen der Weine der Rebsorte Scheu. Und das ist erstaunlich.

▶▶▶ *Was machen Sie anders als Ihre Kollegen? Jan Eymael: „Wir haben eine Leidenschaft für die Scheurebe, besitzen einigartige Weinlagen und erzeugen individuelle, charaktervolle und langlebige Weine."*

Genug des Lobes für Scheu. Denn das seit rund 80 Jahren bestehende Weingut besticht durch seine zahlreichen weiteren fülligen, nachhaltigen Weine mit intensiven Fruchtaromen und von mineralischem Charakter. Der Weinstil des Hauses wird gerne so beschrieben: elegant, klar, fruchtig. Das gilt für die Rieslinge ebenso wie für die Burgundersorten. Die beiden herausragenden Lagen von Fuhrmann-Eymael liegen auf Ungsteiner Gemarkung. Auf dem

Weilberg wachsen opulente, nachhaltige Weine mit pikanten, oft tropischen Fruchtaromen und auf dem Herrenberg gedeihen hochwertige, mineralisch-elegante Weine mit großem Fruchtspektrum. Alle Weinbergsanlagen wurden in der zweiten Hälfte der 1980er Jahre im Rahmen der Flurbereinigung neu bepflanzt.

Vor 250 Jahren ließen sich Mitglieder der Familie Schnell, Urahnen der heutigen Inhaber, in der Pfalz nieder. Valentin Schnell erwarb 1931 das an ein französisches Château erinnernde Anwesen am Fuße des Herrenbergs und gründete das Weingut. Nach seinem Tod übernahm sein Sohn Fritz 1937 den Betrieb. Zu einem der herausragenden Weingüter in Deutschland wurde „Pfeffingen" aber erst durch Karl Fuhrmann und seine Frau Helene, geb. Schnell, die 1952 die Verantwortung übernahmen. Fuhrmann war über lange Zeit ein ebenso angesehener wie engagierter Weinbaufunktionär. 1987 übergaben die Eheleute den Betrieb an die Tochter Doris Eymael, die seit 2003 in der Betriebsleitung den Sohn Jan an ihrer Seite hat. Mutter und Sohn, dessen Ehefrau Karin Lambert und der Kellermeister und technische Betriebsleiter Rainer Gabel sind alle Diplom-Ingenieure für Weinbau.

Nationale und internationale Auszeichnungen gab es bisher zuhauf für Fuhrmann-Eymael. Die vier Trauben vom „Gault Millau" (bekommen nur „exzellente Betriebe, die zu den besten Weinerzeugern Deutschlands zählen") sind keine Überraschung. Das Weingut Pfeffingen, dessen Weinberge sich in unmittelbarer Nähe des Anwesens befinden, wird nicht zu Unrecht gerne als Weingut mit Vorbildcharakter bezeichnet. In den letzten Jahren wurde die Weinqualität noch einmal gesteigert. Was ist künftig noch drin?

▶▶▶ *Wie sieht Ihre Weinphilosophie aus?* Jan Eymael: *„Anbau nur in besten Lagen, sorgsame und naturnahe Pflege der Weinberge, niedrige Erträge. Beim Ausbau wollen wir als Winzer nur ‚Weinbegleiter' sein."*

▶▶▶ *Welche weiteren Ziele haben Sie noch?* Jan Eymael: *„Wir wollen noch viele große Weine machen, um damit unsere Kunden zu erfreuen."*

Doris Eymael und ihr Sohn Jan.

ℹ **Weingut Pfeffingen - Fuhrmann-Eymael,** Pfeffingen 2, 67098 Bad Dürkheim. Telefon: 0 63 22/86 07. Fax: 0 63 22/86 03. E-Mail: info@pfeffingen.de.

Homepage: www.pfeffingen.de. **Rebfläche:** 15 ha. **Rebsorten:** 10. **Hauptrebsorten:** Riesling (60 %), Scheu, Weiß- und Spätburgunder (je 10 %). **Anbau:** 85 % Weiß-, 15 % Rotwein.

Spezialitäten: Trockener Riesling, Scheu, Sekt. **Durchschnittsertrag:** 6500 l/ha. **Verkauf:** 35 % Privatkunden, 5 % Gastronomie, 30 % Fachhandel, 30 % Export.

Weingut Werner Pfleger

Herxheim am Berg

Die „Roten" wie Cabernet Sauvignon, Pinot noir und Merlot, ausgebaut im französischen Barriquefass, sind in den Augen von Kennern international konkurrenzfähig. Sie werden als fein und harmonisch gelobt. Bei den „Weißen" heben Menschen mit Weinsachverstand die Fruchtigkeit und die Klarheit hervor, und dass sie nicht sehr von Aromen überlagert sind. Das Weingut Werner Pfleger (nicht zu verwechseln mit anderen Weinerzeugern gleichen Namens im Ort) führt den von vielen so geschätzten typischen Geschmack der Weine darauf zurück, dass das Potenzial der

Mit knapp fünfeinhalb Hektar Rebfläche - ausnahmslos in der Gemarkung Herxheim am Berg - ist das Weingut Werner Pfleger einer der kleineren Betriebe im Weinbaugebiet Pfalz. Aber dafür sind die Auszeichnungen für die Weine umso größer, was für die gute Arbeit der Familie spricht. Werner und Georg Pfleger, Vater und Sohn, haben die gleiche Leidenschaft: Rotweine zu erzeugen, die den in ganz Deutschland ansässigen Kunden schmecken, sie immer wieder in Erstaunen versetzen und die sich hinter französischen Tropfen nicht zu verstecken brauchen. Auch die Weißweine munden den Kennern.

Böden ausgeschöpft wird.

▶▶▶ *Was machen Sie anders als Ihre Kollegen? Georg Pfleger: „Wir setzen unseren Schwerpunkt auf gute Rotweine, die im Barrique ausgebaut werden. Bei unserem Weißen erhalten wir die Frische und den Charakter der jeweiligen Rebsorte."*

„Unsere Weine sind das Ergebnis eines Konzepts, das sich am höchsten internationalen Standard orientiert, dem Terroir und den klimatischen Voraussetzungen der Pfalz optimal angepasst", sagt Georg Pfleger. Dies gilt natürlich auch für die besondere Spezialität des Hauses, die „Cuvee de la Maison" aus Cabernet Sauvigon, Dornfelder, Merlot und Spätburgunder verschiedener Jahrgänge. In einem Artikel stellte einmal ein Weinexperte fest, Pfleger schaffe durch das gekonnte Spiel mit unterschiedlichen Fässern aus dem Burgund „faszinierende Geschmackswelten". Durch schonende Pressung werden vordergründige Gerbstoffe von vornherein vermieden.

Biologisch-ökologische Wirtschaftsweise mit natürlicher Dauerbegrünung ist bei Pfleger keine neue Masche, denn sie wird schon seit Jahrzehnten konsequent angewendet. Die Nährstoffe erhalten die Reben vorrangig aus der Humusbildung der Begrünung und aus den kräftigen Wingertsböden. Niedrige Ertragsmengen führen zu einer höheren Mineralstoffeinlagerung in der Traube mit reifer, angenehmer Säure.

So herausragend die Weine sind (unter anderem mehrere Bundesehrenpreise), so außergewöhnlich ist auch das Ambiente des Weinguts, das für den Nichtkenner der örtlichen Verhältnisse beim Durchfahren des Orts leicht zu finden ist. Das gelbe Eckhaus in der Weinstraße mit dem markanten Turm wirkt wie ein Schlößchen und fällt sofort ins Auge. 2003 wurde es als schönstes Winzerhaus an der Weinstraße ausgezeichnet.

Wer das 1913 errichtete Anwesen betritt, das auf altem Gemäuer gründet (der Keller ist bereits vor dieser Zeit errichtet worden), kommt aus dem Staunen nicht heraus und fühlt sich fast wie in einem botanischen Garten. Auf dem Innenhof unter einem zehn Meter hohen Glasdach findet der Betrachter Zitronenbäume, australischen Baumfarn, viele Orchideen und jede Menge weiterer blühender Pflanzen. Bei Weinproben, Kellerführungen und Weinbergstouren können sich Besucher selbst ein Bild des Hauses machen und mit eigenen Augen sehen, wie gearbeitet wird.

Das Weingut Werner Pfleger, ein reiner Familienbetrieb ohne fest angestellte Miarbeiter, hat eine große Tradition. Georg Pfleger ist bereits die elfte sich dem Weinbau widmende Generation in der Familie. Der Chef sagt: „Wir wollen nicht wachsen." Seine Devise lautet: „Qualität vor Menge."

▶▶▶ *Wie sieht Ihre Weinphilosophie aus?* Georg Pfleger: *„So wenig wie möglich, so viel wie nötig. Unsere Weine sollen ihre Klarheit und eine Individualität haben, die sie von anderen Weinen unterscheidet."*

▶▶▶ *Welche weiteren Ziele haben Sie noch?* Georg Pfleger: *„Wir wollen noch bekannter werden und die schon hohe Qualität unserer Weine weiter verbessern."*

Werner und Georg Pfleger

 Weingut Werner Pfleger, Weinstraße 34, 67273 Herxheim am Berg. Telefon: 0 63 53/21 01. Fax: 0 63 53/46 47. info@weingut-pfleger.de. www.weingut-pfleger.de.

Rebfläche: 5,4 ha. **Rebsorten:** 11. **Hauptrebsorten:** Cabernet Sauvignon (31 %), Dornfelder (13 %), Spätburgunder (12 %). **Anbau:** 80 % Weiß-, 20 %

Rotwein. **Spezialitäten:** Rotwein, hier speziell die „Cuvee de la Maison". **Durchschnittsertrag:** 8000 l/ha. **Verkauf:** 85 % Privatkunden, 5 % Gastronomie, 10 % Fachhandel.

Weingut Pflüger

Bad Dürkheim

Auf der Suche „nach dem besseren Wein" Anfang der 90er Jahre auf Bio umgestellt

Alexander Pflüger, Diplom-Ingenieur für Weinbau und Oenologie, leitet das Weingut am Fuße des berühmten Bad Dürkheimer Michelsberges seit Juli 2007 gemeinsam mit seinem Vater. Der junge Mann, der nach dem Abitur eigentlich Medizin studieren wollte, sich dann aber für den Winzerberuf entschied, weil sonst der Familienbetrieb nicht mehr weiterbestehen würde (er hat die Umorientierung nie bereut), erklärt Kunden und Gästen gerne die Beweggründe für das Arbeiten unter Planeten- und Mondeinfluss: „Das hat mit Astrologie nichts zu tun, sondern beruht auf Jahrhunderte alten Erfahrungen, mit denen gearbeitet wurde, bevor die industrielle Revolution den Weinbau erreichte."

Es gibt sicher Weinfreunde, die etwas milde lächeln, wenn sie hören, dass im Bioweingut Pflüger in Bad Dürkheim wichtige Arbeitsschritte im Betrieb während günstiger Planetenkonstellationen und Mondphasen verrichtet werden. Aber deswegen sind Bernd Pflüger und sein Sohn Alexander nicht als „Spinner" anzusehen. Was sie tun, tun sie aus Überzeugung - und auch erfolgreich. Sie bemühen sich seit der Umstellung auf Bio (die Zertifizierung durch Ecovin erfolgte 1991), Weine zu erzeugen, die sich durch Frucht und Eleganz auszeichnen und „nach Herkunft schmecken". Das Leitbild für alle Weine aus dem Haus lautet: Sie müssen authentisch und echt sein.

Seit dem 17. Jahrhundert ist die Familie Pflüger mit dem Wein verbunden. Aber erst ab 1900 spezialisierte man sich auf den Wein. Aus dem landwirtschaftlichen Gemischtbetrieb wurde 1959 ein reiner Weinbaubetrieb, der damalige Inhaber Hans Pflüger ging auf Flaschenweinvermarktung über. Sein Sohn Bernd übernahm 1980, stellte auf Öko um. Seit 2007 hat er seinen Filius Alexander an seiner Seite. Vater und Sohn arbeiten Hand in Hand, blicken beruflich in die gleiche Richtung.

▶▶▶ *Was machen Sie anders als Ihre Kollegen?* Vater und Sohn Pflüger: *„Wir praktizieren biodynamischen Anbau mit Verzicht auf chemisch-synthetische Produkte im An- und Ausbau. Wir erzeugen nachhaltige Weine im Einklang mit Mensch und Natur."*

Von Anfang an ist es den Pflügers nicht um den Bio-Anbau um seiner selbst willen gegangen. In einem Zeitschriften-Interview erläuterte Alexander Pflüger („Meine Reben sind meine Kinder") den Hintergrund für die Umstellung: „Wir waren auf der Suche nach dem besseren Wein. In den 1970er Jahren wurde wahnsinnig viel Kunstdünger verwendet. Nach meiner Überzeugung ist das gegen die Natur." Er glaubt, dass man guten Wein nicht gegen die Natur, sondern nur mit der Natur herstellen kann.

▶▶▶ *Wie sieht Ihre Weinphilosophie aus? Vater und Sohn Pflüger: „Ganzheitlicher Ansatz bei der Erzeugung hochwertiger Weine, die nicht nur schmecken, sondern Menschen als Ganzes gut tun sollen."*

▶▶▶ *Welche weitere Ziele haben Sie noch? Vater und Sohn Pflüger: „Aus Respekt vor der Natur weiterhin Förderung der Biodiversität und Vitalität in den Rebanlagen. Denn vitales Lesegut aus gesunden Anlagen führt zu belebenden Weinen."*

Die Liebe von Bernd und Alexander Pflüger gilt dem Riesling, weil er nach des Seniors Worten „spannend und vielfältig ist und Charakter hat". Aber auch ihre anderen weißen und roten Sorten zeichnen sich seit langem durch Qualität aus. Der „Gault Millau" spricht von einem anhaltenden Aufwärtstrend in dem Bio-Weingut. Die Pflügerschen Rieslinge sind füllig, kraftvoll, gehaltvoll und mineralisch. Der Spätburgunder ist reich an Tanninen. Ecovin setzte 2009 einen solchen Rotwein in der Kategorie „gehaltvolle Weine" deutschlandweit bei einem Wettbewerb auf den ersten Platz.

Von seinen Reben spricht der Junior so, als wären sie Menschen, denn sie haben nach seiner Überzeugung Charakter und Stimmung, man müsse sie erziehen. Auf ihrer Homepage verraten die Weinmacher aus dem Gut nahe der Saline von Bad Dürkheim, wie sie „ticken": „Wir sind Menschen, die ihr Hobby zum Beruf gemacht haben. Menschen, denen es einfach Freude bereitet, mit der Natur und in ihr zu wirken und zu leben. Wir suchen immer wieder nach Wegen, die unsere Weine weiter typisch und authentisch sein lassen."

Alexander Pflüger

Weingut Pflüger,
Gutleutstraße 48,
67098 Bad Dürkheim.
Telefon: 0 63 22/63 148.
Fax: 0 63 22/66 043.
E-Mail: info@pflueger-wein.de.

Homep.: www.pflueger-wein.de.
Rebfläche: 18 ha.
Rebsorten: 10. **Hauptrebsorten:** Riesling (21 %), Spätburgunder (10 %), Dornfelder (8 %). **Anbau:** 40 % Weiß-,

60 % Rotwein. **Spezialitäten:** Riesling, Spätburgunder, Sekt. **Durchschnittsertrag:** 7000 l/ha. **Verkauf:** 60 % Privatkunden, 10 % Gastronomie, 30 % Fachhandel.

Weingut Porzelt

Klingenmünster

Porzelt hat seine Ausbildung als Winzer in den Weingütern Nauerth in Klingen, Dr. Wehrheim in Birkweiler und Biffar in Deidesheim erhalten. Daran schloss sich die Technikerschule in Bad Kreuznach an. 1996 wurde ihm vom Vater bereits der Keller als sein neues, selbst zu verantwortendes „Reich" übertragen, da war er gerade um die 20. Parallel zum Studium kam er zu Hause seiner Arbeit nach. Er stellte einiges um - mit Erfolg. In der dritten Generation führt er das Familienweingut, unterstützt durch seine Ehefrau und die Eltern.

Seit Jahren beweist Andreas Porzelt, welches Potenzial in ihm steckt. Seit er die Verantwortung im elterlichen Weingut in Klingenmünster übernommen hat, häufen sich die Auszeichnungen. Besonders stolz war der junge Weinbautechniker, als ihm der „Gault Millau" 2005 erstmals eine Traube zuerkannte, nachdem der Betrieb vorher schon als „empfehlenswert" eingestuft worden war. Inzwischen ist er bei zwei Trauben angelangt, und es bedarf keiner größeren prophetischen Gaben, um vorauszusagen, dass er noch lange nicht am Ende seiner Aufwärtsentwicklung ist.

▶▶▶ *Was machen Sie anders als Ihre Kollegen? Andreas Porzelt: „Wir tun im Weinberg alles, um reife und gesunde Trauben zu ernten und reden nicht nur darüber. Wir behandeln unsere Trauben möglichst schonend und mit Respekt."*

Immer wieder wird hervorgehoben, wenn die Rede auf die junge Winzergeneration kommt, dass Andreas Porzelt einer von jenen ist, die den guten Ruf der Südlichen Weinstraße mit hervorragenden Weinen mehren. In den in Klingenmünster, Heuchelheim und Gleiszellen liegenden Weinbergen werden auf Geheiß des Betriebsinhabers und Kellermeisters die Reben im Winter reduziert geschnitten. Dank luftiger Laubarbeit, Verringerung der Traubenanzahl am Stock kurz nach der Rebblüte, langer Reife am Rebstock, gesundem und reifem Lesegut und schonender Traubenverarbeitung werden sehr bukettreiche Weine erzeugt. „Was die Traube nicht vom Weinberg mitbringt, kann keine Kellerkunst ersetzen", weiß Porzelt inzwischen aus eigener Erfahrung. Erst wenn im Herbst Zucker- und Säuregehalt, Aroma und Reifegrad stimmen, wird gelesen.

Das Weingut am Fuß der Burg Landeck wurde 1975 auf Selbstvermarktung umgestellt. Riesling ist die dominierende Rebsorte. Den weniger mit der Technik im Weinbau bewanderten Kunden wird die Information gegeben: „Bis zur Ernte werden fast alle Rebstöcke mehrmals bearbeitet. Es werden Geiztriebe entfernt, zusammengewachsene Trauben aufgelockert und unreife Trauben ausgeschnitten. Dieser Aufwand ist nötig zur Bildung vielfältiger Aromen und zum Erhalt gesunder Trauben." Dank dieser Philosophie erfüllt Andreas Porzelt seit Jahren die in ihn gesetzten Erwartungen, und das sind nicht nur Leute aus seinem näheren Umfeld.

Seit er das Sagen im Betrieb hat, stellt sich der Inhaber Wettbewerben, hat keine Scheu, sich mit seinen Kollegen zu messen. Wichtig sind ihm die Beurteilungen der Fachleute, damit er weiß, wo er steht und wo er noch nachlegen muss. Dass er in der richtigen Spur ist, beweisen die Auszeichnungen.

Zum Weingut Porzelt gehörte früher eine gemütliche Weinstube im ehemaligen Fasskeller. Im Gewölbe findet heute der Weinverkauf statt. Zwei komfortabel eingerichtete Ferienwohnungen werden nicht nur von den Leuten genutzt, die sich mit Wein eindecken. Urlaub in Klingenmünster mit dem vielfältigen Erholungsangebot in der näheren und weiteren Umgebung zu machen, ist längst kein Geheimtipp mehr.

▶▶▶ *Wie sieht Ihre Weinphilosophie aus? Andreas Porzelt: „Ich möchte fruchtige und frische Weine erzeugen, die aber auch mit einer gewissen Reife beim Trinken Spaß machen und interessant sind."*

▶▶▶ *Welche weiteren Ziele haben Sie noch? Andreas Porzelt: „Unser Ziel bleibt es, aus jedem Jahrgang immer das Bestmögliche zu machen, Weine zu erzeugen, die sortentypisch sind und Jahrgang und Herkunft widerspiegeln."*

Andreas Porzelt

Weingut Porzelt, Steinstraße 71, 76889 Klingenmünster. Telefon: 0 63 49/81 86. Fax: 0 63 49/39 50. E-Mail: info@weingut-porzelt.de. www.weingut-porzelt.de.

Rebfläche: 11 ha. **Rebsorten:** 15. **Hauptrebsorten:** Riesling (21 %), Portugieser (16 %), Spätburgunder (11 %). **Anbau:** 60 % Weiß-,

40 % Rotwein. **Spezialitäten:** Silvaner, Weißburgunder. **Durchschnittsertrag:** 8500 l/ha. **Verkauf:** 90 % Privatkunden, je 5 % Gastronomie und Fachhandel.

Viele Jahre der einzige Pfalz-Winzer, dem Weltklasse-Niveau attestiert wurde

Weingut
Ökonomierat Rebholz

Siebeldingen

"Große, individuelle Weine erzeugt man nur, wenn man hohes Risiko eingeht und bis zuletzt zockt", sagt der schon sehr früh (1978) - nach dem Tod seines Vaters - in die Pflicht genommene Winzer. Er scheut das Risiko nicht, und er zockt, aber nur bei der Weinbereitung. Erfolg: Er ist einer der Besten.

Das Weingut Rebholz in Siebeldingen gehört seit Jahrzehnten zu den Spitzenweingütern in Deutschland. Inhaber Hansjörg Rebholz war viele Jahre der einzige Winzer in der Pfalz, dem der „Gault Millau" fünf Trauben für seine Weine zuerkannte, das bedeutet bis heute: Weltklasse. Nur wenige Erzeuger in den deutschen Weinbaugebieten sind genau so hoch bewertet.

Nur wenige seiner Kollegen bauen ihre Weine so kompromisslos trocken aus wie er, nur wenige gehen so konsequent ihren Weg wie er. Im Buch „Weinreisen: Pfalz" steht über Rebholz: „Die klare, vollreife Fruchtaromatik und die Säure sind bei ihm eine Art Trägerrakete des im Weinberg herausgearbeiteten, im Keller erhaltenen und durch keinerlei Korrekturmaßnahmen geschönten Terroir-Ausdrucks."

▶▶▶ *Was machen Sie anders als Ihre Kollegen? Hansjörg Rebholz: „Wir verfolgen den Naturwein-Gedanken, verzichten auf Verbesserung, Süßung und Weinschönung."*

Die laut Weinjournalist Jürgen Mathäß aus Landau fein gearbeiteten, säurebetonten, trockenen und weitgehend naturbelassenen Weine mit viel Charakter sind die Stärke des Hauses Rebholz. Vor allem die feinfruchtigen, frischen, kraft- und charaktervollen Rieslinge, die so herrlich mineralisch schmecken, haben es den Weinkennern angetan. Aber auch der würzige Muskateller, der eindringliche Weißburgunder, der stoffige Gewürztraminer, der wunderschöne Silvaner und der herausragende Chardonnay finden ebenso wie der vortreffliche Spätburgunder Anerkennung bei denen, die vom Wein etwas verstehen.

Das Weingut hat eine über 300jährige Geschichte. Der Großvater von Hansjörg Rebholz, Ökonomierat Eduard Rebholz, war der Pionier des Qualitätsanbaus in der Südpfalz. Der Vater des heutigen Chefs war ein Verfechter durchgegorener und trockener Weine. Stur und unbeirrbar wird nach wie vor an der Philosophie des Hauses festgehalten. „Wir haben dabei einen Weg eingeschlagen, der uns abseits des Mainstreams geführt hat", betont Hansjörg Rebholz. Ihn freut es, dass seine Weine als höchst eigenwillige und eigenständige Typen wahrgenommen werden. Wohl gerade deshalb habe man es bei den ausgewiesenen Weinnasen weit gebracht.

Der Rebholz-Wein folgt beharrlich der Idee des „Naturweins", dem sich das Gut seit den 1940er Jahren verschrieben hat. Der Enkel des alten Ökonomierats versichert, schon in der Vergangenheit seien die Weine im Haus weder angereichert noch entsäuert worden, „weil beides den Charakter verdirbt". Das soll auch so bleiben. Ein Journalist von „Marco Polo" stellt im Rückblick fest, Großvater und Vater von Hansjörg Rebholz hätten schon zu ihren Zeiten „die Marketingmasche mit den süßen, klebrigen Nachkriegsweinen nicht mitgemacht, sondern nur auf bewährte Qualitätskriterien gesetzt". Und daran halte der Enkel/Sohn fest.

2005 hat Rebholz auf ökologischen Weinbau umgestellt. Die Lese wird so lange wie möglich hinausgezögert. Die zu 100 Prozent gesunden Trauben werden schonend gepresst, vergären langsam, bleiben lange auf der Feinhefe. Auf Anreicherung, Süßreserve und Schönung wird verzichtet.

▶▶▶ *Wie sieht Ihre Weinphilosophie aus? Hansjörg Rebholz: „Alle prägenden Eigenarten der Herkunft, der Rebsorten und des Jahrgangs eines Weins möglichst unverändert in die Flasche bringen."*

▶▶▶ *Welche weiteren Ziele haben Sie noch? Hansjörg Rebholz: „Ich will das bereits Erreichte erhalten, ständig überprüfen und, wenn nötig, weiterentwickeln und verbessern."*

Hansjörg Rebholz und seine Frau Birgit.

Weingut Ökonomierat Rebholz, Weinstraße 54, 76833 Siebeldingen. Tel.: 0 63 45/34 39. Fax: 0 63 45/79 54. E-Mail: wein@oekonomierat-rebholz.de. www.oekonomierat-rebholz.de.

Rebfläche: 22 ha. Rebsorten: 8. **Hauptrebsorten:** Riesling (40 %), Spätburgunder (20 %), Weißburgunder (15 %). **Anbau:** 80 % Weiß-, 20 % Rotwein. **Spezialitäten:** Vom Terroir

geprägte Weine, Muskateller, Gewürztraminer. **Durchschnittsertrag:** 5000 l/ha. **Verkauf:** 50 % Privatkunden, 20 % Export, je 15 % Gastronomie und Fachhandel.

Zwei Brüder gelten als „ganz heißer Geheimtipp" für erstklassigen Wein

Weingut Rings

Freinsheim

Die Weinmacher des Hauses sind Weinbautechniker Steffen Rings und sein jüngerer Bruder Andreas, der beim VDP-Weingut Wagner-Stempel in Rheinhessen Winzer gelernt hat. Beide sind heute gemeinsam für den Weinstil, die Vinifizierung der Weine, aber auch für Design und Präsentation der Weine verantwortlich. Das dickste Kompliment für die beiden Brüder liest man in dem von Stuart Pigott herausgegebenen Buch „Weinreisen: Pfalz": „Wären Steffen und Andreas R. in Carnuntum (Anmerkung: ein kleines Weinbaugebiet im Osten von Wien) oder im Burgenland, wären sie Starwinzer. Aber als Pfälzer sind sie ein ganz heißer Geheimtipp für erstklassige Rotweine aus Syrah, Cabernet und Merlot." Der „Gault Millau" schrieb, die beiden steigerten sich von Jahr zu Jahr und sprach ihnen (2011) die dritte Traube zu: wegen der ausdrucksstarken Rieslinge und der guten Rotweine.

Steffen Rings vom familieneigenen Weingut in Freinsheim trägt gelegentlich ein schwarzes T-Shirt. Die Aufschrift „Born to mak wine" sagt alles, wie er denkt. Genauso denken auch sein Bruder, die Eltern und die Schwester. Jeder von ihnen hat seinen Anteil daran, dass innerhalb von zehn Jahren (ab 2000) der Durchbruch auf dem Weinmarkt gelang und die Fachpresse mit Hochachtung von Rings und den Weinen spricht: von den kräftigen und ausdrucksstarken Rotweinen („Man kann damit auf dem internationalen Parkett der hochwertigen Weine mittanzen", wie ein Experte im Internet formuliert) und den kraftvollen und konzentrierten Weißweinen.

▶▶▶ *Was machen Sie anders als Ihre Kollegen? „Wir praktizieren nachhaltigen Weinbau, weil wir davon überzeugt sind, dass nur dies langfristig zum Erfolg führt" (Homepage).*

Aus dem Betrieb ihres Vaters hätten Steffen und Andreas Rings „ein ordentliches Weingut" gemacht, stand einmal „Handelsblatt". Die beiden setzten von Anfang an auf Qualität. Die Grundlage für die mehrfach prämierten Weine sind Tradition und moderne Weintechnik. Der Weg nach oben war nicht unbedingt vorgezeichnet. Das 1960 von Friedrich Weinheimer in einem neu errichteten Winzerhof in der

Dürkheimer Hohl in Freinsheim gegründete Weingut wurde 1976 von Tochter Traudel und ihrem Ehemann Willi Rings übernommen, neben den Weinbergen waren auch fünf Hektar Fläche mit Obstbäumen zu bewirtschaften.

1993 wurden die ersten Weine unter eigenem Etikett verkauft, aber nur in bescheidenem Rahmen. Die Vermarktung fast der gesamten Produktion erfolgte über das Fass. 2000 stieg Steffen Rings ein, ein paar Jahre danach auch Bruder Andreas. Sie krempelten (fast) alles um, setzten von Anfang an auf eine klare, trocken ausgerichtete Weinlinie und halten sie durch. Das zahlt sich aus.

Weinberge von Rings befinden sich in Freinsheim, Ungstein und Kallstadt. Die Böden in den verschiedenen Lagen sind die naturgegebene Basis für die Erzeugung individueller Weine auf hohem Niveau. Willi Rings ist zuständig für Außenwirtschaft und Verwaltung, seine Ehefrau leitet das familieneigene Gästehaus „Schlafgut", Tochter Simone kümmert sich um Marketingfragen, Steffen Rings Ehefrau arbeitet im Büro und Verkauf, die Brüder „machen" im Keller die Weine. Diese sind in drei Kategorien eingeteilt: Gutsweise (für den Alltag), Silberkapsel (Ortsweine) und Goldkapsel (Einzellagenweine).

Ziel der Familie Rings ist die Erzeugung von dichten, ausgewogenen Weinen mit ausgeprägter Persönlichkeit und viel Charakter, die sich durch hohe Lagerfähigkeit auszeichnen. Dies gelingt nach Ansicht von Experten seit Mitte der 2000er Jahre in wachsendem Maße.

▶▶▶ *Wie sieht Ihre Weinphilosophie aus? Brüder Rings: „Konsequente Erzeugung trockener Weine. Ausbau von Lagenweinen. Niedrige Hektarerträge. Handlese."*

▶▶▶ *Welche weiteren Ziele haben Sie noch? Brüder Rings: „Wir wollen die Weinqualität noch weiter steigern und unsere Spitzenlagen Kallstadter Saumagen, Ungsteiner Weilberg, Freinsheimer Schwarzes Kreuz und Freinsheimer Gottesacker noch intensiver herausstellen."*

Steffen und Andreas Rings.

Weingut Rings, Dürkheimer Hohl 21, 67251 Freinsheim. Telefon: 0 63 53/22 31. Fax: 0 63 53/91 51 64. E-Mail: info@weingut-rings.de. Homepage: www.weingut-rings.de.

Rebfläche: 21 ha. **Rebsorten:** 12. **Hauptrebsorten:** Riesling (35 %), Spätburgunder (20 %), Weißburgunder (15 %). **Anbau:** 55 % Weiß-, 45 % Rotwein. **Spezialitäten:** Lagenweine, u.a.

Kallstadter Saumagen, Ungsteiner Weilberg, Rotwein-Cuvée „Das Kreuz". **Verkauf:** 50 % Privatkunden, 50 % Gastronomie und Fachhandel (zusammen).

Weingut
Rössler-Schneider

St. Martin

Als Nachbar Rössler
aufgab, griff Schneider
zu und wurde 1998
sein eigener Herr

Robert Schneider stammt aus einer St. Martiner Winzerfamilie. Aber er arbeitete nach seiner Ausbildung nicht in seinem Heimatort, ihn zog es weg - aber nur wenige Kilometer weiter nach Neustadt. Im Ortsteil Haardt war er zuerst 13 Jahre Betriebsleiter beim Weingut Müller Erben, danach acht Jahre bei Müller-Catoir die rechte Hand von Hans-Günther Schwarz. Vom großen „Wein-Guru" lernte er viel, schaute sich manchen „Trick" bei der Weinbereitung ab und setzt seit 1998 sein Wissen und seine in den beiden genannten Betrieben gewonnenen Erfahrungen im eigenen Weingut um, und das mit großem Erfolg, wie die vielen Auszeichnungen und positiven Artikel in Fachzeitschriften unterstreichen.

Das Weingut Rössler-Schneider in St. Martin ist nicht sehr groß, bewirtschaftet nur sechs Hektar Weinberge, kann sich also auf diesem Gebiet mit pfälzischen „Großwinzern" nicht messen. Robert Schneider will das auch gar nicht, er strebt keine Vergrößerung seines Betriebs an, weil er sonst fremde Mitarbeiter anheuern müsste. Für den Weinbautechniker mit der großen Erfahrung ist die Steigerung der Produktion kein Wert an sich. Für ihn gilt der Grundsatz: „Lieber eine Flasche zu wenig als eine Flasche zu viel." Auch wenn das Gut viele Kunden hat und vor allem vom Tourismus im Ort profitiert - bisher konnten alle bedient werden, auch wenn der eine oder andere Tropfen mal ausgetrunken war.

Als Robert Schneider hörte, dass sein Nachbar Franz-Josef Rössler sein traditionsreiches Weingut (Weinbau in der Familie seit 1760) abgeben wollte, griff er zu. Seine Frau Priska, gelernte Zahnarzthelferin und Fußpflegerin, zog mit und lernte bei Seminaren im Dienstleistungszentrum Ländlicher Raum in Neustadt als Quereinsteigerin Winzerin. Die Verantwortung für die Weinberge und den Keller überlässt sie ihrem Mann, sie kümmert sich um die Etikettierung der Flaschen, den Verkauf ab Hof und das Büro. Aber wenn ihr Weinsachverstand gefragt ist, kann ihr Mann sich auf sie verlassen.

„Wir wollen die Erfolgsgeschichte der Rösslers nicht nur fortführen, sondern der Historie noch gerne einige bemerkenswerte

▶▶▶ *Was machen Sie anders als Ihre Kollegen? Robert Schneider: „Keine Schönungen und kein Verschnitt. Bei den Weißweinen erfolgt der Ausbau nur in Edelstahltanks und ohne BSA."*

Kapitel und herausragende Weinjahrgänge hinzufügen", haben sich die Schneiders vorgenommen. Mehr als ein halbes Dutzend Staatsehrenpreise wurde ihnen seit der Betriebsübernahme schon zuerkannt. Der „Gault Millau" sagt über Schneider: „Auf ihn ist, wie stets, Verlass. Seine Weine liegen immer homogen zusammen, das ist hervorragendes Handwerk mit einem guten Schuss Weinmacher-Kunst."

„Wir sind Winzer aus Leidenschaft", behaupten Robert und Priska Schneider von sich. Ihre Weine schmecken entsprechend. Sie sind fruchtbetont und sortentypisch, natürlich und harmonisch. Die Schneidersche Arbeitsweise zahlt sich aus. Die Weinberge werden umweltschonend gepflegt, jede zweite Rebzeile ist dauerbegrünt, und in die offene Rebzeile wird im August Korn gesät, das als Humuslieferant dient. Wildwuchs wird nicht entfernt. Selektive Handlese ist selbstverständlich. Die Rotweine bleiben mindestens sechs Monate im Holzfass, ehe sie abgefüllt werden.

Die Weinberge des Weinguts Rössler-Schneider liegen in St. Martin oder dicht dabei. An neuen oder internationalen Rebsorten hat der Hausherr wenig Interesse, das würde ihm auch nicht liegen, sagen Leute, die ihn gut kennen. Auf der Karte finden Weinfreunde beispielsweise einen Eiswein von 2002 oder eine Rieslaner Beerenauslese von 2007. Die Cuvee CCS ist genau 17.539 Stunden im Barrique-Fass gereift. Das sind immerhin zwei Jahre. Und wie schnell ist die Flasche leer...

▶▶▶ *Wie sieht Ihre Weinphilosophie aus?* Robert Schneider: *„Handeln stets im Einklang mit der Natur. Beim Anbau geringstes Einwirken auf die Umwelt. Beim Ausbau Erhalt der Natürlichkeit der Weine."*

▶▶▶ *Welche weiteren Ziele haben Sie noch?* Robert Schneider: *„Ich will die hohe Qualität unserer Weine jedes Jahr erneut erreichen und möglichst noch steigern."*

Robert Schneider und seine Ehefrau Priska.

Weingut Rössler-Schneider, Maikammerer Straße 12, 67487 St. Martin. Telefon: 0 63 23/50 75. Fax: 0 63 23/98 96 93. E-Mail: info@roessler-schneider.de.

www.roessler-schneider.de. **Rebfläche:** 6 ha. **Rebsorten:** 15. **Hauptrebsorten:** Riesling (27 %), Weißburgunder (7 %), Auxerrois (6 %). **Anbau:** 66 % Weiß-, 34 % Rotwein.

Spezialitäten: Fruchtige Weißweine, gehaltvolle Rotweine. **Durchschnittsertrag:** 7500 l/ha. **Verkauf:** 90 % Privatkunden, je 5 % Gastronomie und Fachhandel.

Der Ökowinzer versucht, mit Feingefühl den Zusammenhängen der Natur nachzuspüren

Weingut Rummel

Nußdorf

Die größte Auszeichnung gab es 2005. Das Nußdorfer Weingut erhielt bei der Grünen Woche in Berlin den mit 10.000 Euro dotierten Förderpreis ökologischer Landbau, ausgelobt vom Ministerium für Verbraucherschutz, Ernährung und Landwirtschaft. Für die Rummels war diese Ehrung Bestätigung dafür, dass man sich auf dem richtigen Weg befindet. Und er war Ansporn, so wie bisher weiterzumachen. Mit dem Preis wurde „die innovative vorbildliche Leistung" speziell auf den Gebieten Pflanzenschutz und Pflanzenzüchtung gewürdigt.

Seit 1993 ist das Weingut Rummel ein reiner Öko-Betrieb, nachdem sechs Jahre vorher die ersten Rebflächen ökologisch bewirtschaftet wurden. Der Vater von Klaus Rummel hatte schon in den sechziger Jahren des vorigen Jahrhunderts mit Begrünung der Weinberge begonnen und ab 1981 auf die Verwendung von Herbiziden verzichtet. Der Pioniergeist des jetzigen Chefs und seiner voll hinter ihm stehenden Frau Susanne hat sich schon öfter ausgezahlt.

In dem nahezu 400 Jahre alten Familienbetrieb wurden 1984 bereits von Klaus Rummel Versuche mit der ökologischen Wirtschaftsweise gestartet. Die erste Pflanzung einer pilzresistenten Sorte (Staufer) erfolgte 1987. 1990 wurde gegen den Widerstand der Behörden die erste Pflanzaktion mit der Sorte Regent vorgenommen. Der Winzermeister und seine Frau freuen sich, dass der Trend zum Ökoanbau beim Wein langsam und stetig nach oben geht. Für sie kein Wunder, denn: „Die Qualität der Ökoweine steht der von traditionell erzeugten Weinen in nichts nach."

▶▶▶ *Was machen Sie anders als Ihre Kollegen? Klaus Rummel: „Wir arbeiten ökologisch. So entwickeln wir ein Ökosystem Weinberg mit enormer Vitalität. Diese findet sich in unseren Reben, Trauben und Weinen wieder."*

Auf den Einsatz chemisch-synthetischer Mittel wird bei Betrieben wie Rummel verzichtet. Vielmehr kommen beim Düngen Produkte zum Einsatz, die absolut den Richtlinien der einschlägigen Verbände entsprechen: Mistkompost, organische Mittel aus der Bierbereitung und Gesteinsmehle, stickstoffsammelnde Pflanzen (wie Klee und Wicken). Beim Spritzen werden Backpulver (im Schnitt zehn Kilo pro Hektar), Wasserglas (früher für das Einlegen von Eiern verwendet), saure Tonerden, Kupfersalze in kleinen Mengen sowie Netzschwefel verwendet. Klaus Rummel sagt: „Wir verlangen von unseren Zulieferern die Zusicherung, dass die gelieferten Produkte genfrei sind."

Einige der „Piwis" (pilzwiderstandsfähige Neuzüchtungen) in den Weinbergen von Rummel haben noch keinen Namen, sondern nur eine Züchtungsnummer, die beim Bundessortenamt registriert ist. Die daraus erzeugten Weine schmecken vorzüglich, wie bei Proben auch namhafte Fachleute bestätigen. Wenn ihm gegenüber jemand behauptet, er schmecke genau, welcher Wein ökologisch und welcher herkömmlich angebaut worden sei, lächelt ihn Klaus Rummel freundlich an und sagt erst mal nichts. Und wenn er sich dann äußert, stellt er im Brustton der Überzeugung fest: „Geschmacksunterschiede sind einfach nicht festzustellen." Aber er vergisst nicht hinzuzufügen, dass die Arbeitsweise der Ökowinzer in den Weinbergen ausdrucksstärkere, dichtere und geschmacklich klare und intensive Weine hervorbringe.

Dass Ökowinzer gelegentlich belächelt werden, erträgt Rummel mit großer Gelassenheit. „Wir sind keine Spinner. Wir versuchen, mit Feingefühl den Zusammenhängen in der Natur nachzuspüren. Ein gewisser Grad an Verrücktheit gehört schon dazu, um sich auf das Ökospiel einzulassen und ausgetretene Pfade zu verlassen", merkt er an. Dass die Zahl der ökologisch arbeitenden Betriebe zunimmt, ist für ihn der Beweis, „dass nicht nur billig und ‚Geiz ist geil' zählt, sondern immer mehr Winzer und Verbraucher sich langfristig tragfähigen, zukunftsorientierten Konzepten zuwenden."

▶▶▶ *Wie sieht Ihre Weinphilosophie aus? Klaus Rummel:* „Unser Motto lautet: Neue Reben braucht das Land. Es ist für mich ein persönlicher Anspruch und immer wieder eine große Herausforderung als Winzer, neue Wege zu finden, um mit der Natur für eine gesunde Umwelt tätig zu sein."

▶▶▶ *Welche weiteren Ziele haben Sie noch? Klaus Rummel:* „Wir werden weiterhin für die Verbesserung von Anbau und Ausbau pilzwiderstandsfähiger Rebsorten arbeiten. Wir möchten für unsere Piwis einen angemessenen Platz in der Weinwelt und die ihnen gebührende Anerkennung."

Klaus und Susanne Rummel.

Weingut Klaus und Susanne Rummel, Geißelgasse 36, 76829 Landau-Nußdorf. Telefon: 0 63 41/61 972. Fax: 0 63 41/96 01 12. E-Mail: rummel-biowein@t-online.de.

www.rummel-biowein.de. Rebfläche: 14 ha. Rebsorten: 30. Hauptrebsorten: Piwis = pilzwiderstandsfähige Sorten (40 %). Anbau: 50 % Weiß-, 50 % Rot-

wein. Spezialitäten: Pilzwiderstandsfähige neue Rebsorten rot und weiß. Durchschnittsertrag: 6300 l/ha. Verkauf: 90 % Privatkunden, je 5 % Gastronomie und Fachhandel.

Ruppertsberger
Weinkeller Hoheburg

Ruppertsberg

Wie in anderen Weinbaugemeinden wurde auch in Ruppertsberg vielen Winzern sehr früh klar, dass man nur in der Gemeinschaft eine Überlebenschance hat. So kam es 1911 zur Gründung des Winzervereins und sechs Jahre später der Genossenschaft Hoheburg. Mitte der 1960er Jahre wurde die Notwendigkeit eines Zusammenschlusses der beiden örtlichen Erzeugergemeinschaften erkannt, 1968 folgte dann die Fusion und es entstand der Ruppertsberger Winzerverein Hoheburg.

Gäbe es für die pfälzischen Winzergenossenschaften wie im Sport eine Tabelle unter Berücksichtigung von Qualität der Weine, Auszeichnungen bei Wettbewerben und Ansehen in der Weinwelt, läge der Ruppertsberger Weinkeller Hoheburg mit Sicherheit im ersten Drittel, wahrscheinlich sogar noch ein wenig besser. Aber diese Tabelle gibt es nicht, dafür liegen Äußerungen von Fachleuten vor. Zitiert seien nur zwei Sätze: „Qualität und Kontinuität des Weinsortiments auf hohem Niveau, dafür steht der Winzerverein. Bei zahlreichen Prämierungen findet man Weine dieses Unternehmens auf den vordersten Plätzen."

▶▶▶ *Was machen Sie anders als Ihre Kollegen? Geschäftsführer Gerhard Brauer: „Die Mitglieder identifizieren sich bei uns stärker mit den gemeinsamen Zielen."*

Der Weinbau hat in Ruppertsberg eine lange Geschichte. Bereits die Römer bauten hier Reben an, wo heute die 275 Mitglieder - davon noch 152 aktive Winzer - der Genossenschaft in berühmten Lagen wie Reiterpfad, Nußbien, Hoheburg (auf den leichten, sandigen Böden mit hohem Buntsandsteinanteil wachsen besonders Rieslinge) und Linsenbusch (lehmige Böden, wo neben Riesling auch alle anderen Sorten gut gedeihen) Weinbau betreiben. Einzelne Mitglieder bewirtschaften auch Weinberge in Deidesheim und Gimmeldingen.

Die Hoheburg-Weine zeichnen sich durch ihre Fruchtigkeit und klaren Sortenaromen aus, sind harmonisch, gehaltvoll, aber auch kräftig. Im breiten Sortiment von Weinen der verschiedenen Qualitätsstufen und Geschmacksrichtungen ist „für jeden Geschmack etwas dabei", wie einmal eine

Reportage überschrieben war. Die verschiedenen Weinlinien lauten: Literweine, Qualitätsweine, Premium-, Terroir-Weine und Weinspezialitäten (Beeren-, Trockenbeerenauslesen, Eisweine). Im Angebot sind auch Destillate vom Trauben- bis zum Tresterbrand, vom Dornfelderlikör bis zum Hefeschnaps, dazu Sekt, Secco und Weinessig.

▶▶▶ *Wie sieht Ihre Weinphilosophie aus? Gerhard Brauer: „Wir streben im Einklang mit der Natur nach einer bestmöglichen Traubenqualität, um im Keller die im Weinberg gewachsene Qualität zu erhalten."*

Am neuen Rieslingstil mit weniger Säure war Ruppertsberg vor vielen Jahren beteiligt. Der ehemalige technische Betriebsleiter und Kellermeister Karl-Josef Kohlmann arbeitete seit 1993 mit dem biologischen Säureabbau bei dieser Rebsorte und daraus entwickelte sich ein Stil, der Basis für den derzeitigen Erfolg der deutschen Rieslingweine weltweit ist und der Vorbild für die Classic-Kategorie mit weiteren traditionellen Rebsorten war.

▶▶▶ *Welche weiteren Ziele haben Sie noch? Gerhard Brauer: „Wir wollen unser Unternehmen, basierend auf unserer Philosophie, im Sinne unserer Mitglieder nachhaltig weiterentwickeln."*

Die in den Jahren 1985 bis 1987 errichtete Hoheburg-Kellerei ist nach eigenen Angaben „eine der modernsten und bestausgestatteten der Pfalz". Ziel der Weinerzeugung beim Winzerverein ist die Produktion individueller Weine, „in denen sich die Besonderheiten der Weinberge, in denen die Trauben heranreifen, widerspiegeln". Die Weißweinmoste werden temperaturgesteuert zwei bis drei Wochen vergoren, um die Basis zum Ausbau fruchtiger, harmonischer Weine zu legen. Die Säure wird durch biologischen Abbau vorsichtig reguliert. Zum Rotweinausbau gehört ein großes Holzfass-Lager. Um die ganze Vielfalt der Weinsorten kennenzulernen, bietet der Winzerverein Weinproben und Kellerführungen an.

Geschäftsführer Gerhard Brauer (re.) und Kellermeister Dieter Motz.

ⓘ **Ruppertsberger Weinkeller Hoheburg,** Hauptstraße 94, 67152 Ruppertsberg. Telefon: 0 63 26/96 29 70. Fax: 0 63 26/96 29 79. E-Mail: info@ruppertsberger.de.

www.ruppertsberger.de. **Rebfläche:** 450 ha. **Rebsorten:** 22. **Hauptrebsorten:** Riesling (40 %), Dornfelder (16 %), Portugieser (8 %). **Anbau:** 60 % Weiß-, 40 % Rotwein.

Spezialitäten: Weiß- und Grauburgunder, Cabernet Dorsa. **Durchschnittsertrag:** 9500 l/ha. **Verkauf:** 25 % Privatkunden, 5 % Gastronomie, 55 % Fachhandel, 15 % Export.

Weingut Heiner Sauer

Böchingen

Doch heute ist das anders: Er zählt zu den besten Weinmachern der Pfalz. Mindestens zweite Bundesliga! Nicht ausgeschlossen, dass er den Aufstieg in die höchste Klasse irgendwann schafft. Die große Zahl der in den vergangenen 20 Jahren gewonnenen Preise spricht dafür.

„Sauer widerlegt mit seinen herausragenden Gewächsen das Vorurteil, Biowein und Spitzenklasse seien ein Widerspruch." So formulierte es einmal die Zeitschrift „Capital". Andere Medien äußern sich seit Jahren ähnlich. In der „Rheinpfalz am Sonntag" stand zum Beispiel zu lesen: „Als Heiner Sauer anfing, eigenen Wein zu füllen, war er zwar einer der ersten Biowinzer der Pfalz, aber sonst fielen seine Weine wenig auf. Er füllte ordentliche, korrekte Weine, sagen wir: Verbandsliga."

▶▶▶ *Was machen Sie anders als Ihre Kollegen? Heiner Sauer: „Wichtiges Unterscheidungsmerkmal ist ein langjähriger, auf Qualität ausgerichteter ökologischer Weinbau - mit genauer Beobachtung der Natur und individueller Bodenbewirtschaftung unserer Weinberge."*

Alle Vorfahren von Heiner Sauer hatten mit Weinbau zu tun. Sie waren Bauern, die auf einem Teil ihrer Flächen Weinreben kultivierten. Die Eltern hatten früher ein Weingut in Dirmstein, die Großeltern eines in Böchingen, das aber 1970 aufgegeben wurde. Die Weinberge seiner Vorfahren nahm er nach beendeter Ausbildung und Tätigkeit in anderen Weingütern aus der Pacht zurück, mietete in seinem Heimatdorf ein Anwesen. Das Weingut in seiner jetzigen Form existiert erst seit 1987.

Mit zwei Hektar Wingerten fing in Böchingen alles an. Auch das Arbeiten nach biologischen Grundsätzen („Ich habe vom ersten Tag an ökologisch gearbeitet. Das hat mich gereizt, ich wollte es probieren"). Nachhaltiges Wirtschaften, Natur- und Umweltschutz leiten Sauer und seine Mitarbeiter bei der Arbeit im Weinberg und im Keller. In dem reichhaltigen Biotop fühlen sich außer den Reben viele Pflanzen und Tierarten wohl. Die Reben in den Gemarkungen Böchingen, Nußdorf, Godramstein, Frankweiler, Gleisweiler und Burrweiler gedeihen ganz im Einklang mit der Natur, dabei ist das wichtigste „Instrument" die üppige Begrünung.

Auf den facettenreichen Böden mit einem Spektrum, das von leichten Buntsandstein-Verwitterungsböden über Schiefer- und Lössböden bis zu schweren Kalkmergelböden reicht, wachsen Weine, die sich durch Frische und klare Frucht, Homogenität und Reintönigkeit, Ausdrucksstärke und Klarheit auszeichnen. Das wird auch von anerkannten Weinkritikern bestätigt. Aber für Heiner Sauer ist das regelmäßig auf ihn niederprasselnde Lob kein Grund zur Selbstgefälligkeit. „Ich habe meine Linie gefunden", ist er zufrieden und versichert sogleich: „Aber ich bleibe nicht stehen."

▶▶▶ *Wie sieht Ihre Weinphilosophie aus? Heiner Sauer: „Wir versuchen, mit unserer Arbeit im Weinberg positive Akzente für die Rebe zu setzen. Im Zentrum steht harmonisches Wachstum, was ein Optimum an Traubenqualität hervorbringt."*

▶▶▶ *Welche weiteren Ziele haben Sie noch? Heiner Sauer: „Ich möchte unsere Wirtschaftsweise im Keller und im Weinberg noch weiter präzisieren, um die Weinqualität weiter zu verbessern. Außerdem will ich neue Anbautechniken etablieren. Auf diesem Gebiet experimentieren wir ständig."*

Seit 1989 hat Heiner Sauer ein zweites Wein-Standbein neben der Pfalz. Er war der Initiator der „Bodegas Palmera" in der Region Utiel-Requena in Spanien, gelegen 75 Kilometer westlich von Valencia auf einer von bis zu 1200 Meter hohen Bergen umgebenen Hochebene. Das gut 14 Hektar große Grundstück ist mit über 30.000 Rebstöcken bepflanzt. Auch dieses Gut wird ökologisch bewirtschaftet. Angebaut werden ausschließlich Rotweine. Sauer ist als Mitinhaber Geschäftsführer, ein Verwalter kümmert sich vor Ort um alles. Die spanischen Rotweine, die auch in Deutschland gefragt sind, erhielten ebenfalls schon Auszeichnungen.

Was Heiner Sauer in einer Schrift über den Betrieb in Spanien zum Ausdruck bringt, gilt auch für das Weingut in Böchingen mit Keller und Flaschenlager in Nußdorf: „Wer sich mit der Natur verbündet, dem gibt sie ihr Bestes." Davon ist er überzeugt und danach handelt er. Er will auch weiterhin „Weinbau mit Weitblick" betreiben.

Heiner und Monika Sauer.

 Weingut Heiner Sauer, Hauptstraße 44, 76833 Böchingen. Telefon: 0 63 41/61 175. Fax: 0 63 41/63 317. E-Mail: info@weingut-sauer.com. www.weingut-sauer.com.

Rebfläche: 20 ha. **Rebsorten:** 12. **Hauptrebsorten:** Riesling (30 %), Weißburgunder (15 %), St. Laurent (10 %). **Anbau:** 75 % Weiß-, 25 % Rotwein. **Spezialitäten:** Riesling

„Steinreich", Weißburgunder, St. Laurent Barrique. **Durchschnittsertrag:** 5000-6000 l/ ha. **Verkauf:** 45 % Privatkunden, 5 % Gastronomie, 50 % Fachhandel.

Eindeutig klare Weinphilosophie: Tradition ist gut, Qualität ist besser

Weingut Schenk-Siebert

Grünstadt-Sausenheim

Wer freundlich empfangen und bedient wird, kommt meist wieder. „So rustikal Gerhard Siebert auf den ersten Blick wirken mag, er weiß durchaus seinen Kopf einzusetzen", formulierte ein Weinjournalist nach einer Stippvisite im Weingut und spielte damit nicht nur auf die fachliche Kompetenz des Winzers, sondern auch auf sein Verhalten gegenüber Besuchern an. Für Matthias F. Mangold, Autor des Buches „Die Pfalz im Glas", sind die Schenk-Sieberts „eine Winzerfamilie wie aus dem Bilderbuch: genussorientiert, engagiert und mit jeder Faser dem Wein verschrieben".

Gute Weine bieten heute (fast) alle Weingüter in der Pfalz. Aber gute Laune verbreiten nicht alle Winzer und ihre Angehörigen, wenn bisher unbekannte Kunden auftauchen - vor allem dann nicht, wenn die Neulinge unangemeldet zum Probieren und Fachsimpeln und Kaufen vor der Tür stehen. Bei Schenk-Siebert im Grünstadter Stadtteil Sausenheim ist das anders. Hier werden alle, die sich für die Weine des Hauses interessieren, herzlich willkommen geheißen. „Unsere Kunden sind für uns ‚Familienmitglieder'", betonen Hausherr Gerhard Siebert und seine Frau Hildegard. Entsprechend werden die Leute behandelt.

Wein liegt in der Familie, das ist zurückzuverfolgen bis ins 18. Jahrhundert. Die Familien Simon, Michel und Schenk (mit eigenem Wappen) sind seit dieser Zeit Winzer in Sausenheim. Der Name Siebert steht für die älteste Winzerfamilie Grünstadts. Für Gerhard Siebert war der Berufsweg praktisch vorgezeichnet. Er lernte im Weingut Schaefer in Bad Dürkheim und erwarb bereits mit 21 Jahren das Diplom als Ingenieur für Weinbau. Als er begann, das elterliche Weingut in Grünstadt auszubauen, traf er eine Freundin aus Kindertagen wieder. Hildegard Schenk hatte in jener Zeit Mühe, zusammen mit ihrer Mutter nach dem frühen Tod des Vaters das eigene Gut einigermaßen über Wasser zu halten. Gerhard Siebert packte mit an, verliebte sich und heiratete sie 1985.

▶▶▶ *Was machen Sie anders als Ihre Kollegen? Gerhard Siebert: „Wir suchen den nationalen und internationalen Erfahrungsaustausch."*

Den elterlichen Betrieb in Grünstadt überließ Siebert seinen Geschwistern und „wanderte" nach Sausenheim aus, brachte das Weingut Schenk wieder auf Vordermann. Die ersten Jahre waren hart, aber heute blüht der Betrieb mit dem Doppelnamen wieder. Die sich durch ihr eigenständiges elegantes Profil auszeichnenden, gleichzeitig kraftvollen und ehrlichen Weine („Charakterköpfe eben", so ein Verkoster) finden Lob bei Kunden, Fachkritikern und Juroren, die sie so gut bewerten, dass regelmäßig Auszeichnungen herausspringen.

„Unsere Betriebsphilosophie ist total qualitätsorientiert", sagt Siebert. Tradition sei gut, aber Qualität besser. Wenn er und seine Frau versichern, „wir lieben alle unsere Kinder", dann meinen sie nicht nur die Sprößlinge Christoph, Annemarie und Johannes, sondern auch die hauseigenen Weine von den Gutsweinen bis zu den Spitzenerzeugnissen. Wenn in Zeitschriften Weinempfehlungen ausgesprochen werden, sind von Schenk-Siebert oft auch die rote Cuvee „Trio" (Cabernet Cubin, Frühburgunder, Acolon) und die trockene Riesling Spätlese „Alte Reben" dabei. Der Verschnitt schmeckt nach reifen Brombeeren, schwarzen Johannisbeeren und etwas Bitterschokolade, der Riesling besticht durch seine Frische, sein Temperament und die herzhafte Säure.

Ihre Kraft und ihre Aromenfülle beziehen die Weine aus den Muschelkalk- und Sandböden in Sausenheim, Kirchheim und Neuleiningen. In den Weinbergen wird naturnah gearbeitet. Der Ausbau der Weißen erfolgt im Stahltank, der Roten im großen Holz- oder Barrique-Fass.

▶▶▶ *Wie sieht Ihre Weinphilosophie aus? Gerhard Siebert: „Im Keller schonend und möglichst wenig eingreifen und versuchen, auch im einfachen Bereich Topweine zu produzieren."*

▶▶▶ *Welche weiteren Ziele haben Sie noch? Gerhard Siebert: „Wir wollen nicht stehen bleiben und das Niveau halten. Und wir wollen unser Wissen und Können an unsere Kinder weitergeben."*

Gerhard Siebert und seine Ehefrau Hildegard.

Weingut Schenk-Siebert, Leininger Straße 16, 67269 Grünstadt-Sausenheim. Telefon: 0 63 59/21 59. Fax: 0 63 59/83 034. E-Mail: schenk-siebert@t-online.de.

www.weingut-schenk-siebert.de. **Rebfläche:** 30 ha. **Rebsorten:** 12. **Hauptrebsorten:** Riesling (25 %), Weiß- und Spätburgunder (je 15 %). **Anbau:** 60 % Weiß-, 40 % Rotwein.

Spezialitäten: Riesling, Burgunder, rote Cuvee „Trio". **Durchschnittsertrag:** 8000 l/ha. **Verkauf:** 80 % Privatkunden, 5 % Gastronomie, 15 % Fachhandel.

Gute Qualität allein
reicht Vater und Sohn
nicht: Weine müssen
auch Charakter haben

Weinhof Scheu

Schweigen

Aber sie vergessen nicht den Hinweis, dass es eine einmalige Rebe aus ihrer Familie gibt, die sonst nirgendwo sonst angebaut wird. Sie heißt „Philipp Cuntz" und ist benannt nach dem Großvater von Klaus Scheu. Cuntz, der Ideengeber für den 1. Weinlehrpfad in Deutschland in Schweigen, war Winzer und Rebveredler. In seinen Weinbergen entdeckte er 1929 einen Rebstock, der anders aussah als andere Reben. Er züchtete und vermehrte diesen Stock und heraus kam ein würziger Wein, der in kein Schema passt.

Der Weinhof Scheu in Schweigen hat auch die Rebsorte Scheu im Anbau. Ist doch klar, wird mancher wissend sagen. Wer jedoch denkt, dass „Scheu" eine Züchtung des Hauses ist, irrt. Die Scheurebe, eine Kreuzung von Silvaner x Riesling, ist ein „Kind" des Züchters Georg Scheu aus dem Jahr 1916, einst Leiter der Landesanstalt für Rebzüchtungen in Alzey. Günter Scheu, 1964 der Gründer des gleichnamigen Weinguts, und sein Sohn Klaus, seit 1996 Betriebsleiter und Kellermeister, erklären den Leuten gerne, dass sie selbst mit der ihren Namen tragenden Sorte nichs zu tun haben.

▶▶▶ *Was machen Sie anders als Ihre Kollegen? Klaus Scheu: „Als individueller Mensch stehe ich für individuelle Weine."*

Die Scheus nennen sich Grenzgänger in Sachen Wein. Denn zwei Drittel ihrer Weinberge befinden sich auf elsässischem Gebiet. Die Lage „Raedling" mit Böden aus Kalkgestein und schwerem Letten bringt bodenständige Grau- und Weißburgunder hervor. Auf dem „Strohlenberg" mit seinen Böden aus Kalkstein, Buntsandstein, Silikat und Sand gedeihen Weißburgunder und Riesling vorzüglich. Die feinsten Rieslinge kommen aber vom „Sonnenberg" mit einem Untergrund aus kleinen Kalkmergelsteinen. „Diese lokalen Gegebenheiten sind ausschlaggebend für den Charakter eines guten Weins", sagen Vater und Sohn Scheu.

Der Weinhof Scheu hat sich mit seinen Weinen, die sich durch klaren Stil auszeichnen, die sortentypisch und harmonisch, schmelzig und reintönig sind, Fülle, Substanz und feine Würze aufweisen, einen guten Namen gemacht. Die aromatischen Weißweine mit markantem Körper und die ausdrucksvollen Rotweine kommen bei den Kunden gut an.

Klaus Scheu nennt sich selbst „Rieslingfreak" und widmet dieser Rebsorte sein besonderes Augenmerk. Aber auch die Burgundersorten, der Müller-Thurgau und der Gewürztraminer schmecken den Weinfreunden.

Bei Gründung des Weinguts lag die Weinbergsfläche gerade mal bei zwei Hektar. Heute sind es zwölf. Winzermeister Günter Scheu gab 32 Jahre später den Betrieb an seinen Sohn ab, der bereits seit 1992 die Verantwortung im Keller trug. Der Weinbautechniker, der unter anderem bei Müller-Catoir in Neustadt-Haardt gelernt hat und Erfahrungen bei Auslandsaufenthalten in Südafrika und Neuseeland sammelte, freut sich, wenn ihm Weinkritiker bestätigen, dass er zuverlässige Weine auf konstantem Niveau mache. Beweis sind die vielen Preise und Auszeichnungen.

▶▶▶ *Wie sieht Ihre Weinphilosophie aus? Klaus Scheu: „Querköpfe und Individualisten finden - eben Weine mit Charakter, die auch mal Grenzen überschreiten dürfen."*

▶▶▶ *Welche weitere Ziele haben Sie noch? Klaus Scheu: „Die gute Qualität der Weine reicht mir auch künftig allein nicht. Mein Ziel sind weiterhin unverwechselbare, eigene Typen."*

Vater und Sohn Scheu streben bei jedem Jahrgang nach Individualität und Qualität ihrer Weine. Aber sie erklären auch, dass gute Qualität allein ihnen nicht reicht, die Weine sollen unverwechselbar sein. Ihnen sind die physiologische Reife der Trauben und der angestrebte Typ des Weins grundsätzlich wichtiger als die Oechslegrade bei der Lese. Für Klaus Scheu dürfen seine Weine durchaus Querköpfe sein, sie müssen nur individuell sein und Charakter haben.

Der Gründer des Weinguts, Günter Scheu (Foto oben links), und sein Sohn Klaus.

Weinhof Scheu, Hauptstraße 33, 76889 Schweigen. Telefon: 0 63 42/72 29. Fax: 0 63 42/91 99 75. E-Mail: info@weinhof-scheu.de. Homepage: www.weinhof-scheu.de.

Rebfläche: 12 ha. **Rebsorten:** 9. **Hauptrebsorten:** Riesling (30 %), Weißburgunder (25 %), Grauburgunder (12 %). **Anbau:** 90 % Weiß-, 10 % Rotwein.

Spezialitäten: Riesling, Weißburgunder. **Durchschnittsertrag:** 7000 l/ha. **Verkauf:** 40 % Privatkunden, 15 % Gastronomie, 45 % Fachhandel.

Weingut Egon Schmitt

Bad Dürkheim

Dass man als Weinmacher innerhalb weniger Jahre mit Können, Fleiß und Kreativität auf der Leiter des Erfolges ganz nach oben kommen kann, dafür ist das Weingut Egon Schmitt in Bad Dürkheim ein überzeugender Beweis. Am Beginn der Selbstständigkeit 1976 mit Bau eines Aussiedlerhofes und Austritt aus der Genossenschaft besaßen Egon und Inge Schmitt ein nur sieben Hektar großes Gelände mit ein paar Apfelplantagen und Weinbergen. Aber sie hatten damals bereits ein klares Ziel vor Augen: Mitzuhelfen, den deutschen Wein hoffähig zu machen. Das und manches mehr ist erreicht worden. Aus dem kleinen unbekannten Winzerbetrieb ist mittlerweile ein regional angesehenes Weingut geworden.

▶▶▶ *Was machen Sie anders als Ihre Kollegen? Jochen Schmitt: „Keine Ahnung. Wir geben uns alle Mühe, das Potenzial des Weinbergs in die Flasche zu bringen. Vorrangiges Ziel ist es, ‚trinkbare' Weine, keine Monster zu erschaffen."*

Auch überregional findet Schmitt heute Beachtung. Daran hat Kellermeister Jochen Schmitt, der studierte Oenologe, großen Anteil. Er übernahm 1996 den Keller im elterlichen Betrieb und setzt seitdem seine Ideen erfolgreich um. Einige Rebsorten verschwanden aus dem Sortiment (Silvaner, Ortega, Kerner), neue kamen dazu (Cabernet Sauvignon, Merlot, St. Laurent). Aber der Riesling ist immer die wichtigste Sorte geblieben. In den eigenen Weinbergen in Bad Dürkheim, Ungstein, Wachenheim und Kallstadt wachsen fruchtige, elegante und filigrane Weißweine und Rotweine mit Tiefgang und Charakter. Der „Gault Millau" zählt den Regent zu den besten Rotweinen dieser Sorte in der Pfalz, ist auch angetan von der hohen Qualität der Cuvees sowie der hervorragenden Edelsüßen. Früher waren die Roten die Aushängeschilder bei Schmitt, die Weißen stehen jedoch schon lange nicht mehr nach.

Das Weingut gibt rückblickend zu, dass es ein gewagter Schritt aus den sicheren Strukturen des reinen genossenschaftlichen Anbaubetriebs in die Selbstständigkeit gewesen ist. Der Mut hat sich ausgezahlt. Aber die Staatsehrenpreise und vielen Auszeichnungen für die diversen Weine haben Jochen Schmitt und seine Eltern nicht überheblich werden lassen. Sie verkünden auf ihrer Homepage, sie seien „nicht mehr als ein kleines Licht im Strahl der über 2000

Jahre währenden Weinkultur in unseren Rebenhängen". Schmitt-Wein erkennt man an den Etiketten am großen „S" mit einem Punkt dahinter. „Ein einfacher Buchstabe, der unser Weingut und unsere Weine symbolisiert", sagt die Familie und versichert, dass jede dieses Logo tragende Flasche einen Wein beinhaltet, „in den wir unsere ganz Kraft und Erfahrung eingebracht haben, um ihn so gut wie möglich zu machen". Jeder Wein sei „ein Stück von uns", betonen die Schmitts und geben preis, was alles für die Erfolge maßgeblich war und ist: Erprobung neuer Sorten, naturnahe Anbaumethoden, individuelle Beurteilung jeder Fuhre geernteter Trauben, intensive Verkostungen der in Edelstahltanks, Holz- und Barriquefässern reifenden Tropfen. Die Familie Schmitt will einfach Weine erzeugen, „die schmecken", gesunde Weine anbieten, „die uns selbst Spaß bereiten".

▶▶▶ *Wie sieht Ihre Weinphilosophie aus?* Jochen Schmitt: *„Alles muss in einer Hand sein. Nur wer den Weinberg kennt, wo der Wein herkommt, kann ein annähernd vollkommenes Produkt erzeugen."*

▶▶▶ *Welche weiteren Ziele haben Sie noch?* Jochen Schmitt: *„Natürlich noch besser werden. Aber das werden wohl alle im Buch porträtierten Winzer sagen - sonst gehörten sie nicht in dieses Werk."*

Der Riesling hat viel Frucht, ist reintönig und kraftvoll. Eindringlich und von guter Struktur ist der Chardonnay. Kritiker bescheinigen dem Rieslaner viel Stoff, dem Lagrein Fülle, dem Cabernet Sauvignon Klarheit und dem Regent Eindringlichkeit. Duca XI ist eine Cuvee aus Cabernet Sauvignon und Dunkelfelder, „Drei Reben" eine weiße Cuvee, und „Drei Steine" heißt ein trockener Riesling, der aus drei verschiedenen Lagen stammt. In den Weinbergen wird nach den Richtlinien des kontrolliert umweltschonenden Weinbaus gearbeitet. Die Bezeichnung „im Barrique gereift" gibt es bei Schmitt nicht, „weil damit keine Aussage über den Wein getroffen wird". Im Gegenteil, das führe eher zu Fehlinterpretationen über das vermeintliche Geschmacksbild des Weins.

Jochen Schmitt

Weingut Egon Schmitt, Am Neuberg 6, 67098 Bad Dürkheim. Telefon: 0 63 22/58 30. Fax: 0 63 22/68 899. E-Mail: info@weingut-egon-schmitt.de.

www.weingut-egon-schmitt.de. **Rebfläche:** 16 ha. **Rebsorten:** 21. **Hauptrebsorten:** Riesling (30 %), Spätburgunder (9 %), St. Laurent (6 %). **Anbau:** 56 % Weiß-, 44 % Rot-

wein. **Spezialitäten:** Rotwein Lagrein, Rotwein-Cuvees. **Durchschnittsertrag:** 7500 l/ ha. **Verkauf:** 75 % Privatkunden, 10 % Gastronomie, 15 % Handel.

Mit konzentrierter
Arbeit und vielen
Ideen in wenigen
Jahren nach oben

Weingut Markus Schneider

Ellerstadt

Glaubt man der Zeitschrift „Feinschmecker", ist Markus Schneider „der Liebling der jungen Weinszene in angesagten Weinbars". Journalisten betrachten ihn als „ein Phänomen, das die deutsche Weinszene so noch nicht erlebt hat", als „Star- und Kultwinzer", schildern ihn ihren Lesern als innovativ und umtriebig, bezeichnen ihn als einen „begabten, einfühlsamen Assembleur" („Neue Züricher Sonntagszeitung"). Dass er ein Verkaufs- und Marketing-Genie sein soll, wie der „Gault Millau" behauptet, lässt ihn lächeln, macht ihn sicher auch ein bisschen stolz, selbst wenn er sich das nicht anmerken lässt.

Winzer, die es innerhalb von zehn Jahren schaffen wollen, ganz nach oben zu kommen und nicht wissen, wie das am besten geht, sollten sich Markus Schneider vom gleichnamigen Weingut in Ellerstadt zum Vorbild nehmen. Vielleicht wäre er sogar bereit, ein paar Geheimnisse auszuplaudern. Der junge Weinmacher hat sich mit beinahe atemberaubender Geschwindigkeit an die Spitze katapultiert und sich einen Namen nicht nur in der Pfalz gemacht. Die „Süddeutsche Zeitung" nannte ihn in einem Artikel deshalb einen vor Kraft, Energie, Enthusiasmus und Ideenreichtum strotzenden „Landwirt und Wein-Erfinder".

▶▶▶ *Was machen Sie anders als Ihre Kollegen? Markus Schneider: „Ich bin unbelastet von Traditionen und kann mich anders und schneller entwickeln als andere im deutschen Weinbau. Ich habe keine Zwänge hinsichtlich der Familientradition."*

Nach Beendigung der Hauptschule lernte Schneider bei Bürklin-Wolf in Wachenheim Weinküfer. Er war sich damals schon klar, dass er in den kleinen elterlichen Betrieb einsteigen würde. Sein Vater Klaus hatte Anfang der 1990er Jahre in Ellerstadt ein schon lange leerstehendes kleines Winzeranwesen gekauft und setzte hier die Familientradition fort, Obst und Gemüse anzubauen und ein paar Weinberge zu bewirtschaften. 1994 übernahm Sohn Markus (gerade 18), erhielt von seinem Vater die „Gewalt" über sieben Hektar Weinberge und 30.000 D-Mark - verbunden mit der Aufforderung, seinen Weg zu gehen. Bis 2000 ging es in kleinen Schritten aufwärts, danach bis heute in großen Schritten. Mitte der 2000er Jahre gehörte das Weingut Schneider bereits zur pfälzischen Spitze. Die Prophezeiung vieler, er falle mit seinen Plänen mit Sicherheit auf die Nase, erfüllte sich nicht.

Dank konzentrierter Arbeit und strategischen Denkens hatte Markus Schneider schneller als erwartet Erfolg. Das ZDF stellte bewundernd fest, er habe es geschafft, sich als junger Quereinsteiger „mit seinem Wein als eine Art Nigel Kennedy des Weinbaus zu positionieren".

Bei dem Ellerstadter Weinmacher ist vieles anders als bei Kollegen. Er ist der Inhaber und der Kellermeister, der Verantwortliche für die Außenwirtschaft und das Marketing. Seine Rotweine, die viel Charakter und Struktur haben, tragen außergewöhnliche Bezeichnungen: „Ursprung", „Black Print", „Alte Reben", „Tohuwabohu" (die „Schweizer lllustrierte" urteilte: „Im Gaumen ist der Wein unverschämt charmant und von einer Intensität, dass daneben kaum noch was anderes Platz hat"), „Einzelstück", „Steinsatz" (das Flaggschiff des Hauses). Die Top-Weißweine haben Lagenbezeichnungen, die „normalen" Trinkweine werden unter der Rebsorte angeboten.

Die Rebfläche in Ellerstadt und in einigen Gemeinden der Umgebung bis hoch zum Haardtrand wurde in 15 Jahren versiebenfacht. Das kleine Anwesen in der Ortsmitte war bald zu eng geworden, also baute Markus Schneider auf einer kleinen Anhöhe mitten in den Weinbergen der Einzellage Kirchenstück ein neues Gutshaus und eine Kellerei (Einweihung jeweils 2007). Fragt man ihn, wie er selbst seine Weine charakterisiert, antwortet er: „Ich mache dazu keine Angaben, weder in der Preisliste noch im Gespräch. Denn jeder Weintrinker soll selbst unbeeinflusst urteilen." Unter uns: Die Weine sind super.

▶▶▶ *Wie sieht Ihre Weinphilosophie aus?* Markus Schneider: *„Konzentriertes Arbeiten im Weinberg und im Keller, um damit größtmöglichen Erfolg zu erzielen. Die Trauben bleiben hängen bis zum Erbrechen, um uns einfach abzusetzen und etwas Besonderes zu machen."*

▶▶▶ *Welche weiteren Ziele haben Sie noch?* Markus Schneider: *„In den nächsten Jahren will ich den erarbeiteten Standard und Erfolg erhalten."*

Markus Schneider

ⓘ **Weingut Markus Schneider,**
Am Hohen Weg 1,
67158 Ellerstadt.
Telefon: 0 62 37/72 88.
Fax: 0 62 37/97 72 30.
E-Mail: info@black-print.net.

Homepage: www.black-print.net.
Rebfläche: 60 ha.
Rebsorten: 17. **Hauptrebsorten:** Sauvignon blanc, Grauburgunder (je 15 %), Merlot (10 %). **Anbau:** 50 % Weiß-,

50 % Rotwein. **Spezialitäten:** Viognier, Cabernet Franc. **Durchschnittsertrag:** 6000 l/ha. **Verkauf:** 20 % Privatkunden, 80 % Gastronomie und Fachhandel (zusammen).

169

Gutshof aus dem
18. Jahrhundert.
Der Gewölbekeller
ist 500 Jahre alt

Weingut Schumacher

Herxheim am Berg

Schumacher baut seine Himmelreich-Weine direkt vor dem aus dem 18. Jahrhundert stammenden Gutshof mit dem 500 Jahre alten Gewölkekeller an. Die Reben sind bis zu 40 Jahre alt. Die Weinberge sind von einer fünf Meter hohen Mauer aus Kalk- und Buntsandsteinen umgeben, was sich förderlich auf die Qualität auswirkt, weil kalte Winde gebremst werden und die Sonne gespeichert wird. Großes Format erreicht nach dem Urteil des Weinkritikers Manfred Lüer vor allem der innerhalb der Mauern gewachsene Spätburgunder

Wer dem Wein aus der Lage „Himmelreich" kräftig zuspricht, ist dem richtigen Himmelreich nahe. So poetisch hat sich einmal ein Pfälzer Schriftsteller ausgedrückt. Vielleicht hat er höchstselbst die Probe aufs Exempel gemacht. Das Weingut Schumacher in Herxheim am Berg, dem bis 1971 diese von Weinkennern so geschätzte Lage Himmelreich im Alleinbesitz gehörte, ehe sie arrondiert und erheblich erweitert wurde, bietet selbstverständlich weiter edle Tropfen aus diesem Bereich an.

▶▶▶ *Was machen Sie anders als Ihre Kollegen? Manfred Leyh: „Wir verarbeiten ausschließlich handgelesene Trauben aus eigenen Weinbergen. Die Weine werden nicht geschönt."*

Garten R, eine trockene Spätlese: „Ein überaus eleganter Rotwein, der mit den Jahren seine Primärfrucht ablegt und als prägnanter, fester, aber transparenter Burgunder mit feinem mineralischem Nerv erneut vorstellig wird." Für ein schwedisches Weinmagazin ist dieser Tropfen „einer der besten Rotweine der Welt". Der Autor hatte eine Spätlese verkostet.

Über viele Jahrhunderte hielten Mönche ihre Hand über die tausend Jahre alte Siedlung Herxheim. Sie deckten ihren Weinbedarf im „Kleinen Hofgut", dem heutigen Weingut Schumacher. Dass dieses Gut lange Zeit nicht bekannt bzw. öffentlich in Vergessenheit geraten war, hatte einen besonderen Grund: Alle Weine gingen direkt an die familieneigene Gutsschänke Neuhof in Dreieich/Hessen. Die allgemeine Weinszene nahm deshalb von den Qualitätsweinen aus Herxheim kaum Notiz. Die Situation änderte sich Mitte der 1990er Jahre, als Annetrud Franke das Gut erbte und die Vermarktungsstrategie änderte.

Der seit 2011 im Betrieb tätige Gutsverwalter und Kellermeister Manfred Leyh, Diplom-Ingenieur für Weinbau und Oenologie (Geisenheim), zieht wie sein Vorgänger Michael Acker freudig mit und sorgt zusammen mit seiner Chefin dafür, dass Schumacher heute als Top-Weingut wahrgenommen wird. „Das kleine Weingut mit feinen Rieslingen und Burgundern", wie es sich selbst nennt, gewinnt regelmäßig im In- und Ausland Preise für seine beachtlichen Weiß- und Rotweine.

Die Weine von Schumacher sind nach Einschätzung von Kritikern allesamt wunderschön klar und doch konzentriert und strukturiert. Reintönig, frisch, fruchtbetont und zupackend sind die Rieslinge, elegant und kraftvoll die Spätburgunder, gradlinig, füllig und harmonisch die Weiß- und Grauburgunder. In den Lagen Herxheimer Himmelreich, Herxheimer Honigsack, Kallstadter Saumagen und Dirmsteiner Herrgottsacker bieten die Böden (Muschelkalk, Kalkmergel mit Löss, sandiger Lehm) die besten Voraussetzungen „für pfalztypische Weine von geschmacklicher Delikatesse", wie das Gut in seinem Prospekt formuliert. Seit dem Jahrgang 2012 ist Schumacher zertifizierter Ököbetrieb.

Im Weingut Schumacher wird viel Wert auf Handarbeit in den Weinbergen gelegt. Die Düngung erfolgt mit organischen Grundstoffen und Gesteinsmehl. Die Trauben werden selektiv per Hand oft in mehreren Durchgängen gelesen. Im Keller, wo die Weine in gekühlten Edelstahltanks und Holzfässern ausgebaut werden, gilt die alte Regel: „Nichts tun, was die Harmonie und die Natürlichkeit des jungen Weins stören könnte."

▶▶▶ *Wie sieht Ihre Weinphilosophie aus? Manfred Leyh: „Mit Freude, Wissen, Ehrgeiz und Können das Beste aus einem Jahrgang herausholen."*

▶▶▶ *Welche weiteren Ziele haben Sie noch? Manfred Leyh: „Die Qualität des Weingutes Schumacher und unserer Clos-Lage Herxheimer Himmelreich weiter herausstellen."*

Gutsverwalter Manfred Leyh.

Weingut Schumacher,
Hauptstraße 40,
67273 Herxheim am Berg.
Telefon: 0 63 53/93 590.
Fax: 0 63 53/93 59 22. E-Mail:
info@schumacher-weine.de.

www.schumacher-weine.de.
Rebfläche: 7 ha.
Rebsorten: 9.
Hauptrebsorten: Riesling (41 %), Spätburgunder (38 %), Grauburgunder (5 %). **Anbau:**

49% Weiß-, 51 % Rotwein. **Spezialitäten:** Auxerrois, Spätburgunder. **Durchschnittsertrag:** 4500 l/ha. **Verkauf:** 80 % Privatkunden, je 10 % Gastronomie und Fachhandel.

Weingut Siegrist

Leinsweiler

Der Winzer von der Südlichen Weinstraße entdeckte Mitte der 1980er Jahre in Kalifornien den Barrique-Ausbau. Zurück in Leinsweiler, bestellte er sich 15 französische Holzfässer und startete erste Versuche. Lange musste er gegen das Vorurteil ankämpfen, seine im Eichenholzfass ausgebauten Weine seien nicht rebsortentypisch und zudem gebietsuntypisch. Weinkommissionen ließen ihn das spüren. Aber er ließ nicht locker und setzte sich durch. Als Barrique-Winzer machte er sich einen Namen. Wer aber daraus den Schluss zieht, bei Siegrist würden alle Weine holzbetont gemacht, irrt. Im Angebot finden sich neben Weißen und Roten aus dem Barrique-Fass auch zahlreiche „normale" Tropfen.

Wer im Barrique gereifte Weine schätzt und sich mit der Thematik des Ausbaus im Eichenholzfass etwas näher auseinandergesetzt hat, weiß ganz sicher, dass eine der bekanntesten Anlaufstellen in der Pfalz für gute Tropfen mit dezentem Holzton das Weingut Siegrist in Leinsweiler ist. Winzermeister Thomas Siegrist verfügt auf diesem Gebiet über sehr viel Erfahrung. Er war hier einer der Pioniere, hat das Pfälzer Barrique-Forum mitgegründet, ist Mitglied im Deutschen Barrique-Forum.

▶▶▶ *Was machen Sie anders als Ihre Kollegen? Thomas Siegrist: „Eigentlich nicht viel. Aber alles Besondere entsteht nur dadurch, dass jemand entschieden mehr tut als erforderlich."*

In einem ehemaligen Zehntkeller von 1555 liegen die Fässer aus Eichenholz. Ein Teil der besten Gewächse reift hier bis zu 16 Monate. Im Weinbuch „Pfalz", herausgegeben von Stuart Pigott, wird unter Hinweis darauf, dass Siegrist einst einer der ersten Pfälzer Produzenten war, die traditionelle Rebsorten in neuen Holzfässern ausgebaut haben, festgestellt: „Heute zählen die alten, von der Wein-Sittenpolizei noch als nicht von handelsüblicher Beschaffenheit und somit nicht verkehrsfähig abgelehnten Revoluzzer-Weine zu den besten ihrer Art."

In dem Weingut ziehen zwei Familien gemeinsam an einem Strang: Siegrist und Schimpf. Thomas Siegrist und sein Schwiegersohn Bruno Schimpf sind beide Betriebsleiter, Schimpf ist der Kellermeister und seine Ehefrau Kerstin geb.

Siegrist, von Beruf Diplom-Oenonologin, arbeitet verantwortlich mit. Früher war Siegrist ein landwirtschaftlicher Mischbetrieb mit zweieinhalb Hektar Rebfläche. Bis 1975 wurde der Wein im Fass verkauft, ehe die Umstellung auf Flaschen erfolgte.

▶▶▶ *Wie sieht Ihre Weinphilosophie aus? Thomas Siegrist:* „Wer genießen kann, trinkt keinen Wein mehr, sondern kostet Geheimnisse."

Die Weinberge des Weinguts befinden sich in Leinsweiler, Ilbesheim, Eschbach und Wollmesheim. Die Reben wachsen auf Böden aus Kalkmergel, Löss-Lehm und Buntsandsteinverwitterungen. Seit Jahren gehört das Gut zu den festen Größen an der Südlichen Weinstraße. Die fruchtbetonten Weißweine und die rauchigen, kraftvollen Rotweine kommen auf dem Markt an. Zwei Rieslinge tragen originelle Namen und machen sicher manchen Weinfreund neugierig: „Eigensinn" und „Heiligenbäumel". Die Cuvee aus Dornfelder und Spätburgunder namens Johann Adam Hauck ist nach einem Vorfahr aus dem 18. Jahrhundert benannt.

▶▶▶ *Welche weiteren Ziele haben Sie noch? Thomas Siegrist:* „Unser Ziel sind Weine nach der Natur. Denn wir wissen: Keine Kunst der Welt kann hervorbringen, was in so einer kleinen Weintraube steckt."

„Unser Ziel sind Weine nach der Natur", verkünden die Familien Siegrist und Schimpf. Und sie versichern: „Jeden Wein, der unseren Namen trägt, trinken wir selbst mit Freude. Er entspricht unserem eigenen Anspruch auf Qualität. Mit jedem Produkt unseres Hauses können wir uns identifizieren." Neue Wege in der Kellertechnik zu gehen, ist für die Weinmacher aus Leinsweiler seit Jahren von besonderem Reiz. Experimentierfreude ist nach wie vor auf allen Gebieten des Weinmachens vorhanden.

Thomas Siegrist und Bruno Schimpf mit ihren Ehefrauen.

 Weingut Siegrist,
Am Hasensprung 4,
76829 Leinsweiler.
Telefon: 0 63 45/13 09.
Fax: 0 63 45/75 42. E-Mail:
wein@weingut-siegrist.de.
www.weingut-siegrist.de.

Rebfläche: 14,5 ha.
Rebsorten: 13.
Hauptrebsorten: Riesling
(25 %), Spätburgunder (17 %),
Weißburgunder, Chardonnay
und Dornfelder (je 10 %).
Anbau: 60 % Weiß-, 40 %

Rotwein. **Spezialitäten:** Im
Barrique ausgebaute Rot- und
Weißweine, Cuvee Johann Adam
Hauck. **Durchschnittsertrag:**
6800 l/ha. **Verkauf:** 70 % Privatkunden, 30 % Gastronomie
und Fachhandel (zusammen).

Weingut Siener

Birkweiler

Aber der staatlich geprüfte Weinwirtschafter ist mehr als ein TV-Clown - er ist ein exzellenter Weinmacher, dessen Tropfen nach Ansicht von Experten zu den besten gehören, die in der Pfalz erzeugt werden. Wenn nur jeder zweihundertste Zuschauer von damals bei ihm jährlich eine Flasche kaufen würde, wäre seine Produktion über Nacht vermarktet. Dann würden alle leer ausgehen, die zu seinen Stammkunden zählen.

Millionen Menschen haben ihn am 28. Februar 2004 im Fernsehen gesehen, als er in der Sendung „Wetten, dass..." bei Thomas Gottschalk mit einem Wasserstrahl aus seiner Tränendrüse nach und nach zehn brennende Kerzen auslöschte. Das Wasser hatte er vorher durch die Nase eingezogen. Peter Siener, der Winzer aus Birkweiler, lieferte damit „einen der schrägsten Momente" in der Geschichte dieser beliebten Sendung, wie die Presse schrieb.

Aber so ist es 2004 nicht gekommen, und so wird es auch künftig nicht kommen, sollte Peter Siener irgendwann seinen Gag im TV wiederholen. Er ist „mit Leib und Seele" Winzer: „Etwas Schöneres kann ich mir als Beruf nicht vorstellen." Sein Ziel war es seit dem Einstieg in das elterliche Weingut und ist es noch, individuelle Weine zu erzeugen, bei denen man seine Handschrift erkennt - besser: schmeckt.

▶▶▶ *Was machen Sie anders als Ihre Kollegen? Peter Siener: „Ich versuche, sehr trockene Weine zu produzieren, die nicht mit Restsüße schmeicheln, sondern authentisch sind."*

Nach eigener Aussage ist Siener bestrebt, Weine mit Bodenhaftung anzubieten, mit Ecken und Kanten, wie er einräumt. Dass sie oft erst nach zwei bis drei Jahren beim Trinken so richtig Spaß machen, ist gewollt. Schaut man auf seine Homepage, liest man: „Mein Name ist Peter Siener, meine Familie und ich machen Weine. Keine beliebigen, sondern solche, denen Sie anmerken können, wo sie herkommen." 40 Prozent kommen aus der Lage Kastanienbusch in Birkweiler. Die herausragende Einzellage der ganzen Region mit ihren extremen Böden ist die Grundlage für Weine, wie Kenner sie mögen: Außergewöhnlich, vom Terroir geprägt, kraftvoll, mineralisch und elegant die Weißen, nicht vom Holz dominiert die Roten.

Dass jeder Weinjahrgang anders ist, stört Peter Siener nicht. Er betrachtet es vielmehr als Herausforderung, die Schwankungen auszugleichen. „Das ist spannend für mich", sagt er. In einem bekannten Weinführer wird ihm das Kompliment gemacht, die unterschiedlichen Charaktere je nach Bodenart klar herauszuarbeiten. Siener-Weine wachsen auf Rotliegendem, Schiefer, Kalk und Buntsandstein. Da er selbst Riesling und Spätburgunder am liebsten trinkt, kümmert er sich um diese Rebsorten besonders. Aber auch seine Weißburgunder, die von der Kritik gerne als faszinierend bezeichnet werden, haben es in sich.

▶▶▶ *Wie sieht Ihre Weinphilosophie aus? Peter Siener: „Wir wollen unverwechselbar sein und reduzieren uns deshalb auf das Wesentliche. Wir legen Wert auf Individualität unserer Weine."*

▶▶▶ *Welche weiteren Ziele haben Sie noch? Peter Siener: „Ich will versuchen, die Qualität unserer Weine noch zu verbessern, ohne dabei die Stilistik zu verändern, und ich möchte das Image des Weinguts auf dem Weinmarkt steigern."*

Peter Siener hat aus Interesse an der Technik zuerst Autoschlosser gelernt, in der eigenen Werkstatt Oldtimer restauriert. Aber die Liebe zum Weinbau schlief nicht ein. Von 1997 bis 1999 ging er bei Jülg in Schweigen und bei Siegrist in Leinsweiler in die Lehre, besuchte die „Weinbauschule" in Neustadt, machte seinen Abschluss, führt seit 2000 zusammen mit seiner Mutter das Weingut, in dem auch sein Vater tätig ist. Siener junior verzichtet auf den Anbau von Neuzüchtungen, geht konsequent seinen Weg als Verfechter traditioneller Rebsorten und hat damit Erfolg. „Ich renne keinem Trend hinterher", merkt er gerne an. Er macht keine modischen Weine, baut sie traditionell an und aus.

Peter Siener

 Weingut Peter Siener, Weinstraße 31, 76831 Birkweiler. Telefon: 0 63 45/35 39. Fax: 0 63 45/91 91 00. E-Mail: info@weingutsiener.de. Homepage: www.weingutsiener.de.

Rebfläche: 12 ha. **Rebsorten:** 10. **Hauptrebsorten:** Riesling (43 %), Spätburgunder (18 %), Weißburgunder (11 %). **Anbau:** 70 % Weiß-, 30 % Rotwein.

Spezialitäten: Sehr trockene, durchgegorene Weine. **Durchschnittsertrag:** 5500 l/ha. **Verkauf:** 50 % Privatkunden, 20 % Gastronomie, 30 % Fachhandel.

Weingut Eugen Spindler/Lindenhof

Forst

Im Internet preist ein Fachhändler den Spindlerschen Riesling als einen Wein an, der auf der Zunge „durch toll ausgewogene Harmonie zwischen Frucht und Frische" auffalle. Ein Kunde schreibt der Familie ins Stammbuch: „Alle Hochachtung! Ihr habt sehr tolle Rieslinge." Aber auch der Chardonnay sei super. Die allgemeine Feststellung eines renommierten Kritikers, der Lindenhof erzeuge kernige Weine, ist durchaus als Kompliment zu verstehen.

Warum heißt das Weingut Eugen Spindler in Forst eigentlich zusätzlich Lindenhof? Nicht zuletzt, um Verwechslungen zu vermeiden. Man hätte auch den Namen „Spindlerhof" wählen können. Aber zwei Gründe sprachen letztlich für Lindenhof: Ein Steinrelief mit einer stilisierten Linde an der Doppeltoreinfahrt zum Mitte des 19. Jahrhunderts errichteten Gutsgebäude und zwei über 100 Jahre alte Lindenbäume im malerischen Innenhof. Vater Peter und Sohn Timo Spindler, beide Inhaber, Letzterer verantwortlich für den Keller, leiten einen Familienbetrieb, der mit brillanten Rieslingen aufwartet.

Seit 1620 betreibt die Familie Spindler Weinbau. Auch wenn nicht genau bekannt ist, seit wann Riesling in der Pfalz angebaut wird - die Sorte war auf jeden Fall schon da, als vor rund vier Jahrhunderten der erste Spindler Wein machte. Und Riesling-Reben dürften damals schon in seinen Weinbergen gewachsen sein. Riesling ist die absolut dominierende Rebe im Lindenhof. Die daraus entstehenden fruchtigen und harmonischen Tropfen mit reifer Säure und angenehmen Aromen („in der Nase Duft nach weißen Blüten und Honig", so ein begeisterter Verkoster) stehen in der Gunst der Kunden obenan und werden regelmäßig mit Auszeichnungen bedacht. Auch der saftige, kernige und runde Chardonnay findet zunehmend Gefallen, ebenso der feinfruchtige Spätburgunder.

▶▶▶ *Was machen Sie anders als Ihre Kollegen? Timo Spindler: „Wir versuchen, den Charakter der einzelnen Sorten so zu erhalten, wie Natur, Lage und Jahrgang ihn beeinflussen. Dabei wird auf eine naturnahe Bewirtschaftung geachtet."*

Spindler baut in seinen Weinbergen in Forst (Lagen: Jesuitengarten, Ungeheuer, Pechstein, Musenhang), Deidesheim (Langenmorgen, Leinhöhle, Herrgottsacker) und Ruppertsberg (Reiterpfad, Hoheburg) je sechs weiße und rote Sorten an. Eine rote Cuvee aus vier Sorten trägt den vielversprechenden Namen „Libellentaumel", ein Wein mit viel Kraft und mit Aromen, die an vielfältige dunkle Früchte erinnern.

Die Vorfahren der Spindlers kamen aus Burgund an die Mittelhaardt. Vor drei Generationen wurde der stattliche Weinbergsbesitz in drei Weingüter aufgeteilt. Eines davon ist der Lindenhof. Peter und Timo Spindler versuchen im Einklang mit der Natur den Charakter ihrer Weine so zu erhalten, wie Lage, Jahrgang und Rebsorte ihn beeinflussen. Auch wenn sie Tradition als Verpflichtung ansehen, so bedeutet das für Vater und Sohn nicht stures Festhalten am Althergebrachten, sondern das Verknüpfen von Bewährtem und Modernem.

▶▶▶ *Wie sieht Ihre Weinphilosophie aus? Timo Spindler: „Wein ist für uns Passion und Leidenschaft. Hierbei ist der Qualitätsanspruch höchstes Gebot. Tradition sehen wir als Verpflichtung."*

▶▶▶ *Welche weiteren Ziele haben Sie noch? Timo Spindler: „Ziel all unserer Bemühungen ist es auch weiterhin, den optimalen Wein zu erzeugen."*

Bei ihren Weinen die ganze Geschmacksvielfalt individuell hervorzubringen, ist das Ziel der beiden Forster Winzer. Die unterschiedlichen Böden, auf denen ihre Reben wachsen - vom verwitterten Buntsandstein über kalkhaltigen, fruchtbaren Löss-Lehm bis hin zum heißen, kraftvollen Basalt mit Tonanteil -, helfen ihn dabei. In den großzügig angelegten Sandsteingewölbekellern herrschen optimale Bedingungen für die Erzeugung und Lagerung wertvoller Weine. Der Ausbau der Weißen erfolgt in Edelstahltanks, wobei Mostvorklärung, kontrollierte Gärführung und schonender Umgang die Grundvoraussetzungen sind, um ein Maximum an Fruchtaromen zu erreichen. Die Roten vergären auf der Maische, erhalten so ihren typischen Charakter. Die Lagerung erfolgt in Eichenholzfässern bzw. Barriques.

Timo Spindler

 Weingut Eugen Spindler/ Lindenhof, Weinstraße 55, 67147 Forst. Telefon: 0 63 26/338. Fax: 0 63 26/75 56. E-Mail: info@spindler-lindenhof.de.

www.spindler-lindenhof.de. **Rebfläche:** 11 ha. **Rebsorten:** 12. **Hauptrebsorten:** Riesling (60 %), Chardonnay und Weißburgunder (je 5 %). **Anbau:** 85 % Weiß-, 15 % Rotwein.

Spezialitäten: Riesling, Burgunder. **Durchschnittsertrag:** 7000 l/ha. **Verkauf:** 50 % Privatkunden, 30 % Fachhandel und 20 % Gastronomie.

Das älteste
Weingut der Pfalz
verbindet Tradition
und Moderne

Staatsweingut mit Johannitergut

Neustadt-Mußbach

Wie kein anderes Weingut in der Pfalz verbindet das Staatsweingut mit Johannitergut in Mußbach Tradition und Moderne. Die Tradition gründet darauf, dass es sich um das älteste pfälzische Weingut aus dem 8. Jahrhundert handelt. Die Moderne wird vor allem daran sichtbar, dass in dem Lehr- und Versuchsbetrieb Weinbau des Dienstleistungszentrums Ländlicher Raum (DLR) Rheinpfalz neueste Verfahren zur Qualitätssteigerung in Weinberg und Keller auf ihre Praxistauglichkeit untersucht werden.

▶▶▶ *Was machen Sie anders als Ihre Kollegen? Betriebsleiter Sascha Wolz: „Wir führen im Premiumbereich gezielte Handlese durch."*

Das durch das DLR bewirtschaftete Weingut mit seinen 22 Hektar Weinbergen in besten Lagen in Mußbach, Haardt, Gimmeldingen, Königsbach und Ruppertsberg ist eines von vier Staatsweingütern in Rheinland-Pfalz neben den Staatlichen Weinbaudomänen Trier und Oppenheim und dem Staatsweingut Bad Kreuznach. Seit 1970 befindet sich das Gut mit Sitz am Ostrand von Mußbach im Besitz des Landes, aber der Besitzer bis zu diesem Zeitpunkt, Otto Sartorius, leitete es im Herrenhof noch bis zu seinem Tod 1977. Erst danach übernahm der Staat die Regie und übertrug die Verantwortung der Staatlichen Lehr- und Forschungsanstalt für Landwirtschaft, Wein- und Gartenbau (seit 2003 DLR Rheinpfalz).

Das zu den traditionsreichsten Weingütern in Rheinland-Pfalz zählende Staatsweingut mit Johannitergut wurzelt im Mußbacher Herrenhof, wo es nach wie vor die nur 1,4 Hektar große Lage Mußbacher Johannitergarten (im Alleinbesitz, kleinste Lage der Pfalz) bewirtschaftet. Im ehemaligen Garten des Herrenhofs mit der zwei Meter hohen Sandsteinmauer reifen exzellente Rieslinge. Dem Versuchsgut kommt eine wichtige Leitfunktion zu, unter anderem wenn es darum geht, neue Weinbezeichnungen (Classic, Selection, DC Pfalz) einzuführen oder beispielsweise Verschlüsse zu testen.

Die Erkenntnisse aus zahlreichen Forschungsprojekten im DLR tragen in Verbindung mit den hochwertigen Lagen zum vielfach prämierten Qualitätsniveau der Weine bei. Viele Auszeichnungen - auch drei Staatsehrenpreise - wurden bei Prämierungen der Landwirtschaftskammer, aber auch bei anerkannten Wettbewerben wie z. B. Mundus vini an das Gut verliehen. Vielleicht wird eines Tages auch dem dunklen, würzigen Rotwein der Sorte Gänsfüßer ein höherer Preis zuerkannt. Die historische Rebsorte wächst im Versuchsanbau und wird modern vinifiziert. Die Mußbacher Weinmacher sagen über diese Rebsorte, deren Blätter an Gänsefüße erinnern: „Durch die Anwendung der modernen Oenologie entsteht eine langlebige Weinpersönlichkeit großer Klasse." Eine wichtige Rolle spielt das Staatsweingut auch in der Ausbildung junger Winzer.

Das Staatsweingut Neustadt betreibt kontrolliert umweltschonenden Weinbau. Im modernen Keller erfolgt der Ausbau der Weine in Edelstahl- und großen Holzfässern und im Barrique. Seitens der Verantwortlichen im Haus wird darauf verwiesen, dass man nicht nur der jahrhundertealten Tradition entsprechend sortentypische Weine alter klassischer Sorten (Muskateller, Gänsfüßer) ausbaut, sondern sich auch dem Fortschritt nicht verschließt durch Anbau von Neuzüchtungen wie Dornfelder und Regent.

Über die Historie, vor allem über die Besitzverhältnisse des Johanniterguts über mehr als 1200 Jahre hinweg, könnte man eine eigene große Abhandlung schreiben. Nur so viel: Die weitläufige Hofgutanlage Herrenhof gehörte einst dem Johanniterorden (später Malteserorden), befand sich ab etwa 1800 im Privatbesitz. Seit 1899 war Otto Sartorius der Ältere der Besitzer und dann seit 1911 sein Sohn Otto Sartorius der Jüngere.

▶▶▶ *Wie sieht Ihre Weinphilosophie aus?* Sascha Wolz: „Bei jeder Rebsorte und Qualitätsstufe das Optimum herausarbeiten. Das heißt, so viel wie nötig und so wenig wie möglich tun."

▶▶▶ *Welche weiteren Ziele gibt es noch?* „Tradition und Fortschritt auch in Zukunft miteinander vereinbaren und bei den Weinen Qualität mit Tradition verbinden" (Homepage).

Außenbetriebsleiter Bruno Sebastian und Kellermeister Sascha Wolz.

Staatsweingut mit Johannitergut, Breitenweg 71, 67435 Neustadt-Mußbach. Telefon: 0 63 21/67 13 19. Fax: 0 63 21/67 12 22. E-Mail: staatsweingut-neustadt@dlr.rlp.de.

Homepage: staatsweingut-johannitergut.de. **Rebfläche:** 22 ha. **Rebsorten:** 20. **Hauptrebsorten:** Riesling (41 %), Dornfelder (9 %), Spätburgunder (7 %). **Anbau:** 65 % Weiß-,

35 % Rotwein. **Spezialitäten:** Gänsfüßer, Muskateller, Sauvignon blanc. **Durchschnittsertrag:** 8000 l/ha. **Verkauf:** 80 % Privatkunden, 5 % Gastronomie, 15 % Fachhandel.

Weingut Dr. Steiner

Siebeldingen

Die besten beruflichen Ideen kommen dem Hausherrn bei der Arbeit im Keller, wie er gesteht. Wahrscheinlich hat er hier im Blick auf die Holz- und Stahlfässer seine Cuvees komponiert, für die er bekannt ist und die bei den Kunden viel Anklang finden. Drei dieser Verschnitte tragen die Namen seiner Töchter Johanna, Sophie und Isabelle. Georg Steiner gehört in der Pfalz zu den Cuvee-Pionieren.

Wer den Johanneshof in Siebeldingen besucht und in den Regalen Ausschau nach sogenannten Designerweinen hält, wird enttäuscht. So etwas gibt es nicht in dem relativ kleinen Weingut mit der großen Tradition. Inhaber Georg (Schorsch) Steiner sagt es unverblümt: Den High-Tech-Schnickschnack mache er nicht mit. „Unsere Weine erheben nicht den Anspruch, den modernen Zeitgeist treffen zu müssen. Die Reinheit und Bekömmlichkeit stehen bei uns absolut im Vordergrund", erfährt derjenige etwas von der Philosophie des Hauses, der einen Blick auf die Homepage im Internet wirft.

Im Zusammenhang mit der roten Cuvee Johanna Steiner, in der entgegen allen Regeln fünf Rebsorten aus fünf Jahrgängen vereinigt sind, heißt es in einem Buch: „Lebensfestlichkeit, rar geworden ausgerechnet in verwöhnten Zeiten, wird auf dem Johanneshof gepflegt nach allen Regeln der Künste. Wenn man dort so in die Nacht hineinlauscht, das Feuer knistert vor sich hin, Nachtvögel verraten ihre Gegenwart, es wird erzählt, getanzt..., da versteht man plötzlich, wie ein Winzer auf so etwas aberwitzig Inspiriertes wie die Cuvee Johanna Steiner kommen kann." Der Weinbautechniker Georg Steiner, der seinen Beruf auf der Visitenkarte mit „Weinbauer" angibt, ist glücklich über diesen voluminösen Tropfen.

▶▶▶ Was machen Sie anders als Ihre Kollegen? Georg Steiner: „Ich lege Wert auf Reinheit und Bekömmlichkeit der Weine. Die Individualität des Jahrgangs, der Lage und des Bodens soll klar zum Vorschein kommen."

Schorsch Steiner ist die sechste Generation in dem Weingut, in dem seit über 300 Jahren Wein gemacht wird. Ehe er in den Familienbetrieb einstieg, sammelte er Erfahrungen auf zahlreichen Reisen in verschiedene Weinbauländer der Welt. Als er in Siebeldingen das Ruder übernahm, betrug die Weinbergsfläche gerade mal fünf Hektar. Er fand, wie er schmunzelnd erzählt, drei kaputte Holzfässer und einen schrottreifen Traktor vor. Heute leitet er einen modernen Betrieb. Die Reben in den Wingärten sind teilweise bis zu 50 Jahre alt. Angebaut sind alle in der Pfalz gängigen Rebsorten.

Vor dem Anwesen in Siebeldingen steht eine aus Familienbesitz stammende historische Kelter von 1686. Sie ist der Beweis dafür, dass die Steiners schon seit Jahrhunderten dem Wein verbunden sind. Georg Steiner ist ein Verfechter des trockenen Weins. Durch den gekonnten Umgang mit dem biologischen Säureabbau erhalten seine Produkte ihre Individualität und Bekömmlichkeit. Die Weine vom Johanneshof sind ehrlich und bodenständig, frisch und fruchtig, weisen angenehme Aromen auf. Bei den Barrique-Weinen, darauf legt der Hausherr Wert, darf der Holzton nicht zu intensiv sein.

„Wein machen ist meine große Liebe", sagt Schorsch Steiner jedem, der es hören will. Die trockenen Weine haben einen eigenständigen Charakter und schmecken so, wie der Erzeuger sie selbst gerne trinkt. Manche Entscheidung fällt er aus dem Bauch heraus. Aus Respekt vor der Natur fühlt er sich der umweltbewussten Pflege seiner Weinberge verpflichtet.

Ein Tropfen besonderer Art aus dem Haus ist die „Selection Justus Frantz". Steiner ist mit dem berühmten Pianisten und Dirigenten gut befreundet und erzeugt für ihn einen Silvaner aus 40 Jahre alten Reben in einem von dem Künstler gepachteten Weinberg.

▶▶▶ *Wie sieht Ihre Weinphilosophie aus? Georg Steiner: „Von zentraler Bedeutung ist für mich eine angenehm milde Säurestruktur, die dem Weintrinker vollen Genuss sowie absolute Bekömmlichkeit garantiert."*

▶▶▶ *Welche weiteren Ziele haben Sie noch? Georg Steiner: „Ich will unseren mediterranen Garten gastronomisch ausbauen, auch für Veranstaltungen, und ich will mithelfen, die Südpfalz mit einem sanften, hochwertigen Tourismus weiterzuentwickeln."*

Georg (Schorsch) Steiner

Weingut Dr. Steiner,
Johanneshof, 76833 Siebeldingen.
Telefon: 0 63 45/36 64.
Fax: 0 63 45/89 94. E-Mail:
info@weingut-dr-steiner.de.
www.weingut-dr-steiner.de.

Rebfläche: 10 ha. **Rebsorten:** 13. **Hauptrebsorten:** Weiße Burgundersorten (zusammen 25 %), Riesling (20 %), Spätburgunder (20 %). **Anbau:** 67 % Weiß-, 33 % Rotwein. **Spezialitäten:** Sauvignon blanc, Muskateller, Cuvees aus mehreren Rebsorten und Jahrgängen. **Durchschnittsertrag:** 7500 l/ha. **Verkauf:** 80 % Privatkunden, je 10 % Gastronomie und Fachhandel.

Weinbau im Einklang mit der Natur. Die Rebe soll nicht überfordert werden

Weingut Stentz

Landau-Mörzheim

Winzermeister Jürgen Stentz und seine von der Nahe stammende Ehefrau Astrid, ebenfalls ausgebildete Winzerin, verkünden ihren Kunden und Gästen gerne: „Wir sind mit Leib und Seele Winzer." Das schmeckt man. Ihr Motto lautet: „Frohes Schaffen für guten Wein." Ihre eigene Handschrift bei der Weinbereitung merken alle schnell, die etwas von Wein verstehen.

Vorbei sind die Zeiten, als das Weingut Stentz im Landauer Stadtteil Mörzheim als Geheimtipp bezeichnet wurde. Anfang 2000 war das noch zutreffend, aber seitdem ist auch überregional über den Betrieb so positiv berichtet worden, dass viele Weinfreunde außerhalb der Pfalz auf ihn aufmerksam wurden. Sie kommen, um sich mit Weinen einzudecken, die durch ihre Sortenreinheit, Frische und die feinen Aromen auffallen, und um im gemütlichen Gästehaus der Winzerfamilie ein paar Tage Urlaub anzuhängen.

▶▶▶ *Was machen Sie anders als Ihre Kollegen?*
Jürgen Stentz: „Wir bieten unseren Kunden ein Komplettprogramm rund um das Thema Wein: Jahreszeiten-Menüs, Weinseminare das ganze Jahr über, Urlaub im Weingut."

Das Familienweingut Stentz wird in fünfter Generation geführt. Als Jürgen Stentz 1999 den Betrieb von seinen Eltern übernahm, stellte er weitgehend auf Flaschenweinvermarktung um und suchte sich seine Kunden in ganz Deutschland. Es ist nur eine Frage der Zeit, bis er nicht mehr gezwungen ist, das eine oder andere Gebinde über das Fass zu verkaufen. Vor allem wenn die Medien weiter mit lobenden Worten nicht sparen. Selten wird in den Artikeln verschwiegen, dass das in vierjähriger Eigenarbeit renovierte Fachwerkgehöft unter Denkmalschutz steht und über dem Sandsteingewölbe die Jahreszahl 1700 steht. Einst befand sich hier eine Wagnerei. Daran erinnert heute nichts mehr.

Das Ehepaar Stentz legt großen Wert auf Weinbau im Einklang mit der Natur. „Weil gute Böden die Grundlage aller hochwertigen Weine sind, gehen wir schonend damit um." Sie betonen aber auch ihr Bemühen, die Rebe nicht zu überfordern und verzichten zum Vorteil der Qualität auf möglichst große Ernten. Alle Stentzschen Weine wachsen in der

Lage Mörzheimer Pfaffenberg. Der Sortenakzent liegt auf den Burgundern, dem Riesling und dem Dornfelder. Die Weißweine vergären im Keller vorgeklärt, gezügelt und lange, um die optimale Ausbeute von Sorten- und Fruchtaromen zu erzielen. Die lange Maischezeit bei den Rotweinen ist gewollt, um den Weinen Kraft, Farbe und Ausdrucksstärke zu geben. Die Vergärung erfolgt traditionell in großen Eichenholz- oder kleinen Barriquefässern.

Was Jürgen Stentz am Wein so sehr fasziniert, bringt er im Imageprospekt des Hauses zum Ausdruck: Weine, die von Natur aus unberechenbar sind, machen mich ganz einfach neugierig und ich sehe mich gefordert, gut trinkbare und bekömmliche Tropfen zu erzeugen, die von hoher Qualität sind. Dass er aus den zumeist sandigen Lehmböden mehr herausholt als andere, bringt ihm nicht nur die Anerkennung seiner örtlichen Kollegen ein.

Komfortabel eingerichtet ist das 4-Sterne-Gästehaus der Familie Stentz, angrenzend an das Fachwerkhaus. In der hauseigenen Vinothek sind alle Weine des Guts zu bekommen und dazu ausgesuchte Accessoires. Erwähnt werden muss auch ein besonderes Hobby von Astrid Stentz. Zusammen mit ihrer Winzerkollegin Nicole Graeber präsentiert sie auf Messen und bei anderen Gelegenheiten die Weine beider Häuser und dazu Schokolade der Chocolatière Miriam Rocha (Maintal). Das alles ergibt, wie einmal zu lesen war - zwei Weingüter, eine Confiserie und jede Menge leckere Ideen - einen „neuen Genusshimmel". Die beiden Damen zeigen auf, dass es zwischen Wein und Schokolade viele Gemeinsamkeiten gibt.

▶▶▶ *Wie sieht Ihre Weinphilosophie aus?* Jürgen Stentz: „Es geht mir darum, Traditionen zu bewahren, die Fruchtbarkeit des Bodens nachhaltig zu erhalten, Weinbau im Einklang mit der Natur zu betreiben. Ich lege Wert auf frische und fruchtige ‚Brot-und-Butter-Weine' für jeden Tag, auf gehaltvolle und ausgeprägte Top-Weine für den besonderen Anlass."

▶▶▶ *Welche weiteren Ziele haben Sie noch?* Jürgen Stentz: „Meine Ziele sind leicht zu beschreiben: Weitere, konsequente Qualitätssteigerung, das Kulturgut Wein noch mehr ins Gespräch bringen, Wein erlebbar machen."

Ehepaar Stentz mit Tochter.

Weingut Stentz,
Mörzheimer Hauptstraße 47,
76829 Landau-Mörzheim.
Telefon: 0 63 41/30 121.
Fax: 0 63 41/34 565.
E-Mail: info@stentz.de.

Homepage: www.stentz.de. **Rebfläche:** 14 ha. **Rebsorten:** 18. **Hauptrebsorten:** Weiße Burgundersorten (25 %), Riesling (15 %), Spätburgunder (15 %). **Anbau:** 70 % Weiß-,

30 % Rotwein. **Spezialitäten:** Verschiedene Cuvees, Muskateller. **Durchschnittsertrag:** 7000 l/ha. **Verkauf:** 70 % Privatkunden, 20 % Gastronomie, 10 % Fachhandel.

Ausbau der Rotweine
wie vor 100 Jahren:
Maische nach Vergärung
in Eimern zur Kelter

Weingut Stern

Hochstadt

Andere Güter an der Südlichen Weinstraße haben eine größere Tradition als dieses Haus, aber das heißt noch lange nicht, dass ihre Produkte deshalb besser sind. Josef Stern, der Vater von Wolfgang Stern, kaufte sich 1952 den ersten Weinberg. Der gelernte Holzküfer, der Holzfässer und Bütten baute, wollte das Weinmachen selbst praktizieren. 1960 begann er dann auch zu brennen. 1980 übernahm der Sohn, Winzermeister und ebenfalls Weinküfer, vom Vater den Betrieb und füllte die ersten Weine in Flaschen ab. Nach beendeter Ausbildung bei Friedrich Becker in Schweigen und Meßmer in Burrweiler, nach dem Studium in Weinsberg mit

Zu den Weingütern, die in den letzten Jahren den Namen von Hochstadt über die engere Region hinaus bekannt gemacht haben, gehört Stern. Das Haus hat sich für seine qualitätsvollen Weine, aber auch für die öfter mit Preisen bedachten Brände und Liköre schon manchen „Stern" geholt. Vater und Sohn Stern leiten das Weingut gemeinsam, aber jeder hat seine klar umrissene Aufgabe: Junior Dominic ist für die Weinberge und den Weinausbau zuständig, Senior Wolfgang hat in der Brennerei das Sagen.

▶▶▶ *Was machen Sie anders als Ihre Kollegen? Dominic Stern: „Um hocharomatische und gesunde Trauben ernten zu können, ist das Arbeiten mit der Natur im Weinberg die Voraussetzung. Ziel ist die Herstellung eines Gleichgewichts zwischen Boden und Reben."*

Abschluss als staatlich anerkannter Techniker für Weinbau und Oenologie sowie Auslandsaufenthalten in der Wachau und Südafrika stieg Dominic 2003 ein.

Die von Wolfgang Stern in seiner Ära als Alleinverantwortlicher für das Weingut gepflanzten Reben stehen noch heute im Ertrag. Auf den sandigen Lössböden mit leichtem Kalkgehalt wachsen vor allem die verschiedenen Burgundersorten gut, aber ebenso die traditionellen Rebsorten von Riesling bis Müller-Thurgau und Gewürztraminer, von Portugieser und Dornfelder bis Merlot. Die Weißweine zeichnen sich durch Eleganz, Frische, Individualität, Vielschichtigkeit und Ausdruck aus. Die Roten reifen in Eichenfässern, die hochwertigsten Sorten bleiben bis zu 18 Monate auf dem „Holz" bzw. im Barrique.

Es dauerte lange, bis das Weingut Stern seinen ersten, mit großer Freude begrüßten Preis bekam. Das war 2006 der Ehrenpreis des Verbandes der Weingüter und Weinkellereien Rheinhessen-Pfalz bei der Prämierung der Landwirtschaftskammer. Weitere Auszeichnungen sind dazu gekommen. Der Großvater, den alle im Dorf nur „Sterne Sepp" nannten und nach dem eine Weinstube in Hochstadt benannt ist, hätte sich gefreut über den Erfolg seines Enkels.

Dominic Stern ist angetreten, um nach eigener Aussage „individuelle, charaktervolle Weine mit Lagerpotenzial zu erzeugen, die Persönlichkeit haben und keine Allerweltsweine sind". Dieses selbst gesteckte Ziel hat er längst erreicht. Seine Rotweine baut der junge Mann aus „wie vor 100 Jahren". Er beschreibt sein „System" selbst: „Die Maische wird in Bütten vergoren, dann per Hand im Eimer auf die Kelter gebracht. Der Ausbau erfolgt in Holzfässern, die noch mein Opa gebaut hat." Bei den Weißweinen setzt er ebenfalls wenig Technik ein, sie bleiben bis kurz vor der Abfüllung auf der Feinhefe.

Großer Wert wird auf umweltschonendes Arbeiten im Weinberg gelegt - nach dem Motto: „Weniger ist oftmals mehr." Es ist sein großes Ziel, auch in schwierigen Jahren Topweine zu erzeugen. Bisher ist ihm das stets gelungen. Die Kunden bestätigen ihm das immer wieder. Unter den Tropfen, die gerne gekauft werden, ist ein trockener Riesling mit der Bezeichnung „Im Langen Rain", dessen Trauben aus dem besten und ältesten Weinberg des Weinguts stammen. Unter dem Label „PinoTimes" bietet Dominic Stern zusammen mit seinem Cousin Philipp Kiefer vom Aloisiushof in St. Martin hochwertige Burgunderweine an, die in Hochstadt und St. Martin wachsen.

▶▶▶ *Wie sieht Ihre Weinphilosophie aus?* Dominic Stern: *„Ich möchte individuelle, charakterstarke Weine produzieren, die Frucht, Würze, Sortentypizität und Lagerfähigkeit miteinander vereinbaren."*

▶▶▶ *Welche weiteren Ziele haben Sie noch?* Dominic Stern: *„Mein Ziel ist es, stets die Qualität zu verbessern, den Charakter der Herkunft und des Weinguts noch besser herauszuarbeiten."*

Dominic Stern

Weingut Stern,
Hauptstraße 199,
76879 Hochstadt.
Telefon: 0 63 47/70 05 80.
Fax: 0 63 47/73 09.
E-Mail: weingut.stern@gmx.de.

Homep.: www.weingut-stern.de.
Rebfläche: 8 ha. **Rebsorten:**
16. **Hauptrebsorten:** Burgunderfamilie (40 %), Riesling (15 %), Silvaner (10 %). **Anbau:** 50 % Weiß-, 50 % Rotwein.

Spezialitäten: Grauburgunder, Chardonnay, Destillate. **Durchschnittsertrag:** 7500 l/ha. **Verkauf:** 80 % Privatkunden, 15 % Gastronomie, 5 % Fachhandel.

Unbeirrt von Trends
entscheiden bei der
Weinbereitung die
eigene Nase und Zunge

Stiftsweingut
Frank Meyer

Klingenmünster

Der alte Klosterkeller der einstigen Benediktinerabtei ist seit der Stauferzeit nachweisbar. Vermutlich existierte er aber schon, als das Kloster 626 gegründet wurde. „Ein solcher Ort übt Einfluss aus und verpflichtet", sagt Frank Meyer, dessen Eltern seit den 1950er Jahren in dem im Familienbesitz befindlichen Westflügel der Abtei wohnen. Die heutigen Inhaber des Weinguts leben nur einen Steinwurf entfernt in einem restaurierten Barock-Anwesen, wo sie ihre Kunden beraten und bedienen. Nicht ohne Grund zeigen die Titelseite der Weinkarte und das Etikett das „Stift". An einem so historischen Platz Kellerwirtschaft zu betreiben, ist für den Winzermeister eine Tradition, die verpflichtet.

Der Stiftskeller in Klingenmünster wäre für historisch interessierte Menschen ein Ort zum Umschauen und kurzen Verweilen und zum Nachdenken. Wenn er denn öffentlich zugänglich wäre. Aber Frank und Manuela Meyer vom Stiftsweingut sind zu Gruppenführungen nach Vereinbarung gerne bereit. Wer an einem solchen Rundgang teilnimmt, sieht „dort unten" viele Fässer, in denen Weine heranreifen, die von Fachleuten als „astrein" bezeichnet werden. Dass die Tropfen so gut gedeihen, hat sicherlich mit diesem außergewöhnlichen Keller zu tun. Er hat, wie kaum ein anderes Gebäudeteil der Anlage, bis heute seinen Charakter erhalten.

▶▶▶ *Was machen Sie anders als Ihre Kollegen? Frank Meyer: „Intensive, naturnahe Weinberg-Stock- und Bodenarbeit. Aber das machen andere qualitätsorientierte Winzer auch."*

Bereits im Alter von 17 Jahren stieg Frank Meyer nach der Winzerlehre ins elterliche Gut ein. Er erkannte sofort, dass der Fassweinmarkt für ihn keine Zukunftsperspektive hat und stellte 1978 auf Flaschenwein um. Am 1. Januar 1999 übernahm er den Betrieb vom Vater. Von Anfang an arbeitete Meyer so naturnah wie möglich. Gedüngt wird mit Kompost aus Pferde- und Hühnermist sowie gehäckselten und kompostierten Grünabfällen. Im Winter werden die Weinberge begrünt.

Frank Meyer sei ein eigenwilliger Winzer, behaupten manche Leute. Seine Frau wird resolut genannt. Aber diese durchaus als Anerkennung zu wertenden Formulierungen für das die

Weinherstellung mit großer Liebe betreibende Ehepaar werden durch zwei Feststellungen aus einem Wein-Lesebuch für die Südpfalz noch überboten: Die beiden seien „Dompteure der Hocharomatik", und der Chef des Hauses ein „Lordsiegelbewahrer des Kulturerbes von Klingenmünster".

Komplimente wie diese kommen nicht von ungefähr. Frank Meyer ist ein Winzer, der Weine auf den Markt bringt - vor allem einen vielgerühmten Portugieser aus dem Barrique -, die hohen Ansprüchen genügen. Sie zeichnen sich durch Frische, Lebendigkeit, ausgeprägte Mineralität und ein klares Geschmacksbild aus. Die Weißweine sind in der Regel knackig, die Roten gut strukturiert. Der Weinmacher aus dem Stiftskeller baut in der Regel seine Tropfen trocken aus.

Qualität, nicht Masse ist das Ziel. „Wir sind eigensinnig genug, die alten, überkommenen Methoden des Weinausbaus den industriell geprägten Verfahren vorzuziehen", verrät Frank Meyer. Die Erträge der Reben werden erheblich reduziert. Den Trauben wird beim Keltern „beileibe nicht das Letzte abgepresst". Als Ziel seiner Arbeit gibt er das Herausarbeiten eines eigenen Weintyps an („Meyer-Typ"), er will „klassische saubere Weine erzeugen", die durch Klarheit, Feinfruchtigkeit und Eleganz bestechen. Zugleich im Namen seiner Frau versichert er: „Wein ist unser Beruf. Und unsere gemeinsame Leidenschaft. Unbeirrt von Moden und Trends folgen wir bei der Weinbereitung der eigenen Nase und Zunge."

▶▶▶ Wie sieht Ihre Weinphilosophie aus? Frank Meyer: „Der Weinberg muss gut versorgt sein, denn dort wachsen die Reben und die Trauben. Man muss seine Weinberge kennen und das Richtige am richtigen Tag tun."

▶▶▶ Welche weiteren Ziele haben Sie noch? Frank Meyer: „Ich will versuchen, jedes Jahr das Beste aus den Weinbergen und Trauben herauszuholen, mit Beobachtungsgabe und Fingerspitzengefühl."

Frank Meyer und seine Ehefrau Manuela.

Stiftsweingut Frank Meyer,
Weinstraße 37,
76889 Klingenmünster.
Telefon: 0 63 49/74 46.
Fax: 0 63 49/57 52. E-Mail:
stiftsweingut-meyer@t-online.de.

www.stiftsweingut-meyer.de.
Rebfläche: 9 ha. **Rebsorten:**
12. **Hauptrebsorten:** Weiße
Burgundersorten (35 %),
Riesling (30 %). **Ausbau:**
70 % Weiß-, 30 % Rotwein.

Spezialitäten: Portugieser „S"
aus dem Barrique, Portugieser
Rosé, Riesling. **Durchschnittsertrag:** 6500-7500 l/ha. **Verkauf:**
60 % Privatkunden, je 20 %
Gastronomie und Fachhandel.

Vier Jahreszeiten Winzer eG

Bad Dürkheim

Wer immer noch in dem Irrglauben lebt, Genossenschaftsweine könnten mit den Weinen von privat betriebenen Spitzengütern nur bedingt mithalten, sollte sich einmal die Zeit zum Probieren und Bewerten im Stammhaus Bad Dürkheim nehmen. Aber Vorsicht, es wird nicht gelingen, von allen Weinen ein Schlückchen zu verkosten, denn in der Preisliste stehen - Sekt und Secco eingeschlossen - an die 150 Produkte. „Weine mit einmaligen Charakteren" versprechen die Hersteller den Käufern der vier Linien. „No. 1" bedeutet

Die Winzergenossenschaft Vier Jahreszeiten in Bad Dürkheim ist nicht die größte ihrer Art in der Pfalz, aber die nach Expertenansicht vielleicht beste, mit Sicherheit die am meisten prämierte. Diese Genossenschaft ist die zweitälteste im Weinbaugebiet Pfalz und gehört seit vielen Jahren zu den herausragenden Erzeugergemeinschaften in Deutschland. Sie setzt schon seit langer Zeit Maßstäbe - was Verpflichtung und Herausforderung zugleich ist. An den Weinen sei „null und nichts" auszusetzen, stellt der „Gault Millau" fest.

▶▶▶ *Was machen Sie anders als Ihre Kollegen? Kellermeister und geschäftsführender Vorstand Walter Brahner: „Wir suchen den intensiven Austausch mit unseren Winzern und haben beim Weinbau ein klares Qualitätsmanagement."*

Premiumwein („entstanden durch den Ehrgeiz, etwas ganz Besonderes zu schaffen"). Die „Barrique-Linie" besteht aus Rotweinen, die durch ihren Extraktgehalt und ihre Dichte hervorstechen, gelesen in bevorzugten Lagen und 10 bis 15 Monate im Pfälzer Eichenholzfass herangereift. Weine der „Elegance-Serie" gibt es in Langhalsflaschen, die Trauben stammen von ausgewählten Rebsorten. Die Trauben der bekanntesten Burgundersorten werden bereits im Weinberg für die „Burgunder-Linie" ausgewählt.

Der unermüdliche Einsatz der rund 300 Winzerfamilien, die Mitglied der Genossenschaft sind, gepaart mit den optimalen Bedingungen des Terroirs lassen nach den Worten der Verantwortlichen alljährlich Trauben gedeihen, aus denen filigrane, feinfruchtige und mineralische Weißweine sowie tiefgründige, komplexe, erlesene Rotweine entstehen.

Der Qualitätsgedanke steht bei der ganzen Arbeit in den Weinbergen und im Keller im Vordergrund. Das Angebot umfasst in jedem Jahrgang Weine, die Respekt abnötigen. Die große Vielfalt der Tropfen aus den 30 angebauten Rebsorten hat zur Folge, dass sich für jeden Geschmack der richtige Wein findet.

Gegründet wurde die Winzergenossenschaft im Juli 1900. Damals gab es erst eine pfälzische Erzeugergemeinschaft. Die Winzer erkannten die Vorteile des gemeinschaftlichen Verkaufs ihrer Produkte in wirtschaftlich schwierigen Zeiten mit großer Geldnot, die durch Darlehenskassen etwas gemildert wurde. Die Gaststätte „Vier Jahreszeiten", in der die Gründung erfolgte, war die Namensgeberin. Schon im ersten Jahr schlossen sich 75 Winzer an, es musste deshalb bereits 1902 ein Mitgliederstopp ein-

geführt werden. Das führte dazu, dass sich die Erzeugergemeinschaft „Haardtweingenossenschaft", später „Winzerverein Kloster Limburg", bildete. 1970 erfolgte die Fusion, der heutige Name „Vier Jahreszeiten Winzer" besteht seit 1992.

Höchste nationale und internationale Auszeichnungen belegen die Erfolgsgeschichte der Genossenschaft. Zwei Dutzend Mal wurde ihr bisher der Bundesehrenpreis der Deutschen Landwirtschafts-Gesellschaft verliehen. Die Weinberge befinden sich in Bad Dürkheim und neun umliegenden Gemeinden. Die Trauben wachsen in Großlagen, die weithin bekannt sind: Feuerberg, Schenkenböhl, Hochmeß, Honigsäckel, Hofstück und Schnepfenflug.

▶▶▶ *Wie sieht Ihre Weinphilosophie aus? Walter Brahner: „In der Ruhe liegt die Kraft."*

▶▶▶ *Welche weiteren Ziele haben Sie noch? Walter Brahner: „Wir streben ein weiteres gesundes Wachstum unter Beachtung unserer Qualitätsphilosophie an."*

Geschäftsführender
Vorstand Walter Brahner.

Vier Jahreszeiten Winzer eG,
Limburgstraße 8,
67098 Bad Dürkheim.
Telefon: 0 63 22/94 900.
Fax: 0 63 22/94 90 37.
E-Mail: info@vj-wein.de.

Homepage: www.vj-wein.de.
Rebfläche: 650 ha. **Rebsorten:**
30. **Hauptrebsorten:** Riesling
(30 %), Portugieser (10 %),
Spätburgunder (8%). **Anbau:**
60 % Weiß-, 40 % Rotwein.

Spezialitäten: Trockene Rieslinge, Beerenauslesen, Eisweine.
Durchschnittsertrag: 7500-
8000 l/ha. **Verkauf:**
34 % Privatkunden, je 33 %
Gastronomie und Fachhandel.

Betrieb mit einer
aus dem üblichen
Rahmen fallenden
Weinphilosophie

Weingut Vinification Ludwigshöhe

Edenkoben

Für Freunde der Cuvee ist der ehemalige Cavaliersbau des Schlosses Villa Ludwigshöhe die richtige Anlaufstelle. Viele finden den Weg hierher und decken sich mit den Verschnitten ein, auf deren Etiketten man nur den Jahrgang und den Namen der Erzeuger-Region „Pfalz" liest, keine Lagen- oder Ortsbezeichnung. Die Rebsorte ist nur bei den Nicht-Cuvees angegeben. Das Programm „Assemblage" (Zusammenstellung) setzt sich aus insgesamt acht Weinen zusammen, jahrgangsorientiert und durch drei Qualitätsstufen strukturiert. „T" steht für „Terroir", „R" für „Réserve" und „GR" für „Grande Réserve". Angegeben ist, ob der Wein rot oder weiß ist (rouge, blanc), ob er trocken (sec) oder edelsüß (doux) ausgebaut ist. Die Weine bleiben zwischen zwei und fünf Jahre auf der Flasche, ehe sie in den Verkauf gehen.

Das Weingut Vinification Ludwigshöhe Edenkoben ist ein Betrieb, der völlig aus dem üblichen Rahmen fällt. Winzermeister Stephan Schneider hat 2001 damit begonnen, seine eigene Philosophie vom Weinmachen umzusetzen und befindet sich damit - sicher zur Überraschung vieler seiner Kollegen - auf einem Erfolgsweg. Alle 15 Weine im Angebot werden unter der Bezeichnung „Consulat des Weins" vertrieben: das gilt für die Cuvees ebenso wie für die Rebsortenweine, die „Cépage" genannt werden. „Wir sind schon ein bisschen verrückt mit dem, was wir machen. Aber es funktioniert", stellt der Inhaber fest.

▶▶▶ *Was machen Sie anders als Ihre Kollegen? Stephan Schneider: „Unsere Zielsetzung lautet: Komplexe, gereifte Weine erzeugen. Der Schwerpunkt liegt auf dem Cuvee-Programm, welches die ‚Kür' ist. Das Rebsortenprogramm ist die ‚Pflicht'."*

Warum eine so starke Konzentrierung auf Cuvees? Stephan Schneider gibt die Antwort: „Wenn wir überleben wollen, müssen wir uns auf unsere regionalen Stärken konzentrieren. Das schaffen wir mit Cuvees besser als mit standardisierten Rebsortenprofilen." Im sehr modern aufgemachten Infomaterial des Hauses wird den Kunden erklärt, dass es sich bei den Assemblages um Weine handelt, die sich durch geschmackliche Komplexität und Vielschichtigkeit auszeichnen. Mit reintönigen Rebsortenweinen sei dieses komplexe Geschmacksprofil nicht zu erreichen.

Für die Cuvees werden nur Trauben von geeigneten Rebsorten genommen. Für die „Cépage"-Weine werden vier weiße Rebsorten (Chardonnay, Riesling, Sauvignon blanc, Pinot blanc) und drei rote Sorten (Cabernet Sauvignon, Merlot, Pinot noir) verwendet. Der Kunde erfährt: Rebsortenweine weisen einen sortentypischen Geschmack auf, sie werden ausschließlich in den geeigneten Terroirs angebaut. Die Weine zeichnen sich durch hohe geschmackliche Konstanz und Qualität aus.

▶▶▶ *Wie sieht Ihre Weinphilosophie aus? Stephan Schneider: „Weniges, aber Reifes. Stabilität ist Wertigkeit."*

▶▶▶ *Welche weitere Ziele haben Sie noch? Stephan Schneider: „Konzentration auf Cuvees."*

Stephan Schneider hat den früheren Cavaliersbau im Jahr 2001 von der Bundeswehr gekauft, die das Gebäude früher als Erholungsheim nutzte. Hier befindet sich eine geschmackvoll eingerichtete Verkaufsstelle für die Vinifications-Weine. Nur in ganz wenigen gastronomischen Betrieben werden Tropfen der Marke „Consulat des Weins" ausgeschenkt und nur wenige Fachhändler haben sie im Angebot. Die Verarbeitung der Trauben erfolgt nicht am Fuße der „Villa", sondern „drunten" in Edenkoben, wo sich auch Keller und Lager befinden.

Ein bekannter Weinladen außerhalb der Pfalz preist die Weine des Weinguts Vinification so an: Nicht die historische Architektur macht die Weine so interessant, sondern der hohe Anspruch der Winzer bei der Arbeit im Weinberg wie im Keller und natürlich die Kreation. Ganz bewusst wird die hohe Kunst der Assemblage genutzt und es entstehen Weine „mit hoher Komplexität und unterschiedlicher Geschmacksbildung".

Stephan Schneider

Weingut Vinification Ludwigshöhe, Villastraße 62, 67480 Edenkoben.
Telefon: 0 63 23/80 46 15. Fax: 0 63 23/80 46 16. E-Mail: info@vinification-ludwigshoehe.de. www.vinification-ludwigshoehe.de.

Rebfläche: 10 ha.
Rebsorten: 14.
Hauptrebsorten: Cabernet Sauvignon (15 %), Merlot (12 %), Spätburgunder (10 %). **Anbau:** 47 % Weiß-, 53 % Rotwein.

Spezialitäten: Cuvee GR 1 rouge sec (fünf Jahre gereift), Cuvee R 6 rouge doux (drei Jahre gereift). **Durchschnittsertrag:** 5500 l/ha. **Verkauf:** 90 % Privatkunden, je 5 % Gastronomie und Fachhandel.

Weingut Wageck

Bissersheim

Dass dieses anvisierte Ziel nicht zu hoch gehängt ist, zeigt sich deutlich an der positiven Entwicklung in den vergangenen Jahren. Die Zeitschrift „Feinschmecker" reihte bereits 2010 das damals noch Wageck-Pfaffmann heißende Weingut unter die besten deutschen Güter ein. Der „Gault Millau" verlieh zwei Trauben („Guter Erzeuger, der mehr als das Alltägliche bietet"). Kunden, Kritiker und Fachorgane loben die steigende Qualität der Weine und den dank der Investitionen in Keller und Außenwirtschaft anhaltenden Trend nach oben. Sowohl die Weiß-, als auch die Rotweine würden immer besser, ist zu lesen. Ein Kunde nennt den Betrieb in einem im Internet veröffentlichten Kommentar seinen Pfälzer Hoflieferanten und fügt an: „Der Merlot und der Frühburgunder sind ein Traum."

Beim Weingut Wageck in Bissersheim redet man nicht um den heißen Brei herum, sondern nennt die Dinge klar beim Namen. Thomas Pfaffmann, der sich im Betrieb zusammen mit seinem Bruder Frank um den Keller kümmert, sagt ohne jede Umschweife: „Unser Ziel ist es, zu den besten Winzern der Pfalz und Deutschlands zu gehören. Dies ist in unserer Gegend möglich." Er verweist auf andere namhafte Weingüter in der Region, die das eindrucksvoll belegten.

▶▶▶ *Was machen Sie anders als Ihre Kollegen? Thomas Pfaffmann: „Für uns wird der Wein im Weinberg gemacht und nicht im Keller oder Labor. Wir setzen auf die traditionelle Weinbereitung und auf die Lagerfähigkeit unserer Weine."*

Die weißen und roten Burgunder haben es den „Pfaffmännern" (die Inhaberfamilie bilden Gunter und Gertraud, Thomas und Frank Pfaffmann) besonders angetan. Hier zeigen sie, zu was ein in der Nordpfalz ansässiger Traditionsbetrieb fähig ist. Mittelfristig ist es ihr Ziel, wie es Thomas Pfaffmann formuliert, „mit unseren Weinen zu den besten Burgundermachern zu gehören, und ich möchte zu den besten Weingütern der Region aufschließen". Experten und Kunden attestieren den in den Lagen Goldberg in Bissersheim, Burgweg in Großkarlbach und Steinacker in Kirchheim wachsenden weißen Weinen feine Würze, Fülle und Länge, den Roten reife Frucht und Substanz.

„Wein ist mein Leben", versichert Thomas Pfaffmann und sieht sich auf einem Weg, den bereits sein Urgroßvater Wilhelm Wageck („Winzer aus Leidenschaft") eingeschlagen hatte. Dessen Begeisterung für Wein trägt er nach eigener Aussage auch in sich, „das fühlt und schmeckt man in jedem Wageck-Wein". Wein ist für ihn und die anderen Familienmitglieder „ein Stück Kultur". Man will deshalb gemeinsam alles daran setzen, diese Kultur im Interesse der Kunden zu erhalten. Zur Weinphilosophie des Hauses gehört es, Weinberge nur in Toplagen zu unterhalten, alte Reben zu pflegen, geringe Erträge zu erzeugen, schonend und selektiv zu lesen und die Weine ausreichend reifen zu lassen.

Senior Gunter Pfaffmann aus Walsheim lernte 1969 beim eigenen Hoffest die amtierende Weingräfin des Leininger Landes Gertraud I. kennen, heiratete sie nach bestandener Prüfung als Diplom-Ingenieur für Weinbau und Oenologie und trat 1973 in den Betrieb in Bissersheim ein, der seitdem unter dem Doppelnamen firmierte. Viele Generationen Wageck hatten vorher schon Weinbau in Verbindung mit Landwirtschaft und Viehhaltung betrieben.

Die Weine des Hauses, das dem Pfälzer Barrique-Forum angehört und für seine Erzeugnisse schon viele Auszeichnungen erhalten hat, waren früher nach einem Sterne-Prinzip eingestuft. Das wurde mittlerweile abgeschafft. So gibt es keine Literflaschen-Weine mehr. Der Fokus liegt auf klassischen Burgundersorten wie Chardonnay, Weiß- und Grauburgunder, Spätburgunder und Schwarzriesling, die zusammen zwei Drittel der Fläche ausmachen. Die Trauben werden weitgehend per Hand gelesen und stammen aus Parzellen, die 20 Jahre und älter sind.

►►► Wie sieht Ihre Weinphilosophie aus? *Thomas Pfaffmann: „Den Weinen die Zeit geben, die sie benötigen."*

►►► Welche weiteren Ziele haben Sie noch? *Thomas Pfaffmann: „Die Sorte Spätbugunder hat es mir angetan und ich möchte aus diesem Grund mit unseren Pinots zu den besten deutschen Erzeugern gehören. Es wird schwer, ist aber nicht nicht unmöglich. Man braucht Ziele, ich habe eins."*

Thomas Pfaffmann.

Weingut Wageck, Luitpoldstraße 1, 67281 Bissersheim. Telefon: 0 63 59/22 16. Fax: 0 63 59/86 668. E-Mail: Thomas@wageck-weine.de. www.wageck-weine.de

Rebfläche: 10 ha. **Rebsorten:** 13. **Hauptrebsorten:** Chardonnay und Spätburgunder (je 25 %). **Anbau:** 50 % Weiß-, 50 % Rotwein.

Spezialitäten: Chardonnay, Spätburgunder und St. Laurent. **Durchschnittsertrag:** 5200 l/ha. **Verkauf:** 50 % Fachhandel, je 25 % Privatkunden und Gastronomie.

Weingut Weegmüller

Neustadt-Haardt

Ruft man die Homepage des Betriebs auf, sieht man minutenlang nur Bilder, auch bewegte, die dem Betrachter - nachdem sich die große Tür nach drinnen wie von Geisterhand geöffnet hat - einen guten Eindruck vom Gut vermitteln. Da sieht man u.a. die Hausherrin beim Einschenken und auch sonst in Aktion. Alles ist überschrieben mit dem Satz: „Weine mit der weiblichen Note." Wenn da nicht Lust aufkommt, mal zu probieren und die Leute kennenzulernen, die hinter dieser sympathischen Werbung stehen.

Seit 1988 hat in einem der ältesten Weingüter der Pfalz eine Frau das Sagen: Stefanie Weegmüller-Scherr. Weil es im elterlichen Betrieb Weegmüller in Haardt keinen männlichen Erben gab, musste die Tochter ran und geht seit ihrer Lehre konsequent und erfolgreich ihren Weg als Winzerin, unterstützt durch ihre Schwester Gabriele (zuständig für Vertrieb und Büro). Ein professioneller Weinbeurteiler schreibt im Internet, es mache großen Spaß, die Weine des traditionsreichen Hauses zu verkosten und fügt an: „Man darf gespannt sein, was die Zukunft noch bringt."

▶▶▶ *Was machen Sie anders als Ihre Kollegen? Stefanie Weegmüller-Scherr: „Nichts! Ich bin wie ich bin - gehoben, aber nicht abgehoben."*

Der Familienbetrieb besteht seit 1685. Knapp drei Jahrzehnte vorher, 1657, war die Familie Weegmüller, ein altes Ratsgeschlecht der Freistadt Zürich, aus der Schweiz in die Pfalz emigriert. 1984 stellte Stefanie W. ihren ersten eigenen Wein vor. Ihr Handwerk hat sie von der Pike auf gelernt. Nach der Winzerlehre bei Bassermann-Jordan in Deidesheim und einem Praktikum an der Landes-Lehr- und Forschungsanstalt (heute DLR) in Neustadt machte sie den Abschluss als Weinbautechnikerin in Weinsberg. Als sie das Gut übernahm, war sie gerade mal 25 Jahre alt, wurde damals als Frau in einer Männerdomäne mit einem leichten Misstrauen beäugt. Aber sie bewies von Anfang an, dass sie eine exzellente Weinmacherin ist.

Die Leute, die Stefanie Weegmüller-Scherr näher kennen, bescheinigen ihr, sehr engagiert zu sein, viel über den Wein und seinen Ausbau zu wissen und ein hohes Können zu besitzen. In dem Buch „Die kulinarische Pfalz" heißt es über sie: „Die Winzerin hat längst den Aufstieg in die Reihe der pfalzbesten Weinmacher geschafft." Die von ihr ausgebauten Weine tragen ihre eigene Handschrift, bestechen durch feine Frucht, Dichte und Eleganz. Die Weine würden von Jahr zu Jahr besser, verkündet ein Weinkritiker und lobt Brillanz und Markanz, Mineralität und Frucht. Für die Hausherrin ist es ein dickes Kompliment, wenn festgestellt wird: Bei Weegmüller werde deutlich, „wie schön man die Klaviatur der Lagen spielen kann, wenn man es denn kann".

Die Weinberge befinden sich in Haardt (Lagen: Herrenletten, Herzog, Bürgergarten, Mandelring), Gimmeldingen (Schlössel) und Mußbach (Eselshaut). Die Weine sind insgesamt saftig, aromatisch und schnörkellos („typisch pfälzisch", wie ein Kritiker anmerkt). Die runden, feinfruchtigen und mit animierender Säure ausgestatteten Rieslinge werden ebenso geschätzt wie die verführerischen Gewürztraminer und die aromatischen Scheu-Weine. Der Blanc de noir wird nach Einschätzung von Kennern von „hintergründigen, floralen Noten untermalt". Brillant sind die edelsüßen Weine. Der Secco „Katharina" ist nach der Tochter des Ehepaares Weegmüller-Scherr benannt.

Die über die Region hinaus bekannte Weinkultur des Weinguts sieht die Inhaberin als Verpflichtung an, mit Leidenschaft daran zu arbeiten, dass das hohe Niveau der Weine nicht nur gehalten, sondern noch verbessert werden kann.

▶▶▶ *Wie sieht Ihre Weinphilosophie aus?* Stefanie Weegmüller-Scherr: „Tradition heißt nicht, die Asche aufzubewahren, sondern das Feuer am Brennen zu halten."

▶▶▶ *Welche weiteren Ziele haben Sie noch?* Stefanie Weegmüller-Scherr: „Ich möchte gesund und glücklich noch ein paar Jahre für meinen Beruf/meine Berufung leben. Ich hoffe, dass das Weingut weiter lebt, weitere 300 Jahre."

Stefanie Weegmüller-Scherr

 Weingut Weegmüller, Mandelring 23, 67433 Neustadt-Haardt. Telefon: 0 63 21/83 772. Fax: 0 63 21/48 07 72. E-Mail: info@weegmüller.de. Homep.: www.weegmueller.de.

Rebfläche: 14,5 ha. **Rebsorten:** 18. **Hauptrebsorten:** Riesling (57 %), Weiß- und Grauburgunder (je 6 %). **Anbau:** 95 % Weiß, 5 % Rotwein. **Spezialitäten:** Trockene und edelsüße

Weine der Rebsorten Scheu und Gewürztraminer. **Durchschnittsertrag:** 7500 l/ha. **Verkauf:** 90 % Privatkunden, 3 % Gastronomie, 7 % Fachhandel.

Weingut Wegner

Bad Dürkheim

Charakterstarke Weine mit eigenem Profil zu erzeugen, die die Eigenarten der Region, des Terroirs und der Rebsorte widerspiegeln - dieses Ziel setzte sich das Weingut Wegner in Bad Dürkheim, als 1978 aus dem bis dato der Genossenschaft angehörenden Betrieb ein Selbstvermarkter wurde. Dem selbst gesetzten hohen Anspruch wird man vollauf gerecht, vor allem seit Joachim Wegner 1989 nach beendetem Studium in Geisenheim in den Betrieb der Eltern einstieg und sein Wissen einbrachte. Zahlreiche Auszeichnungen, darunter mehrere Staatsehrenpreise, zeugen von der Qualität der Weine. Dass noch viele Preise in Zukunft dazu kommen, davon sind die Freunde des Hauses überzeugt.

▶▶▶ *Was machen Sie anders als Ihre Kollegen?*
Joachim Wegner:
„Beim Rotwein konsequente Maischegärung, lange Reifezeiten.
Beim Weißwein langes Hefelager zur Verstärkung von Substanz und Langlebigkeit."

Zwei Slogans sind das Credo bei Wegner: „Jung und traditionsbewusst" und „Tradition und Moderne". Die erste Aussage besagt, dass das Weingut noch relativ jung ist, aber die Weintradition in der Familie mehrere Generationen umfasst. Die zweite Aussage bezieht sich auf die Weinsorten. Neben den traditionellen Rebsorten sind auch einige im Anbau, die modern sind, sprich: noch nicht allzu lange in unseren Breiten heimisch sind.

Karl Wegner entschied Mitte der 1970er Jahre, sich bei der Vermarktung auf eigene Füße zu stellen. 1976 baute er am Neuberg in Bad Dürkheim einen Aussiedlerbetrieb und füllte 1980 die ersten Flaschen ab. Bereits seit längerem ist der Sohn Inhaber und Betriebsleiter und sein eigener Kellermeister. Dass seine Weißweine fruchtig sind und über eine anregende Säure verfügen, hat sich im Laufe der Zeit ebenso herumgesprochen wie die Tatsache, dass die Rotweine sich durch Kraft, Aromareichtum und Farbintensität auszeichnen. Auf einem Drittel der Rebflächen in Bad Dürkheim und Ungstein wächst Riesling. Bei Beurteilungen werden für ihn Noten vergeben wie: konzentriert, klar, harmonisch, viel reife Frucht. Als eindringlich, reintönig und kraftvoll wird der Sauvignon blanc beschrieben, als süffig und reif der Merlot. Auch die Literflaschenweine sind frisch und saftig. Joachim Wegner sagt seinen Kunden gerne: „Unsere Weine sollen schmecken und Lust auf mehr machen."

Jede vierte Flasche Wein, die das Haus verlässt, ist mit einem Roten gefüllt. Um der in den letzten Jahren gestiegenen Nachfrage nach Rotweinen gerecht werden zu können, wurden Reben für  Cabernet Dorsa, Cabernet Cubin und Cabernet Mitos gesetzt, die vor allem für Cuvees gut geeignet sind und dafür verwendet werden. Wegner hat das Glück, auf dem Bad Dürkheimer Feuerberg, einer der bekanntesten Rotweinlagen Deutschlands, Flächen zu besitzen. Auf den Sandsteinverwitterungsböden gedeihen alle roten Sorten. Ein Verkoster, der seine Urteile über das Internet verbreitet, fühlt sich beim Genuss des Dornfelders vom Feuerberg an südländische Rotweintypen erinnert, bei den Cabernets vom Traditionsberg schwärmt er von den „holzfasseigenen Röstaromen von süßer Vanille und frisch gemahlenem Kaffee" und den Merlot empfindet er im Nachhall betont trocken „mit dem Aroma einer in Schokolade gehüllten Espressobohne".

Jochim Wegner achtet sehr darauf, dass für jede Rebe die optimale Lage gefunden wird; dass die Reben bestens gepflegt werden; dass die Erträge massvoll, die selektiv per Hand gelesenen Trauben gesund sind; dass der Weinausbau in der für jede Sorte besten Art (Edelstahlfass, klassisches Holzfass, Barrique) schonend erfolgt; dass die Weine vor der Abfüllung Zeit zum Reifen bekommen (bei Barrique-Rotwein bis zu 30 Monate). Der Inhaber und Kellermeister behandelt beim Ausbau „jeden Wein entsprechend seines Typs, um die Aromen zu erhalten". Das gilt für Literflaschen-Weine genau so wie für die Barrique-Topweine.

▶▶▶ *Wie sieht Ihre Weinphilosophie aus? Joachim Wegner: „In einem gesunden Weinberg wachsen gesunde Trauben und daraus wird gesunder Wein."*

▶▶▶ *Welche weitere Ziele haben Sie noch? Joachim Wegner: „Stetige Verbesserung der Weinqualität. Neubau eines Verkostungsbereichs. Steigerung des Verkaufs an Gastronomie und Handel."*

Joachim Wegner

 Weingut Wegner, Am Neuberg 4, 67098 Bad Dürkheim. Telefon: 0 63 22/98 93 27. Fax: 0 63 22/98 93 28. E-Mail: info@weingut-wegner. de. www.weingut-wegner.de.

Rebfläche: 10 ha. **Rebsorten:** 24. **Hauptrebsorten:** Riesling (35 %), Spätburgunder (25 %). **Anbau:** 60 % Weiß-, 40 % Rotwein. **Spezialitäten:** Barrique-Weine (einschließlich Eiswein),

Sauvignon blanc, Sekt. **Durchschnittsertrag:** 8000-9000 l/ha. **Verkauf:** 70 % Privatkunden, je 15 % Gastronomie und Fachhandel.

Klares Bekenntnis
zum Terroir, um
Weine von regionaler
Identität zu erzeugen

Weingut Dr. Wehrheim

Birkweiler

Nicht von ungefähr wird das Gut aus Birkweiler in dem Buch „Spitzenweingüter Deutschlands" in Wort und Bild vorgestellt. Zitat daraus: „Karl-Heinz Wehrheim hat sich anti-zyklisch zum allgemeinen Trend der Region in den letzten Jah-ren zunehmend auf die Erzeu-gung von Weißweinen verlagert." Sie machen 85 Prozent der Kol-lektion aus, nur 15 Prozent sind Rotwein. Die Devise des Hauses lautet: Klassisch trocken. Bis auf wenige Ausnahmen werden alle Weine so ausgebaut.

Weine von höchstem Niveau erzeugen in der Pfalz nicht allzu viele Betriebe. Nach Überzeugung von Leuten, die sehr viel vom Wein verstehen, gehört das Weingut Dr. Wehrheim in Birkweiler auf jeden Fall dazu. Klassisch-trockene (durchgegorene) Weine sind seit drei Generationen die Spezialität des Familienbetriebs an der Südlichen Weinstraße. Der Schwerpunkt liegt zwar beim Riesling, der auf 40 Prozent der Rebfläche wächst, aber vor allem die weißen Burgundersorten, der Silvaner und der Spätburgunder gehören seit Jahren zu den besten Tropfen nicht nur in der Pfalz.

Bis 1992 leitete Dr. Heinz Wehr-heim das Gut, ehe er es an seinen Sohn Karl-Heinz nach Abschluss von dessen Studium der Agrar-

▶▶▶ *Was machen Sie anders als Ihre Kollegen? K.-H. Wehr-heim: „Oftmals Ernte bis Mitte November, um das Aroma und die Reife in den Weinen zu optimieren. Die Weine erhalten ein längeres Hefelager, der Abstich erfolgt später."*

wissenschaften übergab. Der Senior packt immer noch mit an, wenn es erforderlich ist. Und auch die vier Kinder des heutigen Chefs werden bei Bedarf mit eingebunden. Bei seiner ganzen Arbeit denkt er stets daran, dass die Jugend eines Tages einmal in die Fußstapfen der Eltern treten soll. "Wir ver-gessen niemals, dass weitere Generationen vom Weingut leben sollen. Darin sehen wir eine Verpflichtung gegen-über der Natur und unseren Kindern", sagt Karl-Heinz Wehrheim.

Gearbeitet wird deshalb schon lange nach den Richtlinien des kontrolliert umweltschonenden Weinbaus. Die Umstellung zum biodynamischen Weinbau erfolgte endgültig 2009. Modi-schen Trends wird nicht gefolgt, weder bei der Auswahl der

Rebsorten noch beim Ausbau der Weine. Für die einzelnen Sorten wurde vor dem Setzen der Reben der beste Standort gesucht. Das ist zu schmecken.

Das Weingut legt ein klares Bekenntnis zum Terroir ab. Auf diesem Gebiet hat Karl-Heinz Wehrheim zusammen mit Hansjörg Rebholz im benachbarten Siebeldingen Pionierarbeit geleistet. Beide verstehen ihre Weine als eine Ausdrucksform regionaler Identität. Entscheidend kommt es laut Wehrheim beim Weinmachen „auf die Kombination zwischen guter Lage und gutem Winzer an". Denn er wolle ja „Weinberg-Terroir und kein Keller-Terroir".

Bei den Rieslingen und Burgundersorten steht bei Wehrheim schon lange die Bodenbezeichnung auf dem Etikett. Eine Lagebezeichnung tragen nur die Weine von Mandelberg und Kastanienbusch. Wer eine Flasche Wein in die Hand nimmt, kann sich informieren, von welchem Terroir der Tropfen stammt, ob er auf Muschelkalk oder Keuper, Rotliegendem oder Buntsandstein gewachsen ist. Die Erfolgsgeheimnisse von Wehrheim sind keine echten Geheimnisse: Höchste Qualitätsanstrengung im Weinberg, niedrige Erträge, sorgsamer Einsatz der Technik, auch im Keller.

Individuelle Charaktereigenschaften werden den Wehrheimschen Weinen immer wieder attestiert. Bei Verkostungen loben die Kritiker (und natürlich auch die Verbraucher), dass die Weine kraftvoll und klar, frisch und animierend sind, Substanz und Länge besitzen, über eine saftige Säure und ausgewogenes Aroma verfügen.

▶▶▶ *Wie sieht Ihre Weinphilosophie aus? K.-H. Wehrheim:* „*Erzeugung hoher Traubenqualität. Schonende Lese und Verarbeitung. Ökologischer Weinbau. Wenig Eingriffe im Keller. Relativ späte Füllung.*"

▶▶▶ *Welche weiteren Ziele haben Sie noch? K.-H. Wehrheim:* „*Im Zuge unserer Arbeit ein gesünderes Lebensmittel mit mehr Energie zu erzeugen. Wir wollen die Nachhaltigkeit unserer Weinberge verbessern und sie in gesundem Zustand an die nächste Generation übergeben.*"

Karl-Heinz Wehrheim mit Ehefrau Ulrike und ihren Kindern.

Weingut Dr. Wehrheim, Weinstraße 8, 76831 Birkweiler. Telefon: 0 63 45/35 42. Fax: 0 63 45/38 69. E-mail: dr.wehrheim@t-online.de. Homepage: www.weingut-wehrheim.de.

Rebfläche: 14 ha. **Rebsorten:** 10. **Hauptrebsorten:** Riesling (40 %), Weißburgunder (20 %), Spätburgunder (10 %). **Anbau:** 85 % Weiß-, 15 % Rotwein. **Spezialitäten:** Nach Terroir ausgebaute trockene Große Gewächse aus Weißburgunder, Riesling, Spätburgunder. **Durchschnittsertrag:** 6300 l/ha. **Verkauf:** 60 % Privatkunden, je 20 % Gastronomie und Fachhandel.

Sauvignon blanc schon angebaut, als die Sorte noch nicht in Mode war

Weingut Weik

Neustadt-Mußbach

Das Weingut in dem sich seit mehreren Jahrzehnten im Familienbesitz befindenden romantischen Gutshof in Mußbach besteht erst seit 1954, als der gelernte Weinhandelskaufmann Richard Weik eine Berlinerin heiratete, die Weinberge ihres Großvaters mit in die Ehe brachte und man sich selbstständig machte. 1959 wurde der erste Jahrgang auf Flaschen gezogen. Bernd Weik trat nach Beendigung des Studiums an der Fachhochschule Geisenheim und einem Aufenthalt in einem Weingut in Australien die Nachfolge seines Vaters an und übernahm 1991 das Gut.

Weinbauingenieur Bernd Weik, Inhaber und Betriebsleiter des gleichnamigen Weinguts in Neustadt-Mußbach, macht guten Wein. Das bestätigen alle, die seine Tropfen kennen und schätzen. Ist es ein Wunder, dass der „Gault Millau" feststellt, auf seine Weine sei „durchaus Verlass" und er wisse um die Typizität der Weine der Region? Denn hauptberuflich ist der Weinmacher beim Dienstleistungszentrum Ländlicher Raum Rheinpfalz (DLR) mit dem Schwerpunkt Kellertechnik tätig, berät in oenologischen Fragen (Traubenverarbeitung, Konzentrierungs- und Gärverfahren) und unterrichtet die Schüler, wie sie im Keller arbeiten sollen. Im eigenen Weingut praktiziert er selbst, was er anderen beibringt.

▶▶▶ *Was machen Sie anders als Ihre Kollegen? Bernd Weik: „Weniger Ertrag, mehr Reife. Ich lasse den Weinen Zeit."*

Die sechs Hektar Weinberge befinden sich in Mußbach, Königsbach, Gimmeldingen und Haardt. Riesling ist die wichtigste Rebsorte des Hauses. Bernd Weik baute bereits Sauvignon blanc an, als diese Sorte in der Pfalz noch nicht in Mode war. Diesem Weißwein attestieren Kritiker feine Frucht und filigrane Säurestruktur. Überhaupt sind die Experten von den Weikschen Weinen angetan, nennen sie in konstanter Regelmäßigkeit bei Verkostungen klar und kraftvoll, füllig und harmonisch. Die Rieslinge werden als fein und saftig beurteilt.

Das jüngste Kind des Weinguts ist die Premiumlinie Löwenherz, die aus den besten Weinen des Jahrgangs besteht. Bernd Weik pflegt die Trauben mit hohem Aufwand, erntet nur geringe

Mengen, die Lese erfolgt per Hand. Im Keller folgt die Veredelung mit feinem Gespür. Er will damit demonstrieren, dass mit einem höheren Aufwand noch bessere Weine entstehen können. Auch die zarten, harmonischen, sich durch Fülle und Schmelz auszeichnenden Löwenherz-Sekte sind vom Feinsten. „Ich habe meine eigenen, strengen Grundsätze für die klassische Flaschengärung festgeschrieben", verrät Weik. Er verwendet nur reife Grundweine. Für Weine und Sekte gab es bereits viele Auszeichnungen, schon fünf Mal wurde dem Weingut ein Staatsehrenpreis des Landes Rheinland-Pfalz verliehen.

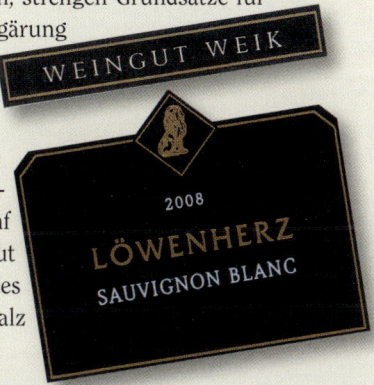

▶▶▶ Wie sieht Ihre Weinphilosophie aus? Bernd Weik: „Ich strebe fruchtige, jugendliche Weißweine mit einer feinen Kohlensäure an, die im Falle des Rieslings auch eine pikante Säure mitbringen dürfen."

▶▶▶ Welche weiteren Ziele haben Sie noch? Bernd Weik: „Noch bessere Weine erzeugen."

„Aus Überzeugung haben wir uns dem umweltschonenden Weinbau verschrieben. Denn auf diese Weise werden gesunde Trauben mit hoher Reife geerntet, die die Grundlage für unsere Weinqualität bilden", verkündet Weik, der den Erntezeitpunkt nach Reifegrad und Säurewert der Trauben bestimmt, um möglichst hohe Fruchtausprägung zu garantieren. Die Düngung in den Weinbergen erfolgt nur nach Bodenuntersuchung und nach dem wirklichen Bedarf. Auf Insektizide und Herbizide wird verzichtet. Die zum Einsatz kommenden Pflanzenschutzmittel sollen die Nützlinge schonen. Der Ausbau der Weißweine erfolgt („trocken, aber nicht knochentrocken") in Edelstahlfässern, die Roten kommen nach dem Ausbau in traditionellen Holz- oder französischen Eichenholzfässern durchgegoren auf die Flasche.

Bernd und Joan Weik

Weingut Weik,
Lutwizistraße 10,
67435 Neustadt-Mußbach.
Telefon: 0 63 21/66 838.
Fax: 0 63 21/60 941.
E-Mail: mail@weingut-weik.de.

Homep.: www.weingut-weik.de.
Rebfläche: 6 ha.
Rebsorten: 14.
Hauptrebsorten: Riesling (30 %), Sauvignon blanc (16 %), St. Laurent (7 %). **Anbau:** 70 %

Weiß-, 30 % Rotwein. **Spezialitäten:** Sauvignon blanc, Sekt. **Durchschnittsertrag:** 7000 l/ ha. **Verkauf:** 70 % Privatkunden, 20 % Gastronomie, 10 % Fachhandel.

Die Sekte sind von
einer Qualität, dass
sich die Franzosen
so richtig ärgern

Wein- und Sektgut Wilhelmshof

Siebeldingen

Die Sekte, aus eigenen Weinen nach der traditionellen Champagner-Methode hergestellt, werden von allen Verkostern mit Lob bedacht. Denn die edlen Tropfen sind fein und nachhaltig im Geschmack, zeichnen sich durch Fülle und Pfirsich-Maracuja-Aromen, durch Frische und guten Nachhall aus. Die Sekte seien so gut, schrieb der „Stern", „dass sich die Franzosen ärgern". Die Weine aus dem Haus sind klar und fruchtig, elegant, feinblumig und sortentypisch. Die nur noch vier Rebsorten (Riesling, Weißburgunder, Grauburgunder, Spätburgunder) des Wilhelmshofs gedeihen ideal auf kalkhaltigen und sandigen Böden in der Region und so sind alle Voraussetzungen für Sekte der Spitzenklasse gegeben.

Wenn der Name Wilhelmshof in den Schlagzeilen auftaucht oder bei Diskussionen genannt wird, denken die Weinfreunde fast ausnahmslos zuerst an Sekt. Denn Herbert Roth ist einer der besten und fähigsten Sekthersteller in Deutschland und für seine Produkte schon mit (fast) allen Preisen bedacht, die es gibt. Viele Leute übersehen aber, dass in dem alten Familienweingut in Siebeldingen auch hervorragende Weine gemacht werden, die ebenfalls die Anerkennung der Kritiker finden.

▶▶▶ *Was machen Sie anders als Ihre Kollegen? Thorsten Ochocki: „Wir investieren sehr viel Zeit in die Handarbeiten im Weinberg, ernten alle Parzellen von Hand. Die Hälfte unserer Weine versekten wir im eigenen Gut."*

Als Christa und Herbert Roth, beide Diplom-Oenologen, das Gut 1975 übernahmen, begannen sie, ihre Vision von hochwertigen deutschen Weinen und Sekten zu realisieren - mit großem Erfolg bis zum heutigen Tag. Herbert Roth fungiert zwar nicht mehr als Betriebsleiter (das sind seit 2010 Barbara Roth und ihr Ehemann Thorsten Ochocki), ist aber nach wie vor der Hauptverantwortliche für die Sektherstellung. Tochter Barbara ist in alle Geheimnisse eingeweiht, arbeitet bereits mit und wird das Werk ihres Vaters irgendwann nahtlos weiterführen. Sie ist die Kellermeisterin des Weinguts, ihr Angetrauter zeichnet für den Außenbetrieb verantwortlich.

Über seine Erfolge sagt Herbert Roth: „Unsere Qualität wächst im Weinberg. Im Keller können wir sie nur zur Entfaltung bringen. Deshalb legen wir sehr viel Wert auf die Arbeit im Wingert." Es werden natürliche Düngemittel verwendet, die Spritzmittel reduziert, die Trauben radikal ausgedünnt. Jeder Rebstock wird im Herbst mehrfach gelesen. Zunächst werden die reifen, gesunden Trauben für den Sekt geerntet, danach - zu unterschiedlichen Zeiten - die Trauben für den Wein mit seinen verschiedenen Qualitätsstufen. Alle Trauben werden in Einheitsbütten zum Kelterhaus gebracht und nur gekippt, nie gepumpt. Die Pressung erfolgt schonend, die Gärung temperaturkontrolliert. Barbara Roth merkt an: „Wir machen von der Weinbergspflege bis zum fertigen Wein und Sekt alles selbst, geben nichts aus der Hand. So können wir voll für die Qualität unserer Produkte einstehen."

„So verschlafen Siebeldingen wirkt, so international ist das Weingut", schrieb die Zeitschrift „Vinum" in einer Reportage über Barbara Roth und den Wilhelmshof. Sie übernahm 2005 den Keller und arbeitet jeden Tag daran, dass die Weine fruchtklar und sauber sind, „nicht zu laut und zu schreiend". Ganz wichtig ist ihr, dass die Tropfen zum Genuss animieren und „Durchtrinkbarkeit haben".

Auch der Kunst fühlt man sich im Wilhelmshof eng verbunden. Seit vielen Jahren organisiert Christa Roth das „Siebeldinger Kunstwochenende" während der Woche um Fronleichnam. Dann verschwinden Wein- und Sektflaschen aus den Kellerräumen, es wird Platz gemacht für Bilder und Grafiken, Skulpturen und Goldschmiedearbeiten. Zum Programm gehören auch Jazz und Kammermusik sowie ein mehrgängiges Menü, bereitet von renommierten Köchen aus der Region.

▶▶▶ *Wie sieht Ihre Weinphilosophie aus? Barbara Roth: „Wir machen keine großen Worte, sondern lieber großartige Weine und Sekte. Das kompromisslose Streben nach Qualität beginnt mit der naturnahen Bewirtschaftung der Weinberge, einer strikten Ertragsbegrenzung und dem schonenden Ausbau der Weine."*

▶▶▶ *Welche weiteren Ziele haben Sie noch? Barbara Roth: „Wir bemühen uns jedes Jahr aufs Neue, das Beste aus unseren Weinbergen herauszuholen und die Qualität über Jahre durch nachhaltige Bewirtschaftung zu sichern."*

Christa und Herbert Roth, Barbara Roth und Thorsten Ochocki (von links).

ⓘ **Wein- und Sektgut Wilhelmshof,** Queichstraße 1, 76833 Siebeldingen. Telefon: 0 63 45/91 91 47. Fax: 0 63 45/91 91 48. E-Mail: info@wilhelmshof.de. Homepage: www.wilhelmshof.de.

Rebfläche: 17 ha. **Rebsorten:** 4. **Hauptrebsorten:** Spätburgunder und Riesling (je 29 %), Weißburgunder (28 %). **Anbau:** 71 % Weiß-, 29 % Rotwein.

Spezialitäten: Sekte nach traditioneller Flaschengärung, Spätburgunder. **Durchschnittsertrag:** 6500 l/ha. **Verkauf:** 80 % Privatkunden, 15 % Gastronomie, 5 % Fachhandel.

Weingut Wilker

Oberhofen

Wilker ist ein modern geführter Betrieb, der sich an der Tradition und auch an neuen Erkenntnissen orientiert. Das Streben nach Qualität steht im Vordergrund. Eingesetzt werden in den Weinbergen nur so viel Spritzmittel wie unbedingt nötig. Zum Düngen wird Pferdemist und viel Humus verwendet. Jürgen Wilker sagt: „Ich will so nah an der Natur bleiben wie möglich." Die Grundlagen des Weinbaus bilden neben der naturnahen Arbeit die Verringerung der Erträge durch starke Selektion und eine moderne Kellerwirtschaft. 50 Prozent der Trauben werden per Hand gelesen, vor dem Einsatz des Vollernters werden alle faulen Beeren herausgeschnitten.

Ein Weinfachjournalist war nach dem Probieren von Weinen aus dem Weingut Wilker in Oberhofen so begeistert, dass er von einem neuen Stern am Pfälzer Weinhimmel sprach. Das war vor einigen Jahren, aber der Stern leuchtet noch immer, vielleicht heller denn je. Betriebsleiter und Kellermeister Jürgen Wilker freut sich über Komplimente für seine Produkte, aber das lässt ihn in seiner Arbeit nicht übermütig werden. Sein Bestreben ist es nach wie vor, „von Tag zu Tag besser zu werden".

▶▶▶ *Was machen Sie anders als Ihre Kollegen? Jürgen Wilker: „Das ist schwer zu sagen. Ich betreibe jedenfalls Weinbau mit Herz und Fleiß und das zahlt sich aus."*

Die geeigneten Rebsorten werden sorgfältig ausgewählt, weil sie die Grundvoraussetzung für die Erzeugung hochwertiger Weine sind. Die klassischen Sorten wie Riesling und Silvaner und die Burgunder bilden den Grundstock der Wilker-Weine. Im Angebot ist auch der in der Pfalz nicht sehr verbreitete Trollinger. Das Streben nach Qualität steht im Vordergrund. Eine Spezialität des Hauses und auch anderer Winzer aus dem Ort - es wird im Herbst gemeinsam geertet und gekeltert - sind die Nonnensusel-Weine. Der 1886 erschienene, in Oberhofen spielende Heimatroman „Die Nonnensusel" von August Becker aus dem nahen Klingenmünster stand hierfür Pate.

Die Grundmauern, aus denen das Weingut entstanden ist, stammen aus dem Jahr 1597. Die alten Sandsteingemäuer lassen nur erahnen, was sich in ihrem Inneren im Laufe der

Jahrhunderte abgespielt hat. Das Weingut selbst ist älter als der Name Wilker. Den Grundstein zum heutigen Betrieb legten Rudolf und Frieda Wilker durch die schrittweise Umstellung des damals gemischten Betriebs mit Landwirtschaft und Viehhaltung zum Weinbau. Der Wein wurde im Fass an Großkellereien verkauft. Heinz und Helga Wilker, die Eltern von Jürgen Wilker, füllten 1965 die ersten Weine in Flaschen und boten sie den Weinliebhabern in der Umgebung und den damals noch spärlich nach Oberhofen kommenden Feriengästen an.

Jürgen Wilker hat das Weingut seit seinem Einstieg Anfang der 1990er Jahre auf Erfolgskurs gebracht. Die Auszeichnungen blieben nicht aus. Bei seiner Arbeit kommen dem Chef des Hauses die bei mehrmonatigen Praktika in Australien, Amerika und Südafrika gewonnenen Erfahrungen zugute. Auch für seine Persönlichkeitsbildung seien diese Auslandsaufenthalte wichtig gewesen, sagt er.

Seit Sommer 2001 gehört zum Weingut ein genau gegenüberliegendes Hotel plus Weinstube „Alter Wilhelm". Die Wilkers bauten das vom Nachbarn erworbene einstige Bauernanwesen um. Die Zimmer sind individuell eingerichtet. Die Freunde eines guten Tropfens und der regionalen Küche schätzen die angenehme Atmosphäre in der Weinstube mit schönem Innenhof.

▶▶▶ *Wie sieht Ihre Weinphilosophie aus? Jürgen Wilker: „Ich setze bei meinem Bestreben, klare und fruchtige Weine zu erzeugen, auf Qualität statt Quantität."*

▶▶▶ *Welche weiteren Ziele haben Sie noch? Jürgen Wilker: „Ich will von Tag zu Tag noch besser werden. Das ist nur möglich, wenn man im Weinberg und im Keller entsprechend arbeitet."*

Jürgen Wilker und sein Vater Heinz.

Weingut Wilker, Hauptstraße 30, 76889 Pleisweiler-Oberhofen. Telefon: 0 63 43/22 02. Fax: 0 63 43/43 79. E-Mail: weingut@wilker.de. Homepage: www.wilker.de.

Rebfläche: 19 ha. **Rebsorten:** 19. **Hauptrebsorten:** Riesling (26 %), Dornfelder (13 %), Burgunderfamilie (zusammen 37 %). **Anbau:** 60 % Weiß-, 40 % Rotwein.

Spezialitäten: Frühburgunder, Trollinger. **Durchschnittsertrag:** 8500 l/ha. **Verkauf:** 80 % Privatkunden, je 10 % Gastronomie und Fachhandel.

Weingut von Winning/ Dr. Deinhard

Deidesheim

Missverständnisse dürfte es sicher noch eine Weile geben. Denn das Haus präsentiert zwei Weinlinien. Steht die Bezeichnung „Dr. Deinhard" auf dem Etikett, befindet sich in der Flasche ein Erzeugnis wie bisher mit dem bekannt guten Preis-Leistungsverhältnis. Die Top-Gewächse heißen jetzt „von Winning". Egal welcher Erzeugername auch genannt ist - der Inhalt ist von bester Qualität. Den frischen Rieslingen mit prägnanter Säure, der klaren und reinen Frucht sowie den mineralischen Nuancen wird schon immer Extraklasse bescheinigt. Aber auch die anderen rund ein Dutzend Sorten werden als füllig und kraftvoll, als filigran und elegant beurteilt. Von besonderer Güte sind die Großen Gewächse. Wenn sich Konsumenten dem Urteil von Gutsdirektor Stephan Attmann anschließen, dass einzelne der Tropfen beim Trinken „ins Herz fließen", dann ist er glücklich. Weil er genau dieses Ziel anstrebt.

In Deidesheim gibt es seit 2009 ein neues (altes) Weingut. Wer als Weinfreund den Namen „von Winning" hört, stutzt zuerst einmal. Wenn aber dann sofort der Hinweis „Dr. Deinhard" folgt, weiß der Kenner Bescheid. Die Umbenennung des 1849 gegründeten Guts in Deidesheim hat vor allem einen Grund: Verwechslungen mit dem lila Sekthaus in Koblenz wie in der Vergangenheit sollen ausgeschlossen werden. So kam es zur Neugründung mit der Familie von Winning, die hier schon vor 100 Jahren Weinbau betrieb.

▶▶▶ *Was machen Sie anders als Ihre Kollegen? Stephan Attmann: „Ausbau der Weine von Winning in Holzfässern. Dichtpflanzungen der Reben wie in Burgund."*

Der seit Ende 2007 amtierende Geschäftsführer Attmann sagt über den neuen Namen: „Wir haben damit auch die Chance, die Einzigartigkeit des Weinguts und unserer Weine nach außen zu tragen, ihnen ein dynamischeres Gesicht zu geben." Das Qualitätsstreben ohne Kompromisse steht bei der Arbeit weiter obenan. „Klasse statt Masse" lautet die Devise. Schon immer bezeugen alle im Haus an der Weinbereitung Beteiligten Respekt vor dem Riesling, der mit 80 Prozent die Hauptrebsorte ist. „Wir haben Lust am Wein und ganz besonders am Riesling, weil er uns von Natur aus fasziniert", verkündet von Winning/Dr. Deinhard.

Die oft sehr individuellen Weine aus einem der renommiertesten Weingüter der Pfalz wachsen in herausragenden Lagen in Deidesheim, Forst und Ruppertsberg auf Böden (verwitterter Buntsandstein, Basaltgeröll, Kalk, Löss, Lehm), die den Charakter der Gewächse prägen. Die Weinberge werden kontrolliert umweltschonend bewirtschaftet. Kurzer Rebschnitt, aufwändige Laubarbeiten, starke Selektion der Trauben, Handlese, Spontanvergärung, Holzfassausbau soweit möglich, langes Hefelager, keinerlei Schönung (ausgenommen die edelsüßen Rieslinge) gehören zur Arbeitsweise des Hauses.

Die Geschichte des Weinguts in Kürze: Friedrich Deinhard, Sohn des Besitzers der Koblenzer Wein- und Sektkellerei, heiratet 1848 Auguste Jordan aus Deidesheim, die nach dem Tod ihres Vaters Weinberge in die Ehe einbringt. 1849 wird das Gut gegründet. Dr. Andreas Deinhard, Sohn von Friedrich und als Mitglied des Reichstages einer der Väter des Deutschen Weingesetzes von 1901, übernimmt es. Sein Schwiegersohn Leopold von Winning tritt 1907 an die Spitze. Als er 1917 stirbt, geht das Haus in den Besitz der Weinhandelsfamilie Hoch aus Neustadt über. Seit 2007 ist der Neustadter Unternehmer Achim Niederberger der Inhaber.

Sehenswert im Weingut von Winning/Dr. Deinhard sind der Gewölbekeller von 1848 mit mächtigen Holzfässern und das Gutsgebäude aus rotem und gelbem Sandstein. Der Probierraum befindet sich im ehemaligen Pferdestall.

▶▶▶ *Wie sieht Ihre Weinphilosophie aus? Stephan Attmann: „Keine Schönungen. Die Weine bekommen Zeit zum Reifen. Ziel sind feine, aber charaktervolle Weine."*

▶▶▶ *Welche weiteren Ziele haben Sie noch? Stephan Attmann: „Umstellung auf biologischen Anbau. Aus den Dichtpflanzungen sehr langlebige und komplexe Weine vinifizieren."*

Geschäftsführer Stephan Attmann.

Weingut von Winning/ Dr. Deinhard, Weinstraße 10, 67146 Deidesheim. Telefon: 0 63 26/221. Fax: 0 63 26/79 20. E-Mail: weingut@von-winning.de. Homep.: www.dr-deinhard.de;

www.von-winning.de. **Rebfläche:** 38 ha. **Rebsorten:** 12. **Hauptrebsorten:** Riesling (80 %), Weißburgunder (8 %), Spätburgunder (4 %). **Anbau:** 90 % Weiß-, 10 % Rotwein. **Spezialitäten:** Im Holzfass

vergorener Riesling, im offenen Holzbottich vergorener Spätburgunder. **Durchschnittsertrag:** 5800 l/ha. **Verkauf:** 50 % Privatkunden, 10 % Gastronomie, 40 % Fachhandel.

**Mit marktorientierter
Arbeit zu einem echten
Vorzeige-Unternehmen
geworden**

Ilbesheim

Die überaus positive Entwicklung konnte niemand voraus-
ahnen, als 1956 die Gründung der Genossenschaft aus der
Not heraus erfolgte. In der Zeit zwischen Spätjahr 1955 und
Frühjahr 1956 waren große Mengen Wein und Traubensaft aus
Italien nach Deutschland importiert worden. Unter deutschen
Herkunftsbezeichnungen kamen die ausländischen Produkte
zu extrem niedrigen Preisen
auf den Markt. Die Folge war
ein starker Preisverfall auch
bei einheimischen Weinen.
Die Winzer bekamen für ihre
Produkte so wenig wie nie,
viele Existenzen standen auf
der Kippe. So kam der Zusammenschluss gerade zur rechten Zeit.

*Die Winzergenossenschaft Deutsches Weintor mit Sitz in
Ilbesheim ist der größte Weinbau treibende Betrieb in der
Pfalz und zählt zu den modernsten Trauben verarbeitenden
Betrieben in Deutschland. Innovativ und marktorientiert
wird gearbeitet. Basis für den ungebrochenen Erfolg seit
vielen Jahren ist die erfolgreiche Kombination von traditioneller Weinbereitung und moderner Kellertechnik, die Ausrichtung der Weine an den Wünschen der Konsumenten.
Die Qualität stimmt, das Preis-Leistungsverhältnis ebenso.*

▶▶▶ *Was machen Sie anders
als Ihre Kollegen? Jürgen Grallath: „Eigentlich nichts. Wir
arbeiten nach guter fachli-
cher Praxis, verbinden
moderne Technik mit
traditionellen Ausbau-
methoden und binden
unsere Winzer als
Traubenerzeuger sehr
eng in die Qualitätsphilosophie der Genossenschaft ein."*

Politiker von Rang sagen dem Deutschen Weintor angesichts
der hart erarbeiteten, hervorragenden Ausgangsposition im
nationalen und internationalen Weinmarkt eine gute Zukunft
voraus. Die 570 Mitgliedswinzer zwischen Neustadt und
deutsch-französischer Grenze, die zusammen rund 800 Hektar Weinberge bewirtschaften (eingeschlossen 100 Hektar
von Erzeugergemeinschaften), sind guten Mutes, dass die
Erfolgsgeschichte weitergeht.

Das „Weintor" ist die einzige Genossenschaft in Deutschland, die sich selbst zur Marke gemacht hat. Seit einer Sat-
zungsänderung 1994 ruht das Erfolgskonzept auf drei Säu-
len: 1. Funktion als klassische Genossenschaft. 2. Engagement
im Weinhandel. 3. Angebot von umfangreichen Dienstleistun-
gen in verschiedenen Unternehmensbereichen.

Seit dem Jahr 2006 gibt es bei der Genossenschaft ein Kompetenzzentrum, dessen erklärtes Ziel es ist, zusammen mit den jungen und gut ausgebildeten Winzern neue Wege in der Qualitätsförderung und Qualitätssicherung im Weinberg zu beschreiten. Während der ganzen Vegetationsperiode gehen die Mitglieder des Teams raus und schauen sich die Weinberge an, bewerten sie nach Punkten. Mängel werden besprochen. Bei Fragen stehen alle Mitglieder als Ansprechpartner zur Verfügung. Es werden Vorschläge unterbreitet, was anders gemacht werden kann. Alle Bemühungen sind darauf ausgerichtet, das Beste aus jedem Jahrgang herauszuholen.

Seit der Gründung besteht für die angeschlossenen Winzer unverändert Anlieferungspflicht. Die Vermarktungsmenge der Genossenschaft liegt bei 15 Millionen Liter Wein im Jahresdurchschnitt, vor der Mengenregulierung betrug sie in ertragsstarken Jahrgängen erheblich mehr. Das Deutsche Weintor verfügt (einschließlich 400 Barriquefässer) über einen Fassraum von mehr als 34 Millionen Liter in Ilbesheim und Niederkirchen und über ein Flaschenlager für mehr als sechs Millionen Flaschen in Ilbesheim. Einige Millionen Euro wurden seit dem Beginn des 21. Jahrhunderts unter anderem in eine neue Abfüllanlage, in Geräte für die Trauben-annahme und -verarbeitung, in die Weinbereitung und in ein neues Kelterhaus investiert.

Die Genossenschaft Deutsches Weintor ist schon lange ein deutsches Vorzeige-Unternehmen. Ende der 1970er Jahre gehörte man zu den ersten Anbietern in Deutschland, die Dornfelder sortenrein ausbauten und auf Flasche verkauften. Der Jahresumsatz liegt bei rund 40 Millionen Euro.

▶▶▶ *Wie sieht Ihre Weinphilosophie aus?* Jürgen Grallath: *„Unsere Weine müssen ganz einfach schmecken und bekömmlich sein. Das Preis-Genuss-Verhältnis muss stimmen."*

▶▶▶ *Welche weiteren Ziele haben Sie noch?* Jürgen Grallath: *„Ich will die Marke Deutsches Weintor und damit die Weine von Deutsches Weintor eG zu den meistverkauften Weinen der Pfalz machen."*

Jürgen Grallath

 Winzergenossenschaft Deutsches Weintor, An der Ahlmühle 1, 76831 Ilbesheim. Telefon: 0 63 41/38 150. Fax: 0 63 41/38 15 69. E-Mail: info@weintor.de. Homepage: www.weintor.de.

Rebfläche: 800 ha. **Rebsorten:** 16. **Hauptrebsorten:** Riesling (28 %), Dornfelder (18 %), Müller-Thurgau (10 %), Spätburgunder (9 %). **Anbau:** 67 % Weiß-, 33 % Rotwein. **Spezialitäten:** Dornfelder in allen Variationen, Blanc de noir vom Spätburgunder, Cuvee

aus Grau- und Weißburgunder mild, Riesling mild, Sauvignon blanc trocken, Auxerrois trocken. **Durchschnittsertrag:** 10.200 l/ha. **Verkauf:** 7 % Privatkunden, 13 % Fachhandel, 5 % Gastronomie, 75 % Lebensmitteleinzelhandel.

Winzergenossenschaft Edenkoben

Die seit mehr als acht Jahrzehnten bestehende Genossenschaft ist nie „abgestiegen", weil sie Weine erzeugt, die auf dem Markt ankommen und weil sie viele treue Kunden hat, die hinter ihr stehen. Wenn das so bleibt, woran nicht zu zweifeln ist, braucht das Wort „Abstieg" in eine tiefere „Klasse" nicht einmal angedacht zu werden.

„Der Star ist die Mannschaft", versichert die Winzergenossenschaft Edenkoben in ihren Publikationen. Wenn man die Fußballersprache verwenden will, müsste man sagen: „Kapitän" ist der geschäftsführende Vorstand und technische Betriebsleiter Uwe Krapp. Das Team besteht aus engagierten „Spielerinnen und Spielern", die wissen, worum es geht und wo man am besten „Punkte" holt, um in der „Tabelle" der pfälzischen Genossenschaften den einmal errungenen Spitzenplatz zu behaupten. Die einzelnen „Spielzüge", die zum Erfolg führen sollen, werden gemeinsam festgelegt, so kann jeder seine Stärken besser umsetzen, was sich positiv niederschlägt.

▶▶▶ *Was machen Sie anders als Ihre Kollegen? Uwe Krapp: „Wir achten auf eine sehr hohe Qualität, auf Konstanz im Produkt und besonders auf Klasse statt Masse."*

Zurück zur Normalsprache. Die Winzergenossenschaft wurde 1925 an zwei Standorten in Edenkoben gegründet, zog 1956 in ein früheres Weingut um, wo 6000 Quadratmeter Betriebsfläche ausreichend waren für eine kontinuierliche Aufwärtsentwicklung. Als im Jahre 2001 der St. Martiner Winzerverein Ritter von Dalberg integriert wurde, waren größere Investitionen in neue Kelter-, Lager- und Kellerräume unumgänglich. „Die WG gehört heute zu den führenden Weinproduzenten in der Region und hat sich zu einem kompetenten und zuverlässigen Partner des Wein- und Getränkefachhandels entwickelt", betonte einmal eine Zeitung. Es gab gegen diese Feststellung keinen Widerspruch, was auch durch die Tatsache belegt wird, dass die WG drei Mal innerhalb von zehn Jahren den besten pfälzischen Dornfelder erzeugt hat und vom Genossenschaftsverband 2009 als beste pfälzische Winzergenossenschaft ausgezeichnet wurde.

In dem „kleinen, aber feinen Betrieb" (so steht es auf der Homepage) wird gearbeitet wie in einem ambitionierten Weingut. Die

130 Winzer, die ihre Trauben anliefern, stehen voll hinter dem erfolgreich praktizierten Konzept. Die Mischung aus traditionellem Knowhow, modernster Kellertechnik und innovativer Experimentierfreude sorgt dafür, dass keine „Weine von der Stange" erzeugt werden, sondern individuelle Kreszenzen mit eigenem Charakter.

Dass 40 weiße und rote Rebsorten im Anbau sind - darunter die typischen pfälzischen Spezialitäten wie Riesling oder Portugieser, aber auch internationele Sorten wie Sauvignon blanc oder Merlot - ist bewusst so gewollt. Denn die Genossenschaft verkündet: „Vielfalt ist unsere Stärke." Vielfältig sind, neben den normalen Trinkweinen für den Alltag, die verschiedenen Produktlinien mit jeweils eigenem Charme. „E" steht für Exklusivlinie: Für die Terroir-Serie wird nur allerbestes Traubenmaterial verwendet, das von den Winzern nach strengen Richtlinien angebaut wird. „S" steht für Standardlinie: Vollendetes Weinvergnügen, hochwertige Qualität und ein sympatisches Erkennungszeichen.

„M" steht für „Aktion Mandelstück": Sie hat sich vor vielen Jahren formiert, um die Mantelteilung ihres St. Martiner Gemeindepatrons neu zu beleben und nachzuvollziehen. Deshalb wird ein großer Teil des Erlöses wohltätigen Zwecken zur Verfügung gestellt. Die Winzergenossenschaft Edenkoben verpflichtete sich, die notwendige Sorgfalt und Liebe für den Ausbau zu investieren und hat gemeinsam mit der Kirchengemeinde St. Martin zwei Weine gewählt: den Riesling und den Spätburgunder. Nur Topqualitäten beider Rebsorten werden verwendet, um dem guten Zweck und den WG-Kunden gerecht zu werden.

▶▶▶ *Wie sieht Ihre Weinphilosophie aus? Uwe Krapp:* „Nachhaltiges Wirtschaften ist unser Bestreben. Denn das sichert auf lange Sicht zufriedene Kunden und Mitglieder."

▶▶▶ *Welche weiteren Ziele haben Sie noch? Uwe Krapp:* „Wir wollen noch bessere und interessantere Produkte produzieren. Wir legen Wert auf zufriedene Kunden, Mitarbeiter und Mitglieder auch in der Zukunft."

Geschäftsführender Vorstand Uwe Krapp.

Winzergenossenschaft Edenkoben, Weinstraße 130, 67480 Edenkoben. Telefon: 0 63 23/94 190. Fax: 0 63 23/94 19 19. E-Mail: wg-edenkoben@t-online.de.

www.wg-edenkoben.de. **Rebfläche:** 159 ha. **Rebsorten:** 40. **Hauptrebsorten:** Riesling (22 %), Dornfelder (16 %), Spätburgunder (12 %). **Anbau:** 50 % Weiß-, 50 % Rotwein.

Spezialitäten: Verschiedene Produktlinien, Dornfelder, Spätburgunder. **Durchschnittsertrag:** 10.000 l/ha. **Verkauf:** 60 % Privatkunden, 5 % Gastronomie, 35 % Fachhandel.

Winzer eG Herrenberg-Honigsäckel

Bad Dürkheim-Ungstein

Seit es die Top-100-Rangliste der besten deutschen Weinerzeuger der Deutschen Landwirtschafts-Gesellschaft gibt, sind die Ungsteiner Winzer darauf vertreten, haben sich immer weiter nach vorne gearbeitet und liegen ziemlich genau in der Mitte. „Wir haben uns langsam vorgeschafft", sagt Geschäftsführer Gerd Freiermuth. Auch wenn man mit dem Mittelplatz zufrieden ist, soll es in Zukunft Verbesserungen in dieser „Tabelle" geben. Der Präsident des Weinbauverbandes Pfalz, Edwin Schrank, bestätigt der Genossenschaft, ihrem Anspruch bisher immer gerecht geworden zu sein und stets auf der Höhe der Zeit zu liegen. Die Jahr für Jahr „herausragenden Weine und exquisiten Sekte" sind für ihn der Beweis dafür, dass die Weinmacher ihr Handwerk verstehen.

Wer der Meinung ist, in einer Winzergenossenschaft an der Mittelhaardt könnte man nur guten Riesling, ein paar weitere klassische Weißweine und den einen oder anderen Rotwein für den häuslichen Bedarf kaufen, war noch nie bei der Winzer eG Herrenberg-Honigsäckel in Ungstein. Im neugestalteten Präsentations-, Probier- und Verkaufsraum liegen Tropfen von sage und schreibe 39 Rebsorten in den Regalen, darunter Sauvignon blanc, Viognier, Syrah sowie Tempranillo und Gänsfüßer. Dank einer konsequenten Qualitätspolitik seit der Gründung vor mehr als 100 Jahren und des breit gefächerten Angebots hat sich die Genossenschaft auf dem hart umkämpften Weinmarkt eine gute Position gesichert.

▶▶▶ *Was machen Sie anders als Ihre Kollegen? Geschäftsführer Gerd Freiermuth: „Wir haben 39 Rebsorten im Anbau. Die traditionellen Rebsorten stehen im Vordergrund, aber wir sind innovativ und nehmen neue Sorten ins Sortiment auf, getreu unserem Leitbild: Tradition und Moderne."*

Wenn bei den Prämierungen der Landwirtschaftskammer jeweils alle Füllungen des Hauses zur Bewertung angestellt werden, ist selten ein Wein dabei, der keine Medaille erringt. Die 15 aktiven Vollerwerbswinzer unter den 110 Mitgliedern liefern der Genossenschaft in jedem Herbst vollreifes Traubengut, aus dem das Team um Kellermeister Fritz Walter „Weine auf hohem Niveau" macht, wie im Internet ein zufriedener Kunde anmerkt („Die Qualität ist hervorragend"). Ein anderer Weinfreund von außerhalb der Pfalz hat die Winzer eG wissen lassen, dass er bei jedem Besuch in Ungstein „mit vollem Kofferraum und vollster Zufriedenheit" nach Hause fahre.

Die Kunden in ganz Deutschland schätzen die Weißweine der Genossenschaft, weil sie fruchtbetont und ohne dominante Säure sind und attestieren den Rotweinen, aromabetont zu sein. Dass der Tempranillo (Expertenurteil: ausgewogene Tannine mit Schwarzkirscharomen) so gut ankommt, freut das Team um Geschäftsführer Freiermuth und den Kellermeister mit dem unter Fußballfreunden auf der ganzen Welt bekannten Namen. Anfang der 2000er Jahre wollte man einen neuen Weg gehen, baute die aus Spanien stammende rote Rebsorte an einem traditionellen Riesling-standort an. Die Hälfte der Trauben werden „grün gelesen", das heißt vor der Reife aus Qualitätsgründen herausgeschnitten.

Bei der Winzergenossenschaft Ungstein werden Pflanzen, Lagen, Böden, Mikroklima und handwerkliches Können zu überaus geglückten Produkten zusammengeführt. Auch wenn das Ziel heißt, hochwertige Weiß- und Rotweine zu erzeugen, wird die klassische Linie deshalb nicht vernachlässigt. Für aktuelle Trends im Weinbau ist man aufgeschlossen. Die Mitgliedswinzer sind bei ihrer Arbeit im Weinberg angewiesen, bestimmte Vorgaben einzuhalten. Wenn die Prüfung durch unabhängige Dritte ergibt, dass alles okay ist, zahlt sich das finanziell aus. Der Ausbau erfolgt mit moderner Kellertechnik.

Früher gab es zwei Erzeugergemeinschaften in Ungstein: den 1903 gegründeten Winzerverein Herrenberg und die 1914 aus der Taufe gehobene Winzergenossenschaft Honigsäckel. 1969 erfolgte die Fusion. Die meisten der 105 Mitglieder leben in Ungstein, einige in umliegenden Gemeinden.

▶▶▶ *Wie sieht Ihre Weinphilosophie aus? Gerd Freiermuth: „Die Grundlage für die Weinqualität wird im Weinberg gelegt. Jede Parzelle unserer Weinberge wird vor dem Herbst von unabhängigen Bonitieuren überprüft und bewertet. Denn nur gesunde und reife Trauben ergeben auch hochwertige Weine."*

▶▶▶ *Welche weiteren Ziele haben Sie noch? Gerd Freiermuth: „Der Weg ist das Ziel, das bedeutet auch weiterhin ständige Qualitätskontrolle mit eventuellen Korrekturen in allen Bereichen."*

Geschäftsführer Gerd Freiermuth.

Winzer eG Herrenberg-Honigsäckel, Weinstraße 12, 67098 Bad Dürkheim-Ungstein. Telefon: 0 63 22/94 640. Fax: 0 63 22/94 64 10. E-Mail: info@wg-ungstein.de.

Rebfläche: 230 ha. **Rebsorten:** 39. **Hauptrebsorten:** Riesling (40 %), Portugieser (12 %), Spätburgunder (8 %). **Anbau:** 60 % Weiß-, 40 % Rotwein. **Spezialitäten:** Sauvignon blanc,

Viognier, Tempranillo, Gänsfüßer. **Durchschnittsertrag:** 9800 l/ ha. **Verkauf:** 32 % Privatkunden, 7 % Gastronomie, 61 % Fachhandel.

Weingut Zelt

Laumersheim

Bis zu diesem Beschluss wurde der Wein größtenteils an Kellerein verkauft. Das änderte Mario Zelt, als er nach Winzerlehre (unter anderem bei Hansjörg Rebholz in Siebeldingen) und Oenologie-Studium in Geisenheim sowie Praktika in renommierten Betrieben in Frankreich, Österreich und Südafrika zu Hause einstieg. Um das Weingut in eine neue Richtung zu lenken und die Qualität der Weine zu steigern, rodete er alte Weinberge und pflanzte neue Rebsorten an, traditionelle, aber auch internationale. Die im Ausland gemachten Erfahrungen motivierten ihn erst recht, seinen eigenen Weg zu gehen.

Mitte der 1990er Jahre traf Mario Zelt, der zusammen mit seinem Vater Ernst das gleichnamige Weingut in Laumersheim betreibt, eine für sich und seine Familie wichtige Entscheidung, die sich längst als richtig herausgestellt hat. Der junge Winzer entschied, sich ganz auf den Weinbau zu konzentrieren, Landwirtschaft und Obstbau sein zu lassen. So wurde aus einem klassischen Gemischtbetrieb ein Weinbaubetrieb, der sich sehr schnell einen guten Namen machte.

▶▶▶ *Was machen Sie anders als Ihre Kollegen? Mario Zelt: „Naturnahe und sehr intensive Arbeit im Weinberg. Viele Arbeiten werden per Hand durchgeführt, um qualitativ hochwertige Weine zu erzeugen."*

Die Erfolge blieben nicht aus und Mario Zelt hat keinen Grund, sich hinter zwei örtlichen Betrieben von Rang und Namen zu verstecken. Im Jahr 2006 landete Zelt beim Deutschen Rotweinpreis von „Vinum" in der Kategorie Neuzüchtungen mit einem Dornfelder auf dem zweiten Platz. Zwei Jahre später stand das Haus mit einem 2005er St. Laurent, gewachsen in der Lage Burgweg in Großkarlbach, auf dem „Treppchen" ganz oben. Im gleichen Jahr wurde Mario Zelt in den Talentepool des VDP Pfalz aufgenommen. Ein Kritiker schrieb damals: „Der Oenologe mischt das elterliche Weingut auf. Er versteht sich besonders gut auf die Erzeugung erstklassiger Rotweine. Er betrachtet seine Weine als Naturprodukte, die Sorten und Lagencharakter ausdrücken sollen."

Die 18 Rebsorten des Hauses wachsen größtenteils in den Gemarkungen Laumersheim und Großkarlbach, aber auch in

Bissersheim und Dirmstein. Wichtigste Sorte ist der Riesling, der Anteil am Gesamtsortiment liegt allerdings nur bei 20 Prozent. Nach dem Genuss eines trockenen Kabinett schrieb der „Gault Millau", dies sei ein Wein, „der förmlich aus dem Glas springt". Die Rieslinge von Zelt sind fruchtig, lebendig am Gaumen und haben ein feines Säurespiel. Viel Lob wird bei allen Verkostungen auch dem Sauvignon blanc gespendet: frisch, bukettreich, reintönig. Klar, harmonisch und von guter Struktur ist der Spätburgunder. Der St. Laurent weist alljährlich viel reife Frucht auf, ist füllig und kraftvoll.

▶▶▶ *Wie sieht Ihre Weinphilosophie aus? Mario Zelt: „Ausschöpfung des Potenzials der Weinberge. Dabei soll sich der Charakter der Weinberge in den Weinen unverfälscht widerspiegeln."*

▶▶▶ *Welche weiteren Ziele haben Sie noch? Mario Zelt: „Ich will in der Zukunft weiter an der Umsetzung meiner Philosophie feilen und sie auch weiterentwickeln."*

Die Bordeaux-Cuvee „Trilogie" aus Cabernet Sauvignon, Merlot und Cabernet Franc ist ebenso begehrt wie die Cuvee „Les Tentes" aus Cabernet Franc, Dornfelder und Dunkelfelder.

„Wir haben durch unsere Kalkböden und ein einmaliges Kleinklima das Potenzial, große Weine zu erzielen", sagt Mario Zelt. Er bezeichnet sich selbst als Traditionalist und erklärt in diesem Zusammenhang: „Wein ist für mich ein Naturprodukt und deshalb lehne ich önologische Verfahren - wie zum Beispiel Einsatz von Holzchips - beim Weinausbau ab."

Kein Geheimnis macht Zelt aus seiner Arbeitsweise in den Weinbergen: Entblättern der Rebstöcke, grüne Lese, selektive Handlese. Die Weißweine werden nach einer individuellen Mazerationszeit abgekeltert und reifen nach temperaturkontrollierter Gärung mehrere Monate auf der Feinhefe, damit sie mehr Ausdruck bekommen. Der Rotweinausbau erfolgt durch die klassische Maischegärung mit anschließender Lagerung in gebrauchten oder neuen Barriques.

Mario Zelt

Weingut Ernst und Mario Zelt,
Binsenstraße 2,
67229 Laumersheim.
Telefon: 0 62 38/32 81.
Fax: 0 62 38/12 33.
E-Mail: info@weingutzelt.de.
Homep.: www.weingutzelt.de.

Rebfläche: 13 ha.
Rebsorten: 18.
Hauptrebsorten: Riesling (20 %), Weißburgunder und Spätburgunder (je 10 %).
Anbau: 50 % Weiß-, 50 % Rotwein.

Spezialitäten: Trockene von Herkunft und Lage geprägte Weine. **Durchschnittsertrag:** 6500 l/ha. **Verkauf:** 50 % Privatkunden, 10 % Gastronomie, 40 % Fachhandel.

Zwei Brüder ziehen
ihre Linie klar durch
und gehen keine
Kompromisse ein

Weingut August Ziegler

Maikammer

In Gesprächen mit Medienvertretern stellen die Brüder immer wieder fest: „Wir haben auf dem Sektor Qualität unseren Weg gefunden. Die vielen Auszeichnungen bestätigen uns, auf dem richtigen Weg zu sein. Unser konsequentes Arbeiten zahlt sich aus. Wir ziehen unsere Linie durch, gehen keine Kompromisse ein. Wir leben für den guten Wein." Der eigentliche Weinmacher im Gut ist Winzermeister Uwe Ziegler, im Betrieb verantwortlich für Weinbau- und Kellertechnik. Harald Ziegler hat auch eine Winzerausbildung, ist studierter Diplom-Betriebswirt und zuständig für Verwaltung, Vertrieb und Kundenbetreuung. Mehrfach wurden sie gemeinsam zu „Winzern des Jahres" ernannt.

Sie gehören zu den stillen Stars der pfälzischen Weinszene, die Brüder Uwe und Harald Ziegler vom Weingut August Ziegler in Maikammer. Sie sind, wie es in einer Schlagzeile formuliert wurde, „Winzer aus Leidenschaft", die Tradition und Innovation gekonnt miteinander kombinieren und für ihre Weine seit Jahren mit Preisen geradezu überschüttet werden. Dreimal bereits wurden sie durch die Deutsche Landwirtschafts-Gesellschaft (DLG) zu „Winzern des Jahres" (2006, 2008, 2009) ernannt. Aber auch dieser Erfolg steigt ihnen nicht zu Kopf, er ist für sie Ansporn, so wie bisher weiterzumachen und sich nicht auf ihren Lorbeeren auszuruhen.

▶▶▶ *Was machen Sie anders als Ihre Kollegen? Uwe Ziegler: „Wir sind keine Zauberer. Die Qualität unserer Weine liefert die Natur. Ich bringe meine persönlichen Erfahrungen ein. Letztendlich ist es die Gesamtheit unserer Maßnahmen, die den Unterschied ausmacht."*

Die Vorfahren der Zieglers stammen aus Württemberg. 1717 blieb der Schneidergeselle Johann Adam Ziegler in Maikammer hängen, heiratete eine Winzerstochter. 1894 ließ August Ziegler das mittlerweile unter Denkmalschutz stehende Gutshaus im Gründerstil erbauen. Er war es, der dem Weingut seinen heutigen Namen gab. Heute liegt die Führung in den Händen der achten Generation. Uwe und Harald Ziegler stellen sich kompromisslos den Anforderungen, die an sie gestellt werden.

Die Weine der Zieglers sind technisch gut und gehaltvoll ausgebaut. Die Weißen sind elegant, knackig frisch, die Roten würzig, finessenreich und kraftvoll. Dass in den Weinbergen in Maikammer, Kirrweiler, Mußbach und Gimmeldingen auf Sandstein-Verwitterungsböden, auf Sand und Lehm fast 20 verschiedene Rebsorten angebaut sind, ist so gewollt. Auch Sorten, die früher nur aus dem Ausland bekannt waren, gehören zum Spektrum, wie Merlot oder Sauvignon blanc. Im Versuchsanbau wachsen Shiraz-Trauben, aus ihnen wird ein vollreifer Rotwein mit viel Frucht gekeltert.

▶▶▶ *Wie sieht Ihre Weinphilosophie aus? Uwe Ziegler: „Vertrauen auf das sichere Gefühl, das wir beim Umgang mit der Natur haben. Spüren, was unseren Reben und Weinbergen gut tut und danach handeln."*

▶▶▶ *Welche weiteren Ziele haben Sie noch? Harald Ziegler: „Mit den Erfolgen wachsen unsere Aufgaben. Das sehen wir als Herausforderung an, uns weiter zu entwickeln."*

Uwe Ziegler hat bei Hans-Günther Schwarz im Weingut Müller-Catoir viel gelernt, danach Berufserfahrungen in Australien und Neuseeland gesammelt. Neue Sorten stellen für ihn eine Herausforderung dar. Und er will möglichst „immer noch ein bisschen mehr rausholen, wenn andere sagen: Das lass ich lieber". Aufgeschlossen für Neues ist auch Harald Ziegler, aber er betont: „Wir setzen nur darauf, wovon wir überzeugt sind und springen nicht auf jeden Zug auf."

Die Brüder Ziegler („Die Qualität entsteht draußen im Weinberg") haben sich dem umweltschonenden Anbau verschworen mit Teilbegrünung der Rebgassen; sie pflegen den kurzen Rebschnitt, betreiben intensive Laubarbeit, selektionieren stark bei der Weinlese und erreichen auch dank kontrollierter Gärung und reduktiven Ausbaus in Eichenfässern oder Edelstahltanks qualitativ hochwertige Weine. Notwendige Eingriffe im Keller, wie zum Beispiel Filtration der Weine, werden auf ein Minimum reduziert. Uwe und Harald Ziegler betonen ganz klar: „Das momentane Niveau können wir nur halten, wenn die Natur mitspielt."

Uwe Ziegler

Weingut August Ziegler, Bahnhofstraße 5, 67487 Maikammer. Telefon: 0 63 21/95 780. Fax: 0 63 21/95 78 78. E-Mail: info@august-ziegler.de. Homepage: www.august-ziegler.de.

Rebfläche: 20 ha. **Rebsorten:** 19. **Hauptrebsorten:** Riesling (22 %), weiße Burgunder (16 %), Spätburgunder (10 %). **Anbau:** 67 % Weiß-, 33 % Rotwein. **Spezialitäten:** Spritzige Kabinettweine, hochwertige

Spätlesen, kraftvolle Barrique-Weine. **Durchschnittsertrag:** 7200 l/ha. **Verkauf:** 60 % Privatkunden, je 20 % Gastronomie und Fachhandel.

Weingut Val. Ziegler Sohn

Weyher

Der junge Weinbautechniker, der seit 2005 nach erfolgreicher Ausbildung im elterlichen Betrieb tätig ist, hat das Weingut in die Spitzengruppe in der Pfalz geführt, sieht aber für sich selbst noch „Luft nach oben". Die Zukunft wird das sicher zeigen. Der Gault Millau bescheinigt Georg Meier, sich geradezu im Sauseschritt zu entwickeln. 2011 und 2013 gewann er den Wettbewerb „Die junge Südpfalz - da wächst was nach".

Im Sommer 2010 stand in einem Artikel in der „Rheinpfalz": „Es ist schon verwunderlich, dass in den bekannten deutschen Weinführern das Weingut Valentin Ziegler Sohn in Weyher kaum erwähnt wird." Das änderte sich ein Jahr später, denn da gab es die erste Traube im „Gault Millau", und im Text wurde die Frage gestellt, ob da im Weinort Weyher wohl schon wieder ein neuer Stern aufgehe. Inzwischen ist dieser Stern tatsächlich aufgegangen - dank Kellermeister Georg Meier. Er ist der Sohn der Inhaber Helmut und Barbara Meier. Der Namensgeber des Guts war der Urgroßvater der Chefin, Valentin Ziegler.

Mehrere rheinland-pfälzische Staatsehrenpreise und ein Großer Staatsehrenpreis 2012 sind Beleg für das Qualitätsstreben der Meiers. Zu 90 Prozent werden die Weine trocken ausgebaut. „Wir halten strikt an der Prädikatsschiene vom QbA bis zur Auslese fest", sagt Helmut Meier. Die Lagebezeichnung findet der Weinfreund erst ab Spätlese aufwärts. Beim Riesling steht auf dem Etikett, auf welchem Boden er gewachsen ist: Granit, Rotliegendes, Kalkmergel oder Buntsandstein. Georg Meier stellt dazu fest: „Unterschiedliche Bodenarten ergeben unterschiedliche Weine." Die Kunden wollten häufig die genaue Bodenart wissen. Barbara Meier bestätigt, dass man gute Erfahrungen damit gemacht hat, keine Phantasienamen aufs Etikett zu schreiben.

▶▶▶ *Was machen Sie anders als Ihre Kollegen? Georg Meier: „Wir bauen die Weine noch nach dem Prädikatsweinsystem aus. Dies geschieht bis zur trockenen Auslese. Wir versuchen, so ein Stück deutsche Weinkultur zu erhalten."*

Im Weingut Valentin Ziegler Sohn werden fruchtige, filigrane Rieslinge erzeugt, die Rotweine sind kräftig und samtig, beim Burgunder fällt immer wieder die Eleganz auf. Juniorchef Georg Meier räumt ein, dass es ein weiter Weg war bis zum

Stellenwert, den der Betrieb heute genießt. Auf den Lorbeeren will man sich aber nicht ausruhen, vielmehr weitere neue Ideen einbringen, die sich qualitativ auszahlen.

Länger als in vielen anderen Gütern an der Südlichen Weinstraße wird in diesem Haus der Wein über die Flasche vermarktet. Der Großvater von Barbara Meier hat bereits während des Zweiten Weltkrieges die ersten Tropfen auf Flaschen gefüllt. Seit 130 Jahren wird in der Familie Weinbau betrieben. Immer war Weyher der Sitz. Als das Betriebsgelände in der Ortsmitte nicht mehr ausreichte, errichtete man 1976 am Dorfrand eine neue Produktions- und Lagerstätte. Auch zwei Ferienwohnungen wurden geschaffen.

Valentin Ziegler gründete 1885 zusammen mit seiner Ehefrau Barbara zunächst eine Weinkommission. Unter den Überlebenden der gemeinsamen zwölf Kinder war auch Barbara Meiers Großvater Jakob, der in den 20er Jahren das Gut übernahm. Norbert und Rita Ziegler, die Eltern der heutigen Chefin, führten den Betrieb zusammen mit Jakob Ziegler bis 1974. Als ihr einziger Bruder kein Interesse an einer Betriebsübernahme zeigte, entschloss sich Barbara Meier zusammen mit ihrem Mann, in die Bresche zu springen. Sie übernahmen 1999 und seitdem firmiert man als Valentin Ziegler Sohn.

Sein Unternehmensleitbild hat das Weingut in vier Punkten knapp zusammengefasst. Sie lauten: Erfolgreiche Familientradition. Leidenschaftliche Verbundenheit mit dem Wein. Ganzheitlicher Qualitätsanspruch im Weinbau. Hochwertige Weine. „So begeistern wir Menschen für Wein!"

▶▶▶ *Wie sieht Ihre Weinphilosophie aus? Georg Meier:* „Wir versuchen, stets das Beste aus unseren Lagen zu machen sowie die einzelnen Bodenarten auf unsere Weine zu übertragen und Herkunft schmeckbar zu machen."

▶▶▶ *Welche weiteren Ziele haben Sie noch? Georg Meier:* „Unser Ziel ist es, mit unseren Weinen dazu beizutragen, die Südpfalz weiter zu etablieren.

Helmut, Barbara und Georg Meier (von links).

| Weingut Valentin Ziegler Sohn, Hübühl 9, 76835 Weyher. Telefon: 0 63 23/98 85 99. Fax: 0 63 23/98 85 98. E-Mail: wein@v-z-s.de. Homepage: www.wein.v-z-s.de. | Rebfläche: 14 ha. Rebsorten: 19. Hauptrebsorten: Riesling (30 %), weiße Burgunder (zusammen 20 %), Spätburgunder (10 %). Anbau: 70 % Weiß-, 30 % Rotwein. Spezialitäten: | Riesling und Grauburgunder Auslese trocken. Durchschnittsertrag: 7500 l/ha. Verkauf: 85 % Privatkunden, 15 Prozent Fachhandel und Gastronomie. |

Für viele Insider
gehört der Chef
zu den großen
Talenten der Pfalz

Weingut Zimmermann

Wachenheim

Beim renommierten Wettbewerb „Best of Riesling" 2004 landete ein Wein dieser Rebsorte von Zimmermann in der Kategorie „trocken" auf dem ersten Platz und 2008 in der gleichen Kategorie auf dem zweiten Rang. Weitere Erfolge kamen dazu, zum Beispiel zwei Staatsehrenpreise (2007, 2009). Trotzdem sei das Wachenheimer Gut „noch ein echter Geheimtipp", liest man in einem Weinportal im Internet. Alle Weine von diesem Erzeuger könne man trinken, verkündet online ein Weinführer seinen Lesern und lobt überschwänglich ein Haus, das sich mit seinen Kollektionen sehen lassen könne - „und das zu Preisen, die jeden Freund im besten Sinne bodenständiger Weine sofort zum kistenweisen Einkauf animieren sollten".

Dass das Weingut Zimmermann in Wachenheim unter den 100 porträtierten pfälzischen Weinmachern das „Schlusslicht" ist, hat nichts mit der Qualität der Weine zu tun, die von Kritikern als von gleichmäßig hohem Niveau angesehen werden - sondern mit dem Anfangsbuchstaben „Z". Wäre die Liste nach anderen Kriterien als nach dem Alphabet aufgestellt worden, würde Jürgen Zimmermann - Inhaber und Betriebsleiter - ganz weit vorne liegen. Vor allem mit seinen Rieslingen erzielt er herausragende Erfolge und es bestätigt sich, was der „Gault Millau" schon 2005 feststellte und 2010 wiederholte: „Hier kann einer ausgezeichnet mit den klassischen Sorten Riesling und Gewürztraminer umgehen."

▶▶▶ *Was machen Sie anders als Ihre Kollegen? Jürgen Zimmermann: „Ich mache eigentlich nicht wirklich etwas anderes als andere Kollegen auch, nur vielleicht etwas konsequenter."*

Die Weine von Zimmermann werden von der Fachwelt als unspektakulär, aber zuverlässig und vor allem preiswert bezeichnet. Der „Gault Millau" verlieh 2005 die erste Traube und im Jahr darauf gleich die zweite („gute Erzeuger, die mehr als das Alltägliche bieten"). Ein Weinhändler warb mit einem Flyer für den Kauf einer Riesling Spätlese von Zimmermann. Und merkte an: „Sein Name taucht nicht auf jeder Glanzpostille über die Pfalz auf, aber für viele Insider gehört er zu den großen Talenten der hiesigen Weinszene." Jürgen Zimmermann ist ein eher zurückhaltender Typ, der stets mit einem spitzbübischen Lächeln in die Welt schaut und eher dem Understatement verpflichtet als einer protzigen „Ich-bin-ich-Strategie".

Die Weinberge von Zimmermann befinden sich ausschließlich in Wachenheim (Lagen: Königswingert, Fuchsmantel, Gerümpel, Schlossberg). Auf zwei Drittel der Fläche wächst Riesling. Das permanente Ziel des jungen Weinmachers ist die Erzeugung schlanker, eleganter und finessenreicher Rieslinge mit einer pikanten, aber keineswegs vordergründigen Säure. Das gelingt ihm schon seit Jahren. Die Weinkritik nennt seine Rieslinge weich, füllig, reif und klar, lobt den reintönigen und sehr komplexen Sauvignon blanc und den unaufdringlichen Gewürztraminer. Freunde von Dornfelder suchen allerdings auf der Liste der Roten vergeblich nach der heute so beliebten Neuzüchtung. Er ist kein Anhänger dieser Rebsorte, weigert sich, sie anzubauen.

„Schon immer" wird laut Jürgen Zimmermann in seiner Familie Weinbau betrieben, aber als Weingut „so richtig erst seit 1954". Der Vater des heutigen Inhabers spezialisierte sich damals ganz auf Weinbau. Der Sohn trat 1990 in den Betrieb ein, übernahm ihn 1996 und schaffte es durch beharrliche Arbeit, ihn sehr bald nach oben zu bringen. „Er beherrscht sein Metier perfekt", lautet eine der Lobeshymnen auf den Winzer, der im Weingut Freudenmacher in Wachenheim beim späteren Kellermeister von Dr. Deinhard, Ludwig Molitor, lernte. Zimmermann arbeitet nach den Richtlinien des kontrolliert umweltschonenden Weinbaus. Späte selektive Handlese der Trauben, gezügelte Gärung der Moste mit Reinzuchthefen über vier bis acht Wochen, Ausbau in Edelstahltanks und Holzfässern (zu 80 Prozent trocken) gehören zu seiner Arbeitsweise.

▶▶▶ *Wie sieht Ihre Weinphilosophie aus? Jürgen Zimmermann: „Erzeugung von Weinen, die bei aller Konzentration immer noch Eleganz und Brillanz zeigen. Rieslinge, die ihre Herkunft (Terroir) und ihren Jahrgang zeigen."*

▶▶▶ *Welche weiteren Ziele haben Sie noch? Jürgen Zimmermann: „Ökologischer Weinbau - sehen, was geht und dadurch noch individueller arbeiten können."*

2008
GRAUER BURGUNDER
TROCKEN
ZIMMERMANN

Jürgen Zimmermann

 Weingut Zimmermann,
Grabenstraße 5,
67157 Wachenheim.
Telefon: 0 63 22/23 84.
Fax: 0 63 22/65 160.
E-Mail: weingut-juergen-

zimmermann@t-online.de.
Rebfläche: 10 ha. **Rebsorten:**
12. **Hauptrebsorten:** Riesling
(65 %), Weißburgunder (8 %),
Spätburgunder (6 %). **Anbau:**
90 % Weiß-, 10 % Rotwein.

Spezialitäten: Riesling, Sekt.
Durchschnittsertrag: 5000-
6000 l/ha. **Verkauf:** 80 %
Privatkunden, je 10 % Gastronomie und Fachhandel.

Weitere empfehlenswerte Betriebe

WEIN- & SEKTHAUS ALOISIUSHOF Mühlstraße 2, 67487 St. Martin. Telefon: 0 63 23/20 99. Fax: 0 63 23/51 49. E-Mail: weinundsekthaus@aloisiushof.de. Homepage: www.aloisiushof.de. Rebfläche: 22 ha. Rebsorten: 20. Hauptrebsorten: Burgunder (25 %), Riesling (20 %), Gewürztraminer (3 %). Anbau: 50 % Weiß-, 50 % Rotwein. Spezialitäten: Riesling Ambrosia, Traminer, Barrique-Weine. Durchschnittsertrag: 7000 l/ha. Verkauf: 90 % Privatkunden, je 5 % Gastronomie und Handel.

Mehrere Familien arbeiten im Betrieb Hand in Hand. Philipp Kiefer sagt: „Unser Weingut ist sehr gut aufgestellt. Das Hauptaugenmerk gilt den Privatkunden. Zunehmend wächst der Absatz in der Top-Gastronomie." Ihn freut besonders, dass auch in kritischen Zeiten die Nachfrage nach Topweinen groß ist. Gedacht ist eher an eine Verkleinerung denn an eine Vergrößerung der Anbaufläche. Man will sich künftig auf die besten Lagen in St. Martin und Maikammer konzentrieren. Eines der Ziele lautet: Export der edelsüßen Spezialitäten.

WEINGUT ALTES SCHLÖSSCHEN Maikammerer Straße 7, 67487 St. Martin. Telefon: 0 63 23/94 300. Fax: 0 63 23/94 30 50. E-Mail: altes.schloesschen@t-online.de. Homepage: www. altes-schloesschen.de. Rebfläche: 90 ha (inklusive Erzeugergemeinschaft). Rebsorten: 20. Hauptrebsorten: Riesling (23 %), Spätburgunder (10 %), Weiß- und Grauburgunder (je 5 %). Anbau: 55 % Weiß-, 45 % Rotwein. Spezialitäten: Trockene Elegance-Weine aus ertragsreduzierten Weinbergen, Barrique-Weine der Carl-Johann-David-Serie. Durchschnittsertrag: 9000 l/ha. Verkauf: 70 % Privatkunden, je 15 % Gastronomie und Handel.

„Zufriedene Kunden sind unser Kapital", betonen die Familien Schneider und sind deshalb bestrebt, stets ein attraktives und hochwertiges Rebsorten-Angebot bei gutem Preis-Leistungsverhältnis anzubieten. In den nächsten Jahren soll die eigene Rebfläche erweitert werden. Weitere Qualitätssteigerungen sind angesagt. Angestrebt ist ebenso, noch mehr Kunden zu gewinnen die ihre Weine selbst abholen.

WEINGUT AMSELHOF Hauptstraße 4, 76833 Knöringen. Telefon: 0 63 41/93 24 82. Fax: 0 63 41/34 282. E-Mail: weingut@amselhof.de. Homepage: www.amselhof.de. Rebfläche: 14,5 ha. Rebsorten: 18. Hauptrebsorten: Riesling (15 %), Grauburgunder (10 %), Spätburgunder (10 %). Anbau: 55 % Weiß-, 45 % Rotwein. Spezialitäten: Cabernet Franc, Chardonnay Spätlese. Durchschnittsertrag: 8500 l/ha. Verkauf: 90 % Privatkunden, je 5 % Gastronomie und Handel.

Natascha und Axel Hörner haben erst im Jahr 2000 auf Flaschenweinvermarktung umgestellt, vorher wurde ausschließlich über das Fass verkauft. Von Anfang an waren sie überzeugt, mit guten Weinen Kunden gewinnen zu können. Das ist geschehen. Da sie treue Weinliebhaber als Abnehmer haben, sehen sie optimistisch in die Zukunft. Ihre Ziele definieren sie so: „Wir denken an eine Erweiterung und Stabilisierung des Privatkundenbereichs, wollen unsere Weine nach Dänemark exportieren. Auch eine Vergrößerung der Anbaufläche ist ins Auge gefasst."

WEINGUT KARLHEINZ BECKER

Hauptstraße 19, 76831 Heuchelheim-Klingen. Telefon: 0 63 49/53 28. Fax: 0 63 49/80 56. E-Mail: wgkhbecker@gmx.de. Rebfläche: 10,5 ha. Rebsorten: 15. Hauptrebsorten: Riesling (15 %), Spätburgunder (10 %), Grauburgunder (10 %). Anbau: 70 % Weiß-, 30 % Rotwein. Spezialitäten: Frühburgunder, Muskateller. Durchschnittsertrag: 7000 l/ha. Verkauf: 85 % Privatkunden, 5 % Gastronomie, 10 % Handel.

Seit Karlheinz Becker den Betrieb übernommen und auf Flaschenweinvermarktung umgestellt hat, läuft das Geschäft gut. Die Marktsituation ist stabil, da fast ausschließlich Privatkunden beliefert werden. Der Inhaber ist sich sicher, dass er mit seinen guten Qualitätsweinen seine Situation noch verbessern kann. Zu den Zielen sagt er: „Noch differenziertere Darstellung der Weine angesichts der unterschiedlichen Bodenstrukturen im Dorf, Ausbau der Anbaufläche in guten Lagen, weiter Erzeugung hochwertiger Weine." Becker: „Wir schauen zuversichtlich in die Zukunft."

WEINGUT BENDERHOF

Neugasse 45, 67169 Kallstadt. Telefon: 0 63 22/15 20. Fax: 0 63 22/98 07 75. E-Mail: info@weingut-benderhof.de. Homepage: www.weingut-benderhof.de. Rebfläche: 10 ha. Rebsorten: 14. Hauptrebsorten: Riesling (33 %), Weißburgunder (14 %), Spätburgunder (12 %). Anbau: 62 % Weiß-, 38 % Rotwein. Spezialitäten: Scheurebe, Gewürztraminer, Regent. Durchschnittsertrag: 5300 l/ha. Verkauf: 80 % Privatkunden, je 10 % Gastronomie und Handel.

Durch konsequente Qualitätspolitik haben sich die Inhaber - Karola Bender-Haaß, Otto Haaß und Martin Haaß - auf dem Markt eine gute Basis verschafft. Das lässt sich auch daran ablesen, dass der „Gault Millau" dem Weingut drei Trauben verliehen hat. Die nächsten Ziele werden so beschrieben: Weiteres Feilen an der Qualität; Ausbau der Holzfass-Lagerung; Herausarbeiten der individuellen Lagencharaktere; verstärkte Zusammenarbeit mit der Gastronomie, weil die trockenen Weine des Hauses mit ihrem mineralischen Charakter Speisen sehr gut ergänzen.

WEINGUT BENZINGER IM LEININGERHOF

Weinstraße Nord 24, 67281 Kirchheim. Telefon: 0 63 59/13 39. Fax: 0 63 59/23 27. E-Mail: info@weingut-benzinger.de. Homepage: www.weingut-benzinger.de. Rebfläche: 12,5 ha. Rebsorten: 10. Hauptrebsorten: Riesling (20 %), Weiß-, Grau- und Spätburgunder (je 15 %). Anbau: 60 % Weiß-, 40 % Rotwein. Spezialitäten: Elegante Barrique-Weine. Durchschnittsertrag: 7500 l/ha. Verkauf: 75 % Privatkunden, 10 % Gastronomie, 15 % Handel.

Als klassisches Familienweingut mit hohem Privatkunden-Anteil sieht sich das Haus am Markt gut aufgestellt. Dies alles zusammen mit dem gutseigenen Restaurant im ehemaligen Herrenhaus des Leiningerhofs „lässt uns eine gesicherte Position im unteren Premium-Bereich einnehmen", heißt es. Volker Benzinger nennt die Ziele für die nächsten Jahre: „Wir werden uns weiterhin auf die klassischen Sorten konzentrieren. Geschmacklich wird sich mit Sicherheit noch einiges verändern."

WEINGUT CASTEL PETER Am Neuberg 2, 67098 Bad Dürkheim. Telefon: 0 63 22/58 99 oder 0 15 77/45 72 462. Fax: 0 63 22/67 978. E-Mail: info@castel-peter.de. Homepage: www. castel-peter.de. Rebfläche: 14 ha. Rebsorten: 21. Hauptrebsorten: Riesling (33 %), Spätburgunder (15 %), Sankt Laurent (10 %). Anbau: 60 % Weiß-, 40 % Rotwein. Spezialitäten: Cuvees, Riesling. Durchschnittsertrag: 6000 l/ha. Verkauf: 50 % Privatkunden, 10 % Gastronomie, 40 % Handel.

Als Ecovin-Mitglied soll stärker als bisher für die biologische Wirtschaftsweise geworben werden, um den Stamm an Privatkunden weiter erhöhen zu können, was wichtig ist im Blick auf die Marktposition. Ins Auge gefasst ist der Bau einer Vinothek, damit die qualitativ hochwertigen Ökoweine noch besser präsentiert werden können. Zu den Plänen für die Zukunft gehören außerdem mehr Veranstaltungen im Haus. Die Intensivierung der Öffentlichkeitsarbeit steht zudem auf dem Programm.

WEINGUT EYMANN Ludwigstraße 35, 67161 Gönnheim. Telefon: 0 63 22/28 08. Fax: 0 63 22/68 792. E-Mail: info@weinguteymann.de. Homepage: www.weinguteymann.de. Rebfläche: 15 ha. Rebsorten: 15. Hauptrebsorten: Riesling (40 %), Spätburgunder (20 %), Weißburgunder (5 %). Anbau: 60 % Weiß-, 40 % Rotwein. Spezialitäten: Pinot noir, weiße Burgundersorten, Riesling. Durchschnittsertrag: 7000 l/ha. Verkauf: 60 % Privatkunden, 10 % Gastronomie, 30 % Handel.

Rainer Eymann war 1983 einer der ersten Winzer der Pfalz, die auf ökologische Bewirtschaftung umstellten. Dass die Marktposition zufriedenstellend ist, führen die Eymanns auf „die gute, zuverlässige Qualität der Weine sowie auf die Verbindung von Gastronomie und Weingut (gern besuchte Weinstube) zurück". Zwei Dinge stehen für die Zukunft auf dem Plan: Das Erreichte soll konsolidiert und der Betrieb auf eine gute Nachfolge vorbereitet werden, zum Beispiel durch gute Ausstattung, guten Ruf, gut gepflegten Kundenstamm und gute Qualitäten.

WEINGUT KARL-HEINZ GAUL Bärenbrunnenstraße 15, 67269 Grünstadt-Sausenheim. Telefon: 0 63 59/84 569. Fax: 0 63 59/87 498. E-Mail: info@weingut-gaul.de. Homepage: www. weingut-gaul.de. Rebfläche: 16 ha. Rebsorten: 14. Hauptrebsorten: Riesling (40 %), Spätburgunder (12 %), Weißburgunder (9 %). Anbau: 65 % Weiß-, 35 % Rotwein. Spezialitäten: Huxel Beerenauslese, St. Laurent, Linie KD (KD steht für die Anfangsbuchstaben Karoline und Dorothee Gaul). Durchschnittsertrag: 7500 l/ha. Verkauf: 87 % Privatkunden, 8 % Gastronomie, 5 % Handel.

Das Weingut ist 1993 entstanden, als der elterliche Betrieb in Sausenheim geteilt wurde. Zahlreiche Auszeichnungen und Preise machten ihn schnell bekannt. Die Geschwister Karl-Heinz und Dorothee Gaul, die für den An- und Ausbau der Weine gemeinsam verantwortlich zeichnen, nennen als Grund für die anhaltende Aufwärtsentwicklung, dass sich ihre Produkte „über die Jahre durch eine gleichbleibende oder steigende Qualität auf hohem Niveau auszeichnen".

WEINGUT GEISSER Längelsstraße 1, 76889 Schweigen. Telefon: 0 63 42/75 02. Fax: 0 63 42/61 60. E-Mail: info@weingut-geisser.de. Homepage: www.weingut-geisser.de. Rebfläche: 14 ha. Rebsorten: 14. Hauptrebsorten: Riesling (30 %), Spätburgunder (25 %), weiße Burgundersorten (zusammen 35 %). Anbau: 70 % Weiß-, 30 % Rotwein. Spezialitäten: Kräftige Burgunder, fruchtig-frische Rieslinge. Durchschnittsertrag: 8000 l/ha. Verkauf: 90 % Privatkunden, je 5 % Gastronomie und Handel.

Dank des vielseitigen Angebots wird die Marktlage vom Haus selbst als gut eingestuft. Denn man könne durch frische und fruchtige Weine ein großes Spektrum an Kunden ansprechen. Die nächsten Ziele: Steigerung des Weinabsatzes; Erweiterung des Privatkunden-Stammes; stärkere Vermarktung der Weine in der Gastronomie und im Fachhandel. Auf diesen beiden Sektoren ist noch einiges möglich.

WEINGUT MATTHIAS GLASER Weinstraße 60, 76835 Hainfeld. Telefon: 0 63 23/98 15 34. Fax: 0 63 23/98 15 35. E-Mail: info@wein-glaser.de. Homepage: www.wein-glaser.de. Rebfläche: 10 ha. Rebsorten: 19. Hauptrebsorten: Riesling (20 %), Dornfelder (15 %), Grauburgunder (12 %). Anbau: 55 % Weiß-, 45 % Rotwein. Spezialitäten: Im Holzfass gereifte Rotweine, rote und weiße, nach Familienmitgliedern benannte Cuvees. Durchschnittsertrag: 8500 l/ha. Verkauf: 90 % Privatkunden, 5 % Gastronomie, 5 % Wiederverkäufer.

Das Weingut in einem aus dem Jahr 1736 stammenden Anwesen hat sich dank des hohen Anteils an Privatkunden eine gute Marktposition erarbeitet. So ist Weinabgabe an Großkellereien nicht erforderlich. Die nächsten Ziele umschreibt Matthias Glaser so: „Da bei uns der Qualitätsgedanke im Vordergrund steht, soll die Qualität weiter verbessert werden. Außerdem streben wir eine noch bessere Vermarktung an, was dank der vier sich im Gut befindenden Ferienwohnungen möglich sein müsste."

WEINGUT GNÄGY Müllerstraße 5, 76889 Schweigen-Rechtenbach. Telefon: 0 63 42/91 90 42. Fax: 0 63 42/91 90 43. E-Mail: info@weingut-gnaegy.de. Homepage: www.weingut-gnaegy.de. Rebfläche: 15 ha. Rebsorten: 16. Hauptrebsorten: Weiße Burgunder (17 %), Riesling (14 %), Spätburgunder (13 %). Anbau: 60 % Weiß-, 40 % Rotwein. Spezialität: Spätburgunder. Durchschnittsertrag: 7000 l/ha. Verkauf: 70 % Privatkunden, 5 % Gastronomie, 25 % Handel.

Da die Qualität „bei uns an erster Stelle steht" (Originalton), erfreut sich das Weingut einer so guten Nachfrage, dass es zuweilen nicht in der Lage ist, den Markt zu bedienen. Paradewein des klassischen Familienbetriebs mit dem anerkannt modernen, rebsortentypischen Weinstil ist der Spätburgunder aus dem Barrique. Auch in Zukunft will man alles unternehmen, um die Qualität der aromatischen, klaren und fruchtigen Weine noch zu steigern - mit Hilfe schonender Verarbeitung der Trauben und Umstellung auf biologischen Anbau.

HIRSCHHORNER WEINKONTOR

Hirschhornring 34, 67435 Neustadt. Telefon: 06321/67 05 37. Fax: 06321/97 06 293. E-Mail: f.john@hirschhornerhof.de. Homepage: www.hirschhornerhof.de. Rebfläche: 3 ha. Rebsorten: 2. Hauptrebsorten: Riesling (60 %), Pinot Noir (40 %). Anbau: 60 % Weiß-, 40 % Rotwein. Spezialitäten: Riesling Buntsandstein, Pinot Noir Kalkstein. Durchschnittsertrag: 4500 l/ha. Verkauf: 30 % Privatkunden, 40 % Gastronomie, 30 % Fachhandel.

Der Diplom-Oenologe Frank John, viele Jahre als Kellermeister in Diensten des Weinguts Reichsrat von Buhl in Deidesheim, gründete Anfang der 2000er Jahre seinen eigenen kleinen Betrieb mit nur drei Hektar Rebfläche. Angebaut werden nur zwei Rebsorten, als drittes Produkt gibt es einen Sekt. Der Hausherr ist ein gefragter Berater, wenn es um Bio-Dynamik geht. Die Trauben werden bei ihm biodynamisch angebaut, er verzichtet auf Reinzuchthefen, Stabilisierung und Enzyme. Sein Ziel war und ist es nach eigener Angabe, „große Weine alter Schule" zu produzieren. Eine Ausweitung der Rebfläche ist ins Auge gefasst.

WEIN- UND SEKTGUT ALFONS HORMUTH

Edenkobener Straße 11, 67487 St. Martin. Telefon: 0 63 23/53 09. Fax: 0 63 23/32 38. E-Mail: info@alfons-hormuth.de. Homepage: www.alfons-hormuth.de. Rebfläche: 9 ha. Rebsorten: 17. Hauptrebsorten: Riesling (20 %), Weißburgunder (10 %), Spätburgunder (10 %). Anbau: 60 % Weiß-, 40 % Rotwein. Spezialitäten: Winzersekte. Durchschnittsertrag: 9500 l/ha. Verkauf: 98 % Privatkunden, 2 % Gastronomie.

„Als Familienbetrieb bewirtschaften wir mit Leib und Seele unsere Weinberge im Einklang mit der Natur und erzeugen so Trauben, die Grundlage unserer hochwertigen Weine sind", sagt der Inhaber. Die Kunden sitzen in ganz Deutschland, werden direkt und auch persönlich bedient. Kundenzufriedenheit ist Hormuth ganz wichtig. Fragt man ihn nach seinen Zielen, antwortet er: „Gezielter Ausbau des Angebots an Spitzenweinen auf der Basis der unterschiedlichen Bodenarten in den St. Martiner Lagen mit dem einzigartigen Klima."

WEINGUT IMMENGARTEN HOF

Marktstraße 62, 67487 Maikammer. Telefon: 0 63 21/59 400. Fax: 0 63 21/57 437. E-Mail: weingut.hoehn@t-online.de. Homepage: www.immengarten-hof.de. Rebfläche: 13,5 ha. Rebsorten: 20. Hauptrebsorten: Riesling (15 %), Spätburgunder (10 %), Cabernet Dorsa (7 %). Anbau: 50 % Weiß-, 50 % Rotwein. Spezialitäten: Viele internationale Rebsorten, im Barrique ausgebaut. Durchschnittsertrag: 6700 l/ha. Verkauf: 80 % Privatkunden, 10 % Gastronomie, 10 % Handel.

Das Weingut gehört seit 1865 der Familie Höhn. Gisela und Hans Höhn samt Sohn Frank (Kellermeister) sind mit ihrer Marktposition zufrieden, zumal neben dem guten Ab-Hof-Verkauf die Zusammenarbeit mit dem Lebensmitteleinzelhandel intensiviert werden konnte. In den nächsten Jahren sind keine betrieblichen Veränderungen geplant. „Wir haben uns vielmehr zum Ziel gesetzt, die erreichte Qualität zu sichern und zu steigern und unseren Bekanntheitsgrad und somit unseren Kundenstamm zu erweitern", betonen die drei Höhns.

WEINGUT KARST

In den Almen 15, 67098 Bad Dürkheim. Telefon: 0 63 22/28 62. Fax: 0 63 22/65 965. E-Mail: info@weingut-karst.de. Homepage: www.weingut-karst.de. Rebfläche: 11 ha. Rebsorten: 14. Hauptrebsorten: Riesling (30 %), Spätburgunder (25 %), Grauburgunder (10 %). Anbau: 60 % Weiß-, 40 % Rotwein. Spezialitäten: Frische Rieslinge, ausdrucksstarke Burgunder, kräftige Rotweine. Durchschnittsertrag: 7000 l/ha. Verkauf: 70 % Privatkunden, 20 % Gastronomie, 10 % Handel.

Das Weingut ist seit Generationen im Besitz der Familie. Bisher hieß es Ernst Karst & Sohn, inzwischen ist Sohn Uli allein der Chef. Die gute Marktposition des Hauses ist bedingt durch einen starken Privatkundenstamm („Die Verbraucher kaufen nicht nur nach dem Namen, sondern wegen der Qualität"). Die Ziele: Stärkung des Privatkundengeschäfts durch hohe Qualität im gesamten Sortiment; Schaffung neuer Kaufanreize über neues Produktdesign; Ausbau der momentanen Weinlinie.

WEINGUT KASTANIENBERG/WERNER KOCH

Aussiedlerhof, 76835 Hainfeld. Telefon: 0 63 23/33 44. Fax: 0 63 23/60 86. E-Mail: weingut-kastanienberg@t-online.de. Homepage: www. weingut-kastanienberg.de. Rebfläche: 11 ha. Rebsorten: 15. Hauptrebsorten: Riesling (17 %), Dornfelder (18 %), Grauburgunder (15 %). Anbau: 60 % Weiß-, 40 % Rotwein. Spezialitäten: Eigene Sekte, Weinprobierstand an der Pergola. Durchschnittsertrag: 9800 l/ha. Verkauf: 90 % Privatkunden, 5 % Gastronomie, 5 % Handel.

Seit über 250 Jahren wird in der Familie Wein angebaut. „Wir verstehen Wein als Kulturgut", sagt Inhaber Werner Koch. Dank guter Qualitäten und des persönlichen Service hat sich das Weingut am Markt gut positioniert. Was die künftigen Ziele angeht, erklärt er: „Unser Ziel ist es, einen zufriedenen Kundenstamm aufzubauen und zu pflegen, der familiäre Atmosphäre und persönliche Beratung schätzt." Im Weinsortiment sollen die traditionellen Rebsorten weiter ihren festen Platz haben.

WEINGUT KARL-HEINZ KAUB

Aspenweg 25 a, 67433 Neustadt-Haardt. Telefon: 0 63 21/31 555. Fax: 0 63 21/48 06 81. E-Mail: info@weingut-kaub.de. Homepage: www.weingut-kaub.de. Rebfläche: 4,5 ha. Rebsorten: 10. Hauptrebsorten: Riesling (60 %), Spätburgunder (28 %), Weißburgunder (5 %). Anbau: 60 % Weiß-, 40 % Rotwein. Spezialitäten: Spätburgunder bis zur Auslese, Eisweine. Durchschnittsertrag: 7000 l/ha. Verkauf: 95 % Privatkunden, 5 % Gastronomie.

Das kleine Weingut wird nach den Vorgaben des kontrolliert umweltschonenden Weinbaus betrieben. Abnehmer der überwiegend trockenen und halbtrockenen Weine sind fast ausschließlich Privatkunden. Vor allem die Weißweine kommen gut an. Sie werden ohne jeden Eingriff ausgebaut, ihr Bukett und ihre natürlich Kohlensäure verlieren sie dadurch nicht. In einem Buch über den Pfalzwein wird Inhaber Karl-Keinz Kaub bescheinigt, seinen Beruf mit Hingabe auszuüben und viel Wert auf Handarbeit zu legen.

WEINGUT KERNLINGHOF Lindenbergstraße 60, 76829 Landau-Nußdorf. Telefon: 0 63 41/62 892. Fax: 0 63 41/96 80 72. E-Mail: info@kernlinghof.de. Homepage: www.kernlinghof.de. Rebfläche: 20 ha. Rebsorten: 18. Hauptrebsorten: Riesling (14 %), Dornfelder (12 %), Kernling (10 %). Anbau: 60 % Weiß-, 40 %. Rotwein Spezialitäten: Weine der Kernling-Rebe. Durchschnittsertrag: 8000 l/ha. Verkauf: 90 % Privatkunden, 10 % Gastronomie und Handel.

Als traditioneller Familienbetrieb mit modernen Produktionsmöglichkeiten und florierender Direktvermarktung erzeugen Ludwig und Philip Hochdörffer qualitativ hochwertige Weine und behaupten sich gut am Markt. Die im eigenen Weinberg entdeckte Kernling-Rebe erbringt Weine, die von den Kunden geschätzt werden. Die Ziele in der Zukunft: Die nächste Generation von Weintrinkern ansprechen („Neben dem klassischen Sortiment wollen wir durch moderne Weintypen und ansprechendes Auftreten junge, aufgeschlossene Menschen für unseren Wein begeistern") und den Bekanntheitsgrad erhöhen.

WEINGUT JUL. FERD. KIMICH Weinstraße 54, 67146 Deidesheim. Telefon: 0 63 26/342. Fax: 0 63 26/98 04 14. E-Mail: info@weingut-kimich.de. Homepage: www.weingut-kimich.de. Rebfläche: 14,5 ha. Rebsorten: 10. Hauptrebsorten: Riesling (80 %), Weißburgunder (4 %), Grauburgunder (5 %). Anbau: 96 % Weiß-, 4 % Rotwein. Spezialitäten: Trockene Rieslinge. Durchschnittsertrag: 6000 l/ha. Verkauf: 75 % Privatkunden, 5 % Gastronomie, 20 % Handel.

Dank des hohen Anteils an Privatkunden ist die Position des Weinguts am Markt sehr stabil. Weil die Weine zu moderaten Preisen und in überdurchschnittlichen Qualitäten angeboten werden, floriert der Absatz auch ohne großartige Werbeaktionen. Eine Erweiterung der Anbaufläche wird als notwendig erachtet, um auch künftig bis zum Weihnachtsgeschäft lieferfähig zu sein. „Das Hauptziel ist und bleibt jedoch, qualitativ von Jahr zu Jahr weitere Fortschritte zu machen", lässt das Haus zur Frage nach den weiteren Zielen verlauten.

WEINGUT KIRCHNER Korngasse 14, 67251 Freinsheim. Telefon: 0 63 53/18 38. Fax: 0 63 53/44 71. E-Mail: info@weingut-kirchner.de. Homepage: www.weingut-kirchner.de. Rebfläche: 12 ha. Rebsorten: 18. Hauptrebsorten: Riesling (22 %), Portugieser (19 %), Weißburgunder (7 %). Anbau: 59 % Weiß-, 41 % Rotwein. Spezialitäten: Im Barrique-Fass ausgebaute Weine, edelsüße Weine. Durchschnittsertrag: 8000 l/ha. Verkauf: 80 % Privatkunden, 15 % Gastronomie, 5 % Handel.

Das familiengeführte Weingut lebt bei seiner qualitätsorientierten Arbeit im Weinberg und im Keller von der Natur und auch im Einklang mit der Natur. Man versteht das Haus „als einen Ort der Begegnung von Menschen, die den Wein als Kulturgut und Genussmittel ersten Ranges schätzen oder kennenlernen wollen." Nach dem Motto „Stillstand ist Rückschritt" haben die Kirchners die Absicht, die Anbaufläche zu vergrößern, die Qualität weiter zu optimieren und den Kundenstamm zu erweitern.

WEINGUT KNÖLL & VOGEL Klingweg 3, 76887 Bad Bergzabern. Telefon: 0 63 43/12 46. Fax: 0 63 43/21 04. E-Mail: weingut@knoell-vogel.de. Homepage: www.knoell-vogel.de. Rebfläche: 57 ha. Rebsorten: 20. Hauptrebsorten: Riesling (20 %), Dornfelder (20 %), Grauer Burgunder (10 %). Anbau: 60 % Weiß-, 40 % Rotwein. Spezialitäten: Chardonnay, Grauburgunder, Cuvee rot aus dem Premiumsegment. Durchschnittsertrag: 9000 l/ha. Verkauf: 60 % Privatkunden, 20 % Gastronomie, 20 % Handel.

Das Weingut hat eine feste Kundenstruktur. Als Familienbetrieb reagiert es auf dem Markt flexibel, probiert Innovationen aus, kreiert neue Weinstile, stößt in Marktlücken vor und passt sich an. Die Ziele nach eigenen Angaben: „Wir möchten weiterhin unsere Qualität steigern, unsere eingeschlagenen Wege festigen und weiter ausbauen, um unseren Betrieb wettbewerbs- und zukunftsfähig zu halten. Unser oberstes Ziel sind zufriedene Kunden, gerne auch im Ausland."

WEINGUT THORSTEN KRIEGER Theresienstraße 71, 76835 Rhodt. Telefon: 0 63 23/70 49 98. Fax: 0 63 23/93 87 28. E-Mail: info@weingut-thorsten-krieger.de. Homepage: www.weingut-thorsten-krieger.de. Rebfläche: 13 ha. Rebsorten: 15. Hauptrebsorten: Riesling (25 %), Spätburgunder (13 %), Weißburgunder (7,5 %). Anbau: 60 % Weiß-, 40 % Rotwein. Spezialitäten: Barrique-Weine wie Frühburgunder und Pinot noir, Süßweine vom Gewürztraminer bis zur Scheurebe. Durchschnittsertrag: 7000 - 7500 l/ha. Verkauf: 50 % Privatkunden, 15 % Gastronomie, 30 % Handel, 5 % Export.

„Grundsätzlich positiv" sieht der staatlich geprüfte Sommelier, ausgebildete Winzer und Diplom-Betriebswirt für Weinwirtschaft Thorsten Krieger die Position seines Hauses auf dem Markt. Weil das Preis-Leistungsverhältnis stimmt, ist seit Jahren ein Zuwachs an Kunden zu verzeichnen. Das erreichte Qualitätsniveau soll gehalten werden, bei einzelnen Weinen will er noch zulegen. Die weiteren Ziele: Ausbau des Exports, Verringerung der Rebsorten.

WEINGUT LANGENWALTER Bahnhofstraße 45, 67256 Weisenheim am Sand. Telefon: 0 63 53/73 90. Fax: 0 63 53/41 52. E-Mail: info@weingut-langenwalter.de. Homepage: www.weingut-langenwalter.de. Rebfläche: 30 ha. Rebsorten: 14. Hauptrebsorten: Riesling (20 %), Weißburgunder (18 %), Spätburgunder (15 %), Grauburgunder (12 %). Anbau: 60 % Weiß-, 40 % Rotwein. Spezialitäten: Rote und weiße Burgunderweine. Durschnittsertrag: 7000 bis 8500 l/ha (je nach Jahrgang). Verkauf: 35 % Privatkunden, 55 % Gastronomie und Handel, 10 % Export.

Das Weingut vermarktet seit den sechziger Jahren seine Weine selbst, konnte den Absatz stetig steigern und dank Qualität und moderner Ausstattung seine Marktposition deutlich stärken. Eines der Ziele ist der Neubau des Weinkellers, um die Qualität der Produkte weiter steigern und die Anbaufläche vergrößern zu können. Thorsten Langenwalter: „Unter dieser Voraussetzung wollen wir unseren Absatz im Export und in der Gastronomie erhöhen."

WEINGUT LERGENMÜLLER

Weinstraße 16, 76835 Hainfeld. Telefon: 0 63 41/96 333. Fax: 0 63 41/96 334. E-Mail: info@lergenmueller.de. Homepage: www.lergenmueller.de. Rebfläche: 87 ha. Rebsorten: 15. Hauptrebsorten: Grauburgunder (13 %), Spätburgunder (13 %), Riesling (12 %). Anbau: 60 % Weiß-, 40 % Rotwein. Spezialitäten: Hochwertige Weinkonzepte wie zum Beispiel „Muschelkalk" (Weißburgunder), „Johannes L" (Riesling trocken), „DelVino" (Chardonnay x Riesling), „Saigner" (Spätburgunder Rosé trocken), „Angiolino" (Pinot noir). Durchschnittsertrag: 8000 l/ha. Verkauf: 5 % Privatkunden, 95 % Handel und Export.

Zu Lergenmüller gehört seit 1998 „das höchstgelegene Weingut der Pfalz" Sankt Annagut in Burrweiler. Kaum ein anderes pfälzisches Gut habe ein solch klares Konzept wie das Weingut Lergenmüller, stellt der Weinführer „Eichelmann" anerkennend fest. Als Partner des Fachhandels und im Export nimmt es eine führende Position ein. Die nächsten Ziele: Ausbau der Weingütervereinigung „Gutskomplizen" und Steigerung des Exports.

WEINGUT MARTINSHOF

Kirchhohl 20, 76829 Landau-Nußdorf. Telefon: 0 63 41/61 246. Fax: 0 63 41/62 448. E-Mail: info@martinshof-heupel.de. Homepage: www.martinshof-heupel.de. Rebfläche: 10 ha. Rebsorten: 17. Hauptrebsorten: Riesling (18 %), Müller-Thurgau (13 %), Weißburgunder (10 %). Anbau: 70 % Weiß-, 30 % Rotwein. Spezialitäten: Burgunder. Durchschnittsertrag: 8500 l/ha. Verkauf: 95 % Privatkunden, 5 % Gastronomie.

Der Martinshof ist nach Inhaber Martin Heupel benannt. Erich Heupel setzte bei der Gründung des Betriebs 1964 seinem im gleichen Jahr geborenen Sohn damit ein kleines Denkmal. Auch wenn der Wettbewerb härter geworden sei, werde man auf dem eingeschlagenen Weg weitergehen, versichert der Chef. Seine Ziele umreißt er in wenigen Worten: Spezialitäten erhalten, Qualität halten, sich Neuem nicht verschließen, Familienbetrieb bleiben, Kundenstamm weiter ausbauen. Die Anbaufläche soll nicht vergrößert werden.

WEINGUT GERHARD MÄURER

Friedhofstraße 15, 67273 Dackenheim. Telefon: 0 63 53/66 77. Fax: 0 63 53/41 60. E-Mail: maeurer-weine@t-online.de. Homepage: www.maeurer-weine.de. Rebfläche: 11 ha. Rebsorten: 15. Hauptrebsorten: Spätburgunder (15 %), Riesling (15 %), Portugieser (10 %). Anbau: 50 % Weiß-, 50 % Rotwein. Spezialitäten: Shiraz, Sauvignon blanc. Durchschnittsertrag: 8000 hl/ha. Verkauf: 95 % Privatkunden, 5 % Gastronomie und Handel.

Das kleine Familienweingut bietet den Weingenießern nach Angaben der beiden Inhaber Doris Mäurer und Klaus Litzius „ambitioniert an- und ausgebaute Weinspezialitäten, einen persönlichen Service und ein liebevolles Ambiente. Dies alles zusammen ist Ausdruck unserer Liebe zur Pfalz, zum Wein und zur Lust am Leben und am Genuss." Das Gut will auch in Zukunft innovativ und offen bleiben und sich seiner Linie treu bleiben, immer noch besser werden zu wollen.

WEINGUT KARL-HEINZ UND ANDREAS MEYER Bahnhofstraße 10, 76831 Heuchelheim-Klingen. Telefon: 06349/58 95. Fax: 06349/78 12. E-Mail: mail@meyer-weingut.de. Homepage: www.meyer-weingut.de. Rebfläche: 17 ha. Rebsorten: 18. Hauptrebsorten: Riesling (25 %), Weißburgunder (11 %), Spätburgunder (10 %). Anbau: 69 % Weiß-, 31 % Rotwein. Spezialitäten: Sauvignon blanc, Riesling Goldkapsel. Durchschnittsertrag: 7000 l/ha. Verkauf: 85 % Privatkunden, 5 % Gastronomie, 10 % Fachhandel.

Vier Jahre nach Ende des Zweiten Weltkriegs wurde das Weingut gegründet, seit Anfang der fünfziger Jahre erfolgt Selbstvermarktung. 1980 übernahmen Karl-Heinz Meyer und seine Frau Gudrun den Betrieb, in den 2008 Sohn Andreas einstieg. Vater und Sohn sind die Betriebsleiter, der Junior hat im Keller das Sagen. „Wir arbeiten naturverbunden und gewährleisten hohe Qualität dank konsequenter Ertragsreduktion und Handlese", informieren die Meyers. Durch schonende Vinifizierung werden vor allem Riesling und die Burgundersorten zu mineralischen und charaktervollen Weinen ausgebaut.

WEINGUT WALTER MERK Gönnheimer Straße 50, 67158 Ellerstadt. Telefon: 0 62 37/85 48. Fax: 0 62 37/59 628. E-Mail: weingutmerk@t-online.de. Homepage: www.weingutmerk.de. Rebfläche: 21 ha. Rebsorten: 16. Hauptrebsorten: Riesling (40 %), Spätburgunder (15 %), Sankt Laurent (10 %). Anbau: 48 % Weiß-, 52 % Rotwein. Spezialitäten: Portugieser „Alte Reben", Riesling „M", Spätburgunder „Reserve". Durchschnittsertrag: 7000 l/ha. Verkauf: 80 % Privatkunden, 10 % Gastronomie, 10 % Handel.

Seit 1990 ist der Familienbetrieb ein Bioweingut, das „kompromisslos hohe Weinqualitäten" erzeugt, wie im Internet versichert wird. Durch den hohen Anteil an Direktvermarktung ist man mit dem Absatz der Weine „bisher sehr zufrieden" und blickt optimistisch in die Zukunft. Um die Anbaufläche zu vergrößern, wird Ausschau nach weiteren Weinbergen gehalten. Auch die Vergrößerung des Kundenstamms ist neben „stetigem Qualitätsstreben" Zukunftsziel.

WEINGUT KLAUS MEYER Theresienstraße 80 a, 76835 Rhodt. Telefon: 06323/93 233. Fax: 06323/93 235. E-Mail: weingut.klaus.meyer@t-online.de. Homepage: www.weingut-meyer.com. Rebfläche: 12 ha. Rebsorten: 18. Hauptrebsorten: Riesling (25 %), weiße Burgundersorten (zusammen 30 %). Anbau: 70 % Weiß-, 30 % Rotwein. Spezialitäten: Terroir-Rieslinge, Weißburgunder Rosengarten. Durchschnittsertrag: 7500 l/ha. Verkauf: 65 % Privatkunden, 15 % Gastronomie, 20 % Fachhandel.

Das Weingut wurde 1987 von Klaus und Dorit Meyer gegründet. Als Kellermeister fungiert seit 2006 mit großem Erfolg Sohn Marius. In den Weinbergen wird konventionell naturnah gearbeitet. Es wird Wert gelegt auf lange Maischezeiten und nicht zu kühle Vergärung. Die Rotweine reifen zu 100 Prozent in großen und kleinen Holzfässern, das gilt zu einem wesentlichen Teil auch für die weißen Orts- und Lagenweine. Eine Erweiterung der Rebfläche ist für den Fall ins Auge gefasst, dass gute Lagen „auf dem Markt" sind. Die besondere Aufmerksamkeit gilt den traditionellen Rebsorten.

WEIN- UND SEKTGUT ERNST MINGES Staatsstraße 51, 67483 Edesheim. Telefon: 0 63 23/57 13. Fax: 0 63 23/58 65. E-Mail: info@minges-wein.de. Homepage: www.minges-wein. de. Rebfläche: 22 ha. Rebsorten: 21. Hauptrebsorten: Riesling (18 %), Dornfelder (15 %), weiße Burgundersorten (18 %). Anbau: 50 % Weiß-, 50 % Rotwein. Spezialitäten: Im Barrique-Fass ausgebaute Rotweine, speziell Dunkelfelder, Gewürztraminer trocken, Riesling. Durchschnittsertrag: 8000 l/ha. Verkauf: 80 % Privatkunden, 5 % Gastronomie, 5 % Handel, 10 % Export.

Durch die Angebotsvielfalt können alle Wünsche der Weinliebhaber erfüllt werden. Die Kunden bestätigen immer wieder das gute Preis-Leistungsverhältnis, was dem Weingut das Gefühl gibt, dass die Position auf dem Markt gefestigt ist. Eine Flächenvergrößerung kommt nicht in Frage, „da wir sonst Arbeiten, die qualitätsrelevant sind, aus Familienhänden geben müssten und zu diesem Schritt sind wir nicht bereit". Eines der Ziele ist der Ausbau des Exports.

WEINGUT MOTZENBÄCKER Weinstraße 1, 67152 Ruppertsberg. Telefon: 0 63 26/60 40. Fax: 0 63 26/41 79. E-Mail: info@villaimparadies.de. Homepage: www.villa-im-paradies.de. Rebfläche: 20 ha. Rebsorten: 8. Hauptrebsorten: Riesling (75 %), Weißburgunder (15 %), Spätburgunder (10 %). Anbau: 80 % Weiß-, 20 % Rotwein. Spezialitäten: Mond-Eiche-Weine und Dessertweine. Durchschnittsertrag: 6000 l/ha. Verkauf: 30 % Airlines und Privatkunden, 10 % Gastronomie, 20 % Handel, 40 % Export.

Das Weingut im Besitz der Familie Menger-Krug (Regina M.-K. ist eine geborene Motzenbäcker) ist eines der Traditionshäuser an der Mittelhaardt. Schon Otto von Bismarck schmeckten die Rieslinge aus den Edellagen des Orts. Das Familienmotto lautet: Qualität, Können und Liebe zum Wein. Die Frage nach der Position auf dem Markt wird mit einem Wort beantwortet: „Großartig." Es ist an eine Erweiterung des Kundenstamms gedacht, und auch der bereits starke Export soll noch ausgeweitet werden.

WEINGUT HERBERT MÜLLER ERBEN Mandelring 169, 67433 Neustadt-Haardt. Telefon: 0 63 21/66 067. Fax: 0 63 21/60 785. E-Mail: wgtmueerb@aol.com. Homepage: weingut-mueller-erben.de. Rebfläche: 10 ha. Rebsorten: 12. Hauptrebsorten: Riesling (50 %), Portugieser (10 %), Spätburgunder (10 %). Anbau: 60 % Weiß-, 40 % Rotwein. Spezialität: Sauvignon blanc. Durchschnittsertrag: 8000 l/ha. Verkauf: 50 % Privatkunden, 20 % Gastronomie, 30 % Handel.

Seit fünf Generationen wird in diesem Weingut Weinbau betrieben. Judith Müller, die ihrem Mann Ulrich bei der Führung des Betriebs zur Seite steht, informiert: Durch das ausgeglichene Verhältnis bei den Kunden - viele Privatpersonen, aber auch starke Verankerung in Gastronomie und Handel - sehe man sich derzeit gut aufgestellt und könne sich am Weinmarkt gut behaupten. Bei der angestrebten Ausweitung des Kundenstammes ist vor allem an das europäische Ausland gedacht.

WEIN- UND SEKTGUT MÜLLER-RUPRECHT

Freinsheimer Straße 31, 67169 Kallstadt. Telefon: 0 63 22/27 92. Fax: 0 63 22/82 98. E-Mail: info@mueller-ruprecht.de. Homepage: www.mueller-ruprecht.de. Rebfläche: 20 ha. Rebsorten: 14. Hauptrebsorten: Riesling (30 %), Dornfelder (15 %), Weißburgunder (10 %). Anbau: 50 % Weiß-, 50 % Rotwein. Spezialitäten: Johann 1702 Riesling trocken, Grauburgunder Reserve, Gewürztraminer Spätlese. Durchschnittsertrag: 7400 l/ha. Verkauf: 60 % Privatkunden, 10 % Gastronomie, 30 % Handel.

In der Familie wird seit 300 Jahren Weinbau betrieben. Das Weingut befindet sich seit dem Einstieg der Tochter Sabine nach Praktika im Ausland und Studium in Geisenheim im Jahr 2006 auf einem erfolgreichen Weg nach oben und sieht sich auf dem Markt gut positioniert. Die Ziele werden so beschrieben: Die Traubenqualität und somit auch den Wein in jedem Jahr „noch einen Tick besser machen", den Kundenstamm pflegen und ausbauen.

WEINGUT MUGLER

Peter-Koch-Straße 50, 67435 Neustadt-Gimmeldingen. Telefon: 0 63 21/66 062. Fax: 0 63 21/68 609. E-Mail: info@weingut-mugler.de. Homepage: www.weingut-mugler.de. Rebfläche: 14,5 ha. Rebsorten: 10. Hauptrebsorten: Riesling (50 %), Spätburgunder (16 %), Weißburgunder (9 %). Anbau: 70 % Weiß-, 30 % Rotwein. Spezialitäten: Chardonnay, Spätburgunder aus dem Barrique. Durchschnittsertrag: 7500 l/ha. Verkauf: 88 % Privatkunden, 12 % Gastronomie.

Das VDP-Weingut fühlt sich auch in Krisenzeiten mit seiner Ausrichtung (hoher Anteil an Privatkunden) auf dem Markt „sehr gut positioniert". „Kunden Weinkultur in schönster Form erlebbar zu machen" ist das Ziel. Deshalb soll auch in Zukunft hauptsächlich die Privatkundschaft angesprochen werden. Geplant ist der Ausbau von Vinothek, Restaurant und Vier-Sterne-Gästezimmern. Doch die oberste Priorität hat laut Susanne Mugler „die Weiterentwicklung charaktervoller Weine".

WEINGUT NAUERTH

Lindenstraße 42, 76831 Heuchelheim-Klingen. Telefon: 0 63 49/85 29. Fax: 0 63 49/67 95. E-Mail: mail@weingut-nauerth.de. Homepage: www.weingut-nauerth.de. Rebfläche: 11,5 ha. Rebsorten: 16. Hauptrebsorten: Weiße Burgunder (20 %), Riesling (20 %), Spätburgunder (13 %). Anbau: 60 % Weiß-, 40 % Rotwein. Spezialitäten: Spätburgunder Auslese, Cabernet Dorio Spätlese, Cuvee Esprit Auslese. Durchschnittsertrag: 8000 l/ha. Verkauf: 90 % Privatkunden, 5 % Gastronomie, 5 % Handel.

Der kleine Familienbetrieb arbeitet weitgehend in der Stille, hängt Erfolge nicht an die große Glocke. Die verlässlichen und fruchtigen Weine kommen bei den Kunden gut an. „Wir werden weiterhin daran arbeiten, die Qualität unserer Weine zu steigern", verspricht das Haus. Neue Produkte bzw. Sorten sind nicht geplant, eher ist an eine Reduzierung der Reben auf die traditionellen Sorten gedacht. Dass die Nachfrage nach Nauerth-Weinen konstant ist, freut Vater Günther (Winzermeister) und Tochter Mareen (Diplom-Ing. für Weinbau und Oenologie).

WEINGUT OBERHOFER Am Linsenberg 1, 67483 Edesheim. Telefon: 0 63 23/94 49 11. Fax: 0 63 23/94 49 49. E-Mail: info@weingutoberhofer.de. Homepage: www.weingutoberhofer.de. Rebfläche: 24 ha. Rebsorten: 15. Hauptrebsorten: Riesling, Weißburgunder und Spätburgunder (je 20 %). Anbau: 50 % Weiß-, 50 % Rotwein. Spezialität: Gewürztraminer aus dem ältesten Weinberg der Welt in der Lage Rhodter Rosengarten. Durchschnittsertrag: 6500 l/ha. Verkauf: 80 % Privatkunden, 10 % Gastronomie, 10 % Handel in der eigenen Vinothek in Edesheim.

Dank der Aufnahme in die „Top 100" der Deutschen Landwirtschaftsgesellschaft 2009 sieht sich das Weingut in seiner Position gestärkt. Die Ziele in nächster Zukunft: Weiterhin Erzeugung hochwertiger und charaktervoller Weine („Wir führen unsere Linie konsequent weiter"); Umstellung auf Bio-Anbau ab 2011; Verteidigung oder gar Verbesserung der Position in der DLG-Liste; Erweiterung des Vertriebs über den Fachhandel.

WEINGUT ODINSTAL Odinstalweg, 67157 Wachenheim. Telefon: 0 63 22/94 95 312, Fax: 0 63 22/94 95 314. E-Mail: mail@odinstal.de. Homepage: www.odinstal.de. Rebfläche: 5 ha. Rebsorten: 5. Hauptrebsorten: Riesling (50 %), Weißburgunder (30 %), Auxerrois (10 %). Anbau: 100 % Weißwein. Spezialitäten: Neben terroirbetonten Rieslingen aus der Höhenlage sehr markante Auxerrois und Silvaner. Durchschnittsertrag: 5000 l/ha. Verkauf: 50 % Privatkunden, 20 % Gastronomie, 30 % Handel.

Inhaber Thomas Hensel hat das Weingut Ende der 1990er Jahre erworben. Die wachsende Nachfrage nach den in 330 Meter Höhe wachsenden Weinen wird in absehbarer Zeit das Angebot übersteigen, auch weil der Export gut läuft. Angesichts dieser günstigen Aussichten ist in den nächsten Jahren an eine Vergrößerung der Anbaufläche gedacht, was gleichzeitig eine Erweiterung des Kundenstammes erforderlich machen würde. Auch neue Produkte sind in der Planung.

WEINGUT PFIRMANN Wollmesheimer Hauptstraße 84, 76829 Landau-Wollmesheim. Telefon: 0 63 41/32 584. Fax: 0 63 41/93 00 66. E-Mail: info@weingut-pfirmann.de. Homepage: www. weingut-pfirmann.de. Rebfläche: 12 ha. Rebsorten: 15. Hauptrebsorten: Riesling (25 %), weiße Burgunder (25 %), Spätburgunder (10 %). Anbau: 70 % Weiß-, 30 % Rotwein. Spezialitäten: Rieslinge und weiße Burgunder von verschiedenen Böden. Durchschnittsertrag: 7000 l/ha. Verkauf: 80 % Privatkunden, 5 % Gastronomie, 15 % Handel.

Der in der fünften Generation von Jürgen Pfirmann geführte Familienbetrieb produziert nach eigenen Angaben „eigenständige und authentische Weine mit besonderem Lagencharakter". Es soll auch weiter naturnah gearbeitet werden, um der nächsten Generation einen gesunden Boden übergeben zu können. An eine Ausdehnung der Anbaufläche für Riesling ist gedacht, wenn sich die hierfür geeigneten Lagen finden lassen.

WEINGUT SCHÄDLER

Weinstraße Süd 43, 674687 Maikammer. Telefon: 0 63 21/52 35. Fax: 0 63 21/57 394. E-Mail: weingut@m-schaedler.de. Homepage: www.m-schaedler.de. Rebfläche: 9,5 ha. Rebsorten: 16. Hauptrebsorten: Riesling (30 %), Spätburgunder (12 %), Weißburgunder (9 %). Anbau: 34 % Weiß-, 66 % Rotwein. Spezialitäten: Sauvignon blanc, Blanc de noir, Riesling. Durchschnittsertrag: 7500 l/ha. Verkauf: 90 % Privatkunden, 5 % Gastronomie, 5 % Handel.

Inhaber Steffen Mugler hat 2002 das Weingut M. Schädler gepachtet. Vorher war er Keller-meister im elterlichen Betrieb. Dass seine Marktposition so gut ist, führt er auf das gute Preis-Leistungsverhältnis zurück. An eine Expansion denkt er momentan nicht, vielmehr ist ihm die Zufriedenheit der Kunden wichtig. Zusammen mit Michael Andres betreibt Steffen Mugler die Sektkellerei Andres & Mugler, die ihren Sitz in Ruppertsberg hat. Es werden neben Rieslingsekt vor allem Sekte aus Burgundersorten erzeugt.

WEINGUT KARL SCHAEFER

Weinstraße Süd 30, 67098 Bad Dürkheim. Telefon: 0 63 22/21 38. Fax: 0 63 22/87 29. E-Mail: info@weingutschaefer.de. Homepage: www.weingutschaefer.de. Rebfläche: 16 ha. Rebsorten: 12. Hauptrebsorten: Riesling (80 %), Grauburgunder und Weiß-burgunder (je 5 %). Anbau: 90 % Weiß-, 10 % Rotwein. Spezialitäten: Rieslaner Beerenauslese, Riesling Spätlese „Schöne Anna". Durchschnittsertrag: 5500 l/ha. Verkauf: 70 % Privatkunden, je 15 % Gastronomie und Handel.

Das Mitte des 19. Jahrhunderts von Dr. Christian Schaefer gegründete Weingut wird heute in der fünften Generation von Gerda Lehmeyer geführt. Früher gehörte es mit seinen Rieslingen zu den Aushängeschildern der Pfalz. Die Marktposition wird als steigerungsfähig bezeichnet. Die Inhaberin hat sich mit ihrem Team vorgenommen, den Export zu verstärken und auch das Geschäft mit dem Handel auszubauen. Der Ausbau der Weine erfolgt ausschließlich in Holzfässern.

WEIN- UND SEKTHAUS VOLKER UND BERND SCHREIECK

Hartmannstraße 38, 67487 Maikammer. Telefon: 0 63 21/50 67. Fax: 0 63 21/58 759. E-Mail: info@schreieck-maikammer. de. Homepage: www.schreieck-maikammer.de. Rebfläche: 22 ha. Rebsorten: 20. Hauptrebsorten: Riesling (21 %), Grauburgunder (10 %), Spätburgunder (15 %). Anbau: 55 % Weiß-, 45 % Rotwein. Spezialitäten: S-Klasse-Serie (Grauburgunder, Riesling, Chardonnay), Merlot, Cabernet Sauvi-gnon, Syrah. Durchschnittsertrag: 9500 l/ha. Verkauf: 95 % Privatkunden, 5 % Gastronomie.

Die Inhaber Volker und Bernd Schreieck sehen sich als Lieferanten hochwertiger Qualitätswei-ne vorwiegend an Endverbraucher und setzen dabei auf ihr gutes Preis-Leistungsverhältnis. Zu den Zielen der nächsten Zukunft gehören der Ausbau des Kundenstammes, der Erhalt der hohen Weinqualitäten sowie der Ausbau des Exports, der noch ganz am Anfang steht. Das Weingut wurde 1963 in St. Martin gegründet, übersiedelte 1970 nach Maikammer und hat bisher sechs Große Staatsehrenpreise erhalten.

WEINGUT SCHWAN Rottmanngasse 2, 67308 Zellertal-Niefernheim. Telefon: 0 63 55/96 54 00. Fax: 0 63 55/96 54 01. E-Mail: himmel@weingutschwan.de. Homepage: www.weingut-schwan.de. Rebfläche: 18,5 ha. Rebsorten: 14. Hauptrebsorten: Riesling (19 %), Spätburgunder (14 %), Dornfelder (12 %). Anbau: 60 % Weiß-, 40 % Rotwein. Spezialitäten: Prämierte Weine und Sekte. Durchschnittsertrag: 8500 l/ha. Verkauf: 70 % Privatkunden, 25 % Gastronomie, 5 % Handel.

Der regional sehr geschätzte und qualitätsorientierte Familienbetrieb - die Familien Schwan und Himmel betreiben Weinbau seit vier Generationen - wird von seinem treuen Kundenstamm wegen seiner Kompetenz und des guten Preis-Leistungsverhältnisses geschätzt. Inhaber Dirk Himmel will versuchen, den Weinabsatz insbesondere in der Gastronomie durch die Gewinnung neuer Kunden zu steigern. Seine Meinung: „Deutscher Wein hat es verdient, auf Weinkarten auch außerhalb eines Weinbaugebietes präsenter zu sein."

WEINGUT SEILER Modenbachstraße 3, 76835 Weyher. Telefon: 0 63 23/42 19. Fax: 0 63 23/98 10 73. E-Mail: ludwig-seiler@t-online.de. Homepage: www.weingut-seiler.de. Rebfläche: 8 ha. Rebsorten: 15. Hauptrebsorten: Riesling (25 %), Grauburgunder (15 %), St. Laurent (15 %). Anbau: 70 % Weiß-, 30 % Rotwein. Spezialitäten: Dornfelder aus dem Barrique, Gewürztraminer Spätlese trocken, Regent-Traubensaft rot. Durchschnittsertrag: 8500 l/ha. Verkauf: 60 % Privatkunden, 15 % Gastronomie, 25 % Handel.

Seit 1990 ist Seiler Bioland-Weingut. Die Nachfrage nach den ökologisch angebauten Weinen ist nach Auskunft von Winzermeister Ludwig Seiler sehr gut, man erfahre sehr viel positive Resonanz von den Kunden. Als sein Hauptziel nennt er die Weiterentwicklung des Betriebs unter dem Leitgedanken „Versöhnung von Ökologie und Ökonomie". Wichtige Elemente sind für ihn dabei ein Naturschutzkonzept für die Betriebsflächen, die Förderung der Bodenfruchtbarkeit und der inneren Traubenqualität.

WEINGUT GEORG SIBEN ERBEN Weinstraße 21, 67146 Deidesheim. Telefon: 0 63 26/98 93 63. Fax: 0 63 26/98 93 65. E-Mail: siben_weingut@t-online.de. Homepage: www.siben-weingut.de. Rebfläche: 11 ha. Rebsorten: 9. Hauptrebsorten: Riesling (80 %), Weißburgunder, Spätburgunder (je 5 %). Anbau: 90 % Weiß-, 10 % Rotwein. Spezialitäten: Riesling Großes Gewächs. Durchschnittsertrag: 7000 l/ha. Verkauf: 90 % Privatkunden, 10 % Gastronomie und Handel.

Der Keller des bekannten Weinguts stammt aus dem Jahr 1595. Der Ahnherr der jetzigen Winzerfamilie, Hendrijk Siben, kam aber erst um 1700 aus Holland in die Pfalz. 1992 erfolgte die Umstellung auf ökologischen Weinbau. Die überwiegend trockenen Rieslinge werden klassisch im alten Holzfass ausgebaut. Für kontrollierte Gärung und Lagerung stehen neue Edelstahltanks zur Verfügung. Schrauber, Kunststoff und Kombi-Korken haben den Naturkorken weitgehend abgelöst. Letzterer wird nur noch für die Top-Weine des Hauses verwendet.

WEINGUT SIENER-DR. WETTSTEIN

Bengertstraße 1, 76833 Siebeldingen. Telefon: 0 63 45/95 45 40. Fax: 0 63 45/95 45 42. E-Mail: siener@t-online.de. Homepage: www.weingut-siener-wettstein.de. Rebfläche: 11 ha. Rebsorten: 12. Hauptrebsorten: Riesling (25 %), Spätburgunder (20 %), Weißburgunder (15 %). Anbau: 70 % Weiß-, 30 % Rotwein. Spezialitäten: Trockene Terroirweine, im Holzfass gereifte Spätburgunder. Durchschnittsertrag: 6500-7000 l/ha. Verkauf: 80 % Privatkunden, 5 % Gastronomie, 15 % Handel.

Dr. Martin Wettstein beschreibt die Position seines Hauses mit den Worten: „Wir sehen uns als ein am regionalen und überregionalen Markt etabliertes Unternehmen, das von traditionellen Ursprüngen und stetig innovativen Einflüssen geprägt ist." Als Ziel für die nächsten Jahre hat sich der Inhaber die Erhaltung des Spaßes an der Natur und „Enthusiasmus für gute Weine" vorgenommen. Denn dies sei die Grundvoraussetzung für ein erfolgreiches Wirken.

WEINGUT ERICH STACHEL

Bahnhofstraße 40, 67487 Maikammer. Telefon: 0 63 21/51 12. Fax: 0 63 21/58 561. E-Mail: info@weingut-stachel.de. Homepage: www.weingut-stachel.de. Rebfläche: 15 ha. Rebsorten: 20. Hauptrebsorten: Riesling (25 %), Spätburgunder (8 %), St. Laurent (7 %). Anbau: 55 % Weiß-, 45 % Rotwein. Spezialitäten: Rotweine mit internationalem Charakter. Durchschnittsertrag: 6000 l/ha. Verkauf: 80 % Privatkunden, 10 % Gastronomie, 10 % Handel.

„Wir bewegen uns mit unseren Rotweinen mit an der Spitze der Pfalz", gibt das Weingut wieder, was Kenner des Marktes schon lange feststellen. Diese Premiumweine sind von der Gastronomie und den Kennern der internationalen Rotweinszene gesucht. Zu den Zielen der Zukunft wird angemerkt, die Anbaufläche werde nur dann vergrößert, wenn Top-Lagen zu bekommen seien. Stachel hat auch eine Erweiterung des Kundenstammes ins Auge gefasst, denn es bilde sich eine neue Kundenschicht, die Top-Qualität und neue Produkte kaufen wolle.

WEINGUT THOMAS STEIGELMANN

Kurpfalzstraße 193, 67435 Neustadt-Gimmeldingen. Telefon: 0 63 21/66 081. Fax: 0 63 21/60 429. E-Mail: weingut@steigelmann.de. Homepage: www.steigelmann.de. Rebfläche: 12 ha. Rebsorten: 11. Hauptrebsorten: Riesling (30 %), Gewürztraminer (16 %), Dornfelder (11 %). Anbau: 61 % Weiß-, 39 % Rotwein. Spezialitäten: Rieslinge vom Basiswein bis zum Eiswein. Durchschnittsertrag: 6000 l/ha. Verkauf: 85 % Privatkunden, 15 % Gastronomie und Handel.

Der Betrieb ist froh über seine gute Situation auf dem als stabil angesehenen Markt und hat berechtigte Hoffnungen, den Umsatz weiter steigern zu können. Was die Ziele der nächsten Zukunft angeht, „arbeiten wir in allen Richtungen", wie verlautet. Dazu gehören eine Vergrößerung der Anbaufläche, aus Gründen der Qualitätssteigerung die weitere Senkung der Erträge, eine ökologische Bewirtschaftung und der Ausbau des Exports.

WEINGUT PETER STOLLEIS Kurpfalzstraße 99, 67435 Neustadt-Gimmeldingen/Mußbach. Telefon: 0 63 21/66 071. Fax: 0 63 21/60 348. E-Mail: weingut.p.stolleis@t-online. de. Homepage: www.stolleis.de. Rebfläche: 20 ha. Rebsorten: 14. Hauptrebsorten: Riesling (55 %), Spätburgunder (8 %), Weißburgunder (8 %). Anbau: 75 % Weiß-, 25 % Rotwein. Spezialitäten: Riesling, Burgundersorten, Weinschokolade. Durchschnittsertrag: 8500 l/ha. Verkauf: 60 % Privatkunden, 20 % Gastronomie, 20 % Handel.

Das Anwesen, in dem sich das Weingut befindet, war einst Sitz des Wittelsbachers Carl Theodor, nach dem der Hof noch heute benannt ist. 1863 entschloss sich der erste Peter Stolleis, seinen Weinbau nicht nur im Nebenerwerb zu betreiben. In dem großen Gewölbekeller befinden sich neben den traditionellen Holzfässern die Barriques, während in den neuen Kellern die temperaturgesteuerten Edelstahltanks für die Weißweine zu finden sind. Die Trauben werden per Hand gelesen.

WEINGUT STUDIER Fließstraße 34-36, 67158 Ellerstadt. Telefon: 0 62 37/31 13. Fax: 0 62 37/55 77. E-Mail: info@weingut-studier.de. Homepage: www.weingut-studier.de. Rebfläche: 33 ha. Rebsorten: 21. Hauptrebsorten: Riesling (30 %), Dornfelder (12 %), Weißburgunder (7 %). Anbau: 61 % Weiß-, 39 % Rotwein. Spezialitäten: Sauvignon blanc, Morio-Muskat. Durchschnittsertrag: 8000 l/ha. Verkauf: 15 % Privatkunden, 85 % Handel und Gastronomie.

Das Weingut fühlt sich aufgrund langjähriger Investitionen in modernste Kellertechnik für die Erfordernisse des heutigen Marktes bestens gerüstet. Sibylle und Reinhard Studier betrachten die Position ihres Hauses als weiter ausbaufähig. Durch die Vergrößerung der Anbaufläche von acht auf 26 Hektar und die entsprechende Erweiterung der Kellerei sind die Wachstumsbestrebungen vorerst abgeschlossen. Hinsichtlich der Vermarktungsstrukturen ist eine Vertriebskooperation mit je einem Winzer aus Baden und von der Mosel zum Ausbau der Fachhandelsschiene geplant.

WEINGUT VÖGELI Wollmesheimer Hauptstraße 90, 76829 Landau-Wollmesheim. Telefon: 0 63 41/32 792. Fax: 0 63 41/33 295. E-Mail: info@weingut-voegeli.de. Homepage: www. weingut-voegeli.de. Rebfläche: 14 ha. Rebsorten: 16. Hauptrebsorten: Burgunderfamilie (30 %), Silvaner (14 %), Riesling (13 %). Anbau: 65 % Weiß-, 35 % Rotwein. Spezialität: Grüner Silvaner. Durchschnittsertrag: 5000-9000 l/ha. Verkauf: 80 % Privatkunden, 10 % Gastronomie, 10 % Handel.

Das Weingut ist dank der seit dem Jahr 2000 vollzogenen Ausstattung mit modernster Technik, der Anschaffung von Edelstahltanks, der Verdreifachung des Fasslagers und der Schaffung eines neuen Signets sowie der Neubepflanzung von 50 Prozent der Rebfläche für die Zukunft bestens gerüstet. Die Ziele in den nächsten Jahren lauten: Ausweitung der Flaschenweinvermarktung, Straffung des Angebots im Interesse der Kunden, Erzeugung qualitätsorientierter Weine durch entsprechende Maßnahmen in den Weinbergen, noch mehr schonender Ausbau im Keller.

FRITZ VÖLCKERSCHE GUTSVERWALTUNG

An der Eselshaut 15, 67435 Neustadt-Mußbach. Telefon: 0 63 21/66 050. Fax: 0 63 21/66 054. E-Mail: info@weingut-voelcker.de. Homepage: www.weingut-voelcker.de. Rebfläche: 9 ha. Rebsorten: 14. Hauptrebsorten: Riesling (42 %), Spätburgunder (10 %), Weißburgunder (5,5 %). Anbau: 77 % Weiß-, 23 % Rotwein. Spezialitäten: Riesling, Cabernet Sauvignon, Spät- und Weißburgunder. Durchschnittsertrag: 6500 l/ha. Verkauf: 93 % Privatkunden, 4 % Gastronomie, 3 % Handel.

Das von Charlotte und Wilfried Völcker geführte Privatweingut kann auch in schwierigen Zeiten auf seinen soliden Privatkundenstamm bauen. „Wir jagen keinem Trend hinterher", sagen die beiden Weinmacher, „sondern suchen unsere Nische in der Exklusivität und Individualität". In den nächsten Jahren soll der Kreis derer, die sich für die Weine des Hauses begeistern, erweitert werden. Man will „kein Weingut nur für Insider sein, sondern ein Haus für alle Freunde des Genusses".

WEINGUT EUGEN WAMBSGANSS

Kirchhohl 10-12, 76829 Landau-Nußdorf. Telefon: 0 63 41/61 990. Fax: 0 63 41/60 161. E-Mail: iris.estelmann@t-online.de. Homepage: www.eugen-wambsganß.de. Rebfläche: 15 ha. Rebsorten: 21. Hauptrebsorten: Riesling (19 %), Spätburgunder (12 %), Weißburgunder (8 %). Anbau: 68 % Weiß-, 32 % Rotwein. Spezialitäten: Trockene Spätlesen, Barrique-Weine, Cuvee CC. Durchschnittsertrag: 7500-8000 l/ha. Verkauf: 75 % Privatkunden, 15 % Gastronomie, 10 % Handel.

Das seit 1991 von der Familie Klaus und Iris Estelmann bewirtschaftete Weingut bezeichnet seine Marktposition als gefestigt und nennt hierfür mehrere Gründe: Gute Beziehungen zum Fachhandel und zur gehobenen Gastronomie, treue Stammkundschaft und die eigene, engagiert geführte Weinstube („Rebstöck'l" in Landau). Eine leichte Vergrößerung der Anbaufläche ist ebenso ins Auge gefasst wie die Gewinnung neuer, vor allem junger Kunden durch entsprechende Produkte wie „Kult-Rosé" C&M, Chrisecco oder Cuvee CC rot.

WEIN- UND SEKTGUT ALBERT WIEDEMANN

Staatsstraße 23, 67483 Edesheim. Telefon: 0 63 23/24 00. Fax: 0 63 23/33 54. E-Mail: info@wiedemann-wein.de. Homepage: www.wiedemann-wein.de. Rebfläche: 12,5 ha. Rebsorten: 15. Hauptrebsorten: Spätburgunder (20 %), Dornfelder (15 %), Weißburgunder (12 %). Anbau: 24 % Weiß-, 76 % Rotwein. Spezialitäten: Secco, Rosé-Weine, Sekt. Durchschnittsertrag: 8200 l/ha. Verkauf: 90 % Privatkunden, je 5 % Gastronomie und Handel.

Albert Wiedemann ist der Bruder des Venninger „Essigdoktors" Georg Heinrich Wiedemann und wie dieser ein geschäftstüchtiger Winzer. Da er in St. Martin auch ein Hotel betreibt, das viele Kunden anlockt, ist die Position auf dem Weinmarkt gut. „Wir werden versuchen, durch gezielte Teilnahme an Messen mehr Fachhändler anzusprechen", lautet eines der nächsten Ziele. Eine weitere große Aufgabe ist die 2009 eingeleitete Umstellung auf biologischen Weinbau.

WINZERGENOSSENSCHAFT WEINBIET An der Eselshaut 57, 67435 Neustadt-Mußbach. Telefon: 0 63 21/67 970. Fax: 0 63 21/60 179. E-Mail: klohr@wg-weinbiet.de. Homepage: www. wg-weinbiet.de. Rebfläche: 300 ha. Rebsorten: 20. Hauptrebsorten: Riesling (32 %), Dornfelder (9 %), Spätburgunder (9 %). Anbau: 62 % Weiß-, 38 % Rotwein. Spezialitäten: Superpremium-Weine Edition „Philipp Baßler", Sommerwein „Sommertänzer", Erste Gewächs-Weine Haardter Herrenletten und Haardter Bürgergarten. Durchschnittsertrag: 9500 l/ha. Verkauf: 35 % Privatkunden, 10 % Gastronomie, 35 % Handel, 10 % Export, 10 % Sonstige.

Ein gutes Preis-Leistungsverhältnis und ein Service, der laut Geschäftsführer Manfred Klohr „ganz groß geschrieben wird", sind die Pluspunkte der Genossenschaft. Die Anbaufläche soll nur noch leicht wachsen. Der Kundenstamm wächst dagegen kontinuierlich. Zwei Ziele sind der Ausbau des Umsatzes mit China und der Export nach Kanada. Ein neues Produkt ist hochwertiger Winzerglühwein.

WINZERVEREIN DEIDESHEIM Prinz-Rupprecht-Straße 8, 67146 Deidesheim. Telefon: 0 63 26/96 880. Fax: 0 63 26/96 88 42. E-Mail: info@winzervereindeidesheim.de. Homepage: www. winzervereindeidesheim.de. Rebfläche: 160 ha. Rebsorten: 21. Hauptrebsorten: Riesling (65 %), Dornfelder (7,5 %), Spätburgunder (7 %). Anbau: 74 % Weiß-, 26 % Rotwein. Spezialitäten: Riesling-Edition, Auxerrois, Rieslaner, im Holzfass gereifte Rotweine. Durchschnittsertrag: 10.000 l/ha. Verkauf: 40 % Privatkunden, 5 % Gastronomie, 40 % Handel, 15 % Export.

Die traditionsreichste Genossenschaft der Pfalz sieht sich in erster Linie als regionaler Vermarkter in einem Umkreis von 100 Kilometer um Deidesheim. Der Vertrieb soll ausgebaut werden: durch neue Vertreter und Weindepots, um auch überregional Fuß zu fassen. Jedes Jahr wird ein neues Produkt auf den Markt gebracht. Der Exportanteil soll auf 25 Prozent gesteigert, die Anbaufläche um rund 20 Hektar erweitert werden.

WEINGUT WÖHRLE Leininger Ring 64, 67278 Bockenheim. Telefon: 0 63 59/42 15. Fax: 0 63 59/94 93 67. E-Mail: info@weingut-woehrle.de. Homepage: www.weingut-woehrle.de. Rebfläche: 11 ha. Rebsorten: 14. Hauptrebsorten: Riesling (35 %), weiße Burgunder (14 %), Spätburgunder (12 %). Anbau: 68 % Weiß-, 32 % Rotwein. Spezialitäten: Merlot, Cabernet Sauvignon, Cabernet blanc. Durchschnittsertrag: 6500 l/ha. Verkauf: 80 % Privatkunden, 1 % Gastronomie, 19 % Handel.

Das Weingut ist Mitglied bei Ecovin (Bundesverband ökologischer Weinbau) und erzeugt bereits seit über 30 Jahren Ökowein. Durch die Ausrichtung auf hochwertige Weine und angesichts der stetig steigenden Nachfrage nach solchen Weinen sieht man sich auf einem guten Weg. Ziel ist die Erweiterung der ökologischen Anbaufläche, um noch mehr Bioweine machen zu können. Wöhrle bietet Weinpässe an, die Wein und Lage beschreiben sowie Speiseempfehlungen geben.

WEINGUT WOLF Kirchstraße 28, 67098 Bad Dürkheim-Ungstein. Telefon: 0 63 22/15 01. Fax: 0 63 22/98 08 29. E-Mail: michael@weingut-wolf.de. Homepage: www.weingut-wolf.de. Rebfläche: 14 ha. Rebsorten: 15. Hauptrebsorten: Riesling (43 %), Dornfelder (8 %), Weißburgunder (7,5 %). Anbau: 70 % Weiß-, 30 % Rotwein. Spezialitäten: Riesling, gehaltvolle Rotweine, im Barrique-Fass ausgebaute Weine. Durchschnittsertrag: 7500 l/ha. Verkauf: 52 % Privatkunden, 13 % Gastronomie, 35 % Handel.

Michael Wolf, der zunächst Betriebswirtschaft studierte, ehe er ein Weinbaustudium in Geisenheim absolvierte, sieht sein Haus als „Anbieter von ordentlichen, überdurchschnittlichen Weinen zu vernünftigen Preisen". Hauptziel ist die kontinuierliche Verbesserung der Weinqualität durch Investitionen in Weinbau und Kellertechnik. Der Fokus liegt auf der weiteren Etablierung von Premiumweinen und auf der Erschließung zusätzlicher Käuferschichten, „die Wert auf sehr gute Weine legen".

WEINGUT J. L. WOLF Weinstraße 1, 67157 Wachenheim. Telefon: 0 63 22/98 97 95. Fax: 0 63 22/98 15 64. E-Mail: j.l.wolf@drloosen.de. Homepage: www.jlwolf.de. Rebfläche: 10 ha. Rebsorten: 4. Hauptrebsorten: Riesling (77 %), Grauburgunder (15 %), Spätburgunder (5 %). Anbau: 90 % Weiß-, 10 % Rotwein. Spezialitäten: Trockenbeerenauslesen. Durchschnittsertrag: 5000 l/ha. Verkauf: 10 % Privatkunden, 30 % Gastronomie, 30 % Handel, 30 % Export.

Das erfolgreiche und geachtete Weingut wurde 1756 gegründet. Seit den 2000er Jahren ist bei dem Produzenten kraftvoller, traditioneller Pfälzer Weine ein Aufschwung zu beobachten. Das Haus profitiert vom „positiven Trend nach guten Qualitäten in einem vernünftigen mittleren Preis-Leistungsverhältnis", wie es selbst feststellt. Erfreut ist man über die seit Jahren steigende Nachfrage nach Burgunderweinen. Für die Zukunft sieht man als Ergänzung eine gute Chance für den Sauvignon blanc.

WEINGUT KLAUS UND MATHIAS WOLF Hauptstraße 36, 76831 Birkweiler. Telefon: 06345/91 92 03. Fax: 06345/91 92 04. E-Mail: info@weingut-wolf-birkweiler.de. Homepage: www.weingut-wolf-birkweiler.de. Rebfläche: 11 ha. Rebsorten: 10. Hauptrebsorten: Riesling (30 %), Weißburgunder (20 %), Spätburgunder (15 %). Anbau: 70 % Weiß-, 30 % Rotwein. Spezialitäten: Riesling und Weißburgunder, jeweils trocken, aus der Lage Kastanienbusch (Böden: Schiefer bzw. Muschelkalk). Durchschnittsertrag: 6500 l/ha. Verkauf: 80 % Privatkunden, je 10 % Gastronomie und Fachhandel.

Weinbau wird bei Wolf seit bald vier Jahrhunderten betrieben. 1620 wurde der Winzer Hans Wolf erstmals urkundlich erwähnt. Seit Junior Mathias Wolf 2011 in das elterliche Gut eingestiegen ist, als Kellermeister arbeitet und zusammen mit seinem Vater als Betriebsleiter fungiert, ist man auch überregional auf die Weinmacher von Birkweiler aufmerksam geworden. Die frischen, sauberen, klaren, auch kräftigen Weine (hier besonders die Roten) kommen bei den Kunden an. Mathias Wolf hat sich das Ziel gesetzt, das Qualitätsniveau weiter zu verbessern und den Betrieb moderat zu erweitern.

In der Gemarkung Rosengarten in Rhodt:

Das Weingut Oberhofer in Edesheim besitzt in der Lage Rhodter Rosengarten einen Wingert, um den es ganz sicher von allen deutschen Winzern beneidet wird. Gegenüber der Genossenschaft Rietburg befindet sich der älteste Weinberg der Welt. Die rund 400 knorrigen Reben in nur drei Zeilen auf einer Fläche von 8 Ar sind um die 400 Jahre alt, und nirgendwo auf der Erde gibt es nach allen Recherchen ältere Reben. Wenn sie erzählen könnten, was sie schon alles erlebt und überlebt haben...

Der älteste Weinberg der Welt

▶▶▶ *"Natürlich sind wir stolz, diesen Weinberg zu besitzen, denn er stellt eine absolute Rarität dar", sagen Vater und Sohn Oberhofer. Wenn sich Besuchergruppen angemeldet haben, führen sie wechselweise die Interessenten durch den Weinberg und erläutern, wie sorgsam und schonend die Reben das Jahr über gepflegt werden, damit sie noch lange überleben. Besucher haben Verständnis dafür, dass ihnen beim Rundgang keine kostenlose Probe des kostbaren Weins angeboten wird, weil es einfach nicht genug Flaschen davon gibt.*

Kriege, Brandschatzungen und Verwüstungen haben diese Reben nicht vernichtet. Und auch den verheerendsten Schädlingen haben sie bis heute getrotzt, ebenso allen aus dem Ausland eingeschleppten Pilzkrankheiten. Die armdicken Reben, meist von bizarrer Form, tragen noch immer. Die Traminer- und wenigen Weißburgundertrauben ergeben alljährlich zwischen 200 und 300 Liter Spätlese mit rund 100 Grad Oechsle in der Regel. Mal sind es ein paar mehr, mal ein paar weniger. Vermarktet wird der edle Tropfen als Traminer in nummerierten Halbliterflaschen. Die Weinrarität ist kostbar, aber bei weitem nicht so teuer, dass sie für Normalsterbliche unerschwinglich wäre. Manche Pfälzer Beerenauslese kostet pro Flasche genau so viel oder mehr.

Die Familie Oberhofer kümmert sich seit 1970 um den ältesten Weinberg der Welt. Anfangs war er von der Besitzerin Erika Lottmann geborene Serr aus Rhodt gepachtet. Winzermeister Arthur Oberhofer pflegte die Trauben und baute den Wein in seinem nur wenige hundert Meter entfernten Haus aus. Als der als Naturdenkmal geschützte Wingert ein paar Jahre später zu haben war, griffen die Oberhofers dankbar zu. Seniorchef Arthur Oberhofer: „Ich hatte den Seltenheitswert gleich erkannt." Aber er und auch andere Weinexperten gingen damals davon aus, dass es sich „nur" um den ältesten Weinberg auf deutschem Boden handelt. Erst der bekannte Weinjournalist Rudolf Knoll fand bei seinen Nachforschungen heraus, dass die Rebanlage im „Rosengarten" älter ist als jede andere auf dem Planeten Erde, gepflanzt vor Ausbruch des Dreißigjährigen Krieges.

Ein paar Stammkunden warten jedes Jahr darauf, sich das eine oder andere Fläschchen der Rarität kaufen zu können, um es bei besonderen Anlässen zu öffnen. Und wie schmeckt der mit Weißburgunder durchsetzte Traminer? Weinbautechniker Stefan Oberhofer, der Inhaber des Wein- und Sektguts, betont: „Er verströmt einen üppigen, an blühende Rosen erinnernden Duft. Den Traminer schmeckt man heraus." Sein Vater schließt sich dieser Beurteilung an und ergänzt: „Der meist Spätlesecharakter erreichende Wein ist ein herzhafter Tropfen, der gut zu Käse und süßen Desserts passt."

Wer genau diesen Weinberg einst gepflanzt hat, ist nicht bekannt. Die Oberhofers gehen davon aus, dass es jemand aus der Familie Serr war. Dass der Wingert in den 1960er Jahren nicht zum Parkplatz umfunktioniert wurde, wie im Rahmen der Flurbereinigung eigentlich vorgesehen, ist der Eigentümerin Erika Lottmann zu verdanken, die gegen diesen Plan Sturm lief und den Weinberg unter Denkmalschutz stellen ließ. Damit war er gerettet. „Ein Glück, dass es so gekommen ist", sagt Arthur Oberhofer.

Der Zustand der alten Reben ist gut. Seit 2009 werden sie ökologisch behandelt, nachdem der Weinberg vorher schon naturnah gedüngt worden war, zum Beispiel mit Hornspänen. Das Lesegut ist in der Regel kerngesund, gesünder als von vielen jungen Lagen. Die Reben sind nicht hochstämmig, nur um die 60 Zentimeter hoch. Sie werden besonders gepflegt. Die Oberhofers gehen davon aus, dass die knorrigen Gewächse noch ein paar Jahrzehnte vor sich haben.

Friedrich von Bassermann-Jordan erwähnt in seinem 1906/07 erschienenen Standardwerk „Die Geschichte des Weinbaus", dass in der Zeit, als dieser Wingert angelegt wurde, bereits gerne Traminerreben gesetzt wurden. Wein aus dieser Rebsorte war damals und ist heute noch eine Spezialität von Rhodter Winzern. Bassermann-Jordan zitiert aus einem Brief von 1591 des pfalzgräflichen Renovators Christoph Wagner an den damaligen Erbpfalzgrafen Georg Gustav. Darin stand: „Der Rodaner (Rhodter) wein, sonderlich der von lauter tramunder, ... übertrifft und hat das lob vor allen wein, so an dem itzt erzelten langen gebürg von Basel bis gein Cöln wächst."

▶▶▶ *Es gibt noch ein paar ganz alte Weinberge in Deutschland und im Ausland, die es verdienen, aufgelistet zu werden. Auch wenn sie altersmäßig an den Rhodter Wingert im „Rosengarten" nicht herankommen.*

- *Der höchste Weinberg der Welt liegt in 3015 Meter Höhe in der nordargentinischen Provinz Salta, umrahmt von schneebedeckten Gipfeln der Anden an der Grenze zu Bolivien.*
- *Der älteste Riesling-Weinberg der Welt, gepflanzt 1775, befindet sich auf dem Johannisberg im Rheingau.*
- *Der älteste Müller-Thurgau-Weinberg der Welt, gepflanzt 1925, befindet sich im Frankenland bei Retzstadt.*
- *Der steilste Weinberg der Welt befindet sich an der Mosel: Der Bremer Calmont hat ein Gefälle von knapp 70 Prozent.*
- *Übrigens: Das älteste Weingut der Welt ist das Weingut Schloss Vollrads in Oestrich-Winkel im Rheingau. Seine Weinbaugeschichte reicht bis ins Jahr 1211 zurück.*

Es gibt Menschen, die aus Unwissen oder Bösartigkeit an Stammtischen tönen: „Die Weinbruderschaft, das ist doch nichts anderes als ein Zusammenschluss von Männern, die sich gemeinsam dem Saufen hingeben." Wer solches behauptet, weiß nichts über diesen „Männerorden" und ist vielleicht nur neidisch, nicht zu den Weinfreunden zu gehören, die der Weinkultur aufgeschlossen gegenüberstehen und die sich nicht deshalb treffen, um in fröhlicher Runde drei Schoppen zu trinken und Allerweltsweisheiten von sich zu geben.

Die Weinbruderschaft:

Das Weingewissen
der Pfalz

Aufgang zum Ordenshaus
in Neustadt
(Aquarell von Heiner Deege).

▶▶▶ *Seit der Einweihung am 14. Mai 1975 hat die Weinbruderschaft ihren eigenen Treffpunkt: das Ordenshaus an Julius- und Marktplatz in Neustadt. Hier trifft man sich am Montagabend, wenn nicht außerhalb getagt oder gefeiert wird. Die Weinbrüder begrüßen sich dabei stets mit den Worten: „In Vite Vita" (in der Rebe das Leben). Das ist der unverändert gebliebene Wahlspruch.*

Die Weinbruderschaft der Pfalz ist die älteste deutsche Weinbruderschaft, 1954 gegründet und heute so lebendig wie eh und je. Auch an ihren Zielen hat sich nie etwas geändert. Der Zusammenschluss weinverständiger Männer zu einer dem Kulturgut des deutschen Weins verpflichteten Ordensgemeinschaft strebt an, den Ruf des deutschen Weins zu fördern, die Weinkultur zu erhalten und sie nach besten Möglichkeiten in Wort, Schrift und Tat zu verbreiten und zu vermehren. Hierzu gehört vor allem die Unterstützung der weinkulturellen Bemühungen in allen Zweigen der Kunst und des Schrifttums.

Initiator der Bruderschaft war der Lehrer und Schriftsteller Leopold Reitz (1889-1972). Er regte 1953 an, die 1941 gebildete Vereinigung „Landsknechte der Weinstraße" und den seit 1950 bestehenden Journalistenstammtisch in Neustadt zusammenzuschließen. Am gemeinsamen Treffpunkt beider Gruppen, dem „Künstlerkeller" im Neustadter Saalbau, wurde am 6. Dezember 1954 dieser Schritt nach nur kurzen Verhandlungen vollzogen. Die Ernennung von Reitz zum Ordensmeister (Präsident) war nur noch Formsache. Man einigte sich auf den Namen „Weinbruderschaft der Pfalz". Das Vorbild der französischen Weinbruderschaften spielte dabei eine nicht unwesentliche Rolle.

Fünf Wochen später lag der erste Satzungsentwurf vor, in dem klar gemacht wurde, wer dem Orden beitreten kann: Weinfachleute, Winzer, Weingutsbesitzer, Wissenschaftler auf allen Gebieten, Schriftsteller, Journalisten, Künstler, Politiker, Beamte, Männer der Wirtschaft und anerkannte Gastronomen. Im Gründungsprotokoll wurde festgehalten: „Wenn wir zusammenstehen, werden wir wunderbar stark sein. Wenn wir unser Können und Wissen zusammenlegen, werden Impulse von uns ausgehen, Kraftanstöße in unsere liebe Pfalz."

Die Weinbrüder treten vehement für den ehrlichen Wein ein, halten mit Weinkritik nicht hinter dem Berg, wenn sich Entscheidungen anbahnen, die dem Weinbau nicht förderlich sind oder Dinge passieren, die dem Image des Weins und seiner Erzeuger schaden. Das hat der Weinbruderschaft auch den Titel „Das Weingewissen der Pfalz" eingetragen.

Von Anfang an bis zum heutigen Tag sieht sich die Bruderschaft in der Pflicht, dem Wein zu dienen, den Winzern und der deutschen Weinheimat zu helfen. Anknüpfend an den Satz von Leopold Reitz, dass Wein mehr sei als ein Getränk, vielmehr ein Kulturgut, will man auf die Freunde eines guten Tropfens einwirken, Wein nicht nur zu konsumieren. Man will sie zu Kennern des „Rebensaftes" machen. Die Weinbruderschaft sieht sich, wie es der verstorbene zweite Ordensmeister seit der Gründung, Dr. Theo Becker, einmal auf einem Ordenstag formulierte, „als eine verschworene Gemeinschaft", in der keineswegs nur derjenige aufgenommen werde, der sich als trinkfest erweise.

▶▶▶ *Organe der Weinbruderschaft sind der Große Konvent (alle Mitglieder), das Ordenskapitel (16 Personen, entsprechend der früheren Zahl der „Landsknechte"), der Kleine Konvent (die 16 Mitglieder des Ordenskapitels plus zehn Personen, entsprechend der Zahl der 26 Gründungsmitglieder von 1954) und die Kleine Mitgliederversammlung (Ordenskapitel, Kleiner Konvent, Ordensräte, Komturen).*

Leopold Reitz war von 1954 bis 1972 Ordensmeister. Nach seinem Tod folgte ihm Dr. Theo Becker. Seit dem Ordenstag vom 3. November 2002 ist Dr. Fritz Schumann der erste Mann. Bei der Gründung zählte die Weinbruderschaft 26 Mitglieder, heute sind es um die 1000. In München besteht seit 1960 eine Großkomturei, 1969 bzw. 1976 kam es zur Gründung der Komtureien Nürnberg und Berlin.

Ordensmeister Dr. Fritz Schumann, Schatzmeister Werner Leim, Secretarius Herbert Hirschmann, Ordenskanzler Oliver Stiess und der frühere Ordenskanzler Jochen Neumann (von links).

Als Leopold Reitz am 22. Juni 1954 seinen 65. Geburtstag feierte, veranstaltete der Schriftstellerverband Rheinland-Pfalz ihm zu Ehren im Saalbau in Neustadt eine Literarische Weinstunde, organisiert durch den Weinbruder und zweiten Verbandsvorsitzenden Oskar Bischoff. Bis heute ist die Literarische Weinstunde ein fester Bestandteil des Veranstaltungsprogramms der Weinbruderschaft.

Beim Deutschen Weinlesefest in Neustadt ist die seit 1965 stattfindende Große Pfalzweinprobe nicht mehr wegzudenken. Der Ordenstag steht immer am zweiten Sonntag im November auf dem Plan. Bei dieser Gelegenheit werden neue Mitglieder aufgenommen. Seit 1957 informiert der „Konventsbrief" einmal im Jahr, wenige Wochen nach dem Ordenstag, über das Geschehen in dem Männerorden.

Wer wo Mitglied ist – Namen und Adressen

Die Prädikatsweingüter Pfalz (VDP)

Ziel des 1908 gegründeten VDP (Verband deutscher Prädikatsweingüter) ist es, in besten Lagen aus traditionellen Rebsorten naturreine Weine höchster Qualität zu erzeugen. Die 26 Mitglieder in der Pfalz setzen Maßstäbe für Qualität. Der englische Weinautor Hugh Johnson sagt: „Der VDP ist das vitale Sprachrohr hochklassiger Weinerzeuger in Deutschland." Die pfälzischen Mitglieder:

- Weingut Acham-Magin, Forst
- Weingut Geh. Rat Dr. von Bassermann-Jordan, Deidesheim
- Weingut Friedrich Becker, Schweigen
- Weingut Bergdolt - St. Lamprecht, Neustadt-Duttweiler
- Weingut Bernhart, Schweigen
- Weingut Dr. Bürklin-Wolf, Wachenheim
- Weingut Reichsrat von Buhl, Deidesheim
- Weingut A. Christmann, Neustadt-Gimmeldingen
- Weingut Fitz-Ritter, Bad Dürkheim
- Weingut Knipser, Laumersheim
- Weingut Koehler-Ruprecht, Kallstadt
- Weingut Kranz, Ilbesheim
- Weingut Philipp Kuhn, Laumersheim
- Weingut Herbert Meßmer, Burrweiler
- Weingut Theo Minges, Flemlingen
- Weingut Georg Mosbacher, Forst
- Weingut Müller-Catoir, Neustadt-Haardt
- Weingut Mugler, Neustadt-Gimmeldingen
- Weingut Münzberg, Landau-Godramstein
- Weingut Pfeffingen - Fuhrmann-Eymael, Bad Dürkheim-Pfeffingen
- Weingut Ökonomierat Rebholz, Siebeldingen
- Weingut Karl Schaefer, Bad Dürkheim
- Weingut Georg Siben Erben, Deidesheim
- Weingut Siegrist, Leinsweiler
- Weingut Dr. Wehrheim, Birkweiler
- Weingut von Winning - Dr. Deinhard, Deidesheim

(Infos unter www.vdp-pfalz.de)

Pfälzer Barrique Forum

Die Vereinigung von Winzern und Weinfreunden, die sich dem Ausbau Pfälzer Spitzenweine in kleinen Eichenholzfässern verschrieben haben, wurde 1993 gegründet. Ziel ist es, durch intensiven Informationsaustausch höchste Qualitäten bei den Weinen aus dem Barrique zu erreichen und den internationalen Standard bei Weinen dieser Ausbauform zu präsentieren. Auch die Information der Verbraucher steht auf dem Programm. Die Mitglieder:

- Wein- und Sekthaus Aloisiushof, St. Martin
- Weingut Emil Bauer & Söhne, Landau-Nußdorf
- Weingut Benderhof, Kallstadt
- Klaus Briegel, Deidesheim
- Weingut Darting, Bad Dürkheim
- Frank Dupré, Speyer
- Hofgut Gönnheim
- Rolf Hanewald, Bad Dürkheim
- Weingut Hanewald-Schwerdt, Bad Dürkheim-Leistadt
- Wein- und Sektgut Holz-Weisbrodt, Weisenheim am Berg
- Weingut Immengarten Hof, Maikammer
- Weingut Jülg,Schweigen
- Winzergenossenschaft Kallstadt
- Michael Kiefer, Bad Dürkheim
- Weingut Kirchner, Freinsheim
- Weingut Gerhard Klein, Hainfeld
- Ferdinand Koegler, Eltville
- Rolf König, Bad Dürkheim
- Weingut Koob, Erpolzheim
- Weingut Krebs, Freinsheim
- Weingut Krieger, Rhodt
- Weingut Langenwalter, Weisenheim am Sand
- Stefan Meyer, Rhodt
- Weingut Mussler, Bissersheim
- Weingut Naegele, Neustadt-Hambach
- Weingut Heinz Pfaffmann, Walsheim
- Weingut Jakob Pfleger, Herxheim am Berg
- Weingut Rings, Freinsheim
- Alois Schmitt, St. Martin
- Weingut Schwarztrauber, Neustadt-Mußbach
- Weingut Stachel, Maikammer
- Weingut Stern, Hochstadt

- Reinhard Stölzel, Bad Dürkheim
- Theodorus Wein- und Sektgut, Hainfeld
- Wachtenburg-Winzer, Wachenheim
- Weingut Wageck, Bissersheim
- Weingut Wegner, Bad Dürkheim
- Weingut Weik, Neustadt-Mußbach
- Walter Wolf, Bad Dürkheim

(Infos unter www.barrique-forum.de)

Fünf Winzer, fünf Freunde

Fünf Individualisten, die zu den besten Weinmachern der Pfalz gehören, haben sich unter dem Namen „Fünf Winzer, fünf Freunde aus der Südpfalz" zusammengeschlossen und nutzen ihre Erfahrungen gemeinsam. Was sie verbindet, ist die Überzeugung, dass große Weine nur im Zusammenspiel von Tradition und Kreativität entstehen. Die Fünf betrachten die regionale Weinkultur als ihren Nährboden und als Ausgangspunkt für Qualitätsstreben, das sie an internationalen Ansprüchen messen. Sie wollen jungen Winzern ein Beispiel geben. Die Mitglieder:

- Fritz Becker, Weingut Friedrich Becker, Schweigen
- Rainer/Gunter Keßler, Weingut Münzberg, Landau-Godramstein
- Hansjörg Rebholz, Weingut Ökonomierat Rebholz, Siebeldingen
- Thomas Siegrist, Weingut Siegrist, Leinsweiler
- Karlheinz Wehrheim, Weingut Dr. Wehrheim, Birkweiler

(Infos unter www.fuenf-winzer.de)

Südpfalz ConneXion

Fünf junge Weinmacher mit Zukunft beschlossen im Jahr 2000, künftig gemeinsam neue Ansätze bei der Weinerzeugung zu verfolgen, mit Mut und Leidenschaft Innovationen umzusetzen. Sie hinterfragen sich, kritisieren und motivieren sich und helfen sich gegenseitig - mit dem Ziel absolute Qualität. Die Mitglieder:

- Volker Gies, Weingut Gies-Düppel, Birkweiler
- Boris Kranz, Weingut Kranz, Ilbesheim
- Sven Leiner, Weingut Jürgen Leiner, Ilbesheim
- Klaus Scheu, Weinhof Scheu, Schweigen

• Peter Siener, Weingut Siener, Birkweiler

(Infos unter www.suedpfalz-connexion.de)

Pfälzer Winzergenossenschaften
• Winzergenossenschaft Deutsches Weintor, Ilbesheim
• Winzergenossenschaft Edenkoben
• Hambacher Schloss Kellerei, Neustadt-Hambach
• Winzergenossenschaft Weinbiet, Neustadt-Mußbach
• Weinland Königsbach-Neustadt, Neustadt-Königsbach
• Ruppertsberger Weinkeller Hoheburg, Ruppertsberg
• Winzerverein Deidesheim, Deidesheim
• Forster Winzerverein, Forst
• Wachtenburg Winzer, Wachenheim
• Vier Jahreszeiten Winzer, Bad Dürkheim
• Winzergenossenschaft Herrenberg-Honigsäckel, Bad Dürkheim-Ungstein
• Winzergenossenschaft Kallstadt, Kallstadt
• Winzergenossenschaft Herxheim, Herxheim am Berg
• Winzergenossenschaft Palmberg, Laumersheim

Wichtige Anlaufstellen
• Pfalzwein e.V., Martin-Luther-Straße 69, 67433 Neustadt/Weinstraße.
Telefon: 0 63 21/91 23 28. Fax: 0 63 21/12 881.
E-Mail: info@zum-wohl-die-pfalz.de.
Homepage: www.pfalzwein.de; www.zum-wohl-die-pfalz.de

• Verein Südliche Weinstraße, An der Kreuzmühle 2, 76829 Landau.
Telefon: 0 63 41/94 00. Fax: 0 63 41/94 05 02.
E-Mail: info@suedlicheweinstrasse.de.
Homepage: www.suedlicheweinstrasse.de

• Verein Deutsche Weinstraße - Mittelhaardt, Martin-Luther-Straße 69, 67433 Neustadt/Weinstraße.
Telefon: 0 63 21/91 23 33. und 91 23 75
Fax: 0 63 21/91 23 30.
E-Mail: verein@deutsche-weinstrasse.de.
Homepage: www.deutsche-weinstrasse.de

- Weinbauverband Pfalz,
  Martin-Luther-Straße 69,
  67433 Neustadt/Weinstraße.
  Telefon: 0 63 21/92 74 70. Fax: 0 63 21/92 74 711.
  E-Mail: marion.kleineheismann@bwv-rlp.de.
  Homepage: www.bwv-rlp.de

- Weinbauamt Neustadt der Landwirtschaftskammer,
  Chemnitzer Straße 3, 67433 Neustadt/Weinstraße.
  Telefon: 0 63 21/91 770. Fax: 0 63 21/91 77 699.
  E-Mail: neustadt@lwk-rlp.de. Homepage: www.lwk-rlp.de

- Vereinigung der Sektgüter der Rheinpfalz,
  Berliner Straße 42, 67433 Neustadt/Weinstraße.
  Telefon: 0 63 21/18 54 34. Fax: 0 63 21/18 54 35.

- Dienstleistungszentrum Ländlicher Raum Rheinpfalz,
  Breitenweg 71, 67435 Neustadt-Mußbach.
  Telefon: 0 63 21/67 10. Fax: 0 63 21/67 12 22.
  Homepage: dlr-rheinpfalz.rlp.de

Quellenverzeichnis

Gerhard Berzel, Liane Kloss:	„Die Weinbruderschaft der Pfalz", Pfälzische Verlagsanstalt, Landau
Dieter Braatz (Herausgeber):	„Der Feinschmecker/ Wein-Gourmet: Die besten Weingüter in Deutschland", Gräfe und Unzer Verlag, München
Joel B. Payne (Herausgeber):	„Gault Millau - Wein Guide Deutschland", Christian Verlag, München
Dienstleistungszentrum Ländlicher Raum Rheinpfalz:	„Weinbau in der Pfalz"
Gerhard Eichelmann:	„Deutschlands Weine", Mondo Verlag, Heidelberg
Wolfgang Faßbender (Herausgeber):	„Restaurantführer Pfalz", Meininger Verlag, Neustadt/Weinstraße
HB-Bildatlas „Pfalz", HB-Verlag, Ostfildern	
Johannes Hucke:	„Südpfalz-Weinlesebuch", Info Verlag, Karlsruhe
Landwirtschaftskammer Rheinland-Pfalz:	„Weinbau in Rheinland-Pfalz"
Norbert Lewandowski:	„Marco Polo: Die besten Weine in Deutschland", Mairs Geographischer Verlag, Ostfildern
Gertrud und Eberhard Löbell:	„Die kulinarische Pfalz", Neuer Umschau Buchverlag, Neustadt/Weinstraße
Heinz Lott, Franz Pfaff:	„Taschenbuch der Rebsorten", Fachverlag Fraund, Mainz
Matthias F. Mangold:	„Die Pfalz im Glas - Der Führer zu den besten Weinlagen und in die Keller der Region", Höma-Verlag, Offenbach
Jürgen Mathäß:	„Die Weine der Pfalz", Falken Verlag, Niedernhausen/Ts.
Ministerium für Wirtschaft, Verkehr, Landwirtschaft und Weinbau Rheinland-Pfalz:	„Weinland Rheinland-Pfalz"
Pfalzwein e.V.:	Diverse Veröffentlichungen
Stuart Pigott (Herausgeber):	„Pfalz. Weine - Winzer - Weinlandschaften", Scherz Verlag, Frankfurt am Main
Stuart Pigott (Herausgeber):	„Wein spricht Deutsch", Scherz Verlag, Frankfurt am Main
Monika Reule (Herausgeberin):	„Deutscher Weinatlas - alle Anbaugebiete, Bereiche und Lagen auf Basis von Luftbildern", Deutsches Weininstitut
Claudia Schweikard, Matthias Stelzig:	„Spitzenweingüter Deutschlands", Neuer Umschau Buchverlag, Neustadt/Weinstraße
Stabilisierungsfonds für Wein:	„Das Lesebuch vom Wein"
Günter Werner:	„Südpfalz - Die Menschen. Die Landschaft. Die Wirtschaft. Der Wald. Der Wein. Der Rhein", Höma-Verlag, Offenbach
Wikipedia, freie Enzyklopädie:	„Weinbaugebiet Pfalz"

Danke

Wer ein ganz an Fakten orientiertes Buch schreibt, muss gründlich recherchieren. Und braucht dazu viele Menschen, die für Auskünfte zur Verfügung stehen, Tipps geben, auf bereits vorhandene Literatur zum Nachlesen verweisen. Ich fand auch im Zusammenhang mit diesem Werk verständnisvolle, hilfsbereite und kundige Leute - und nicht nur solche, die mich von meinem Beruf her schon kannten. Ihnen allen gilt mein Dank für wertvolle und wichtige Unterstützung.

Ich danke den im Buch vertretenen pfälzischen Winzern für ihre meist gute Kooperation, für die Zurverfügungstellung von Fotos und von Informationsmaterial, für die Beantwortung meiner Fragen und für zahlreiche sehr offen geführte Gespräche, die dem Sammeln von Material dienten.

Ich danke den Experten (siehe Vorwort), die dabei halfen, die insgesamt 160 Weinmacher für dieses Buch auszuwählen.

Ich danke der Pfalzweinwerbung in Neustadt und dem Büro für Tourismus in Landau für die Erfüllung von Fotowünschen.

G.W.

Der Autor

Günter Werner, Jahrgang 1939, ist gebürtig aus Neustadt, lebt seit 1992 in Knöringen (Kreis Südliche Weinstraße). Nach der Gymnasialzeit erlernte er den Beruf des Journalisten beim damaligen „Pfälzer Tageblatt" in Neustadt und Landau, wurde nach Beendigung des Volontariats in Landau Redakteur im Ressort „Pfalz", war von 1965 bis 1971 Chefreporter dieser Zeitung. Der Wechsel zur „Rheinpfalz" erfolgte am 1. Oktober 1971. Bis zum altersbedingten Ausscheiden war Günter Werner sechs Jahre Redakteur in der Redaktion Neustadt und danach 26 Jahre in Landau. Seit Jahrzehnten schreibt er über Wein, kennt (fast) alle Weingüter von seinem Beruf her. Er ist Autor von nunmehr zwölf Büchern: Von Biografien (u.a. über Kammersängerin Erika Köth) und regional ausgerichteten Werken (u.a. „Deutsche Weinstraße", „Südpfalz", „Neustadt"). Auch das Buch „Drogen - unehrliche Gaukler" stammt aus seiner Feder. Der Autor arbeitet heute als freier Journalist.

Herausgeber:

höma
VERLAG

Geschäftsführer Dieter Mauer
Badstraße 10a, 76829 Landau
Tel.: 06341- 96948-0, Fax: 06341/ 96948-29
www.hoemaverlag.de
E-mail: info@hoema-verlag.de

Idee, Konzeption und Text:
Günter Werner

Redaktionelle Mitarbeit:
Dieter Hörner

Titelbild:
© Val Thoermer - Fotolia.com

Fotos:
Faber & Partner (S. 7, 9, 12, 19),
Dieth & Schröder (S. 6, 8, 16)
Ad lumina (S. 13), Bernward Bertram,
Inge Miczka (S. 70, 71),
Jürgen Weiß, Günter Werner

Layout und Gestaltung:
CityMedia Publishing
Hauptstraße 17, 76877 Offenbach
Tel.: 06348/9836-0, Fax: 06348/9836-11
E-mail: info@citymedia-offenbach.de

Druck:
Westermann Druck Zwickau Gmbh
Crimmitschauer Straße 43
08058 Zwickau
Tel.: 03 75 / 33 30
Fax: 03 75 / 33 3-139
info@westermann-zwickau.de
www.westermann-zwickau.de

Wir danken für das Überlassen von Fotos:
Pfalzweinwerbung, Büro für Tourismus Landau,
Weingütern, Winzergenossenschaften

ISBN-Nr. 978-3-937329-41-3